U0484386

The New Perspectives of Western Classical Political Thought

西方古典政治思想新视野

包利民 主编

苏格拉底式公民身份

[美]丹纳·维拉 著
张鑫炎 译

Socratic citizenship

华夏出版社
HUAXIA PUBLISHING HOUSE

"西方古典政治思想新视野"丛书总序

古典政治意蕴的新探究

  本译丛旨在向读者介绍西方主流政治理论界对古典政治、尤其是古典民主政治的探究的一些饶有兴味的新成果、新趋势。

  熟悉西方政治思想研究的人知道，政治哲学、尤其是古典政治哲学曾经几乎是施特劳斯派等德语背景学者独家支撑的领域。主流政治学界严守社会科学的价值与事实的分离原则，沉浸于各种机制经验研究之中，试图跻身"硬科学"。但是这一趋势近几十年来有很大的改观。不少重要的主流学者开启了自己独特的古典政治哲学（政治理论）研究。这些学者有非常深厚的古典学（语言、历史）的学养，而且他们有意识地启用历史学、社会科学、文艺评论等等中的各种新研究方法论、新视角，在价值观上既坚持主流自由民主意识形态，又同情地对待曾经只是保守派孤独坚持的德性论和幸福论古典政治范式。开卷展读，让人获益匪浅。在这些丰富的成果中，既有通论性希腊政治思想史（比如列入本译丛的卡特莱奇和巴洛特的著作，读者不妨与施特劳斯等所撰《政治思想史》对观），又有专论性的理论家研究（比如斯科菲尔德的《柏拉图：政治哲学》），更有各种专门探究古典民主的意蕴的新专著（比如列入本译丛的奥伯、格林、法伦格等人的著作），都颇为可观。剑桥学派重要人物卡特莱奇的《实践中的古希腊政治思想》和美国重要学者巴洛特的《希腊政治思想》作为非常有特色的通史类著作，有意识地结合分析哲学的严谨逻辑论证和历史学的现场感，通畅地融合规范评价与事实描述，同情地打通古今重大问题视域。这些扎实公允的探究已经形成了庞大的文献传统。对其译介，将有助于我国读者认识到古典政治哲学的研究领域有百花齐放、百家争鸣态势，而非一家独秀。

  下面我们将特别就古典民主意蕴研究的新视角多说几句。

  希腊人在政治上的骄傲与沉痛都与民主政治有关。希腊人之所以被视为欧洲之祖先（以及因此全球化之先导），与其创立民主政治有内在关系。而希腊伟大的政治哲人如柏拉图与亚里士多德之所以为后人不断提及，也与他们对民主的利弊的犀利深刻的理论考察分不开。近几十年来，与我们时代的大形势有关，也与学界纪念雅典民主2500年有关，出现了一个"雅典民主研究"高潮，许多由名家主持的相关文集纷纷面世。① 但是，清醒的学者知道，民主曾经只是古代希腊史上出现的一个"反常的"政治形态。从进化论的角度看，这种偶发的政体"变异"（或许由于缺乏适存性？）在后来的罗马和中世纪的漫长岁月中遭到劣汰，长期堙没无闻。几千年来的人类常规政治形态都是非民主的。20世纪突然潮流偏转，民主理念似乎成了全球性的"主流"并成为西方引以为骄傲的主要依据之一。但是，一切潮流总可能遮蔽真相：西方现代政治主流其实并非"民-治"意义上的民主（by the people），而是代议制民主。代议制民主是民主吗？如果一个伯里克利时代的雅典人穿越来到今天，目睹流行的利益集团博弈-选战-多数票胜出-妥协-党派分肥政治，他恐怕会骇然困惑，很难认出这是"民主"。当然，一个经过了联邦党人、托克维尔、密尔和达尔洗礼的现代人则会居高临下地教导这位疑惑不已的希腊人：直接民主是无效且危险的；作为人类的反常政治实验，它在经历了雅典暴民政治、法国大革命和20世纪民粹运动的恐怖之后，已经被宣告彻底失败。现代代议制民主是已经被公认为唯一可行的民主形式。

但是且慢高兴。即便这位希腊人放弃了直接民主而终于接受代议制民主，他真的会看到代议制民主在今天受到广泛欢迎的景象吗？未必。20世纪学术界的诸多重要思想家们（远不仅仅是施特劳斯等"保守派"）都在论证代议制民主是一个笑话。[1]¹⁰³,¹⁴⁰ 诺贝尔奖在今天是学术权威的象征，说话有人听。然而诺贝尔奖获得者们对民主说了什么？阿罗和布凯南的公共选择理论、奥斯特罗姆的集体行动理论，都指出现代民主的基本预设——通过选票汇聚私人偏好，为共同利益行动——几乎是不可能的。这些学理化（数学化）的严密论证，实际上延续了一个现代社会科学的长久传统。早在20世纪开出之际，社会科学大师韦伯和熊彼特就已经提出了影响深远的经典看法：在现代的大国选战民主政治中，真正发生的事情并不是"人民当家做

---

① 这一"盛况"被许多学者提及，比如 Farenga, *Citizen and Self in Ancient Greece, Individuals Performing Justice and the Law*, Cambridge University Press, 2006. p. 2; R. K. Balot, *Greek Political Thought*, Blackwell Publishing, 2006, pp. 303ff; P. Cartledge, *Ancient Greek Political Thought in Practice*, Cambridge University Press, 2009, p. 55.

主"，而是少数精英领导借助庞大的理性科层体制管理着国家。后来的许多重要的民主理论家如达尔、萨托利、李普曼、李普塞等等基本上无不沿着这个思路走。[2]⁴,¹³,⁹⁸

由此可见，西方思想界的主流与其说是无条件拥抱民主、不如说是对民主的深刻的、全面的失望。这一失望有着深远的现实原因：现代性主流是市场经济，人们私人化、多元化、异质化，不可能对政治保持长久的热情，非政治的冷漠必将成为常态。已经觉醒的个体再也不可能无条件地将巨大而陌生的行政机制认同为"共同体"。在深刻的无力感的驱动下，西方"公民意识"日渐淡漠，投票和参加集体活动的人越来越少。[3]²¹

正是在这样的大背景下，引人注目的是那些不断发声的反潮流学者，他们总是心有不甘，努力从各种角度出发为"民主"、尤其是古典民主的正当性进行辩护。如果说在现代共和主义的发展中出现了"新罗马主义"的话，那么，我们也不妨称这些为古代直接民主辩护的学者为"新雅典主义"或"新希腊主义"。他们希望被长期（故意）忽视的古典民主在今天依然能作为积极的、重要的资源发挥作用。① 这样的思想家大多汲取了最新哲学社会科学成果，尝试提出了各种出人意料的路径，对于理解我们的时代和时代的政治都打开了许多崭新视野。本译丛所选入的几种，可以作为典型代表，值得读者的细读。作为一种概括的介绍，我们下面就从对民主的内在价值的辩护和外在价值的辩护两个方面对其稍加考察。

一　民主的内在价值辩护——"表演-施为"（performance）政治

在现代性中为"内在价值"辩护是困难的，而为一种政治方式进行"内在价值"辩护，更让现实主义政治学家感到是文不对题。达尔就曾说现代民主理论与古代民主学说不同，不是价值导向的，而是描述性的。自由主义主流政治学说认为民主和共同体只具有工具性的好。然而，人们依然可以看到不少重要的思想家直接为民主政治或政治本身寻找内在价值。阿伦特当之无愧是其中最为著名的一个。她定下的基调是：共同体而非私人的生活是

---

① "新罗马主义"以剑桥学派和Pettit的新共和主义为代表。事实上，新共和主义之所以诉诸罗马共和而避开希腊民主，正是为了防止"民主的弊病"。这更让人们看到今天倡导希腊民主的学者们的难能可贵：他们并不是重复常识，而是在挑战主流，知难而进，竭力为处于守势的古典民主平反。

具备最高价值的人类存在，而这只有在共和政治生活中才能实现。她的理由有几个，首先，民主共和通过自由的普遍化，使得更多的人从奴隶变成为人。其次，人只有在一种表演（performance）式政治行动（action）中才能真正存在，即在同样平等自由（尽管个性各不相同）的人们为公共利益的公共奋斗中敢于创造，相互竞赛，追求卓越，赢得荣誉（他人的目光）。唯有民主共和式政治才能提供这种前所未有地拓展人的存在空间的机会。[4]90-91

　　阿伦特的这种新亚里士多德、新共和主义的观点表达得颇为极端，但是沿着她的路线走的较为和缓的学者层出不穷。从某种意义上说，西方20世纪的社群主义、共和主义复兴都可以视为是在沿着阿伦特的路径继续发展。他们普遍对现代公民意识淡漠十分担忧，号召人们重新关心与参与政治行动。不过，在一个以自由主义为主流意识形态的现代社会中，很少有人会再主张国家水平的强直接民主，他们通常避免提出恢复雅典民主共同体那种万众一心的"伯里克利式政治"（所谓"美学化纪念碑精神的政治"）。他们大多提出了一些软化的版本。列入本译丛的法伦格（Farenga）的《古希腊的公民与自我》的"施为"（performance）公民身份学说就是一个典例。法伦格认为performance是当代对古代民主研究的最新最好模式。这种模式只诞生了三十年。[5]4-5不过，从法伦格所援引的主要学术资源戈德黑尔（Goldhill）等人对"雅典民主的表演式文化"的概括——表演、竞争、自我展现、观看、荣誉等等——来看，这显然与更早的阿伦特思想十分相近。法伦格更推进一步的地方在于，他并不想仅仅用这个词表达阿伦特-戈德黑尔的"舞台演出"意蕴。他提示我们注意performance在奥斯丁-哈贝马斯那里，还有"施行"（施为）即"以言行事"的涵义。这样的含义就失去了那种光彩夺目的美学政治色调，而是日常化得多的"施行"、"执行"的意思。民主意味着公民们集体作为主体施行正义、统治国家。同时，法伦格也希望能保留performance的"展现自我"的那一层涵义，只不过这大多是通过语言的施行力量进行的，而且所展现的不是一种、而是三种类型的自我：社群主义的自我、个人主义的自我、商谈主义的自我。一个人成为雅典公民意味着首先要遵循共同体的"剧本"（script，这也是一个文化人类学概念），即当好共同体安排的角色（me，为他人之在）。但是同时，民主共和政治要求每个人都能自由自主，所以它必然会走向纯粹个体和内在自我的觉醒（自为之在，self）。进一步，只要公民们商谈性地施行正义，则这样的个体依然处于语言之中，从而就要适当尊重和服从他者（对语义的共同理解），形成某种"为我们存在"（being for us）。[5]21,24-25法伦格不像阿伦特那样突出地抬高共同体公民身份而贬低私人身份。在他看来,一个好的公民必须知道这三种身份都是不可缺少的,在施行正义时既要忠于自己的祖国,又要保持一定的独立性、忠于自己作为"人类一员"的身份。必须学会在各种身份之间自如地转化,从而让不同的自我(公共我与个体我)都得到展现,共同存在,相互制衡,相互促进。① 公民身份理论在西方兴起之后,关于究竟民主社会的公民应当将什么当作"公民身份",是有不同看法和争议的,是国家公民还是世界公民,是精英还是大众。它带来的义务和权利又分别是什么。不同的学者持不同的看法。[6]^{94} 法伦格的学说描述性很强,其规范性也可以说关注的是如何形成更好的公民身份,不过我们还是可以将其视为一种对民主的内在价值的辩护:民主所要求的主体施行正义的行动,有助于形成更为丰富多重和自主成熟的自我认同,从而开拓了人的更广的存在空间。[5]^{31}

其实,民主的内在价值甚至未必需要是"给予每个人主权"那么强。每个人的基本尊严的保障也可以被视为具有重大价值(黑格尔:历史的终极成就就是"对平等人格的承认"意义上的自由),而这可以通过民主体制来保障。新共和主义者佩蒂特(Pettit)就认为,现代投票式民主机制未必能发挥民治的初衷,但是它依然是必须的和好的,因为它可以控制领导人,逼迫在意选票的当权者不敢任意冒犯百姓的尊严。② 当然,这样的内在之好未必需要直接民主体制来维护,可以靠代议制民主和法治。佩蒂特宣布自己是新共和主义而不是新民主主义。换句话说,他说自己是"罗马共和主义",而不是"希腊共和主义"。但是我们知道,在日常生活中,人们并不那么严格区分民主和共和,尤其是代议制民主与共和。

前面提到,对任何东西(更别说是"政治")提供内在价值辩护,在今天特别困难。市场经济与自然科学(尤其是生物学和神经科学)的超常(反常)迅猛发展,使这一切显得似乎太不"现实"。③ 也许,这更说明这种

---

① 参看 Farenga, *Citizen and Self in Ancient Greece*, pp. 30, 536. 法伦格的工作可以视为是在企图兼顾罗尔斯、桑德尔和哈贝马斯的直觉,将自由主义民主、古典民主和商谈民主整合到一个体系中。
② 参看应奇、刘训练编:《公民共和主义》,东方出版社,第129页以下。"现代民主理论"甚至主张这是民主唯一可以得到认可的目标,参看卡罗尔:《参与和民主理论》,上海人民出版社2012年,第13页。
③ 从市场经济的角度看,民主有没有价值,应当从效用量(货币值)的大小衡量;从自然主义的角度看,当事情可以在无意识层面更精确、更实在地解决时,人(民)治(理)将成为多余(副现象)。

内证努力在今天尤其有意义。因为内证指向的是对人这种存在的本体论意义的关切。否则，作为一种管理方式，民主确实是可以随着效率的有无多寡而产生与消亡，人们不必对其从哲学上加以如此坚持。①

二 民主的外在价值的辩护——"知识政治"

前面的讨论自然导向另外一个问题：即便民主有内在价值，但是政治是十分现实的，政治家必然要追问：民主是否有外在价值呢，它能否为一个国家带来生存、荣誉和强大？哲学强者的基本价值观是内心的强者：苏格拉底在《高尔吉亚篇》中批评伯里克利的"辉煌功业"为无意义。孟子也说王何必曰利，亦有仁义而已矣。然而，一个现实政治学家（韦伯：负责任的政治家）就不能止于此。如果以善致善不可能，那就只能以恶至善。斯坦福大学政治学系兼古典学系教授奥伯（Ober）提出，必须考察民主的表现（performance）。所以他不想与那些继承柏拉图理想主义、羞谈功利的保守派学者对话，因为双方的价值框架差距太远，实在难以有效沟通。② 他的基本立场是：民主作为一种内在之好（善）同时也能带来十分显著的外在之好（善），而这是值得庆贺的好（事）。收入本译丛的奥伯的《民主与知识》可以作为这方面的一个出色成果，让人看到学术界对民主的外在功效的最新系统论证方式。

奥伯其实十分熟悉古今对民主的质疑，他甚至写过这方面的专著。③ 他对今日学术界对民主的质疑也不陌生。民主具备外部之好吗？许多人对此质疑。甚至西方也有不少人艳羡信仰-集权-指令政体的高效率。柏拉图曾经批评民主的内在弊病是自私与愚昧。用今天的社会科学术语表达即，公共行动问题、协调共识问题、交易费用问题等等在集权国家中容易得到解决，但是在民主国家中却天然比较困难，结果势必导致民强国弱，在国际竞争中失

---

① 查看巴伯：《强势民主》，吉林人民出版社2006年版，第4页。
② 或许"不同派别的对话"也是有限度的。参看 Josiah Ober, *Democracy and Knowledge: Learning and Innovation in Classical Athens*, p. 40 注。对比：布鲁姆、密尔、尼采等等哲人都认为一国之好，在于自由、个体、丰富。维拉也认为公民具备批评力量才是真正重要的价值（Dana Villa, *Socratic Citizenship*, p. 300）。
③ 参看 J. Ober: *Political Dissent in Democratic Athens. Intellectual Critics of Popular Rule*, Princeton University Press, 1998.

败,或者走向某种集权体制。这就是意大利精英政治学派代表米歇尔(Michels)等人论证的"寡头铁律"。[2]$^{8-9,21,31-35}$

但是奥伯指出,这样的推理并不符合历史事实。事实是,民主在外在效率上丝毫不逊色于其他体制。它完全可以解决经济活力和强大凝聚力等等问题,甚至远远胜出其竞争者一筹。在他的《民主与知识》的第八章中,奥伯用现代社会科学方式将一个政体的"表现"(即它所带来的"外好")具体化为几个指标:历史评价,总体繁荣度,硬币的分布,在历史文献中的提及次数,等等。他指出,按照这些(不少是可以量化的)指标,民主雅典的表现在古代可谓出类拔萃,无与伦比。于是,问题就不是"民主行吗"?而是"民主为什么这么行"?由于雅典即便在古代各个民主城邦中也表现得超常出色,还要询问为什么会出现"雅典例外论"的现象?总之,这不是一个有没有、而是一个如何解释的问题。

我们知道对此曾经有过许多种解释,比如雅典的帝国主义与奴隶制度是其强大的来源。这是以恶致善的解释思路。不过,还有以善致善的解释。伯里克利的葬礼演说就开创了这样的由内善向外善的解释路径。伯里克利理解的民主内在之善是民主赋予每个人以自由和尊严,这带来了超常的爱国心和凝聚力,使其心甘情愿地为国奋战。[7]^{98}奥伯的解释汲取了当代社会科学的最新研究。他首先指出,真正的强大在于知识(得到有效运用),这显然是"知识经济"、"信息社会"的特有思路。如果说知识经济是新强者,知识政治也将成为真正的新强者。① 当然,柏拉图早已重视知识的力量,并且正是因此而批评民主无知愚昧因而是坏体制。奥伯认真看待这一批评,但是他借用了市场学说和新的企业(公司)学说来为民主辩护。民主完全可以是智慧的,民主体制如果能充分汇聚和共享分散在大众中间的知识,反而能集思广益,比专家型集权政治更好地完成合作行动中的各项任务。[2]^{268}奥伯提示人们:希腊民主城邦可以类比的是当代新兴企业即某些IT公司,在这样的公司中,最为有价值的财产就是它们的成员的知识。事实证明,这些企业在激烈的竞争环境(市场)中往往通过对知识-信息的有效汇聚获得了巨大的成功。[2]$^{18,90,104-6}$

---

① 我们可以将现代专家视为某种新强者,知识强者。古代强者靠的主要是物质力量和纪律,比如斯巴达和罗马;而雅典的强大主要是知识带来的。在所谓现代性和后现代时代,知识的力量日益明显是主要的"强者"力量之所在。参看 Josiah Ober, *Democracy and Knowledge: Learning and Innovation in Classical Athens*, p. 106, note.

奥伯的新思路的核心启发是：民主的许多机制可以发挥我们意想不到的、导致外部高效率的作用。如果仅仅按照代议制民主的理解，投票是汇聚私人偏好的，那么这确实是无效的体制，阿罗这么看，奥伯也同意：如果只是当选民，其实没有什么力量。但是如果我们发现这些机制可以是为了别的目的，则它们非常有效。[2]$^{98-9,108}$ 这一目的首先就是社会知识论的。著名政治思想家邓恩曾经悲观地认为，专业知识的存在与人人统治的民主主张之间是无法协调的。民主的诸项体制设计是为了"避免直接镇压"，而不是保障"有效理解的稳定产生"。① 但是奥伯认为未必。如果仔细考察，就会发现民主雅典确实在用一个复杂系统的体制将分散的知识汇聚起来，全民共享，同时形成稳定的共识，保障了有效理解的稳定产生，使得国家强大而有活力。

具体而言，知识政治的任务分为三个方面：

首先，汇聚共享。人们大多知道被梭伦、克里斯提尼、伯里克利等逐渐建立起来的雅典民主的那些繁多的机制，比如十部落，500人议会，民众大会，陪审法庭，等等。它们忙忙碌碌，热热闹闹，每天在活动，花费也不菲。奥伯的问题是：如此巨大的活动费用，必须有相应的回报，才能维系。回报是什么呢？正是知识的汇集。民众当中其实有各种各样的知识，而且有各行各业的专家。但是如何将其汇聚起来，让大家都分享到，需要有效的机制。奥伯认为，从这个角度看，则雅典民主制中的500人议会、官员工作组等等，都可以视为是将分散的公民频繁地聚会在一起，建立起沟通和信任，同时熟知谁是能人，推举其填补结构洞，让各行各业的专家被认出和启用，让各人的不同知识得到互补性运用。[2]^{123,135,142}

其次，形成共识。人们在不知道其他人的意图时，往往难以协调行动。集权体制比较容易通过颁布命令和洗脑来解决这个问题。民主怎么办？有办法。奥伯认为，雅典民主发明了许多聪明的办法"形成共识"，比如建立了大量的公共纪念碑、建筑、剧场等等可以将共同信念广而告之。奥伯特别介绍了近来学者们对雅典民主时期大量建造的环形剧场和会场的功能的研究。这种"内观式"建筑可以令观众们在观看舞台上的表演的同时，相互看到伙伴们的反应，从而自然而然地达成信念共识。这样的建筑在雅典的非民主时期就隐而不显、很少建造了，在其他集权国家也很少见。阿伦特也注意到希

---

① 民主与知识之间的紧张关系，自古就是思想家关心的一个问题。参看 Schofield, Malcolm. 2006. *Plato: Political philosophy*. London and New York: Oxford University Press, chapter 4.

腊民主的公共领域中的"相互观看"的重要，不过她主要是看重这种措施所提供的荣誉的形成机会，而奥伯则从社会认识论的角度出发，强调这样的建筑可以帮助共识的建立。[2]^{169,194,199}

最后，建立规则。在知识汇集和形成共识之后，为了减低交易费用，必须将知识建立为法规（codification）。雅典民主热衷于订立大量法规并认真依法行事。这样的政治文化使得普通人只要通过学习传统、遵循条规就可以完成许多大事。柏拉图认为民主的致命（外在）弊病是无知且高傲，不承认自己的无知，不愿意学习。① 但是我们看到，奥伯所理解的民主体制恰恰是一种学习型组织。当然，奥伯也意识到法规化的弊病是容易导向僵化。但是他认为雅典民主在学习与创新之间还是设法保持了平衡。

这三个方面完整地证明了民主可以是"智慧"的。要注意的是，上述社会知识论预设了民主的公共性。众所周知，柏拉图对民主的批评是两大方面：私心与无知。奥伯也知道现代民主理论公认民主的本质是私人利益集团的冲突和博弈。不过他并不认为这是民主的必然特征。如果民主是这样的东西，那确实难以解决公共行动问题。但是，完全可以像古代民主那样假设民主是公共的。于是，公民就会愿意和他人分享有价值的知识，而非总是想通过伤害他人来获利。那么，为什么古代民主可以是公共性的？奥伯的解释是：当时环境非常险恶，民主国处于众多竞争者之间，这会导致共同体的内部团结。[2]^{100-2,169}更早提出"强势民主"的学者巴伯则认为，其实只要制度设计得当，进入公共领域的民主人会自动从私人转化为公民，所以不会仅仅在设法利用体制拼命实现自己的利益集团的偏好，而是会在共同商讨中改变自己的偏好，从而不会出现现代民主理论家们经常喜欢说的"投票悖论"等等问题。②

三 民主机制的其他作用——目光参政

奥伯的民主作为"高效知识政治"的思路可以归结为：第一，对人们熟知的体制做出新解释，第二，对被忽视的体制从新角度加以重视。这种"重新审视民主体制功能"的思路表明了古代民主研究者们不断借鉴其他学科的

---

① 熊彼特也认为民主的特点是无知。参看卡罗尔：《参与和民主理论》，第16页。
② 参看巴伯：《强势民主》，吉林人民出版社2006年版。哈贝马斯的商谈民主亦有与此相近的意旨。

新成果。事实上,自从 Finley 开创雅典民主研究之后,借鉴政治学、历史学、社会科学、法学等等学科领域模式的各种研究进路纷纷涌现。[5]2,550 在本译丛中,我们收入了格林的《人民之眼》,集中体现了这样的新尝试、新思路。

格林首先同意大多数学者的看法:人们对现代西方民主的效果普遍失望。然后他指出个中缘由是,大部分人一直都是在用声音模式(vocal)思考民主,将民主参政理解为人民直接进入公共领域发出自己的声音,包括最新的"商谈民主"也是如此(其要旨就是尊重各方的声音)。然而,这种"直接发声决策"(或者公共意见的汇聚)式民主确实已经被从韦伯到公共选择的主流民主理论家们证明基本上是失败了,是一个幻觉。不过,格林认为不必对民主灰心,他相信,解决之道其实已经存在。他说,人民直接充当统治者不可能,他们必然永远停留在被统治者(ruled citizen)状态,但是弱者依然可能能发挥强者的作用,"民主"依然可能,只不过新的渠道将不是"声音",而是"目光"(visual);不是"谈说",而是"凝视"。

这样的命题初看上去是反常识的,因为"看客"、"旁观"(spectatorship)本来似乎意味着软弱无力,怎么会是强有力呢?格林却论证我们可以拓宽思路,破除常见。第一,即便从日常视角乃至各种理论看,"凝视"也可能意味着强者的巨大杀伤力,让我们想想"神的注视","良知的目光",萨特的"自为之在的对象化目光",福柯的"权力凝视式目光"等等,就不难明白了。[1]10 第二,民主政治正是要采取许多措施让这些潜在的目光力量变得真正强大。比如当代民主体制中的总统选举电视辩论,公共质询,领导人新闻发布会,等等。[1]99,194 这些制度作为民主制度,其特点是领导人公开露面的整个过程的程序和条件不得由统治者本人操纵,而必须由人民控制,从而符合一个关键标准:坦诚性(candor)。

这样的"目光式民主"理解有几个好处,第一是顺应历史时代潮流。古希腊人确实以政治生活为最为主要的生活形式,人生大部分时间津津有味地放在其中。① 但是,在大国-工业化-市场经济的时代,人民不可能热衷于经常性地投身公共领域"谈说"。除了四年一次的选举,大多数人大多数时间中都是被动的被统治型公民(弱者)。② 这一沉默的大多数长期以来被民

---

① 参看 Balot, *Greek Political Thought*, pp. 298–299.
② 参看 Jeffrey Green, *The Eyes of the People: Democracy in an Age of Spectatorship*, pp. 204–205. 实际上,达尔认为穷人是暴民,他们少进入公共领域直接干政,或许是一件好事,参看卡罗尔:《参与和民主理论》,第89页。

主理论所忽视，这是不应该的。难道我们找不到让他们也能以某种方式经常性地发挥统治（强者）的方式吗？换句话说，为什么不可以设想弱者或被统治者也可以有自己的"政治生活"？[1]33,62 第二，目光式民主让"人"重新回到政治中。发声类民主包括商谈民主，关注的重点是立法而不是人的生活，是如何最终推动某种有利于自己党派的法律被通过。这样的党争式民主，其实是将人当成工具——推动立法的工具。[1]204 但是观看型民主则首先让统治者作为人重新登上舞台，出色表演（performance）；[1]184 人民虽然并不登台表演，但是观看演出，并且享受观看政治家坦诚而高明的演出。这才是人与人的关系，它维系了表演自由与观看自由两种美好。这样的美好，在一个日益理性化、自然主义、市场化的今天，尤其难能可贵。在此意义上，格林的观点符合我们在第一节所说的"民主的内在价值的论证"。第三，这是让"民主"真正重新回到政治中。这种民主，是罗马式的而不是希腊式的，但是又不是"罗马共和主义"的，毋宁说是罗马式"群众民主"（plebiscitary democracy）。这个词在民主学者中一直是个贬义词，甚至比"希腊民主"还要糟糕，因为它唤醒的是对罗马时代由"民众领导"率领"暴民大众"反对共和贵族们的历史的回忆。格林用这个词强调，今天的民主国家中的真实事情和罗马民主一样，是领导人在表演，人民则是"被动"的观众——或许像当年角斗场中的大众一样，他们还享受观看。[1]120 唯有认清这是事实，才会由此出发设法设计有效的民主方式制约领导们手中过强的权力。如果忽视或者故意无视这个事实，反而会忘记或是故意不设计制衡方式。① 格林认为他的"目光民主"的设计，还可以使得被多元民主派搞臭的"人民"概念终于再次恢复名誉。"人民"在发声参政时，大多是作为利益差异很大的小群体，确实不太会是一元的，所以可以说此时并不存在作为统一实体的"人民"。但是，他们在"观看"或者监督领导人时，并不考虑党派利益，便在实质上构成了一个共同的"人民"实体。[1]205-206

所以，在今天也不必对"民主"失望，只不过如何看待真正发挥民主作用的渠道、机构、方式，需要我们有足够的理论想象力，需要政治思想史上

---

① 韦伯已经指出：领导与人民之间相对清晰的区分，以及领导依然拥有很大的权力，乃是现代大众民主的一个特点。格林因此认为既要承认事实，又要想办法在此基础上继续贯彻民主。比如，既要接受领导，又要用观看等方式来制约领导。Jeffrey Green, *The Eyes of the People*: *Democracy in an Age of Spectatorship*, pp. 149, 152, 156.

的方法论创新。

无论是奥伯还是格林，无论是"发声"还是"凝视"，都坚持古代直接式民主在今天依然可以发挥相当积极的作用。这在今天普遍质疑古典民主的大背景之下，是反潮流的。

四 制约民主的民主——哲人式公民

上面介绍的著作可以说都对古代直接民主的意义重新加以肯定。但是，古今思想家忌惮和反对直接民主，也不是没有道理的，比如大众暴政、不尊重私权、不尊重自由思考、情绪化、愚昧，等等。历史上也曾经发展出一系列对治这些弊病的机制，比如法治、[①] 理性化[②]包容机制、宗教、大众传媒和自由思想家的独立，等等。这些机制的本质究竟是什么，又有争议：它们究竟属于"民主"的一部分或应有之义呢，还是对民主制衡的非民主机制?[③]

民主的特有弊病大致可以分为两大类：私人化或是公共化。前者是柏拉图所描述的民主倾向于走向个人主义和党争，以及自由主义体制下的最小政府论和政治冷漠；而后者则是人民主权所容易带来的道德优越和狂妄。"复兴古代民主者"可能会忽视后面这种民粹主义问题。不过，历来有不少深刻的思想家意识到这个问题的危害，并且建议用民主之外的某种机制抗衡之。著名的有诸如托克维尔和尼布尔，他们强调独立的信仰体系能抗衡民主的道德自义天性。非宗教的抗衡方式则主要是代表独立自由批判性反思的哲学。维拉（Villa）的《苏格拉底式公民身份》提出了"哲人型公民"学说，是这方面的一个富有新意的成果，我们已经收入本译丛。

在维拉看来，为了反对政治冷漠而热烈拥抱社群主义已经成了今天的一

[①] 维尔南就指出，雅典民主机制的主旨可能是为了法治：将权力放到中间（meso）。
[②] 理性化是现代性的重要特征，韦伯传统的人比如历史学家黄仁宇都这么看。泰勒式管理体制或许是其典型例子。但是，它的本质恰恰不是"民主"。参看卡罗尔：《参与和民主理论》，第49页。
[③] 比如，法治其实与民主可以是对立的。民主是主体的、表演的、生活的；而法治则是结构－功能机制化导向的。作为乐观主义者，奥伯认为雅典已经看到民主的所有问题，并都加以防范了。Ober, Josiah. 2008. *Democracy and Knowledge: Learning and Innovation in Classical Athens*, pp. 78–89. 这些问题的现实意义是：如果一个后发民主国家总是失败，是因为民主体制不健全还是忘记了同时建设这些"民主之外"的体制？

个时尚。① 然而，对古代式民主即公民政治的无条件复活号召，是相当成问题的，它很可能会带来更可怕的危害，导向毫无批判能力的新盲从。[8]³⁰¹ 为此，他诉诸苏格拉底的洞见：未经过审查的公民生活不值得过。而苏格拉底作为与政治拉开批评距离的哲人，以这样的方式维护民主政治的健康，也可以说是一种另类的"民主派"或者"公民"。[8]³⁰⁵

维拉认为苏格拉底与柏拉图不一样，从未提出过任何正面的道德教条。苏格拉底如果说在历史上首创了"道德个人主义"的话，那么就在于他集中精力专门批评民主国家和一切共同体的道德自义。伯里克利时期的民主，以思想和行动的"合一不分"为骄傲自豪，个人完全认同共同体。但是，未经批评反思的行动，承载了道德优越感，会带来许许多多更为严重的灾难，这值得哲人专门投入时间和精力去对付。[8]²³,²⁶,³⁹,⁵⁷⁻⁸在《高尔吉亚篇》中，苏格拉底自诩为雅典唯一的政治人。不过，苏格拉底"哲人公民"的特点是仅仅批评，而并不行动，其主要任务就是通过反思使得政治行动慢下来。从这个角度看，苏格拉底的"不行动"与梭罗等的哲学行动观相比，也可以避免乌托邦革命的危险。[8]⁵⁴⁻⁵⁶这种纯粹负面性的哲学批评治疗工作，对共同体的健康发展，本身就具有很大的建设性意义，尽管民主共同体往往并不领情，而是将其视为不道德、坏公民。②

总之，维拉旨在论证从苏格拉底身上我们可以看到一种新型的公民身份，即哲人型公民，他本质上不是反民主，而是民主的健康发展所不可或缺的一个要素。有意思的是，有的学者认为民主的"商谈"或人人有权发言的制度的更深刻意义，恰恰就是相互批评提醒；③ 而有的学者如 Schofiled 和 Wallch 甚至认为，柏拉图也是这个意义上的民主派。[5]¹⁸

维拉为了防止民主共同体崇拜的狂热，可能过分强调个人与共同体之间的距离了。其他许多希望恢复古代民主的益处的学者们则努力同时治疗现代民主中冷漠与狂热双问题。比如法伦格就建议在内在个人主体自我和社群共同体自我之间保持某种平衡。一个健康的公民应当能够在不同的框架之间来回转化身份，因为它们各自都重要，而不能让一种框架吞掉另外一种。[5]⁵⁴³,⁵⁴⁷

---

① 中国学者对西方有关公民身份的热烈讨论已经关注，并且有多部译著在"西方公民理论书系"的翻译工程中出版。
② Dana Villa, *Socratic Citizenship*, pp. 29, 33. 当然，在《高尔吉亚篇》中，苏格拉底自诩雅典唯一的政治人，参看 Dana Villa, *Socratic Citizenship*, pp. 17, 19.
③ 参看 Balot, *Greek Political Thought*, pp. 65–66.

结 语

在今天的政治哲学和政治思想史学界中，当说到"反对民主"时，人们一般会想到施特劳斯派等少数保守派，而认为主流政治理论家是力挺民主的。但是从联邦党人到托克维尔，从公共选择论到集体行动论，主流学界即便看到民主的必然性和优越性，还是一直对民主尤其古典民主的潜在问题感到深刻的忧虑：直接民主既是无力的，又是危险的，它有可能带来大众暴政，压制多元和自由，罔顾专家而自信傲慢，低俗而无效率。许多人甚至认为：西方社会如果成功的话，靠的也不是"民主"，而是其他的东西诸如自由主义，小政府（弱政治），共和，分权制衡，市场经济看不见的手的作用等等。① 为民主的价值辩护者，反而显得是"逆流而动者"，必须提出扎实的理由论证。本译丛将这样的学者——他们有哲学家、史学家和政治学家——的一些最新成果译介给读者，正是试图展示学者们为民主平反的新切入角度，不少是前人未曾思及的，非常有启发性，开拓了政治哲学和政治思想史的视野。然而，这些工作之间又不完全相同，甚至观点有分歧和冲突。比如奥伯主张人民之声依然非常有用，[2]101 但是格林则持不同意见，他认为应当更多地考虑人民的眼睛。这样的分歧还体现在对一些关键词的理解上。比如，Performance 是一个在近几十年西方学术界十分流行的关键词，然而它在不同的人那里意味着不同的理论模式。在阿伦特那里，它更意味着表演，在法伦格那里，就添加了"施为"（施行）的意思；在格林那里，领导表演，群众观看表演。而在奥伯那里，performance 指的是一个体制的能力或"表现"。[5]5 总之，这一个词可以表达人类行为由内到外的各个层次。

正是看到学者们的分歧或者丰富性，上面我们试着对其宗旨进行了一些划分。最主要的划分是将民主辩护论分成从内在价值出发的论证与从外在价值出发的论证。有意思的是，哲学家们多从内证看民主的利弊，而历史学和政治学学者则多从外证看，他们更为"现实主义"。不过，这样的学科偏好也不是绝对的。甚至以专门论证民主的外在效力著称的奥伯，也强调民主的

---

① 参看约翰·邓恩：《让人民自由——民主的历史》，新星出版社，2010 年版，第 183 页。

正当性证明主要还是内在的，即它的内在价值是首要的。① 在此值得指出的是：阿伦特的'外证'和奥伯的'内证'，都来自亚里士多德。甚至他们描述终极目标时所用的术语即"繁盛"（flourishing），也都来自亚里士多德。可见亚里士多德的思想极为全面，内外兼修，影响至今不竭。

在现代，从内在价值论证民主共和的意义，尤其困难。因为现代性设定个人主义为最终价值本位，于是一切政治方式归根到底是个人的幸福的工具。如果从这个角度看，则民主能完成的事情，只要可以被开明专制或自由贵族制等其他体制完成，逻辑上看不出为什么一定要坚持民主与共和。② 由此看来，希望依然维系民主共和内在价值的，是所谓"强者"。强者政治学与弱者政治学③不同，关心的不是第三人称的效率（或者演化论适存度意义上的功能），而是第一人称的内在价值或人作为人的幸福（之善）。用伦理学类型学的语言说，它关心的不是后果论，而是完善论。关心这样的价值，尤其是试图在极为现实的政治当中追求实现这样的"理想主义"价值，确实是某种"奢侈"。从古典哲学的角度看，唯有强者才能享有这样的奢侈，同时也必须去追求这样的奢侈。否则就不配"强者"之名。

进一步的问题是：内与外有没有关联？在一个险恶的国际环境下，仅仅重视内在价值比如人的尊严，或许是玩不起的奢侈。然而，奥伯认为民主不是奢侈，它很现实。民主作为一种内在之好能带来外在之好。注意这种解释并不像它看上去那样是自然而然的。许多学者尝试过，但是都失败了。比如卡罗尔在解释现代企业民主化实验时也提出了类似的论证：当工人能控制自己的工作时，就能感到尊严和自由，便会主动发挥更大干劲，带来更高效率。④ 但是，这种"企业民主解释"显然过于理想化了些，她所钟爱的南斯拉夫的工人自治的实践从后来的经验看也未必成功。科斯的企业理论表明，作为

---

① Ober, Josiah. 2008. *Democracy and Knowledge: Learning and Innovation in Classical Athens*, p. 23，奥伯在古代民主史领域发表过许多影响广泛的著作。他之前的一些重要著作可以视为是对民主的内在价值的辩护。
② 参看巴伯：《强势民主》第 26 页。政治的未来与以神经科学、演化论、人工智能等为代表的结构功能取向的"新自然主义"价值观的关系，值得专文讨论。
③ "强者政治学/弱者政治学"的理论模式参看包利民：《古典政治哲学史论》，人民出版社 2010 年，导论。这个模式在今天依然有效。现实主义者如韦伯、熊彼特等都用切实的事实指出，在民主社会中，人民并未真地直接进行统治。"强者政治学"与"弱者政治学"的二分，在今日西方民主世界中还是清晰可辨，进入 20 世纪之后甚至加剧而非缓解了。
④ 卡罗尔：《参与和民主理论》，第 54 - 55, 58 页。

降低交易费用的需要而出现的企业应该不是民主的，而是等级体系的。① 奥伯却用"新企业理论"由内向外解释雅典的成功。这是基于一种独特的社会认识论解释：如果将雅典民主的那一套机制理解为"高效知识共享机制"，那就自然可以理解民主国家为什么会取得外在的强盛。奥伯的思路如果能够普遍成立，在历史哲学上将引发深思：这是否意味着善（好）而非恶（坏）也可以成为推动历史进步的主要动力，从而亚当·斯密和黑格尔的历史哲学（看不见的手与理性的狡计）就未必成立？人类将可以在现实政治经济中直接地既追求外在之好，同时又追求内在之善。

当然，这即使是可能的，也并非自动的、自发的；它需要自觉努力。当一个民族获得了外在之好后，应当积极乘势发展内在之好，如古代雅典人的所作所为那样，从而为人类文明做出些永久性和普遍性的贡献，并且为自己的可持续发展保持某种特殊而强大的红利。

许多人为本译丛的选题、翻译和校对做出了贡献，我们在此表示十分的感谢，尤其要感谢的是奥伯教授、林炎平先生、格林教授等人对本译丛的大力支持，感谢林志猛编订了译名表，并与罗峰、文敏等校对了部分译稿。热心古典学术事业的人是纯粹的。

包利民

2015 年 3 月 1 日

参考文献

1. Jeffrey Green, *The Eyes of the People: Democracy in an Age of Spectatorship*, Oxford: Oxford University Press, 2010.
2. Josiah Ober, *Democracy and Knowledge: Learning and Innovation in Classical Athens*. Princeton: Princeton University Press. 2008.
3. Robert D. Putnam, *Bowling Alone: The Collapse and Revival of American Community Putnam*, Robert D. Simon & Schuster, 2001.
4. ［美］阿伦特：《人的条件》，上海：上海人民出版社，1999 年。[Hannah Arendt, *The Human Condition*, trans. By Zhu Qian, Shanghai: Shanghai Renmin Press, 1999]

---

① Ober, Josiah. 2008. *Democracy and Knowledge: Learning and Innovation in Classical Athens*, p. 103.

5. Vincent Farenga, *Citizen and Self in Ancient Greece*, Cambridge: Cambridge University Press, 2006.
6. ［英］德里克·希特：《公民身份——世界史、政治学与教育学中的公民理想》，吉林出版集团，2010。［Derek Heater, *Citizenship: The Civic Ideal in World History, Politics and Education*, trans. By Guo Taihui and Yu Huiyuan, Jilin: Jilin Publishing Group, 2010］
7. ［古希腊］修昔底德：《伯罗奔尼撒战争史》，广西师范大学出版社 2004 年。［Thucydides, *The Peloponnesian War*, Guangxi Normal University Press, 2004］
8. Dana Villa, *Socratic Citizenship*, Princeton: Princeton University Press, 2001.
9. 约翰·邓恩：《让人民自由——民主的历史》，新星出版社，2010 年版。［John Dunn, *Setting the people free: the story of democracy*, trans. By Yintai, Xinxing Press, 2010］

目 录
Contents

前言   *1*

致谢   *1*

第一章   什么是苏格拉底的公民身份？   *1*
    伯里克利的墓前演说：审美的不朽主义   *7*
    苏格拉底的《申辩》   *15*
    《高尔吉亚》   *34*
    持异议的公民身份：《克力同》、良心与公民不服从   *45*
    "否定之路"（Via Negative）与公民身份   *59*

第二章   约翰·斯图尔特·密尔：公众意见、道德真理和公民身份   *63*
    密尔早期作品中的公众意见   *68*
    "异端"意见，自由讨论与《论自由》中的视角主义（perspectivism）   *77*
    个人与公民身份   *104*
    《代议制政府》中的政治技艺   *121*

第三章   弗雷德里希·尼采：道德、个人主义和政治   *131*
    主人与奴隶：现代民主的谱系学   *136*
    民主、贵族主义与个人主义   *153*
    视角主义、自我塑造与独立判断   *173*
    破除幻象、正面肯定与政治   *191*

第四章　马克斯·韦伯：冲突、正直与政治幻象　　197

　　斗争的政治：权力国家（Machtstaat），议会民主与文化　　203
　　《政治作为一种志业》中的政治、伦理与道德正直　　224
　　《科学作为一种志业》中的理智正直与祛魅精神　　243
　　公民身份、领袖与政治幻象　　254

第五章　汉娜·阿伦特与列奥·施特劳斯：公民身份 vs. 哲学　　259

　　阿伦特：哲学与政治　　262
　　施特劳斯：柏拉图，苏格拉底，抑或亚里士多德？　　292

结　语　　317
译名表　　327

前　言

一方面，这是一本关于公民身份与哲学关系的书；另一方面，这是一本关于公民身份与道德的和理智的正直关系的书。在本书中，我提出，苏格拉底（在柏拉图对其言辞和行为的讲述中）首次提出了公民身份必须被这两种紧密关联的正直类型所贯穿——通常认为苏格拉底拥有"好人"或者"哲人"的德性，却没有**公民**的德性。在这一提议的基础上，苏格拉底创造了一种公民身份的替代观念，它将传统的公民德性放在个人道德良心和理智诚实这两个彼此关联的主张之下。许多苏格拉底的公民同胞都将这一立场视为**坏**公民身份的范例，这是一种对雅典民主造成了毁灭性影响的并且最终值得判处死刑的公民身份。

苏格拉底的建议（尽管为人所熟知）仍然是非常激进的，当它与烙印在西方政治哲学传统中的公民身份理想（特别是亚里士多德、马基雅维利和卢梭）相比较时尤其是如此。我们被告知，公民应当是热心公共事务的和自我牺牲的；他们应当拥有强烈的义务感并且着眼于"共同善（common good）"。他们应当是忠诚的、勇敢的、守法的，并且要熟悉列奥·施特劳斯贴上"严肃德性（severe virtues）"标签的那些东西。他们应当参加其所在共同体的生活，将他们能量的绝大部分留给共同的责任和目标的实现。他们应当积极参与关于共同问题的商议。他们应当是虔敬的、温和的、并且拥有良好的道德品质。他们不需要"爱自己的国家胜过爱自己的灵魂"（套用马基雅维利的说法），但是他们应当珍视自己的政治权利和义务正如珍视自己的家庭或者财产一样。因为，只有一个稳定的政治秩序才能够允许这种"私人的"欢愉的享受，并且一个稳定的政治秩序并非仅建基于法律和制度，而是（正如卢梭的观察）建基于公民的品性和道德风俗。

我们不但可以在社群主义者、"德性理论家"和这样或者那样的新亚里士多德主义者的作品中发现这一思路，而且它被放大了。它也成了自称为参与式的或者"激进的"民主主义者的主题,这些民主主义者(受到了六十年代的影响)试图在消费主义文化的背景下寻求公民身份观念的复兴。虽然这些阵营吹捧的"公民德性"列表有很大的差异,但是人们还是能够发现一个共同的主张:信奉某些比人自身更大的东西,以及相关的信念是:猖獗的"个人主义"是让道德沦丧和冷漠感染现代政治的根源。因此,公民身份并不仅仅提供了复兴民主式自治的潜在手段,而且为个人提供了必要的自律。如果得到了恰当地追求,公民身份有助于让我们远离物质主义和利己主义的假神而转向追求某种更大的、更真实的并且(应当是)更为有意义的东西:共同体或者政治参与的生活。

我对如上论证持怀疑态度,但并非因为我质疑它们的当代支持者的动机。通常他们的意图是令人钦佩的(尽管并非总是如此)。许多最近在研究这些主题的学者想要与政治权力日益扩大的集权化和科层化作斗争,并且限制巨大经济利益所造成的不合理影响(常常让民主进程成为笑柄的那种影响)。鉴于这一发展,恢复公民德性的渴望——培养更为公共性导向的生活形式的渴望——完全是可以理解的,并且总体上来说,是值得赞赏的。问题是:这种渴望通常表现在一种过于道德化的形式中,这种形式将共同体精神置于个人主义之上、将公共服务者置于持异议者之上、将信仰置于怀疑之上。似乎当前对政治的祛魅——袭击美国(以及其它国家)选民的广泛的社会道德沦丧——使得任何可以想到的重新让人们积极参与进来的策略都成为正当的。

但是,假设公民们——为社群主义者的修辞所鼓舞的公民们——转向民族情绪中、或者(更有可能)转向运动本身,会变得更为积极、更多参与吗?接下来会怎么样呢?社群主义者新近重新发现的政治成员身份意识所鼓励的是什么样的行动和判断呢?

在这种形式中,问题是假设的和过于一般性的。谁能够说清楚一个重新积极参与的公民可能会走向何方呢?无论走向何方,它都将是没有人能够预见的问题、事件、冲突和事业共同作用的结果。我的担忧是:现代对于公民身份的讨论——总的来说,对于模糊感受到的个人主义的"隐忧"的回应——容易让我们将或者基于事业的、群体相关的,或者以公共服务为导向的那些东西视为"好公民"的核心,并且将持异议者或者说"不"的人坚持的那些东西看作是毫无价值的。某人将自己的时间和能量投入到为了一项"事业"(环境)的服务中,通过渴望获得其所在群体的身份和权利的认可而得到动力;或者仅仅参与构成公民社会的丰富社团生活(各种类型的教会、慈善组织、志愿者协会）中：这些是好的公民身份的当前范式。每一种公民身份都以如下确信为标志：行动比思或者不行动更好，加入比疏离更好，信仰（对"事业"、共同体的道德目标、或者单纯是归属的价值的信仰）比怀疑或者无信仰更好。如此，现代的讨论和理想就加强了传统的基本教训，即：最重要的是，"好公民"在于要为某种比自我更大的东西积极主动服务，群体追求的那个正向的道德目标就等同于德性。

我主张：苏格拉底创造了一种哲人型的或者持异议的公民身份类型，这种公民身份让这些老生常谈的解决方案受到质疑。从任何传统的标准来看——事实上，从现代社群主义者的标准来看——苏格拉底确实是一位"坏"公民。他并没有积极参与到雅典公民大会的商议中，并且他对于许多程序——民主制的日常事务通过这些程序才能得以运行——是无知的（在雅典这样一个直接民主的城邦中，这并不是小罪）。无论如何，他确实在战争中勇敢地服务于他的国家，并且也在五百人议会（为公民大会制定议程的团体）中任职。正是在后一种身份中，他做出了那著名的持异议者的行动，断然反对那违反法律的建议：将凯旋归国的八位雅典将军一起处死（《申辩》，31b），这一行动与势不可挡的大众情绪相冲突并且有着进监狱甚至死亡的危险。然而，在大多数情况下，苏格拉底避开公民大会和法庭（公共事务得到实施以及公众意见得到表达的地方）以便于追求他自己的哲学使命。这使得他（在其公民同胞的眼中）成为了哲学毫无益处的典型代表，成为了无能于积极主动为公共善好做贡献的那些人。柏拉图《高尔吉亚》所描述的卡利克勒那令人难忘的言辞中，苏格拉底明显更喜欢将他的时间花费在"躲在角落和三四个男孩子窃窃私语"（《高尔吉亚》，485d），通过与雅典年轻人进行哲学的对话来削弱政治制度的基础。

但是，正如柏拉图《苏格拉底的申辩》中极具说服力地证明一样，苏格拉底将他自己的行动看作是：通过这种（表面上自我放纵的）行为，实际上却为其城邦提供了一种无价的服务。正如我将会论证的那样，这种服务并不在于"让人们变得有道德"，也不在于敦促某些人符合高贵性的标准——这一标准高于那些围绕在这些人身旁的民众所追求的那些标准。这种服务在于：苏格拉底成为了一只"牛虻"，成为了对其城邦起刺激作用令人感到不快的道德的和理智的良心。他并不是通过（以正义之名）公开控诉雅典人的某些特定的政策和行为来完成这一服务。毋宁说，他是通过质疑德性和"善好的行为"的占统治地位的观念、以及通过坚持主张严肃的道德的和理智的正直作为一个个体所必须的东西来完成这一服务的。他是通过扰乱"好人"

与"好公民"这一传统区分,却又避免说教或者起教化作用的陈词滥调来完成这一服务的。他是通过削弱权威、净化意见、并且在先前那些对"传统价值"的稳固性有顽固相信之处创造出普遍的疑惑来完成这一服务的。换句话来说,他是通过在交谈中"让思发生"来完成这一服务的。

这种"让思发生"创造了一个替代的公共领域,在这个领域中压倒一切的标准既不是劝说、决定也不是行动,而是这样一种应用:将一丝不苟的理智诚实(和反讽)应用到其城邦道德文化的"不容置疑"的基础上。这种省察所揭示的东西不是一套新的答案或者定义,而是对"什么是德性?"这个问题的每一个回答中所伴随的教条和偏见的揭示。它也揭示出为了向这种疑惑保持开放的话对所有公民的要求,以防他们成为不义——他们的城邦、以及(实际上)每一种政治制度都不可避免产生出不义——的煽动者和心甘情愿的工具。

可以说,苏格拉底是将理智疑惑放入了道德反思的核心,他让这种疑惑成为任何本着良心的公民的责任。事实上,他可以被描述为"本着良心的公民身份(conscientious citizenship)"的创造者。我相信,这种公民身份是唯一一种真正与道德个人主义相容的公民身份——这种公民身份本身就是(由苏格拉底创造的)存在的一种现象或者模式。他的建议之所以是激进的并不仅仅因为它让个人——而非传统、诸神、或者城邦——成为道德世界的引力中心。他的建议之所以是激进的是因为它主张:不伴随着理智卫生——不伴随着消解性意见(而非固化意见)的思——的公民的德性和道德总是会成为不义和不道德的共犯。

由苏格拉底引入的那种怀疑的然而本着良心的个人主义从未受到公民德性或者传统价值的支持者们的欢迎。然而,它也几乎没有受到公开指责或者直接批评(尼采和汉娜·阿伦特是这条规则的例外情况,但是,如我在本书第3和5章中的讨论所表明的,他们对苏格拉底是有感激之情的——即便在他们攻击他的时候。)更为常见的是策略上的变化,这一策略首先由卢梭在他的《论科学与艺术》中使用:"牛虻"苏格拉底——反讽和不断追问的苏格拉底——被转变为严格道德德性或者虔敬的典范。于是,这种新型的"斯巴达人"苏格拉底与一种过度理智化的、过度怀疑的雅典公民文化的"败坏者"的苏格拉底并列对照。

这一策略之所以流行的原因是十分明显的:在我们的文化中,几乎没有人想要被看作是在攻击**苏格拉底**的疑惑。这就好像是同意了在苏格拉底审判中雅典人对他的判决。然而,老实说,很多人**确实**同意这一判决。怀疑主义和疑惑、再加上个人主义，通常被挑选出来作为我们时代的败坏性恶，它会妨碍健康的（并且亟须的）公民和道德的重新参与。一个人可以是怀疑的**并且**在道德上严肃的（负面性的一种特殊形式对于真正的道德严肃性来说是至关重要的），如上这一观念被置之脑后，因为道德严肃性总是反射式地与激情或者信念联系在一起——有了激情和信念，一个人就能够追求一项政治事业或者一套正向的道德学说。

本研究并非要将苏格拉底的真正朋友与虚假朋友区分开来。毋宁说，本研究的目标是：在被称作"晚期现代"这一时期里最重要政治思想家的作品中，追溯苏格拉底的哲人型公民身份概念的回响，以及道德的与理智的正直之间的关系。这些思想家——约翰·斯图尔特·密尔、弗雷德里希·尼采、马克斯·韦伯、汉娜·阿伦特和列奥·施特劳斯——都以意义深远的方式回应了苏格拉底的挑战。最为重要的是，他们都对"哲人型公民身份"在大众政治时代中的可能性（以及相关方面）提出了极具启发性的不同意见。在一个"面对面"的政治文化中，谁如果决定不以通常方式参与公民生活，那就一定会引人注意、显得激进乃至具有颠覆性。我们要问的是，在这样的文化中发展出来的公民性和道德性主体概念与现代性状况又有何相干之处？正如本书之后的章节中所描述的那样，苏格拉底的影响是长久的，但是——至少对这些思想家来说——它似乎已经失去了其之前的力量。可能除了密尔之外，他们都倾向于如下观点：哲人型公民身份的观念不再有意义。理智诚实和道德正直肯定有意义；哲学和公民身份可能有意义。但是，这些理论家们都不再相信这些品质或者活动能够与苏格拉底所建议的方式有所关联。

那么，我所要讲述的故事并不是幸福的和有教化意义的故事：一个在两千年前阐述的理想的胜利。本书仅仅追溯了如下信念的发展历程：苏格拉底式公民身份已经变得不再可能或者与时代毫无相关，变成一种在形式上自相矛盾的说法。如上发展历程揭示出：苏格拉底式公民身份这一理想对于关心哲学、政治、道德个人主义与独立判断之间张力的那些思想家来说有多么重要。如下说法毫不夸张：这一理想为接下来所有关于这些话题的严肃讨论提供了一块试金石。我的叙述也阐明了由这些高度自觉的现代理论家们所指出的替代方案，揭示了他们那明显的倾向性：限制理智诚实、并且限制对文化领域中可避免幻象的清除——对哲人来说清除可避免的幻象可能是一件好事，但是对普通公民来说则不是。

最后再说明一下：虽然苏格拉底是一位历史人物，但是他并没有留下任何文字——哲学的或者其它的都没有。我们对他的认识完全是基于他的同时代人（阿里斯托芬、色诺芬和柏拉图）的相互矛盾的描述——并且，毫无疑问，是创造性的重新描述。这个在西方哲学和道德想象中被放大了的苏格拉底确实在很多方面是一个文学创造：他不仅脱胎于彼此相互冲突的描述，而且脱胎于对柏拉图的对话、哲学史、以及苏格拉底本人在文字上的沉默和众所周知的反讽的多得数不清的解读与重新解读。解释性悖论之处是很多的，但我在此并不想要讨论这个问题。这些悖论之处在近期的三本著作中得到了很好的阐释：Gregory Vlastos 的书 *Socrates: Ironist and Moral Philosopher* (Cornell, 1991), Alexander Nehamas 的书 *The Art of Living: Socratic Reflections from Plato to Foucault* (California, 1998), 以及 Sarah Kofman 的书 *Socrate* (Paris: Editions Galilée 1989；这本书最近被翻译过来的版本为 *Socrates: Fictions of a Philosopher* [Ithaca: Cornell University Press, 1998])。相反，我将自己限制在仅仅梳理出我思考的这一条重要的但是相对被忽略的线索中：苏格拉底作为哲人和道德-政治人物的影响——这一影响从其他人对他描述的文字中、解读中和理论中生长出来。

致 谢

很荣幸能够得到普林斯顿大学"人类价值研究中心（The Centre for Human Values）"和普林斯顿高等研究院（the Institute for Advanced Study）的大力支持。我从1997－1998年作为普林斯顿大学劳伦斯·洛克菲勒学院的研究员（a Laurance S. Rockerfeller Fellow）时就开始写作本书，1998－1999年间在研究院的社会科学学院（School of Social Science）完成了手稿。非常感谢Amy Gutmann和George Kateb对中心的共同管理和杰出领导，也要感谢Michael Walzer、Clifford Geertz和Joan Scott让研究院的社会科学学院成为一个振奋人心的和极具创造力的地方。能够在这些学院中的任何一个成为研究员真是天大的福分。更不用说能够拥有两年不受打扰的时间在研究和写作上。否则，这本书实在是无法完成的，于是，我想借此机会向中心和研究院的每一位成员表达最诚挚的谢意。我也想要谢谢美国学术团体理事会（American Council of Learned Societies）的研究员奖学金，这对于我能够开始这一项目来说是至关重要的。

我在这几年跟很多人谈论过苏格拉底以及关于苏格拉底的事情，这些人包括John Cooper、Josh Ober、Alexander Nehamas、Peter Euben、Patchen Markell和Patrick Deneen。很荣幸能够参加Alexander Nehamas关于"尼采与政治"的研究生讨论班，本书第三章的很多思想都是从中得到的启发。Dennis Thompson是一位值得去阅读和评论的作家，对他的阅读和评论最终形成了第四章。我也要对波士顿大学的Jim Schmidt表达感激之情，在秋天哈佛书店外那次非正式的鼓励让我能够（比自己所能够做到的更为清楚地）看到本书关于个人的部分结合为整体的方式。还要谢谢中心和学院的伙伴们，特别是在中心遇到的John Kleining和Bernard Reginster，和在学院遇到的Nancy Hirshman、Michael Mosher、Tom Flynn和Gordon Schochet。

向所有加州大学圣巴巴拉分校政治科学系的同事们表示感谢。政治科学系致力于促进教师从事学术研究，并且如此大度地允许我把比最初预计的更多的时间花在普林斯顿、新泽西。Stephen Weatherford 和 Lorraine McDonnell 给予了特别热心的支持和理解，以及政治理论部的同事 Peter Digeser 和 Thomas Schrock 也是如此。对他们一并致上诚挚的谢意！

　　本书的几个章节最初发表在普林斯顿政治哲学讨论会上、发表在社会科学学院的成员研讨会上以及发表在新学院（New School）社会研究哲学分部讨论会上。我要感谢那些参加了这些活动的人，特别是 Richard Bernstein 盛情邀请我到新学院做演讲。再次感谢在哈佛大学欧洲研究中心的 Charles Meier、Abby Collins、Sandy Selesky 和 Anna Popiel 在暑期提供给我一个家，在那里很多不同章节都得到了重写和重新修订。

　　特别要感谢 Svetlana Boym，她（以其独到的方式）是我所认识的人中最为苏格拉底式的（正如苏格拉底可能会说的那样，她肯定是最有"属人的智慧"的）。我的父亲，Alfred Villa，在我面对挫折困苦时想尽办法给予支持。最后，我想要感谢我的母亲，Virginia Barrett Villa，她（与很多其他人一起）为我提供了理智正直的第一个模范。

　　第四章的一小部分章节最初发表在 *Constellations*，6，no. 4（Dec. 1999）: 540-60，版权归 Blackwell Publishers 所有。第五章的部分章节最初发表在 *Political Theory*，26，no. 2（1998）: 147-172，版权归 Sage Publications 所有。

第一章　什么是苏格拉底的公民身份？

朱迪·史克拉（Judith Shklar）在其小册子《美国的公民身份》一开始就写道："对于政治来说，没有什么概念会比'公民身份'的定义更为核心，而又在历史上更嬗变、在理论上更富争议的了。"①确实，对于政治来说，公民身份是最为核心的东西，正是因此它成了西方政治理论传统上争论最为激烈的概念之一。从亚里士多德的对实践智慧的中道把握者到马基雅维利的城邦士兵；从霍布斯的由于对无政府状态的恐惧而臣服统治的公民到洛克的不放心政府的私财追逐者；从卢梭的有德性的公民立法者到我们自己的（广义的）概念——赋有权利、追求利益的选民；……总之公民身份的各种模型层出不穷，有激励人心的也有令人害怕的，有带给我们美感的也有引发道德反感的。鉴于"代议制"最近在东欧甚至更远的地方得到广泛传播，关于公民身份的本质和意义的争论自然就更为加剧了，大西洋两岸的理论家提出了新亚里士多德主义（neo-Aristotelian）、新共和主义（neo-republican）、新自由主义（neoliberal）和"激进民主派（radical democratic）"等诸多新公式，以满足国内和国外双方面的要求。

本章（以及本研究作为一个整体而言）致力于重新恢复一种公民身份的模型，这一模型在最近相对不再受到重视——这就是持异议的、哲人型的公民身份；我们可以在《申辩》中柏拉图描绘的苏格拉底身上找到这一模型。我将论证这个苏格拉底是西方道德个人主义的开创者，他是一位对个人道德良知、政治权威与公民同胞三者的关系做出了全新表述的思想者。通过将"避免不义"作为"关心自己的灵魂"（或者自我）的道德中心，苏格拉底既改变了公民身份的含义，也改变了公民身份的实践，推进其超越了"官

---

① Judith Shklar, *American Citizenship*: *The Quest for Inclusion*, (Cambridge, Mass: Harvard University Press, 1911), p. 1.

方"公共领域的边界。当然，他并没有抹消公共与私人领域的区分——这一区分对于雅典民主的自我理解来说无疑是绝对的核心。[1] 他也并没有试图启用一套更为私人化的、"哲学的"德性来替换雅典城邦的更加具有男子气概的、公共指向性的德性（尽管这是他通常给大家的感觉，他同时代的人以及后世的解读者都是这样认为的）。毋宁说，苏格拉底的原创性在于他引入了道德个人主义和理智清醒来作为正义和公民责任的**最为**至关重要标准。他的这一革新使得本着良心的、适度疏离（moderately alienated）的公民身份得以可能。[2]

苏格拉底就像梭罗（Thoreau）一样，他的哲学活动与他对不义的拒绝认同都提醒着我们由任何群体、共同体或者城邦所施加的朝向不义的下拉力。他使用提问和反驳的方法（诘问法【*elenchus*】）来瓦解城邦公民的错误自信——自以为了解正义和德性要求什么，这种自以为是造成了大大小小诸多不义。他通常被描绘成一个极端理性主义者，即尽管自称无知但其实在反讽之下隐藏着他自己对**唯一**道德真理的确定把握；可我将论证，苏格拉底在性情和实践上更多是一个怀疑主义者。证明这一观点的简单事实就是，他对于诘问法和理性论证的运用并没有（至少在早期的"苏格拉底的"对话中）[3] 导向任何积极的结果：事实上，什么是德性（勇敢、虔敬、正义、节制等等）这个问题，从未明确地得到回答。而且，苏格拉底确信自己并不是一个道德专家。德性可能确实是知识，但如果是这样的话，这种类型的知识是苏格拉底明确否认拥有的（《申辩》，21b）。他从未自称是有德性的，更

---

[1] 参考 Hannah Arendt, "The public and the Private," *The Human Condition* (Chicago: University of Chicago Press, 1958), pp. 22–78.

[2] "适度疏离（moderately alienated）"这一词语来源于乔治·凯特布（George Kateb）的书，*The Inner Ocean* (Ithaca: Cornell University, 1994).

[3] 需要事先说明的是：我赞同格里高利·伏拉斯托斯的观点，即有一个真正"苏格拉底式的"苏格拉底存在于柏拉图的早期对话中（"诘问法"对话包括《申辩》、《卡尔米德》、《克力同》、《游叙弗伦》、《高尔吉亚》、《普罗泰戈拉》、《理想国（卷一）》），有一个"柏拉图式的"苏格拉底存在于柏拉图的中期对话中（包括《克拉底鲁》、《斐多》、《会饮》、《理想国（卷2–10）》、《斐德罗》、《巴门尼德》和《泰阿泰德》）。参考 Gregory Vlastos, *Socrates: Ironist and Moral Philosopher* (Ithaca: Cornell University Press, 1991), 特别是第二章和第三章。对此种柏拉图对话分期的细致批判以及将这些对话作为一个统一的艺术和哲学整体的强有力论证，请参考 Charles H. Kahn, *Plato and the Socratic Dialogue: The Philosophical Use of a Literary Form* (New York: Cambridge University Press, 1996).

第一章 什么是苏格拉底的公民身份？

不要说是作为德性的教师了（33b）。① 毋宁说，他的精力都用在瓦解传统的硬壳和声称拥有道德技艺的狂妄上了——这是挡在思想和真正道德反思道路上的两块巨石。用汉娜·阿伦特的恰切评论来说，苏格拉底"他净化了人们的'意见'，即，净化了那些未经省察的先入之见；这些先入之见会阻碍思考，因为它让我们在我们不仅不知道而且也无法知道的地方错以为知道。正如柏拉图说的那样，苏格拉底这是在帮助他们去除自身中的坏的部分即意见，但是并未同时让他们变好或给他们以真理。"。②

阿伦特认为，由理性的这种消解的方式所激发得到的思想是"危险的和无结果的事业"。对于已确立的信念或意见的消解总是会导致犬儒主义或者复兴教条主义。然而，苏格拉底的希望却是：造成的困惑混乱能够放慢城邦公民在行不义之事时的脚步，这些不义之事几乎总是披着"德性"的外衣。这种类型的道德提升仅仅在如下情况中才得以可能：在个体认识到社会生活（它在本性上是深刻地模仿性的）让他或她进入道德上的沉睡时。因此才会有《申辩》中那一著名的比喻：苏格拉底如同一只"牛虻"，试图唤醒一匹肥大懒惰的马——雅典城邦（31a）。他至关重要的任务是让其雅典同胞们考虑到这样一种可能性，即道德所要求的东西可能在事实上是违背已建立的社会习俗及其关于有德性城邦公民身份观念的。如果要说苏格拉底是一位立足于共同体的"共有意义"之上的"关联性批判者（connected critic）"，那么他应该是极其异端的一位。③

在凸显苏格拉底的理性的消解本质方面，我跟随的是黑格尔、克尔凯郭尔和阿伦特。他们都强调苏格拉底方法的"绝对否定性"方面，而非他表面的信念：道德真理（或者至少是强有力的理性信念）可以通过诘问对话法得到。与这一观点意见相左的是格里高利·伏拉斯托斯和特伦斯·欧文（Terence Irwin）两位的大作，他们两人都将诘问法作为"哲学探究的方

---

① 见 C. D. C. Reeve, *Socrates in the Apology: An Essay on Plato's "Apology of Socrates"* (Indianapolis: Hackett, 1989), p. xii.

② Hannah Arendt, "Thinking and Moral Considerations," *Social Research* 51, no. 3 (Spring - Summer 1984), 23.

③ Michael Walzer, *The Company of Critics* (New York: Basic Books, 1988), pp. 14 - 15. 正如我将会论证的那样，苏格拉底在很大程度上是又不是一位"关联性"批判者。在某些情况下，他要求雅典人实现自身的伟大；可是在另一些情况下，他却提出了有着完全革命性道德内涵的见解（诸如，不可报复）。

法"。① 一般来说，这诚然是正确的。然而，如果我们将诘问法称作"方法"，那这其中隐含的意思就是：使用这一方法主要是为了它引领到达的积极结果。事实上，这就是伏拉斯托斯如何解读苏格拉底哲学实践的方式，他放弃了自己较早把苏格拉底表现为"怀疑论的"或者"不可知论的"苏格拉底形象。② 如果我们将"怀疑论的"这个术语当作严格意义上的保持判断的中止，那么伏拉斯托斯无疑是正确的：苏格拉底的道德承诺非常强烈，这本身就驳斥了将他作为"不可知论者"的描述。然而，人们提出下列的问题也是合理的：是否苏格拉底的方法可以服务于他的道德正直，或者是否他的道德立场是他的方法的"产物"。③

我认为伏拉斯托斯太过倾向于后一种选择以致于忽略了这样一种可能性：苏格拉底的"道德真理"可能是要比这个词的通常所指示出的含义更加难以捉摸并且更为复杂。苏格拉底的伦理学可能是更加负面的而非正面的，更多是作为否弃的德性，而不是条规化责任的实现或者一套具体德性的展现（我们可以在亚里士多德那里找到这些东西）。或许，"道德真理"逃避被任何一种单一行为准则所捕捉；在此处就如同在其他地方一样，真理是多面的，而且哪怕稍加把握也需要某种视角主义态度的培养。④ 最关键的是，苏格拉底至死都坚持认为自己是无知的，他没有关于德性与人之优秀的最终本质的智慧（23a – b）。与柏拉图或者亚里士多德不同，他从未提出过一个人类生活的等级体制，其最顶点（不出所料地）是哲人的"最好的生活"。⑤ 正如亚历山大·尼哈马斯（Alexander Nehamas）最近所指出的，苏格拉底没

---

① Vlastos, *Socrates*, p. 14.
② Ibid., p. 4。参照特伦斯·欧文关于"苏格拉底的方法"的讨论，见其书 *Plato's Ethics*（New York: Oxford University Press, 1995）, pp. 17 – 30.
③ 参考乔治·凯特布的文章，"Socratic Integrity" in *Nomos*, vol. 40. "Integrity and Conscience," ed. Ian Shapiro（New York: New York University Press, 1998）, pp. 97 – 98.
④ 我将会在接下来讨论密尔（Mill）与尼采（Nietzsche）的章节中继续深入阐释这一建议。
⑤ 我认为 F. M. Cornford 的如下观点是错误的。他说，苏格拉底（和柏拉图一样）相信关于"生活的技艺"的学说，这种生活的技艺"就相当于一种专门的技艺，受过这种技艺训练的理智创造出某种产品"。参考 *The Republic of Plato*, ed. And trans. F. M. Cornford（New York: Oxford University Press, 1945）, p. 30. 按照此种解读，德性取决于关于人类生活目的的专门化知识，而苏格拉底可能拥有这种知识。此种解读与《申辩》中苏格拉底的自我理解的冲突是显而易见的。

有提出任何论证以让人们相信未经省察的生活是不值得过的。① 他也没有提出任何法则或者终极的道德学说。他确确实实做过的事情,乃是设法让他的公民同胞——包括异乡人、自由人和奴隶②——一道感受到他对当前习俗的困惑,并感染上他那种对于过一种避免不义生活的激情。

思开始的时刻——对于德性的困惑开始的时刻——日常生活的实践方面就悬搁中止了,至少暂时如此。为行动提供坚实基础的规则变得可疑,随之而生的是,从规则而来的对于德性的理解也变得可疑起来。苏格拉底试图让从规则中找寻行动的根据以及自以为了解什么是德性的虚假自信失效,这一苏格拉底的努力并非是一种**直接**政治行动。③ 然而它的确有着政治寓意;它至少在那些不仅充满自以为是的信念而且急于行动的领域中注入了道德质疑。雅典人对于苏格拉底的最大可能挑战并非由于他们比其他人更加教条主义(这种情况几乎不可能),或者是由于他们的行为要比其他人更加无法无天,而是因为他们是最为**积极生活**(active)的人,他们是最不安分的和一刻也停不下来的人。临近伯罗奔尼撒战争开始之前(432B.C),在斯巴达的一次辩论上,科林斯的代表们说了这样的话:"雅典人总是革新者……他们从不犹豫……他们认为走得愈远所得愈多……只有对于他们,我们可以这么说:一旦有所欲求就马上占有,一旦决断就迅速行动……从天性上来说,他们既不让自己过平静的生活,也不允许任何其他人这样做。"④

当然,除了想要向这些不安分的渴望改变的人引入适度品性(moderation)之外,苏格拉底的哲学实践还有更多的意义。其标靶中心是在**所有**政治的、社会的生活上刻下烙印的自我迷失(self-loss)(表现为激情、怨恨、幻觉和共同的错误)。这也是为什么苏格拉底的坚持不懈的追问与惊人的理智正直对于那些关心正义、公民身份和民主政治行动的人来说是必不可少的原因。他帮助我们去辨认那些由教条或意识形态所必然造成的道德歪曲,甚至包括"后意识形态"的实用主义所造成的歪曲。他迫使我们认识到:迄今为止,无论我们选择积极行动抑或无动于衷,其中绝大部分的原因都是未经

---

① Alexander Nehamas, *The Art of Living: Socratic Reflections from Plato to Foucault* (Berkeley: University of California Press, 1998), p. 96.
② 柏拉图:《高尔吉亚》, 515a4-7.
③ Arendt, "Thinking and Moral Considerations", p. 36.
④ Thucydides, *History of the Peloponnesian War*, trans. Rex Warner (New York: Penguin, 1972), pp. 75-76.

省察的，无论它们是如何完好地被"理论化"或理性化过。他是所有形式的"自以为是者"（self-righteousness）的敌人，尤其是那些凝聚在族群周围的自以为是者。他揭露"团结"的各种腐败可能。对于那些民主人士，他的建议并非如某些人说的那样：要让他们的"政体"高贵起来，从大众的粗鄙提升到对整体完善或公共优秀的追求；毋宁说他要提醒我们：要想一以贯之地避免不义，就需要持之以恒的道德能量，加上冷酷的理智正直——乍看起来确实像是不屈不挠的怀疑论。

本章首先通过审视雅典最伟大的治邦者伯里克利（Pericles）所描绘出的雅典的理想来阐释苏格拉底上述活动的特征。伯里克利在雅典与斯巴达之间战争第一年结束的时候做了墓前演说（Funeral Oration），而雅典的理想就是墓前演说的真正主题。我之所以选择这一文本，就是因为它提供了雅典城邦在其最为高贵之时（在其处于伟大性的巅峰之时）的形象。由伯里克利叙说的一系列价值是民主雅典所提出的最好价值。然而，正是为了反对这些价值，苏格拉底发起了他的间接的、颠覆性的运动。我会以《申辩》为核心的文本，辅佐以《高尔吉亚》与《克力同》，来展现苏格拉底是如何改变了伯里克利式风气。"改变（transform）"可能是一个不够强的词语，因为这个词隐含着原初的材料基本上是好的。然而，苏格拉底的批判是一种接近于全面的价值重估。如同维克托·埃伦伯格（Victor Ehrenberg）曾指出的那样，决不能低估其中所蕴含的革命性的道德含义，[①] 也不能低估其革命性的道德涵义对我们理解公民身份本质的启发意义。

在对《申辩》的思考中，我也会探讨苏格拉底对于雅典公民身份的积极践行的问题。这一本质上由异议和不服从所构成的实践行为很好地突出了他作为一位哲人-公民（philosopher-citizen）的活动，即，将整个生命都奉献给与公民同胞讨论应当如何生活这个问题。我们可以从以下两种活动中——第一种是公共的、偶尔的、非建设性的；第二种实际上是第一种的延续但又不是传统意义上的公共的——引出一种公民身份的模型，它本质上是批判的然而却并不根本上反民主的（人们通常认为苏格拉底是反民主的）。与柏拉图不同，苏格拉底并不相信存在着道德上的专业知识，那些专业知识由作为贵族的少数人掌握，他们（在天性、性格和理智上）适合统治。如

[①] Victor Ehrenberg, *From Solon to Socrates* (New York: Routledge, 1991), pp. 382–383.

《克力同》的论证所展示的那样，苏格拉底属于**某一类**民主派。然而，如果说他是"忠诚"的民主派，那就会是误导了，因为忠诚和爱国主义这样的词汇会严格地限制哲学的怀疑和道德批判的范围。

《高尔吉亚》与《克力同》的讨论既为我的苏格拉底形象的塑造提供了支持，也指出了困难。（我将会讨论这两篇对话的这种二重性）《克力同》展现出了更为明确的挑战，因为柏拉图的苏格拉底借雅典律法之口说出的政治义务理论看起来似乎与霍布斯要求对于权威的绝对服从相类似。道德个人主义的创始人却对城邦公共福利如此操心，并且宁愿抛弃自己生命也不愿去伤害它（即使苏格拉底确信500人陪审团的裁定是不义的），这在政治理论历史上一直令人感到奇怪。在这方面，我会把安提戈涅（Antigone）与梭罗做为"公民不服从"的替代模型，以更好探索哲人型公民身份作为一种持异议的公民身份类型的本质和局限。

伯里克利的墓前演说：审美的不朽主义

在战后对于政治思想史的解读中，"丧失"、"终结"和"碎片化"这样的主题非常突出。比如，阿伦特在1955年的论文《传统与现代》中描写了传统已成废墟的状况，这不仅是由历史事件的灾难进程所造成的，而且也是由于这一传统没有能力超越柏拉图在《理想国》中对思想与行动的区分所造成的逻辑可能性。按照阿伦特的这一极有影响力的叙事，柏拉图的革新——由他试图瓦解对政治思想、行动和判断的民主式理解的欲望所驱动——为整个西方传统设定了概念模式，这一西方传统预设静观沉思（theoria）和实践（praxis）之间存在着根本性区分。马克思和尼采反转了这个"沉思"为本的概念等级大序，终结了这一传统，将"劳动"和"生命"置于思想之上。[1]

阿伦特的叙事讲述了一个从那个思想与行动、力量与理智尚未相互疏离的世界堕落的故事；在这个世界中政治生活（bios politikos）和沉思生活（bios theoretikos）尚未表现为对立矛盾的生活形式。当然，我们所失去的这个世界就是那个公元前五世纪时的雅典民主的世界——伯里克利的雅典，在

---

[1] Hannah Ardent, "Tradition and the Modern Age" in Ardent, *Between Past and Future* (New York: Penguin, 1968), pp. 17–40.

那里，思想与行动、言辞和行为处于一种和谐的关系之中，这样的关系是我们这些后来者感到很难、甚至是不可能理解的。①

这种原初和谐的最重要的典范就是伯里克利自己，就如同他在修昔底德（Thucydide）的《伯罗奔尼撒战争史》中所表现的那样。在伯里克利身上我们能够看到一位将思想和行动、力量和理智、言辞和行为统一在一起的民主领袖。很明显，修昔底德正是这么看伯里克利的，修昔底德在伯里克利与其继任者——克里昂（Cleon）和阿尔基比亚德（Alcibiades）——之间做出的含蓄对比表明了这一点。在伯里克利那里我们能够找到对于人类理智和力量的信心，这些能力能够给偶然性的领域以限制并且能够在一个不驯顺的、有敌意的世界之上留下自由生活形式的理想（vision）。在实现这一理想的过程中，雅典人不仅创造了一个强国，而且创造了"对希腊的教育"和对西方的教育。②

确信人的理智能够来照亮这个看起来只能听天由命的世界，这种对于人的能力的确信可以在雅典的民主实践中得到反映，他们将国内和国外的一切重要问题都提交给公民大会讨论和决议。在墓前演说中，伯里克利阐明了这一实践背后的精神气质，他说道："我们雅典人，都是我们自己亲身来做的，我们用自己的决议来制定政策或者将决议提交适当的讨论：因为我们并不认为在言辞与行为之间有着什么对立；最坏的事情就是在后果没有经过适当的讨论之前就莽撞行动。"③

从实践和道德两方面看，最坏的事情都是让当下的激情左右政策的制定——这对于像雅典这样施行直接民主的城邦来说是时刻存在的危险。"适当的讨论"不仅让人看清楚后果也适度节制了激情。如此，雅典人对于交谈和言辞的热衷将有助于他们过滤对事件最为过激的情绪反应。但这却是克里昂（这位伯里克利的继任者并且"以暴躁闻名雅典"的人）斥责其雅典同

---

① 阿伦特并不是唯一一个使用这种叙事的人。在列奥·施特劳斯（Leo Strauss）和埃里克·沃格林（Eric Voegelin）的作品中也能看到类似的元素。参看 F. M. Cornford 的作品 *The Unwritten Philosophy*（New York：Cambridge University Press，1950），这本书认为伯里克利的死亡和伯罗奔尼撒战争标志着"人们的思想和行动开始走上不同道路的时刻，注定分道扬镳……"

② 见 J. Peter Euben，"Creatures of a Day：Thought and Action in Thucydides"，in *Political Theory and Praxis：New Perspectives*，ed. Terence Ball（Minneapolis：University of Minnesota Press，1977），pp. 28–56.

③ Thucydides，*History*，p. 147.

胞的原因，当时他们正在考虑改变自己的决策：用处死和奴役惩罚背叛的盟友——密提林人。"你们已经成了为花言巧语所左右的常客"，他责骂道，"至于行动，你们仅仅只是听别人对它的评说……你们乃是追求悦耳言辞的受害者……"① 克里昂抛弃掉公民大会讨论中的冗长言辞，将它们作为只是那些"有理智的人"想炫耀自己的聪明而做出的东西。这样一来，克里昂就否定了伯里克利的公共讨论风气及其所蕴含的实践智慧的商谈性概念。正如修昔底德之后写到科西拉内战中的党争时所评价的那样，他相信的是："如果人有能力对一个问题从各个方面了解，那只表明了他不适合行动"。②思想和行动，言辞和行为，在此被表述为彼此对立——这种分离孕育着悲剧。③

伯里克利个人对于言辞和行为的整合一体在他杰出的远见上表露无遗。这种远见在《伯罗奔尼撒战争史》中他的第一篇言辞里就展现出来，他告诉雅典人在这场与斯巴达及其同盟的战争中要有最终获胜的信心，只要他们能够抵御这样的诱惑：利用战争的机会去扩张帝国并把自己牵连陷入"新的危险"之中。④雅典的悲剧，在很大程度上源于雅典人未能听从这条建议，让永不满足的欲望压倒了自己的更好判断。除了远见卓识与非凡的明智（prudence）之外，关于伯里克利的思想与行动"和谐"的表现还有很多。这一和谐的特殊品质在他对雅典自身的理想中得到了最为令人信服的展现，这一理想在墓前演说中展露无遗。

如果把葛底斯堡演说（Gettysburg Address）排除在外的话，那么伯里克利墓前演说无疑是西方历史上政治演说中最为著名的一篇了。它之所以如此卓越非凡是有很多原因的。最为重要的是，它是对行动的呼唤、呼唤人们去

---

① Ibid., p. 214.
② Ibid., p. 242.
③ 比起否认演说和公共讨论是制定有理智的政策所不可或缺的工具来说，如下这一点更让人无法接受：在弥罗斯对话中，雅典的发言人所揭示的自我概念。在弥罗斯对话中，雅典人要求弥罗斯人在强制服从或者种族灭绝之间二选一。为了合法化这一要求，他们宣称自己作为帝国在面对这样的情况时迫不得已只能如此："我们认为，统治有能力统治的任何东西，这是自然界的普遍的和必然的法。这不是我们自己制造的法，而且这个法造出来之后，我们也不是第一个照它行事的……我们只不过是服从这一法则行事……"（*History*, p. 405）. 正如尤本所指出的，"那么，雅典人认为他们仅仅只是自然法的执行者并将他们的行动归入'自然的'偶然链条之中，他们拒绝身为有能动性的主体存在（human agency）的可能性"（"Creatures", p. 48）.
④ Thucydides, *History*, p. 122.

仿效那些为保卫祖国而牺牲的烈士们的英雄行为。而且，它也是对那个城邦绝妙的刻画，无论作为一种政体还是一种生活方式来说，雅典城邦都绝对是独一无二的。[1] 在伯里克利的言辞中，对历史革新和伟大之处的意识得到了精彩炫目地明确表述。他从这个帝国民主城邦中取得原材料并将之塑造成人们可以为之慷慨赴死的理想。总之，他想要公民同胞认识到在其言辞描绘中的城邦之美："关于击败敌人能获得的好处，我讲了很多了（这些，你们和我一样都是知道的）。我希望你们能每天擦亮眼睛看到雅典的伟大，她的确是伟大的，你们应当爱她。当你们认识到她的伟大时，想想是什么造就了她的伟大，是那些有冒险精神的人，是那些知道承担责任的人，是那些深以不达到某种标准为耻辱的人……你们应该努力学习他们的榜样"。[2] 这不仅仅是对行动的呼唤：这是邀请人们为理想的感召而沉醉狂喜。伯里克利希望他的听众沉迷在雅典之美中，为城邦的伟大弃置自身。

问题是，伯里克利描述的许多东西都能让人沉醉狂喜。墓前演说并不简单是在吁求爱国主义的自我牺牲。它是对民主原则和民主个体性的阐述，表明了为何自由和平等能够产生力量和更多的自由，而且这种自由超越了公共领域的边界进入了个体生命本身。基于这样一个重要的意义，墓前演说所要传递的风气并不能够仅仅归结为对祖国（patria）的克己之爱或者从公民共和传统而来的众所周知的公民德性理想。在描述了民主政治制度的一些基本原则之后，伯里克利旋即做出了这样的陈述："正如我们的政治生活是自由而公开的，在日常生活中的人与人之间关系也是如此。当隔壁的邻人为所欲为的时候，我们不致于因此而生气……在私人生活中，我们是自由和宽容的，但是在公共事务上，我们遵守法律……"[3]

伯里克利接下来对比了雅典人的勇敢和斯巴达教育制度所创建的"由城邦教导出的勇敢（state-induced courage）"——在这些言辞中，字里行间透出的都是自豪，它标志着这样一种认识：从没有过任何城邦能够将由民主而产生的个人的自由与宽容这两者相匹配（此观点与《理想国》第8卷中柏拉图对于民主制的批评相一致）。每位城邦公民不仅能够在公共领域享有平等和自由，而且能够在欣赏美和智慧的"私人"领域中开创一种个体自我-塑

---

[1] 参考 Nicole Loraux 的权威研究 *The Invention of Athens*, Trans. Alan Sheridan (Cambridge, Mass.: Harvard Press, 1989).

[2] Thucydides, *History*, p. 149.

[3] Ibid., p. 145.

造的可能性。① 与城邦相关的事物和与个人修养相关的事物在伯里克利那里是作为一个彼此和谐的平衡出现的，一个人（用卢梭的术语来说）既是 homme（个人）又是 citoyen（公民），二者有区别但并不对立："在这里，每一个个体不仅仅只是关心自己的事务，而且也关心城邦的事务；就算是那些最忙于他们个人事务的人们对于一般的政治活动也是很熟悉的——这就是我们的特点：一个不关心政治的人，我们不说他是一个关心个人事务的人，而说他根本没有事务。"②

基于此种将城邦事务与（相对的）个人自由史无前例的融合，伯里克利可以宣称他的城邦是"全希腊的学校"，引用他的话来说就是："我们的每个公民"都是公共的和个人的追求二者和谐平衡的潜在模范。③ 确实，伯里克利认为他的公民同胞们都有对于美和智慧之爱，但这种爱与公共精神和牺牲精神牢不可分："我们爱好美丽的东西，但是没有因此而至于奢侈；我们爱好智慧，但是没有因此而至于柔弱。"④ 换句话来说，每一个雅典公民都达到了思想与行动的某种程度的和谐；实际上，每一位雅典公民都是一件艺术品。⑤

但伯里克利并没有止步于此。民主自由和民主参与、对于美和精神生活的欣赏：这些东西可能自身就是好的，但它们也是一件更大艺术品（即城邦）的组成部分。这一描述可能看起来是不合时宜的，是在将 19 世纪的黑格尔和布克哈特（Burckhardt）的构想强加给希腊世界。然而，无法否认的是，伯里克利最后的呼吁确实是以英雄的/审美的方式提出的。"伟大"

---

① 在此，我对于"公共（public）"与"私人（private）"的使用无疑是有些不合时宜的并且忽略了以下事实——即阿伦特在《人的境况（*The Human Condition*）》中强调的那一事实——对于希腊人来说，"私人领域（private realm）"指的是 oikos（栖息地、住所）或者是 household（家庭），是与生存相关的活动场所。
② Thucydides, *History*, p. 147.
③ Ibid. pp. 147 – 148.
④ Ibid. p. 147.
⑤ 因此，伯里克利说："在我看来，我们的每一个公民，在生活的各个方面，都是完全自主的；而且能够以非凡的优雅和多才多艺将之展现"（*History*, pp. 147 – 148）。将个人作为一件艺术品这一表述在黑格尔对伯里克利（和苏格拉底）的刻画中也得到了回响，他们是"彻头彻尾地具有极强可塑性的人"："这种可塑性不是被制造出来的，而是自己成型的；他们变成了他们所期望的那样，而且就是忠实于他们自我要求的那个样子"（G. W. F. Hegel, *Lectures on the History of Philosophy*, trans. E. S. Haldane [Lincoln: University of Nebraska Press, 1995], 1: 393）。另一个较为著名的回响是在尼采的书 *Gay Science*, sec. 290 中。

(greatness) 这一范畴既包含了民主的道德内容，也包含了由其孕育而生的原始个人主义 (protoindividualism)：

> 雅典，在我们所知道的城邦中也只有雅典，在遇到考验的时候能够比预期的更为伟大。对雅典来说，也只有对雅典来说，入侵的敌人不以战败为耻；受它统治的属民不因统治者不够格而抱怨。我们留下来的属于我们帝国的标志和纪念物的确是伟大庄严的。后世也会对我们表示赞叹的，正如现代一样。我们不需要荷马的歌颂，也不需要任何他人的歌颂，因为他们的歌颂只能使我们高兴一时，**他们对事实的估计与真实相去甚远**。我们的冒险精神强行打开了通往每片海洋和每块陆地的进路；所到之处扶友损敌，这些功绩已经留下了永世纪念。①

皮特·尤本（Peter Euben）引用上面这段文字作为伯里克利"远见卓识的帝国主义"的证据，并将其与十五年后雅典代表团在弥罗斯岛上那"令人厌倦的现实主义"相比较。在弥罗斯岛上，雅典代表团践行了那种最为野蛮的权力政治，对于荣誉和利益（或恐惧）之间的区分已经完全麻木。② 尼采更为尖锐辛辣。在《道德的谱系》一书中，他让我们注意这段话的最后一句，强调两种道德准则之间有着巨大的差异：一种认为"扶友"与"损敌"具有平等的道德价值，另一种更加关注普世主义道德的更为"奴性"（即同情）化的要求。③

虽然尼采是希腊英雄主义价值观的崇拜者，但在这里，他不失为是一位更好的向导。因为与弥罗斯对话（Melian Dialogue）那种族灭绝的现实政治相比，无论伯里克利的理想是多么的高贵，这一理想无非是"伟大"——这从根本上说是一个审美的范畴——胜过了所有的道德价值（尽管伯里克利和马基雅维利一样，都不会赞同荣誉能通过不荣誉的行为得到）。这与雅典人对自己独特性（优越感）的自我意识相一致，正是这一点让墓前演说作为一个整体充满鲜活精神。依照伯里克利的说法，雅典的民主和自由孕育了前所未有的勇敢和革新精神，超越了当代人也超越了后继者（"不但现代，而且

---

① Thucydides, *History*, p. 148.
② Euben, "Creatures", p. 45.
③ Friedrich Nietzsche, *On the Genealogy of Morals*, trans. Walter Kaufmann（New York：Random House, 1969），1：11.

后世也会对我们表示赞叹")。在此，伯里克利的远见到达了如同真正奥林匹斯诸神的地步：他骄傲谈论的每一件事都会被历史记载为事实的客观报告。他给雅典人提供了一个属于他们自身的不可思议的伟大性的反思形象，这一形象描画本身就是不可思议的。然而，在这幅画着雅典人伟大之处的图画中，我们找不到关于如此这般庞大的帝国计划的哪怕是一丝一毫的道德不安，在民主的道德世界和帝国的道德世界之间我们也找不到其间存在张力的任何暗示。事实上，构成了墓前演说的**道德**面向（如果我们可以用"道德"这个词来称呼它的话）的只有：那些以其武德在战争中取得了伟大功绩的人的德性是雅典人伟大的基石，而墓前演说就是规劝人们践行这些德性。

在伯里克利所面对的情况下——第一年战争结束之时，发表一篇演说来赞颂牺牲者——期望这位政治家做得更多些，是不可能的。雅典人在面对考验时需要的是激励，而不是自我批评。当然，伯里克利完全有能力对其公民同胞做出尖锐的批评，例如在瘟疫横行造成信心低落道德败坏的日子里，伯里克利的言辞明确地表达了批评。而这篇演讲词，是他在《伯罗奔尼撒战争史》中的第三篇也是最后一篇演说，他严厉责骂其公民同胞缺乏坚贞不渝的忠诚与渴望享受帝国力量所带来的特权却逃避"对帝国的责任"。首要的责任就是不惜一切代价保卫帝国，因为帝国毁灭的代价就是雅典人失去自身的自由："你们的帝国现在就像是一个僭主：过去取得这个帝国可能是错误的，但现在放弃这个帝国则一定是错误的。"[1] 在面对严重危机的时刻，个人的苦难压倒了公民的公共责任感，政治领袖的任务就是提醒他们权力的现实和后果，**而不是**批评导致他们现状的价值观。严格地来说，这些价值是不容质疑的。[2]

然而，问题并非伯里克利的政治修辞是否能够放在一个道德批评的标题之下，而是墓前演说中所阐述的理想能否与苏格拉底对于公民身份概念的激进修订相调和。有些人认为可以。然而，我将论证，雅典的悲剧并非在于言辞与行动的原初和谐被破坏（在苏格拉底这一形象身上可以找到此种破坏的症候表现，他是从积极行动的生活中抽身退隐的沉思者），而是就在于伯里克利所阐释的那一理想中。这一理想——雅典是前所未有的最伟大的、最好

---

[1] Thucydides, *History*, p. 161.
[2] 正如梭罗所指出的，"政治家和立法者，由于完全置身于体制之中，故而从未明明白白地看清楚它"。Henry David Thoreau, *Political Writings*, ed. Nancy Rosenblum (New York: Cambridge University Press, 1996), pp. 18–19.

的城邦——已经蕴含了最坏的东西；它能让最坏的事情（弥罗斯的种族灭绝）成为可能。① 从苏格拉底的角度来说，这是对最重要的事情置若罔闻或者根本就无知。

然而，这已经是在预测了。如果我们将伯里克利在方针政策上对于公共善的坚定不移和忠诚奉献与其继任者的行动做个比较的话，我们就能够看到（正如修昔底德想让我们看到的那样）一种明显的衰退，他的后继者们无法将智慧、力量和节制融合一体。克里昂攻击学习、智慧和讨论，说它们都是聪明的精英们用以暗中破坏普通民众所拥有的常识（并且压抑他们复仇激情），并将普通民众最不需要的同情和节制硬塞给他们。② 阿尔基比亚德，作为伯里克利的追随者和不幸的西西里远征的领导者之一，他非凡杰出的能力是众所周知的。然而，他毫无节制、妄自尊大的性格使公民同胞们对他产生了致命性的怀疑和不信任。尼西阿斯（Nicias），他在远征中的小心谨慎的长者和不情愿的伙伴，既不相信智慧也不相信力量能够达到城邦的目标；尼西亚斯的虔敬和迷信使他更像个斯巴达人而非雅典人。③ 最后，弥罗斯对话就是证据，在这篇对话中雅典人将他们自己看做是"普遍而必然的自然法"的执行者，这一自然法就是一个人要"统治他能统治的任何东西"。④ 在这里，留给由智慧所指引的自由行动和自我节制的空间消失不见了。雅典人令人厌恶地对试图保持中立的弥罗斯人发号施令：要么服从雅典，要么被杀死。帝国力量的命令没有提供任何其他选择："强者能够做他们有强力做的一切，弱者只能够接受他们必须接受的一切。"⑤

伯里克利的公民伟大之精神氛围渐渐衰退，这反映在各位领袖们至少欠缺了有责任感的领导者的各种关键要素中的某一种。在克里昂那里，我们能找到雄辩的修辞和激情，却找不到节制或真正的智慧；在阿尔基比亚德那

---

① 确实，从一定视角来看，弥罗斯岛上雅典人那"令人厌倦的现实主义"应该会受到伯里克利的修辞所展现的崇高的影响，除非因为他们的理想已经破灭，他们不再使用任何形式的委婉修辞为他们统治的任务挂上遮羞布。

② Thucydides, *History*, p. 217.

③ 见 Leo Strauss, *The City and Man* (Chicago: University of Chicago Press, 1964), p. 209. 我想指出这一点：施特劳斯对拥有传统德性的尼西阿斯极其同情；事实上，施特劳斯将《伯罗奔尼撒战争史》当做寓言来读：相对于雅典人的勇敢和革新，斯巴达人的传统主义有着终极的道德和政治优越性。具体例子可以参考此书第 146 页，斯巴达人的政治体制被赞誉为节制的化身。

④ Thucydides, *History*, p. 404 – 405.

⑤ Ibid., p. 402.

里，我们能找到智慧和能力，却找不到为公共善的献身精神；在尼西阿斯那里，我们能找到节制，但这是全无勇敢和活力的节制。这些要素的伯里克利式平衡已经消散不见了。随之而来的灾难看来是不可避免的。

苏格拉底的《申辩》

修昔底德描绘的雅典领导者逐渐衰落的轨迹不仅指向雅典人的品格堕落，也让我们看到希腊政治中思想和行动的令人不安的彼此疏离，这种疏离的极致表现就是在公元前399年对于苏格拉底的审判和定罪（这是西西里溃败后的第14年；是伯罗奔尼撒战败后第二次、也是最为血腥的一次寡头政变颠覆雅典民主之后的第5年）。

作为雅典公民，苏格拉底在战前或是战争期间参加了三场战斗——在波提狄亚（Potidaea）、第力安（Delium）和安菲玻里（Amphipolis）——表现得异常勇敢。但他也是野心勃勃和投机取巧的阿尔基比亚德的非正式老师，阿尔基比亚德公然蔑视民主制度，在伯罗奔尼撒战争中叛逃斯巴达，而且在公元前411年第一次寡头政变中阿尔基比亚德也发挥了作用。[1] 更糟的是，有一种大众接受的观点认为，苏格拉底对于"三十僭主（Thirty Tyrants）"的两位领头人卡尔米德（Charmides）和克里底亚（Critias）有着相当大的影响，在公元前404年的第二次寡头政变使得"三十僭主"这个暴力反民主政体短暂地当权。基于这一事实，再加上他哲学活动的特点（对于雅典掌权人物在道德上的自命不凡毫不留情）[2] 以及他长久不衰的作为颠覆性诡辩家的名声（阿里斯托芬的推动），使得其公民同胞很容易就怀疑他心怀反民主的情绪，而且在围绕他身边的那些富家子弟中培养对民主的轻蔑。[3] 确实，正如伏拉斯托斯和其他人所阐述的那样，大家都普遍认为苏格拉底是 misodemos——"人民的敌人"，从他结交的伙伴的生涯以及他广为人知的教导来看都能得出这样的结论。[4] 他的"败坏青年"和不信城邦神的罪名反映了当雅

---

[1] 关于阿尔基比亚德的功绩和谋略，详见下书第3-7章 Mark Munn, *The School of History: Athens in the Age of Socrates* (Berkeley: University of California Press, 2000).

[2] 见柏拉图：《申辩》, 21d.

[3] 见阿尔基比亚德对斯巴达人所作的关于雅典民主的评论, 载于 Thucydides, *History*, p. 467.

[4] Gregory Vlastos, "The Historical Socrates and Athenian Democracy", in *Socratic Studies*, ed. Miles Burnyeat (New York: Cambridge University Press, 1994), pp. 87-108.

典民主仍在挣扎于从痛苦失败、背叛和事实上的内战中恢复之时对于他的普遍的不信任：是对于他的反常规的智慧的不信任，更是对于他反常规的活动的不信任。① 如果我们再考虑到苏格拉底在《申辩》与《高尔吉亚》中对于雅典民主毫无限制的批评的话，那么关于他是一位暗藏的寡头派并且是危险的败坏青年者的观点能流行开来，就变得理所应当了。②

尽管苏格拉底的审判及定罪在当时政治环境中是可以理解的，但这些事件的影响已经超出了它们自身的历史境遇，标志着思想与行动、哲学与政治、理论与实践彼此区分的开端。阿伦特在她1954年的论文《哲学与政治》中明确地表达了上面这种观点，她写道："哲学与政治之间的鸿沟历史性地开端于对苏格拉底的审判及定罪，这一事件成为了政治思想史上的转折点，正如同对耶稣的审判及定罪成为了宗教历史的转折点一样。"③ 尤本没有使用如此戏剧性的语言，但他同样确信苏格拉底的审判代表着一个再也无法回去的转折点："哲学和苏格拉底从政治和雅典那里疏离出来使得这些对话（《申辩》、《克力同》）成为了悲剧性的……《申辩》是哲学的悲剧也是政治的悲剧，或者更准确地说，是这两者再也无法建立关系的悲剧。"④ 随着对苏格拉底的审判及定罪，思想与行动之间的不和谐日益增长——修昔底德的《伯罗奔尼撒战争史》出色地把握了它——转变为一场全面的战争：哲学家试图在两者之间建立一个新的、后伯里克利的关系，而结局是死刑判决。据说，自此之后，哲学和（民主）政治分道扬镳，而且那独一无二的时机失去了。

正如我在之前所提示的那样，这一"丧失"和"碎片化"的叙事有点过于干净漂亮了。不过，柏拉图（在《理想国》中）所作的伟大尝试就是通过创造一个理性的僭政以确保哲学的政治安全，他的这一努力表明曾经只是哲学与政治之间的张力由于苏格拉底之死变成了一个真正的鸿沟。诚然，

---

① 参见 Eli Sagen, *The Honey and the Hemlock* (Princeton: Princeton University Press, 1994).
② 类似的学术观点在这个世纪仍然能够看到。例如，可以参见 Ernest Barker, *The Political Thought of Plato and Aristotle* (New York: Dover, 1959), pp. 51 – 52; W. K. C Guthrie, *Socrates* (New York: Cambridge University Press, 1971), pp. 89 – 90; Ellen M. Wood and Neal Wood, *Class Ideology and Ancient Political Theory: Socrates, Plato, and Aristotle in Social Context* (New York: Oxford University Press, 1978).
③ Hannah Arendt, "Philosophy and Politics", *Social Research* 57, no. 1 (Spring 1990), 73.
④ Peter Euben, *The Tragedy of Political Theory: The Road Not Taken* (Princeton: Princeton University Press, 1990), p. 204.

第一章 什么是苏格拉底的公民身份？

这一疏离有着悲剧性的一面，正如试图去弥合这一裂隙也曾造成了悲剧一样（例如，马克思主义者试图通过政治行动来达到"哲学的现实化"）。然而，像阿伦特和尤本所做的那样，固守这一创伤事件所造成的"鸿沟"，掩盖了这样一种可能性：哲学与政治、思想与行动的**部分**疏离正是苏格拉底生活和教导的关键，而非仅仅只是他死亡那不幸的结果。换句话来说，我们能够用一种积极的视角来观看这一有限的疏离，将之作为一种新的、个体的公民身份模型。在《申辩》中，苏格拉底指出了此种疏离的道德要求，而且也表明了由其所造就的"本着良心公民"身份的模型。

从政治理论的角度看，《申辩》毫无疑问是柏拉图的"苏格拉底文本"中最为重要的。因为在这篇对话中苏格拉底直接地讨论了他的哲学活动的政治意蕴，除此之外他还为自己（新奇）的公民身份的实践提供了一个辩护。的确，在《申辩》中我们能够瞥见一个新的道德世界，在那里重心乃是本着良心的个体而非传统、习俗或者公共准则和意见。转用黑格尔的术语（尽管并不是其确切含义）来说，随着苏格拉底，"自然道德"——立基于信念、习俗或者一套律法的道德——让位于"反思道德"，其视角是"普遍的"（即，半疏离的）我。我们不需要接受黑格尔关于普遍性的形而上学定义，就能够理解他下面的话的真相："从此，世界开始改变，这一改变后来达到了完成状态。"[①] 苏格拉底的哲学传授了疏离的技艺。通过这一技艺，世俗的良心——通过思想自身的对话而生的良心——就被创造出来了并且公民身份的理想型得以改良。

在进入《申辩》探寻苏格拉底的哲学和公民活动之前，我想指出苏格拉底那著名的主张：他是"少数（即便不说是唯一一个）从事真正的政治技艺（alethos politike techne）的雅典人之一，而且当今的人中只有我一个在践行政治家的身份"（《高尔吉亚》，521d6 – 8）。在《高尔吉亚》中，这一主张紧跟着一连串对于公元前5世纪雅典最重要政治家的激烈批评而来，这些政治家有地米斯托克利（Themistocles）、米尔提亚德（Miltiades）、客蒙（Cimon）和伯里克利——他们都没有通过关于政治家身份的一项真正测验，即，是否他们的领导使得雅典公民在道德上获得了提高（515 – 519c）。很明显，真正的政治家在于拥有一种灵魂技艺，而这项技艺只有苏格拉底一个人是大师。雅典最伟大的政治领袖仅仅是成功做到谄媚民众，从而使得民众更

[①] Hegel, *Lectures on the History of Philosophy*, 1: 407.

加"不节制"。

我之所以从《高尔吉亚》中引用这个段落是因为：初看上去，在这段话中苏格拉底给出了一个与《申辩》截然不同的自我理解。《高尔吉亚》中的苏格拉底显然认为存在着一种在专业道德知识指导下的真正的政治技艺，这种专门化的技艺知识（techne）类似于驯马师或者医生所践行的技艺。真正的政治家与其虚假对手之间的差异是：前者拥有这种专门的道德知识，而后者没有。正如许多注释者所指出的那样，这一推理思路意味着根本上反民主的态度：政治合法性成为一种专门的（并且是相当稀有的）知识类型起作用的结果，而不是一致赞同或者大众判断的结果。所以，如此看来，在《高尔吉亚》中苏格拉底的立场与柏拉图在《理想国》和《政治家》中全面详细阐述的强有力反民主的"高贵技艺"（basilike techne，王者技艺）仅仅一步之遥。对于"真正的政治技艺"的标准解读也是反个人主义的，因为没有理由对那些欠缺当前所讨论技艺的个人的道德能力抱有期望。如果说《高尔吉亚》的苏格拉底对其同时代伟大的政治家毫不重视的话，那么他的道德知识概念暗含着他对民众（hoi polloi）毫不重视，无论从个体还是共同体来说都是一样。[1] 看起来，普通的个人是能够在道德上获得提升的，只要他或她足够幸运能够被掌握真正的政治技艺的内行人统治——这位政治家能够开出猛药，而那些谄媚民众的政治家则不这么做。[2]

和《高尔吉亚》一样，《申辩》中也包含着对于民主实践的强烈批评。然而，在《申辩》中苏格拉底避而不谈"政治家的技艺"和"真正的政治技艺"。在回应梅勒图斯（Meletus）、卢孔（Lycon）和阿努图斯（Anytus）的指控时，苏格拉底表现出来的自我形象是：不仅是"公民的一员"，而且也是自觉疏离的个体，以便于从事其哲学使命。他告诉公民同胞（500人陪审团再加上未知规模的听众）的是，他身位既不在城邦大会之中也不在法庭之内。他在如市场这样的非官方公共空间和如卡利克勒家（《高尔吉亚》对话设定发生的场所）这样更为私人的空间中从事对公民同胞的交叉询问/诘问（cross-examination）。这在某种程度上与哲学活动的本性相关，即与如

---

[1] 参见 Richard Kraut, *Socrates and the State* (Princeton：Princeton University Press, 1984), pp. 196–199.
[2] 《高尔吉亚》的这个论证在《理想国》第 6 卷中得到了更为丰富多彩的展开，在那里柏拉图将人民比作"强力猛兽（great strong beast）"，他们的欲望为智者和政治家所喂养迎合，但是却从未得到过恰当的训练。

下事实相关：真正的省察只能发生在被省察的成员能够自由地说出他/她的真正信仰的地方。当然，这也与民主政治的现实和多数人都倾向于不能容忍批评相关。"如果我说了真话，请不要觉得被冒犯"，苏格拉底责备陪审团说，"凡是真心与你们和 organized democracy（其他民众）的意见相左的人、凡是断然阻止不义和非法之事在城邦中发生的人，都活不了。正义的真正斗士，如果他想要幸免于难多活几天，只能过私人生活、远离政治生活"（31e – 32a）。①

这真是惊人的控诉。苏格拉底从公共生活中抽身退隐这一行为并不仅仅是其哲学志业的一个必要选择，而是由政治上多数人统治所决定的一种悲观的必然性。民主制中的多数人那反覆无常的、易受感情支配的、自以为是的本性（修昔底德都写得清清楚楚）使得真正道德正直的个体无法过**公共**生活。无论是在法院里或是在公民大会上，公共演说都是基础性地修辞并在打动听众上具有至关重要的作用。它试图劝说人们以特定的方式决断或行动。因此，仅当演说者对当前讨论的内容得到广泛认可是相对确定的并且（如此一来）能够成为激发自以为是的"我们"的激情并获得赞同回应的有效手段（实际上所有利用人们爱国之心的手段都如出一辙）之时，公共演说才可能用"道德"这个词来表达。在战争或者内乱之时，在公共辩论中站在更为严格的道德立场上反对大多数是完全无效的，而且很可能是一种自杀行为。比如，（在修昔底德的《伯罗奔尼撒战争史》中）在密提林辩论中戴奥多都斯（Diodotus）反对克里昂的屠杀政策，他小心谨慎的将自己的观点披上了实用的外衣，指出：密提林人得到温和节制的对待要比惩罚报复更好，这样才能使"密提林对于雅典最为有用"。②

此处这种观点——苏格拉底的观点——并不是说民主集会是非理性的专属温床（尽管可能确实如此），但是，如果公共政治演说要避免唤起猜疑和怨恨的情绪的话，那么它就必须始终诉诸共有的情感和常识。在公共－政治世界中，当多数人所支持的政策是不义之时，在良心上和言语上反对它的个体就会成为社会的遗弃者——面临着成为殉道者这一真正的危险。在雅典人的直接民主政治世界中，这一危险大大地增强了；因此，苏格拉底从公共领域中抽身退隐。

但是，苏格拉底从"官方"的公共领域中抽身退隐的这一独特行为证明

---

① "Organized democracy"是希腊词 plethora 的英译，含义是大众、一大群人或者民众。
② Thucydides, *History*, p. 220.

了他的哲学活动有着确定无疑的政治维度。苏格拉底似乎在说，如果不是因为公共舞台的独特扭曲特征的话，他自己那让公民同胞变得"尽其所能的好"的尝试可能采取一种更为常规的政治形式，这种政治形式可以让他的行动在其同胞那里看起来不是那么"反常"（20d）。

那么，苏格拉底哲学活动——不断地追问自己和他人——的政治维度是什么？首先，人们应该会注意到苏格拉底活动特征的**负面**品质。与《高尔吉亚》截然不同的是，他为自己辩护的出发点就是明确地否认如下角色，"完善人和社会品质的专家"（20b）。这是智者自我宣称的角色，他们出卖关于道德的专门知识给出身富裕的雅典子嗣。与他们形成对比的是，以及与他自己那本不应该属于他的公众声名形成对比的是，苏格拉底清楚地认识到他自己没有这种专门知识以供出卖或传授："如果我也懂得这些事情（即，"完善"人和社会品质的技艺），那我肯定会自鸣得意、自我膨胀"，"但事实上，雅典人，我不懂"。（20c）[1] 任何将苏格拉底描绘为创造了作为灵魂技艺的政治技艺的解读都必须面对这一点，而且在《申辩》中类似的自知无知宣言只能作为一种彻头彻尾不正直的表现了。

鉴于苏格拉底对于摇尾乞怜以求生这一想法大为嗤之以鼻（35a－b），当他强调自己不知道道德的正确定义时、当他强调自己不知道道德真理的**肯定面向**时，我们的确没理由怀疑他在撒谎。他所声称拥有的智慧的唯一形式就是那著名的自知**欠缺**关于善好的肯定面向的知识："我自己知道，我没有智慧，无论大的还是小的。"（20b）其"属人的智慧"根本上的不完善状态在于：自知自己无知，知道自己并不拥有如智者、政治家和诗人所宣称拥有的关于道德的专门知识（21d4－6）。这是一种负面的智慧——对于德性是什么和"最好的生活"是什么相对无知的状态——它是苏格拉底哲学活动的根基和驱动。[2] 比如，凯瑞丰（Chaerephon）在德尔菲得到的神谕是苏格拉底是"世上最有智慧的人"，苏格拉底回应这一神谕的方式是不断地寻找证据，并且反驳那种到处流传的认为他精通道德知识的流言。他是这样描述自己所从事的活动的（在《申辩》21c－23c）：这一活动是前后一致地令人灰心丧

---

[1] 参照《申辩》23，在那里，苏格拉底转述了别人给予他的名头"传授智慧的教师"，将之作为一种"恶毒的诽谤"。也可参照《申辩》33b，在那里，他强调说："我从未向任何人承诺要教导他们，也从未传授任何东西。"

[2] 显然，智者宣称拥有的关于最重要事物的**知识**与苏格拉底那负面性的"属人的智慧"之间的区分是解读《申辩》和苏格拉底哲学活动的核心关键。参考 Reeve, *Socrates in the Apology*, p. 13.

气的，活动的内容就是系统地驳斥那些宣称拥有道德智慧的人——这一行动只是让他更出名（21d）。**诘问法**揭露了所谓"道德专家"那信心满满的宣言只不过是一些无根基的幻想而已，但是苏格拉底并不提出一组替代的"道德事实"以发挥慰藉作用。在这些问题上——对于人来说最重要的事情上——真正的智慧就是，自相矛盾地来说，"属神的东西"，不属人（23a）。① 当涉及德性时，没有人能够说自己是有智慧的。②

于是，苏格拉底将神谕的答复转变成关于善好的属人知识的虚幻本性："在我看来，神并不是真的在说苏格拉底，而**仅仅只是用我的名字作为一个例子**，就好像他在对我们说，你们人类中最有智慧的就是像苏格拉底那样的，认识到就智慧而言他真是毫无价值的。"（23b，着重之处为本书作者所加）并且，正是在这一基础上他孕育出自己的哲学使命，以一以贯之的负面形式来构造：他自己并不知道，并且他给自己的任务就是揭示那些自以为知道的人其实是比他更无知的人。他使用理性，以交叉询问的方式，净化他人吹嘘为真理的意见。就像他在《申辩》中所描述的那样，他的哲学活动本质上就是要让对话者幻想破灭。这是他的最高责任和唯一工作，是他"对神的侍奉"（23c）。

但有人可能会问，仅仅只是不断的净化清除能获得什么？在消解这些虚假的自称为智慧或者道德专门知识的东西之外，苏格拉底的哲学活动的**观点**是什么？对于这个问题，理查德·克劳特（Richard Kraut）曾提出了一个答案。他认为苏格拉底将理性以消解、排除的方式使用，是将之作为最终获得正确定义的引子。这种方式也作为让对话者"转向"到苏格拉底那非正统的道德观点尝试的最主要手段。按照此种解读，**诘问法**所起的作用并不是要对

---

① 苏格拉底提出了一个近乎原－康德式的主张：人类知识的有限性，这一主张在 Lazlo Versenyi 的书 *Socratic Humanism*（New Haven：Yale University Press，1963）中得到了细致的论述。

② 在此，我同意托马斯·布里克豪斯（Thomas Brickhouse）和尼古拉斯·史密斯（Nicolas Smith）在他们的书 *Plato's Socrates*（New York：Oxford University Press）第34页上提出的关于苏格拉底的无知的解读。里夫（Reeve）的解读（在他的书 *Socrates in the Apology*, p.58）强调：苏格拉底仅仅否认了德性的**专家**知识——这一立场使得他能够声称拥有一种"非专家"知识而不会陷入自相矛盾。里夫的观点是非常重要的。如此一来，如果说苏格拉底是极端的怀疑论者——他否定**任何**形式道德知识的可能性（诸如关于不义或者必要信念的通常知识），那就显然是错误的了。然而，我认为里夫过于强调专家/非专家知识的对比，这就使得苏格拉底思想的怀疑维度相对缩小了，使得苏格拉底看起来仅仅关心知识的傲慢，却对在道德事务中日常无思状态漠不关心。

习常观点或者道德产生怀疑,而是通过摆脱各种各样会造成不义的错误信念以净化它。① 这样一来,苏格拉底的省察造成的困惑仅仅只是道德发展进程的第一个阶段,道德发展进程从对于习常德性的非反思性大杂烩式的接受到成为更系统而且更为一以贯之(也更真实)的一系列道德信念。

阿伦特在她的文章《思与道德思量》中提出了一个截然不同的解释(在本书第五章中我会详细讨论)。阿伦特将苏格拉底哲学活动的核心精确地定位于净化特性。② 这一矫正不能简化为要清除对道德进步造成障碍的那些不一以贯之的和错误的道德信念。毋宁说,这是一种更深层次和更为激进地对于对话者实践生活的认知基础的质疑。道德困惑所造成的结果并不是在消除错误和朝向德性真理持续进步之间建造过渡的桥梁;而是说,道德困惑是作为**思**(thinking)的先决条件,这一德性困惑本身就是苏格拉底的净化的首要目标。只有当行动已经停止而且像勇气、正义和德性这类词成为了真正令人困惑的东西之后,思才真正开端。柏拉图笔下的苏格拉底在回应美诺时将自己比作一条"电鳐","对我自己来说,如果电鳐只有通过麻痹自己才能麻痹别人的话,那么这一类比是公正的,否则就不对了。这并不是说,我让他人感到困惑时我自己知道答案。真相不如说是我自己感到困惑,也将这种困惑传染给了他们"(《美诺》,80c – d)。

综合这一比喻以及在《申辩》中的牛虻比喻,阿伦特指出,在苏格拉底的省察过程中,一个人是如何被牛虻"唤醒",又被电鳐"麻痹"的。但在"人类事务的通常情况"这一立场中麻痹看起来会是什么样子呢?实际上,表现出来的样子就是思的永不安分、永不停止的活动。③ 随着"思之风"升起并且所有日常活动中断,苏格拉底的质疑的净化效果并没有走到尽头。毋宁说,它改变并且扩展了自身,将"语言(作为思的媒介)在思中结冻之处"解冻。概念、语句、定义和学说现在都放在了运动之中。正如阿伦特所指出的:"此种("思之风")特性的后果就是,对于所有已确立的标准、价值和关于善与恶的尺度——简而言之,对于我们在道德观和伦理观上讨论的那些习俗和行为准则——思不可避免地造成毁灭性的和破坏性的影响。"④ "经省察的生活"并不是要清理我们的理智和道德之家,摆脱那些让我们对

---

① Kraut, *Socrates and the State*, pp. 200 – 203, 218 – 228.
② Ardent, "Thinking and Moral Considerations", p. 23.
③ Ardent, "Thinking and Moral Considerations", p. 23.
④ Ibid., p. 24.

自身的道德理解产生混乱的错误信念。毋宁说,"经省察的生活"需要对于我们道德文化的基础语词(那些词语的意义似乎是自我证成和无可辩驳的)做出不断的和看似循环的追问。① 追问就是其自身的目的。

我认为阿伦特的解读要比克劳特的解读更接近于苏格拉底的精神,克劳特试图将苏格拉底破除幻象的活动置于道德发展这一大框架之下——这一解读是奇怪地密尔式的。② 但是,克劳特的如下观点当然是正确的:"苏格拉底并不想要反驳所有习常的道德信念。"③ 当然,如下观点也是正确的:苏格拉底引入的是"对于所有公认的教条和规则重新进行无情地消解和省察,这对于所有的信条来说都是同样危险的",但自己却不提出任何**新的**信条,苏格拉底的目标并不是要摧毁已给定的正义——就因为其本身是已给定的,也不是要颠覆所有(习常的)道德信念。④ 不如说是,苏格拉底试图向其对话的伙伴敦敦教诲某种态度,这种态度将高度的道德严肃性与破坏性的理智正直结合起来。这一态度是苏格拉底自身道德和理智正直的标志性特征,可以将之描述为:这是一种对于道德标准和规则的日常解读通常会将我们引向(或者助长我们顺从于)不义的深深的觉察。确实,日常解读经常将不义作为正义,许多对话(特别是《高尔吉亚》和《色拉叙马霍斯》)都证明了这一点。

作为社会和政治的存在,我们的本性就是赞赏和责备"我们"赞赏和责备的东西。我们成为"有道德的"正如我们成为"社会的"(即,通过模仿和习惯化成为"社会的")。苏格拉底所要求的头等大事并非是要让个体驳斥全部(in toto)道德假设——他用这种模仿和习惯化的方式获得了这些道德命题,而是说个体要努力去对所有公认的定义持怀疑的态度、保持一定的距离。此种怀疑主义由这样一种认识所驱动:既是对整全的道德真理的怀

---

① 暗含着无尽的并且必然的循环(苏格拉底追问的本质)的一个好例子就是《游叙弗伦》篇。在这篇对话结束的时候,苏格拉底兴致勃勃地要重新开始,游叙弗伦则以晚些有约为由谢绝了。
② 这里存在着一个重要的反讽。因为,克劳特批评卡尔·波普尔的苏格拉底解读太类似于约翰·斯图尔特·密尔(J. S. Mill)的解读(*Socrates and the State*, p. 204)。克劳特将苏格拉底对命题的检审与省察大致描述为:通过摆脱错误的道德信念,从而让我们能够更接近于正确的道德命题(pp. 220 – 221)。但显然,这种解读也是密尔在《论自由》第二章(论思想自由和讨论自由)中提出的基本论证。
③ Kraut, *Socrates and the State*, p. 221.
④ Ardent, "Thinking and Moral Considerations," p. 25.

疑，也是对具体道德事实的怀疑，所有"终极的"答案立刻成为了虚假的谎言。事实上，它们有可能是**部分**真理，但在它们的日常使用中却暗含了教条主义——这一教条主义源于错把部分作为了整全，这些教条主义成为诘问式消解的合适对象。

苏格拉底很清楚：他哲学活动的听众里包括了有闲暇的年轻人，这些人会从他对那些自称道德专家者的不断驳斥中获得一种愤世嫉俗的教育。在《申辩》中他提到：迄今为止年轻人对于他诘问技艺的肤浅模仿是造成他不受欢迎的另一个潜在因素（23c-d）。这个问题事实上是：理性的消解性用法可能导致了肤浅的和潜在非道德的用法。确实，正如阿伦特提醒我们的：思本身就是危险的，因为它产生不了任何积极的结果、提供不了任何替代准则或信条。然而，苏格拉底认为思的内在风险是值得去冒险承担的。他相信最大的（即便不是所有的）不义都是无思地应用道德或者幸福的习常概念的结果，而不是源于"决意成为恶人"。① 在这里，"无思（thoughtlessness）"并非指的是鲁莽或者盲目。毋宁说，这个词指的是社会生活本质上的好模仿本性，指的是这一事实：我们行为的绝大部分都是源于习惯、习俗和成见，并且因此有一种未经思索而自动地或者是固有地因循守旧的特性。

如果看看阿伦特——伯里克利式理想主义的伟大现代传人之一——为什么转向苏格拉底并将其作为思的模范，那么我们就更能理解上面这个观点。她对1960年耶路撒冷阿道夫·艾希曼（Adolf Eichmann）审判的观察导致她坚持思的道德和政治意义。尽管他的行为——将千百万的犹太人运输到纳粹的死亡集中营去——是恶魔般恐怖的，但行为者并非如此。事实上，正如阿伦特所评述的，"和他在审判中的行为一样，人们在他过去行为中所能发现的唯一独特性格……就是某种全然负面的东西：不是愚蠢，而是奇特的、真正的完全无能于思"。② 艾希曼依赖于陈词滥调、俗语传言和"传统的、标准的表达准则"，即便这些极端离谱不在适当位置上的表达显示出了"非同寻常的浅薄"。这不禁让阿伦特产生了疑问，"不只在缺失'不良动机（base motives）'（如法律对它的称呼）的情况下，而且在根本毫无动机（无任何特定的利益或者意愿的推动）的情况下，恶行——不仅是疏忽之罪（sin of omission），而且是明知故犯之罪（sin of commission）——可能存在？"这也

---

① 因此，那众所周知的苏格拉底式悖论就是：没人知恶作恶，恶是无知作用的结果，而德性是一种知识。
② Ardent, "Thinking and Moral Considerations," p. 7.

让阿伦特感到惊奇：难道"我们的判断能力——区分对错的能力、区分美丑的能力——是取决于我们思的能力吗？"更为直白地来说，艾希曼之无思所引出问题就是："无能于思与我们通常称之为良心的灾难性失灵是同时发生的吗？"①

如果上面这个问题的答案是肯定的（正如艾希曼的例子似乎表明的那样），那么思的能力就成为了道德生活中心，而且，对政治生活来说确实也是如此——至少在"每一个人都被其他人的信念影响而无思地沉瀣一气"时是这样。② 阿伦特认为这样的时刻是"紧急状态"，在这样的时刻，苏格拉底的省察的破坏性、净化效果是道德判断能力解放的必不可少要素。在这样的时刻"思不再是政治问题上的边缘事件"，思成为了这样一种东西："在罕见的紧急时刻的确有可能阻止大灾难，至少对我来说的确如此。"③

我认为，苏格拉底的思与省察的政治含义是一个既令人感动又令人信服的概念。然而，说到底这个概念是一种过于限制性的东西（具体的理由我会在第5章讨论）。为了充分说明苏格拉底的这个概念的含义我使用了艾希曼的例子以拓展出一个更广阔的景象：在二十世纪或者其他的世纪许多重大的政治恶行制造中充斥着多余的恶的动机。当阿伦特写如下文字之时："那些毫不邪恶的普通人，他们没有任何特殊的动机，而也正因此，他们可行**无尽之恶**"——她在很大程度上摸准了政治恶的一个本质性的前提条件：根深蒂固的无思。这种无思状态——就好像是被社会和政治生活的本性所分泌出来的一样——让多数人（不仅仅是那些轻易盲信的人）在绝大多数的时间和地点上（比我们所想要承认的）更有可能对不义持默许的态度或者成为恶的帮凶。正如梭罗提醒我们的那样，没有任何文化——甚至是自由民主文化——能够免除这一危险。④ 就像艾希曼那样，我们都太容易被大众生活那未经省

---

① Ardent, "Thinking and Moral Considerations,", p. 8. 正如阿伦特在她的书 *Eichmann in Jerusalem* ([New York: Harcourt Brace, 1963], pp. 146ff) 中所指出的：艾希曼将道德性与合法性无思地混合，这种状态让他恪尽职守地完成任务。在他的认识里，不执行希特勒的命令（这命令有着法律的强制力）等同于最没有原则的行为。

② Ibid., p. 36.

③ Ibid.

④ 在本章稍后部分，我会探讨梭罗的文章《论公民不服从的责任》。然而，我们需要将史克拉反复指出的如下观点铭记在心：在废除奴隶制之前，美国在道德上没有资格作为自由民主国家。参考 Judith Shklar, "The Liberalism of Fear" in *Liberalism and the Moral Life*, ed. Nancy Rosenblum (Cambridge, Mass.: Harvard University Press, 1989), p. 22.

察的激情和怨恨冲昏头脑，让我们的道德生活被一系列"自鸣得意的陈词滥调"所左右。苏格拉底的省察的含义就是：当道德信念成为公认的或者无可争议的时候，每一种道德信念实际上都会变成虚假的并且成为不义之事的诱因。

在此，我们需要去面对苏格拉底的极度**奇异之处**，这种奇异之处会很容易被掩盖掉，因为在我们的文化中对于自由教育来说，"未经省察的生活是不值得过的"这句话不过是一句"自鸣得意的陈词滥调"。此种奇异之处的一个方面在于：基于下一个诘问法遇到的结论，他自己乐于放弃任何信念。① 此种立场的奇异之处必须被充分地记述。这远远不是乐意去听从他人的观点，或者基于相反观点那无可置疑的证据故而改变自己的观点。它意味着以这样一种方式来把握"最重要的事情"的信念：抛开我们存在的不可思议之外，**没有任何东西**可以成为神圣的或者成为我们存在的基本构成。但至少从心理学的角度来说，我们多数人都是麦克·桑德尔（Michael Sandel）所说的"社群性的自我（encumbered selves）"，对于我们来说，某些内在的信念和承诺构成了我们的存在：抛开它们，我们无法想象我们能够成为**我们自身**。②

对于苏格拉底来说，"经省察的生活"与社群性的自我之间是（整体上来说）并不相容的。我们最为珍视的承诺和忠诚可能在道德上并不稳固；能够让我们拥有微弱信心相信它们并非如此的唯一方式就是：向那些试图动摇它们的论证提出持续不断的追问。所有的抗议恰恰与此正相反，因为具有**此种程度**理智正直的人即便有也是凤毛麟角。确实，任何信仰、坚定的决心或者共同体意识的价值看起来都是不能降解的，其背后的教条主义原则是：我们无法用**与此不同**的方式思考我们自身。未经省察的生活是不值得过的（《申辩》，38a），但事情的真相是事实上所有人——甚至是受到最为自由的教育的人——在最为一丝不苟的标准之下实际上都过着无价值的生活。③ 我们的生活——人类生活、社会生活——几乎在每一层级都渗透着这样或者那样的教条。

---

① 见柏拉图：《高尔吉亚》，457d–458b。
② 见 Michael Sandel, *Liberalism and the Limits of Justice* (New York: Cambridge University Press, 1982), pp. 58–59。
③ 这并不是要否认存在着**一定程度**的省察和反思，也不是要否认自由教育确实有助于这两种活动。然而，苏格拉底这一主张的本质就是将我们所有的安慰都剥夺掉，这份安慰源于将某些片段性的（例如，在人们大学时或者经历中年危机时发生的）自我反思等同于经省察的生活。

第一章　什么是苏格拉底的公民身份？

但是，前面对于负面性、破除幻象以及与日常生活无思状态的斗争的强调难道不是将苏格拉底哲学活动的中心从相信**什么**转移到了它们**如何**得到相信了吗？这样做难道不会导致那看起来有悖常理的结果：将苏格拉底同化于如海德格尔和萨特那样的存在主义，并做出本真和非本真、自为（pour soi）和自在（en soi）这样的两极区分吗？对于苏格拉底来说（如果对于海德格尔和萨特并非如此）难道不是存在着明确的 telos（目的）吗，即一个"道德发展的最终目标"，它是独立存在的（即"灵魂的完善"）而不仅仅是负面的或开放的？而且，苏格拉底难道不是始终如一地评判政治家、个人甚至是整个城邦吗，通过克劳特称之为"结果测验（narrow test）"的检验以评测人们拥有或提升了多少德性？[①] 不然，我们还有什么别的办法能够让苏格拉底对于其公民同胞的恳求——让他们关注于"求知、智慧和（他们）的灵魂（们）的完善"——获得意义呢（29a）？

苏格拉底当然想让其公民同胞在关心他们自己的灵魂方面比他们当前所做的更多，并且让"向善迈进"——而不是向成功、财富和权力迈进——成为他们生命的核心。但是如果他们自己和苏格拉底都不知道真正的善是什么样子的话，他们又如何能够迈步向前呢？如果关于道德的本性并没有任何真正的智慧，那灵魂如何能够达到"完善"？

在此，我们需要认识苏格拉底献身于其"使命"的激情强度，他的"使命"即这一事实：他并非将自己的生命奉献给为自身利益而破除幻象，而是要让其公民同胞有可能在道德上取得进步。这只"牛虻"唤醒、说服和责骂人们是为了让人们不再沉迷于一种道德自满的状态中终日酣睡（31a）。然而，他将人们唤醒的东西并非是一种新的、鼓舞人心的关于德性或者人类高贵性的理想，而是一种由于人们的傲慢、缺乏清醒意识并且成为习俗的附庸所引发的不义感。苏格拉底并不把自己作为拥有关于德性本性的哲学智慧的贮藏库，也不把自己作为德性的化身。无论在他的生活中发现何种道德上的可资借鉴之处，那全都是他跟随避免不义的命令并且不计代价去做的结果。在《高尔吉亚》所表明的准则中，他宁愿承受不义之事也不行不义之事（469c），即便是赔上性命。

正如乔治·凯特布（George Kateb）所指出的，苏格拉底的所作所为自始至终都是在遵循避免不义这一原则。[②] 其道德正直就在于他毫不动摇的坚

[①]　见 Kraut, *Socrates and the state*, pp. 211, 219.
[②]　Kateb, "Socratic Integrity", pp. 79–80.

持**这一**原则，并且否弃的道德也从之而来。比如，面对着陪审团的有罪裁决以及按照法律提出了一个缴纳罚金（而不必处死）的替代方案时，苏格拉底提议应该惩罚他"由城邦免费供养"以便于他能够继续为雅典同胞提供"道德激励"。这初看起来是一个苏格拉底的反讽的拙劣例子，但实际上他之所以这样做是源自其坚定的信念：他从未有意对任何人行不义之事（37a）。因此，他不能对自己行不义之事，他不能赞同缴纳罚金这样一个他本不应得的惩罚（被驱逐出雅典也是一样）。苏格拉底甘愿冒着死亡的危险，因为他坚持避免不义的原则没有丝毫动摇。他对于公民同胞的"道德激励"和劝诫就是让他们严肃对待这一原则。从这个苏格拉底的观点出发，道德进步——一个人灵魂完善的进程——在于日益一以贯之地和自觉地避免不义。

苏格拉底的道德的这种负面性阐释看似容易受到一种反对意见的攻击。一个人如果不先拥有关于什么是**正义**的知识，他怎么可能**知道**什么是不义（并从而能够避免它）呢？是否任何否弃型道德最终都是寄生的，要吞食一个积极的方面，将正义或者善好概念吃掉之后得到？

在思考这一反对意见时（自由主义的批判者通常会提出关于**自由主义的**否弃型道德方面的反对意见），假如我们能够将苏格拉底自己对公民身份的践行铭记在心则会有所帮助，苏格拉底在《申辩》中描述了两个至关重要的时刻以展现他对于公民身份的践行（32b-e）。第一个事件发生在公元前406年，事关公民大会欲将八位将军集体治罪，因为在阿吉纽西群岛（Arginusae Island）刚结束的海战中他们没有运回阵亡者的尸体妥善安葬，也没有营救幸存者。① 当时苏格拉底正服务于议会（the Council）（正好是苏格拉底的部族当政），作为公民大会主席团的**执法官**（epistates）或者是主席，苏格拉底投出了唯一的反对票——反对把将军们进行集体审判的提议，因为这一提议直接与雅典人关于法定诉讼程序的观念不符：

> 雅典的人们啊，我从未在我们的城邦中任过其他职位，唯一的一次就是在议会服务。那时正巧我的部族安提俄克斯（Antiochis）轮值主持，当时你们决定十位［原文如此］将军应该**集体**（en bloc）审判，因为他们在海战之后没有运回阵亡将士的尸体妥善安葬；这一决定是不合法的，后来你们都承认这一点。在当时的那种情况下，我是执行主席

---

① 关于这一事件的记录，以及相关的法律和政治问题，可以参考 Munn, *The School of History*, pp. 181-187.

中唯一一个反对你们做法的人——你们不按法律办事，并且对这一提议投了反对票；尽管那些公共演说家们准备好了要斥责我、要逮捕我，而你们所有人都高声喧闹怂恿他们，我认为自己的责任就是站在法律和正义一边直面这一风险，不能为了害怕坐牢或者死亡就支持你们不义的决定。(《申辩》，32b–c)

第二个事件发生在公元前404年，正值短命的三十僭主政权时期，他们命令苏格拉底（和另外四位城邦公民一起）将撒拉密斯的赖翁（Leon of Salamis）①带到雅典执行死刑。苏格拉底与他们的暴行没有丝毫牵连，他没有服从当权者的命令而是回了家——即使这一行动让他自己的生命处于危险之中："又一次，我用行动而非言辞清楚地表明死亡对我来说无关紧要……但对于我来说性命攸关的是，我不能够行不义或者不道德的事。"（32d）苏格拉底讲述的这一事件明确表明外邦人赖翁（如同三十僭主时期的许多受害者一样）是受到政治迫害的无辜者。在这个例子中，苏格拉底对于权威的不服从反映了他对于不伤害无辜这一原则的坚持——而且，这一原则对于雅典法律来说是最基本的。

在上述两个例子中苏格拉底都没有祈求某种类似于"更高的法律"来为他的异议和不服从进行辩护。毋宁说，在每一种情况下他都努力让雅典人的所作所为符合他们正确行为的标准。他拒绝卷入不义之事，即使他的拒绝可能会让他赔上性命。（在与赖翁相关的例子中，如果不是僭主政权在不久之后被推翻了，他将肯定会被处死。）他的异议和不服从显示出他对于避免不义的命令是十分严肃的，同时也反映出他意识到在积极的公民身份之下生活（无论是在民主的公民大会还是寡头政治下的"委任"）是如何不断地产生不义。苏格拉底的对于持异议的公民身份践行——这一必然地偶发事件导致了他对于公共生活本身的全面否弃——建基于并不存在正义的理论，而且他

---

① McCoy有一篇文章"The Identity of Leon"研究赖翁的身份问题，见 W. James McCoy, "The identity of Leon", *The American Journal of Philology*, Vol. 96, No. 2, 1975, pp. 187–199。据McCoy考证与推测：萨拉米斯的赖翁（Leon of Salamis）是一位雅典民主时期的将军，在伯罗奔尼撒战争中立下战功。在公元前406年，雅典舰队在Mytilene被斯巴达人包围。舰队指挥官Conon派遣两只船去求救，一只由Erasinides带领，一只由Leon带领。Erasinides成功到达雅典传递消息；而Leon则失败了，被捕获，但没有被杀，在战争结束后被释放回到雅典。由于Leon忠诚于民主雅典，反对三十僭主的暴政，于是被密谋杀死。——译者注

的否弃德性也不需要一个关于正义的理论。① 全部所需的就是关于不义的清晰可认知形式的简单的、"非专家的"知识。②

如果这种对于苏格拉底的持异议和不服从的道德基础的解读是正确的，那么这也就是克劳特称之为"结果测验"的东西，苏格拉底对政治家、个人和城邦的评估——"他们拥有或者提升了多少德性？"——应该通过类似的负面形式做出解读。换句话说，这并不是个体多么接近于德性高贵或者"善好生活"（亚里士多德的标准）的问题，也不是政治制度多么接近于得出分配正义（distributive justice）的已制定好的方案（就像我们在柏拉图《理想国》中所发现的）。拥有德性在苏格拉底那里意味着，首要的是，避免与不义合谋，无论什么人授权的不义都不行（在十将军事件中是大众意见，在赖翁事件中是政治权威）。避免不义（不义的意义是简单清楚的而且反映出了广为坚持的标准）就是苏格拉底的德性的核心。我想，这对于半柏拉图的《高尔吉亚》与更为纯正苏格拉底的《申辩》都是正确的。

用这种方式解读苏格拉底的"结果测验"对于接下来我们如何阅读他在《高尔吉亚》中的主张（只有他自己一个人实践着"真正的政治技艺"）有着深远的影响。如果，像克劳特那样，我们做出积极的扭曲将之作为苏格拉底达到德性的手段，那么真正的政治技艺就意味着一种道德知识，而且这一知识是政治家和大众明显欠缺的。苏格拉底可能不是一位"道德专家"，然而（按照克劳特的观点）他和他的学生们走在获得道德专门知识的途中。他拒绝直接投身于雅典的政治生活中，也不鼓励他的学生们这样去做，这些都反映出他意识到了只有真正获得了道德专门知识，政治才能成为提升**民众**的手段。在那之前，"真正的政治技艺"在于达成德性正确定义所必须的准备工作。③ 那

---

① 前面这两个段落的论证得益于凯特布。他的文章提出了这样一个问题：无论对不义达成了多么广泛的共识，为什么我们总是倾向于假定：不义的观念必须建基于一个正义的观念之上，这不仅仅是先行词的问题（justice - injustice），而是"厚（thick）"并非"薄（thin）"的问题。我认为，部分原因不仅与柏拉图和亚里士多德灌输的思考习惯相关，而且与早期基督教神学传统灌输的思考习惯相关——特别是奥古斯丁那极负影响力的论证：与神与善的"完满性（fullness）"相比，恶与不义是本体论上的缺陷。参见 Augustine, *City of God*, bk. 12, chaps. 5 - 6.
② 我借用了里夫的"非专家知识（non - expert knowledge）"概念；见他的著作 *Socrates in the Apology*, pp. 53 - 58.
③ 参见 Kraut, *Socrates and the State*, pp. 207 - 215. 正是这个原因让克劳特将一种对民主的丘吉尔式辩护归因于苏格拉底（民主是"政府的最坏形式，除了人类尝试过的其他政府形式之外"）。因为，如果无法获得真正的道德专门知识，激进的政治改革或者政体的改变只可能会产生最小的收益，以及难以与之相称的巨大人力成本。

么,哲学探问就是有效的和彻底的政治改革所不可避免的序曲。因此,至少在这种解读的基础上,苏格拉底在《申辩》中做的事情就是从已建立的公共生活中抽身退隐。

然而,如果我们将苏格拉底对于避免不义的承诺放在其理所应当的首要位置的话,那么,"真正的政治技艺"看起来就会非常不同了。它不再仅仅是由懂哲学的少数人所从事的东西,这些人相信理论在实践之先。事实上,它是一种行动,对每一个人都适用并且对每一个人潜在地开放。"虚假的政治技艺"被当做是治邦技艺和政治领导技艺,即,"谄媚"民众和为特定的政策获得大众支持的能力。这是伯里克利尤为擅长的。相反,"真正的政治技艺"在于要唤醒公民同胞以满足避免不义那持续不断的要求,在于要唤醒其公民同胞去过一种在公共和私人维度上都不被"不义"污染的生活。苏格拉底对陪审团说话时所描述的就是这样一种技艺——没有任何不确定的说辞,在任何情况下,他都不会停止自己的哲学活动:

> 我将永远不会停止践行爱智之学,劝诫你们并且向每一个我遇到人阐明真相。我要继续说话,说我习惯说的话,我的好朋友们,你们是雅典人,你们属于这样一个城邦——这个城邦因其智慧和力量而成为世界上最强大和最著名的城邦。你们只想着尽可能多的敛财,只想着名声和荣誉,却完全不关心求知、智慧和灵魂的完善,你们不对此感到羞愧吗?如果你们中有人辩驳这种说法,说自己是关心这些事情的,我不会马上放他走或者离他而去。绝不会放他走,我会询问他、省察他、检验他;如果我发现他只不过是说说而已,并没有向着善真正地前进,我会责骂他忽略了至关重要的事情……对遇到的每一个人我都会做这件事,无论青年抑或老年,无论外邦人抑或同胞,但尤其是对你们,我的同胞们。(29d – 30a)

诚然如此,在《高尔吉亚》篇中苏格拉底强调说"好的和真正的"政治艺术家总是全神贯注于一个想法,即,"如何让正义在公民的灵魂中扎根,并且将不义驱除……"(《高尔吉亚》,504e)然而,这一阐释与我们之前所引述的苏格拉底哲学活动的说法相矛盾,如果我们假定"真正的政治艺术家"对于大众使用的方法如同将未定型的泥土塑造成型一样——按照预先存在的正义或者善好的理式来塑造大众。当然,这就是柏拉图在《理想国》卷6中的设想,在那里他借苏格拉底之口说,"将人类本性印在可塑的物质上",这一人类本性就是哲人在永恒领域中所瞥见的秩序与和谐的形式(《理想国》,500c-e)。

在《申辩》中苏格拉底的方法则有非常大的不同。他并不是扮演政治艺术家的角色。他试图让正义生根发芽,也就是说,他通过劝诫和省察他遇到的**每一个人**(无论他们"年轻抑或年老,异邦人抑或同胞")来驱除不义。唤醒他们,引发他们对于"至关重要的事情"的困惑,苏格拉底并没有对无知和顽固的多数人使用仅对少数人适用的专家知识;毋宁说,他尝试着让每一个人从事哲学。① 这当然不是说他怀有这种不切实际的期望:多数人会成为哲人。然而,这真正想要说的**是**:他认为无论年龄还是公民身份都不是他心中所想的那种自我省察的障碍。② 问题的关键并不在于阶级、身份、教育程度、性别甚至自由,而是思的能力。这项能力取决于与自我疏离的能力——虽然可能只是短暂发生,与那些日常生活的常规保持距离,与那些积极公民身份和政治演说包含的"常规"保持距离。在苏格拉底看来,自我疏离和反思的能力并不取决于任何特殊的理性能力,这种理性能力仅由特定的群体拥有或者得到了充分发展——正如柏拉图和亚里士多德所坚持认为的那样。如果的确如他们所说,苏格拉底也不需要将所有的人都作为劝诫和省察的合适人选了。

苏格拉底哲学活动的政治意义在此得以显明。一旦对他关于自知无知的声明和对于避免不义的承诺所代表的含义得到了充分认识,我们就不再局限于那种非此即彼的二元选择了:一方面,从政治中完全抽身退隐;另一方面,将哲学和政治改革直接相关。③《申辩》所揭示的是:苏格拉底竭尽全力在公民同胞中培养一种道德感,这种道德感与他们共有的政治生活有部分的不同,而且这种道德感超越了习俗和多数人的意见但却并不依赖于超越者。④ 他反复强调的是关心自己的灵魂——用自我省察和避免不义的方式——要优先于关心世界和履行公民身份的责任。这并不需要如僧侣般隐居弃绝公共领域:苏格拉底显然非常关心自己的城邦和公民同胞。毋宁说,这意味着要通过反思的道德形式限制公共领域中特殊的能量,当然,这一反思的道德形式

---

① 比较柏拉图《理想国》,494a:"那么,哲学——对智慧的爱,对多数人来说是不可能的"。
② 见 Vlastos, "The Historical Socrates and Athenian Democracy", 特别是 pp. 102-105。
③ 在我看来,这就是克劳特的解读所允许的唯一选择。
④ 鉴于在希腊人那里被视为理所当然的伦理和政治之间的不可分割性,这并不是一件容易的事。参见 Barker, *The Political Thought of Plato and Aristotle*, pp. 282-283。

(必须）要在其他地方培养和实践。

如果这样来看的话，那么"个人"和"公共"之间的关系、道德和政治之间的关系是更为间接的关系——远非如"道德专家"的观点所表明的那样、又或如柏拉图主义的/亚里士多德主义的观点所说的那样：任何名副其实的城邦都是一所传授德性的学校，它的目的就是为了灌输一种关于善好的积极观念。① 正是这种间接性使得苏格拉底尊重其对话者的道德能力（例如，柏拉图的方式就并不尊重），而且使得他能够拥有一种道德影响力，这种影响力并非建立在强迫或者引入一个新的教条的基础上（正如"作为灵魂—技艺的治邦技艺"的所有直接版本总是表现的那样）。② 苏格拉底的道德，与柏拉图的或者亚里士多德的都不同，是奇怪地免于教化的。

这让我们能够更好的来理解苏格拉底从公共领域抽身退隐的意义。这种抽身退隐并不仅仅是自我保存的策略（尽管确实也是如此）。更为主要的是，这样做就开创了一个空间，让公民们能够在更广阔的意义上来思考他们的行动。这一活动在公民大会上是不可能的，或者在任何代议制政治体（在这个政治体中，必须采纳按照政策的决定）中这件事都是不可能的。③ 在这点上，我认为，如下做法是错误的：像某些人建议的那样，把苏格拉底的对话当做一种代议制民主的替换类型。苏格拉底的哲学活动在离开公共领域之后发生，并非因为他想要"在'城邦'的正式渠道之外用道德形式重组公共生活"，而是因为他试图让思和道德反思与来源于政治行动和判断的所有过于明显的限制保持距离。④

如此这样保持距离的关键——自觉地将"思与行动的和谐"分离开——并不是要在哲人生活与公民生活之间造成大分歧［《高尔吉亚》篇中卡利克勒（Callicles）在他那又长又敌意十足的对话中所设想的大分歧］。毋宁说，这样做是要开创哲人型公民身份的可能性，它建基于自我疏离以及与日常公

---

① 例如，可参见亚里士多德：《政治学》，第一卷第二章，以及第七卷第十四章（分别在1252b 和 1333b）。
② 柏拉图方案的强迫本性已尽人皆知，在此就不赘述了。然而，我们不要忘记亚里士多德在《尼各马可伦理学》（1179b – 1180a）中对于德性灌输这一高度强迫手段的赞同。
③ 阿伦特赞同将她所说的"代表性的思（representative thinking）"这一观念作为卓越政治思考的唯一形式，她的注释者们将之归因于政治判断的对话性概念，或者归因于在政治判断形式中理论和实践统一性学说。参见 Arendt, *Between Past and Future* (New York: Penguin, 1968), p. 240.
④ Euben, *The Tragedy of Political Theory*, p. 209.

民生活（适度）疏离的基础上，这种疏离与思相伴而生。这就是《申辩》中所记述的苏格拉底哲学活动使之变为可能的东西：并非要重新整合思与行动，而是从道德的立场来看时，这两者之间的关系有着必然的张力。道德进步和政治自律就是这种张力的**潜在**产物，它在行动中造成了更大的犹豫不决。

通过制造和维持这种张力，苏格拉底不仅能够提醒公民同胞们他们最佳的理想形象，而且能够对他们的公共—政治世界提出彻底的批判，这一批判可以描述为"价值重估"——尽管这是隐而不显的。因此，在西方思想史上哲学最终"断开"了自身与政治的联系可能是个"悲剧"，但苏格拉底所展现的自我疏离并不存在什么悲剧性的东西。① 思对于政治的疏离，来自于积极公民身份的持之以恒的要求，让道德个人主义和持异议的公民身份两者得以可能。在此种疏离影响之下，"好人"与"好公民"并非彼此分离的，反而以一种新的方式相关联。为了更充分地说明为什么会有这样的结果，我们需要从《申辩》转向《高尔吉亚》中对于伯里克利式民主的批评。

《高尔吉亚》

《高尔吉亚》是一篇较为特殊的柏拉图式对话，这篇对话曾经被学者们一致同意代表的是**苏格拉底**思想，然而，这篇表面上的苏格拉底的对话却由一些强烈信守柏拉图哲学的（或者原柏拉图哲学的）承诺所激发，这些柏拉图哲学的东西在若干问题上与苏格拉底的立场并不符合。比如，苏格拉底明确地拒绝报复，无论何时何地都将之视为不义之行（《克力同》，49d—e），而《高尔吉亚》将苏格拉底呈现为规训和惩罚的道德责任的强烈拥护者，在这方面甚至超过了康德。与此类似的是，在《申辩》中那个自知无知

---

① Euben, *The Tragedy of Political Theory*, pp. 204 – 205. 尤本强调：哲学与政治之间的"失败关系"（以苏格拉底的审判和定罪为标志）是悲剧性的，过早地扼杀一种健康的辩证关系使得雅典城邦的公民生活变得贫瘠不堪。就其本身而言，这样说并没有什么不对。我有异议的地方是在如下这个问题上：是否苏格拉底哲学活动在于尤本所说的"试图通过重建政治代议制和道德话语的前提条件以重新整合城邦和个人生活"（p. 205）。如果说"苏格拉底让我们在公民身份和灵魂二者之间做出选择"这种说法是错误的，那么，说"苏格拉底提供给我们一种去除两者之间张力的方式"同样是错误的。我认为，"哲人型公民身份"大体上是由这种张力构成的，并且通过对政治权力和大众激情的道德怀疑让此种"哲人型公民身份"充满活力。

的苏格拉底被换掉了，在《高尔吉亚》中出现的苏格拉底看来完全痴迷于如下设定的类比：道德/政治知识与专家在医药或者动物训练这些技艺中所使用的那种类型的知识相似。苏格拉底在《高尔吉亚》中说他自己即便不是唯一一个实践"真正的政治技艺"的人，也是实践"真正的政治技艺"的少数人之一时，就是在明确宣称自己拥有一种专家的智慧，而在《申辩》中他却否认了这种说法。在《高尔吉亚》中，他走得如此之远甚至援引宇宙秩序作为灵魂正确秩序的范式（《高尔吉亚》，507a—b），并且援引一种死后生活的神话（《高尔吉亚》，523a—527e；参看《申辩》，29b）。最后，在对话最后第三部分（大致从502e开始）充满了道德完善论的修辞，强调必要时可以通过强迫来灌输德性（《高尔吉亚》，517c）。

这些张力都在引诱着我们将讨论限制在《申辩》中，以保留住一个持异议的苏格拉底的形象，或者，引诱我们付出大量的哲学原创力将这两篇对话整合一致（代价是放弃"不服从的"苏格拉底）。① 然而，在我看来，《高尔吉亚》加深了我们对于苏格拉底哲学活动之政治面向的理解，并不需要过早地柏拉图化这一行动。这就需要精细的筛查操作，即我们可以将苏格拉底自知无知的声明作为一种过滤器来解读《高尔吉亚》篇中关于其政治立场的讲述。通过这一过滤器来进行解读，这篇对话中的许多更柏拉图式的表述都会呈现出不同的味道，让我们能够全面把握苏格拉底的公民身份的独特性。

简单地可能略嫌教条地表明一下我的立场，我认为：在《高尔吉亚》中，对于公共生活和伯里克利式民主的批评是苏格拉底自己的观点；试图将"私人"价值重估在"公共"价值之上，或者将个人置于集体之上，是这一批评出现的原因；苏格拉底的学说宣称承受不义要比行不义之事更好——这是苏格拉底与其对话者（波鲁斯【Polus】和卡利克勒）争论的核心——最终导致了"价值重估"，其后果之一就是将"公共"和"私人"的关系作出根本性的重新联接；最后，这篇对话让我们在两种不同认识论立场之间作出选择——一种是世俗的（理性的）良心，另一种是道德专门知识。我将前一种立场视为更本真的苏格拉底的，并且对于我们如何解读苏格拉底宣称自己在实践"真正的政治技艺"，有着深刻的帮助。

当然，《高尔吉亚》谈论的是所谓修辞术或者演说技艺，这种记忆是修

---

① 凯特布倾向于前一种选择，布里克豪斯和史密斯倾向于后者。

辞家高尔吉亚向有政治抱负的雅典年轻人传授的。但是苏格拉底批评修辞术是一种"阿谀奉承"的方式——实际上毫无技艺可言。随着对话从面对高尔吉亚转到面对高尔吉亚的追随者波鲁斯，对于修辞术的批判便扩展为对统治雅典人公共生活的价值和假设的抨击；在苏格拉底与政治家卡利克勒交换意见时，他们之间发生的关于价值的史诗性碰撞将对话推向了顶峰。如《申辩》一样，《高尔吉亚》篇表达了对于民主政治的批评，这一批评如此强烈，以致于看起来好像是彻底的反政治。但是，再次像《申辩》一样，苏格拉底将他的哲学活动说成是政治活动——实际上，说成是唯一"真正的政治技艺"。两篇对话都描述了与"官方"的公共生活自觉保持疏离的必要，这种距离感支持了一种奇特的说法：公民身份最重要的方面**不是**参与法庭和公民大会的商议，而是参与到苏格拉底将之作为毕生工作的那种"私人"活动中。

《高尔吉亚》篇的第一个奇怪之处在于：其核心论点**不是**致力于证明哲人生活是最好的生活，也不是要证明 arete（德性）或者灵魂的完善能够在一套明确的非政治的品性中找到。毋宁说，它致力于证明**不义是最大的伤害**，是"最大的坏事"（《高尔吉亚》，496b；477e）。在追问了高尔吉亚那多少有些可疑的职业的确切本性之后，苏格拉底着手讨论高尔吉亚追随者波鲁斯的主张：修辞术是最有价值的技能，因为它对于在城邦中的政治权力来说至关重要，这种权力能够让人**为所欲为**，就像僭主一样（《高尔吉亚》，466c）。波鲁斯主张，会修辞术的人是最有力量的人之一，因此是城邦中最幸福的人。从这篇对话的这一处开始，苏格拉底用辩证技艺致力于展现如下观点：(a) 这种"力量"并不是真正的力量，因为这种力量的行使总是依据对行为者的善好的错误概念，它造成了痛苦的结果，从而是无能力的表现而不是力量的表现；(b) 幸福与坏事是不相容的，因为坏事对于行为者来说是痛苦的；(c) 行不义之事比遭受不义更可耻——所以，对行为者来说是更大的痛苦和坏事，因此，不义绝不是走向真正的幸福的通路。

如果不考虑蕴含在这种观点中的幸福论的心理学假设，那么其最为令人惊讶的特征就是它那严格的负面形式。苏格拉底并非试图通过提供一种更具有教化性的或是更高贵的关于幸福的概念来驳倒波鲁斯。不如说是，他将一切都赌在让波鲁斯同意：行不义之事是最可耻的恶，是对行为者来说最坏的伤害。一旦这一 summum malum（至恶）得到确立，那么对于苏格拉底来说颠覆波鲁斯的主张就相当容易了，而且也很容易证明：最幸福的人并不是僭主或者大权在手的政治家，而是能放弃行不义之事并从而避免对自己作恶或伤害自身的人。最幸福的人并不是德性的化身，而是"其灵魂中没有恶"的人，因为他能够避免干不义之事（《高尔吉亚》，478e）。苏格拉底的信条——"遭受不义要比行不义之事更好"（《高尔吉亚》，469b-c）——使得这一模式的负面性得到了精确的展现。"遭受不义"并不是德性，也无法成为通往德性的途径（尽管在基督教精神中有时是这样）。"遭受不义"也是要被避免的，但绝不能以干最坏的事为代价。（我们在此距离苏格拉底的不能报复的信条只差一步。）

与波鲁斯的辩论贬低的是统治雅典人的幸福观和力量观，这些观念如果为民主大众所接受，会带来更大的麻烦。卡利克勒加入战团，滔滔不绝地说出某种原尼采哲学"自然正义"学说：更强大者或者更优秀者理所应当分得更多的好处，持此种言论的他并不是作为寡头或贵族而是作为一位潜在的民主政治家。他说，作不义之事要比遭受不义之事在传统上来说确实"更可耻"，但是"在我看来，自然本身已经明白表明了：更优秀者胜过较低劣者、更有能力者胜过较无能力者……强者胜过弱者是正当的"（483d）；他这么说不仅仅是在重申雅典人在弥罗斯岛的观点。① 他明确表达了民主帝国主义的信条——实际上是所有帝国主义的信条同时展现了统治欲必然导致的品格败坏。他对于"弱者民众，多数人"和他们为驯服强者的天性所创建的律条的蔑视，表明了 pleonexia（**贪欲**）态度——即想要取得比自己拥有的更多的东西——如何既转向内部，也指向外部，如何既传染了公民之间的关系，也传染了城邦之间的关系。的确，正如波鲁斯之前诉诸"每个人想的是什么"所表明的，这种对于权力的反民主式渴望不仅仅传染了像卡利克勒这样的政治家，也传染了全体公民，公民整体都为僭主和绝对力量的魔力所诱惑了。② 帝国的民主制无法长期保持为民主制，因为民主正义的基础——所有人平等分享——需要一种自我约束，这直接与帝国主义的永不安分和野心勃勃相冲突。

在此，我们就遇到了《高尔吉亚》篇的第二个令人惊讶之处：至少从表面上看来，我们预计在这篇对话中大体上会遇到柏拉图的成熟的、明确的反

---

① 见 Ehrenberg, *From Solon to Socrates*, p. 350.
② 见 Peter Euben, "Democracy and Political Theory: A Reading of Plato's *Gorgias*" in *Athenian Political Thought and the Reconstruction of American Democracy*, ed. Peter Euben, John Wallach, and Joshua Ober (Ithaca: Cornell University Press, 1994), P. 208. 我们谴责雅典民众对于绝对权力的入迷是件很容易的事，可困难的是，我们如何面对自己那自傲的自我描述："世界上唯一的超级大国。"

民主立场。可是，在与卡利克勒交锋中，是**苏格拉底**在为正义的民主观念和对于什么是更可耻的"多数人的"看法进行辩护。在这样做时，他直接挑明了卡利克勒的帝国主义信条和民主制的基本道德经验之间存在的矛盾。这一矛盾曾经被伯里克利的墓前演说无比巧妙地掩盖起来，在那篇演说中，民主文化的自由和个体与帝国所宣称的文化独特性和伟大之处得以无缝连接。在卡利克勒这一人物形象上我们看到了伯里克利的不朽融合的瓦解。苏格拉底诘问法表明这种消解是不可避免的，因为在帝国的风气与民主的风气之间存在着张力。伯里克利那既是民主制的又是自我节制的伟大帝国理想被揭示为不可能的虚构，它建造于根本的道德矛盾基础之上。《高尔吉亚》所要做的是无情地拆穿这一矛盾和试图将之掩盖的政治家（伯里克利）。

在与波鲁斯的争论中，苏格拉底宣称自己已经证明了"行不义之事并且逃避对恶行的惩罚是最大的坏事"（《高尔吉亚》，482b）。正是这一点激发卡利克勒提出了他那著名的对于哲学的抨击。他拒斥这一结论，将其视为显然荒谬，是苏格拉底使用的一种"诡计"式争辩策略的产物：他控诉苏格拉底从正义的自然涵义转向正义的习俗涵义（然后再换回来），从而使对手不知所措。但是，他也将这一结论看做是哲学生活方式偏执狂的症候表现。苏格拉底拒绝承认一个明显的真理，即，只有奴隶才应当遭受错误的伤害，再加上苏格拉底还主张公共生活和权力是败坏的，这两点导致卡利克勒将"无男子气概"的哲人生活与积极的公民生活对照（《高尔吉亚》，484d-486d）。按照卡利克勒的说法，在成年人的生活中，对哲学无节制的追求导致了对公共事务的日益忽视和在公共（政治）辩论中的无能。在年轻人的 *paideia*（教育）中，哲学可能是重要一环，但它会使成年人成为无用之辈，一再逃避"城邦的中心和市场，诗人说男人们正是在这些地方获得荣誉名声"；成年人如果还过着"躲在角落和三四个男孩子窃窃私语"的生活，是无法"以自由、崇高和卓越的方式说话的"（《高尔吉亚》，485d）。按照这种方式来生活的苏格拉底就忽略了"（他）最应该关切的东西"，即，公共世界以及他在这一领域中的荣誉。

卡利克勒在公民生活和哲人生活之间所作的强烈对比不由得让我们想起伯里克利在墓前演说中的话："一个不关心政治的人，我们不说他是一个关心个人事务的人，而说他根本没有事务。"在雅典人的民主制中，哲人从公共事务中抽身退隐使他马上成了可疑的对象——对城邦公民德性可能有败坏影响。卡利克勒主张：与其雅典同胞不一样，苏格拉底对"与精神相关事物的爱"已经使他变得软弱、无能和懦弱、女人气，以至于任何一个流氓都能够让他受审并且用捏造的证据将他关进监狱,并相信"孩童般"的苏格拉底在为自己辩护时只能够"来回踱步、目瞪口呆,说不出来一个字"(《高尔吉亚》,486b)。卡利克勒让苏格拉底放弃"那些华而不实的策略"去干些"美好的实务",卡利克勒警告说:他有被"自己城邦剥夺公民身份"的危险。

卡利克勒对于那危险的非政治的哲人的刻画并不十分离谱,这一点可以由如下事实证明:苏格拉底反复声明对于自身所在城邦中的政治演说和政治程序不太熟悉。[①] 然而,我们不应该认为苏格拉底会接受——更不用说会认可——卡利克勒所建构的这种两极对峙。毫无疑问的是,《高尔吉亚》清楚阐明了一系列对立:在修辞术和辩证法、哲学和政治、公民身份和个体灵魂之间,这些看起来意味着一系列非此即彼的选择。此外,苏格拉底对于修辞术和公共生活批判的激烈程度造成了这样一种印象:只有从公共领域中抽身退隐——或者对其进行彻底的改革——才能解决问题。后一种做法可能需要"道德专门知识",或者可能需要尝试"在城邦的常规通道之外重新组建公共生活",让对话或者辩证法成为政治对话的新范式。[②] 这些另外的选择(抽身退隐、诉诸专家知识、重建政治对话)的问题在于,它们与苏格拉底的如下主张背道而驰:他的**哲学**活动就是"真正的政治技艺",以及他**总是已经**参与到政治中了——这种参与既不需要对于专家知识的掌握也不需要对于公共领域的"重建"。他通过成为一个哲人型公民来实践"真正的政治技艺"。

这如何可能呢?如果我们可以注意到这个技艺类比(这是《高尔吉亚》的论证核心)是负面地运用的:它是针对高尔吉亚这样的修辞学者和卡利克勒这样的政治家,他们声称**知道**什么是德性和幸福,那么,这一表面上的悖论状态就会得到缓解。事实上,他们声称拥有的知识只不过是谄媚民众的常规办法,是大众欲望和偏见的表达。由艺术或者技艺所特有的知识类型的标准——即由他们自己所诉诸的标准——来衡量,他们的"智慧"可以说是实在太欠缺了。

但即便这个技艺类比主要以破坏的或者批判的方式被使用,那至少当苏格拉底说自己在使公民们达到"他们所能达到的最好状态"时,苏格拉底"真正的政治技艺"的实践难道不是等同于宣称自己拥有类似技艺的知识吗?

[①] 见《高尔吉亚》,474b;参照《申辩》,17d。
[②] Euben, *The Tragedy of Political Theory*, p. 208.

如果确实如此，这不仅与《申辩》中的自知无知的宣言背道而驰，而且也让苏格拉底成为他用来谴责伯里克利、地米斯托克利、客蒙和米尔提亚德的那一标准的受害者。因为如果苏格拉底认为这些最受敬畏的雅典治邦者都缺少真正的政治智慧——理由是他们没有能力让公民们提升品格（并且，事实上让他们更糟了），那么，他就是搬起石头砸自己的脚了（可比较《申辩》，33b）。毕竟，他谴责伯里克利等人正是因为这一事实：他们的公民同胞攻击他们；可是，当他自己也被由公民同胞组成的庞大陪审团审判并定罪时，他如何还能谴责他们呢，这些人岂不是应当通过他的"真正的政治技艺"的实践而得到了德性提升吗？按照这一标准，苏格拉底是一个非常糟糕的人类"训练师"，因为他承担对其进行伦理关怀的动物们反过来攻击他（《高尔吉亚》，516b）。就像伯里克利一样，他也没能满足"好公民的唯一正确标准"①。

显然，无论是对苏格拉底用道德进步进行"结果测验"还是对他的"真正的政治技艺"的主张，我们都需要一种不那么字面意义的理解。当我们弄清楚他将修辞术和政治演说描绘为"谄媚"的暗含意义时，这种理解就会出现。修辞术的问题并不在于、或者并不简单在于，它仅是把民众想要听的东西告诉民众：《伯罗奔尼撒战争史》中伯里克利的第三篇演说很难说是在谄媚。的确，政治演说**确实能够是**刺耳的批判，即使在危急关头也为其听众展现出一个关于他们的非谄媚的描述。但是，如果修辞的批评要让人听进去的话，就必须诉诸听众的最佳自我。政治演说必须充当城邦自身理想典范的提醒者，只有如此才能够唤起牺牲精神。伯里克利能够强有力地批评公民同胞们缺乏坚持，不忠于自身理想。但他**不能**做的事情是让这些理想（或者对于它们的大众理解）经受任何长期批判性的省察。毕竟，民主领袖的职责是劝说和行动。因此，他必须与既定的东西合作：激情、目标以及共同体的价值。公共演说让他能够选择、指导并且解读它们，但必然无法提出任何根本性的质疑。演说之所以是谄媚，就是因为劝说（而不是真正的批评）是它的目标。煽动民众的政治领导者或许真的可能通过这些手段来领导我们，但是不能说他真正**提升**了我们。

但是，是否**哲人**能够完成政治家所无法完成的任务呢？通过作为公民的

---

① 参照 Nehamas, *The Art of Living*, p. 89. 这一失败的悲怆之情为如下事实所凸显："狂野的"阿尔基比亚德既是伯里克利的追随者，也是苏格拉底最亲密的伙伴之一。没能驯服他是两人的共同点。

一员进入公共领域"与雅典人开战"诚然是无法完成的(《高尔吉亚》,521a)。如苏格拉底在《申辩》中提示我们的那样,直接批评这个领域中通行的但是不义的政策并不是一个选项:"如果我参加公共生活并且在其中做正直的人该做的事,匡扶正义,凭良心把这个作为高于一切的目标,你们觉得我还能活到今天这把年纪吗?根本不可能啊,雅典的同胞们。"(《申辩》,32e – 33a)

格里高利·伏拉斯托斯认为,这一从公共领域抽身退隐的借口是自利性的。他不同意《斐多》将苏格拉底描绘为"最有智慧和最正义的人",他论辩说:如果苏格拉底能够在公民大会上公开地并且直言不讳地反抗雅典的政策,他将毫无疑问是更为正义的。[①] 在密提林辩论这样的事例中,苏格拉底显然没有践行他的最基本的公民和道德责任,如果他不去公开反对最可怕的政治邪恶即种族屠杀提议的话。但是,戴奥多都斯通过诉诸作为雅典城邦的**利益**的帝国权势而成功地推翻了城邦命令的大屠杀,这一事实却表明,对**大众**决定的政策做出道德谴责很可能是无效的而且——在正在从事战争的一个直接民主制国家中——可能是自杀性的行为。在这种情况下(而且,在此我们需要想到苏格拉底的哲学活动时期正是伯罗奔尼撒战争及其动荡的后效时期),苏格拉底在《高尔吉亚》中所号召的那种提升不可能是对特定政策作出公开批评的结果。

这种"提升"也不可能通过让这个不可靠的公共领域——这一充满各种说服分裂冲突的领域——变得更为"对话性"来实现。在《高尔吉亚》中,公共领域的戏剧特征成为被嘲笑的对象,不过苏格拉底十分谨慎以避免给人们造成这一印象:对话和辩证法能够取代雄辩的公共演说。公共领域就是那个样子,如果用哲学对话的那种说服方式替代修辞和演说那无疑是误入歧途。正如苏格拉底在对话中反复强调的那样,**他**那种说服方式并非是、也不能指向众多的听众,而唯有一对一地进行才能产生影响:"我知道如何得到一个人的投票,可是如果是众人的话,我就完全不想加入讨论"(《高尔吉亚》,474b)。这并非因为"众人"是天性低微的或者愚蠢的,以致于他们无力达到哲学的层次。毋宁说,是因为与众人进行"对话"或者进行交叉询问是一件荒谬的事。

在《高尔吉亚》中,苏格拉底对辩证法和修辞术做了强烈的对比,提醒

[①] Vlastos, "Socrates and Vietnam", in *Socratic Studies*, ed. Burnyeat, pp. 127 – 133.

我们后者是在公共领域内起作用的，而前者并不是。事实上，如果阿伦特说苏格拉底在市场集会上**践行**思的进程这一观点是正确的话，那么**思**看起来既需要一个空间也需要自己独特的话语形式。① 直截了当地来说就是，思不会在公共领域中发生——而且思肯定不会在公共舞台上发生。因此，苏格拉底才从公共领域抽身退隐并且为他的哲学/政治活动创造了一个新的、动态的空间。"真正的政治技艺"的悖论之处就在于它不是公共领域的创造物，它也不试图成为公共领域的创造物。

苏格拉底的"真正的政治技艺"需要对于公民大会及其政治领袖的明确的（并且小心保持的）远离，这一事实表明他希望达到的目标——公民们的那种"道德提升"——并不容易度量，更不用说为他在《高尔吉亚》中提出的"结果测验"提供一个基础了。苏格拉底试图唤醒的德性并不是通过政治手段或者道德教育的例行方式就能够得到灌输的东西。② 它首要地在于让其公民同胞们去思考他们正在做的事情。而积极的、参与式的公民生活——这是为伯里克利和卡利克勒所歌颂的，也是为公民共和传统所歌颂的——妨碍了这种可能性。思考我们正在做的事情，必然会让我们慢下来，因为它要求我们停止行动以便于思。它适度节制了阿伦特（在《论革命》中）所说的"对公共自由的爱"与"行动的幸福"。

苏格拉底对于雅典人和所有"行动的热爱者"的激进建议是：政治商议和判断无法替代思或道德反思，而且思自身无法提供出能够作为下一步行动基础的坚实答案。如果其公民同胞们变得至少在某些时刻是哲人式的，那么就可以说苏格拉底已经通过让他们慢下来、通过让他们摆脱伯里克利式"伟大"（或者卡利克勒式"力量"）观念对他们想象力的束缚而"提升"了他们。他那"真正的政治技艺"可以理解为对公共领域"去－审美化"的尝试——然而，并不是通过对这一领域进行**道德化**的方式进行，而是通过让人们对城邦的关心有别于、并且从属于对个人灵魂的关心（沉思）实现的。③ 只有当公民从他们的道德感中清醒过来时——通过人们懂得何为最坏的伤害，他们将从伯里克利式理想的集体亢奋和（源自伯里克利的理想的）卡利

---

① Hannah Arendt, *Lectures on Kant's Political Philosophy* (Chicago: University of Chicago Press, 1982), p. 37.
② 正如《普罗泰戈拉》的论证所表明的，苏格拉底极度怀疑如下观点：德性可以被"教授"，更不用说通过政治的或者社会的手段来"讲授"了。
③ 唯一比让一个民族或一个国家确信其崇高更坏的事情就是确信其**伟大**是其自身（假定的）道德的功能。将国家的伟大道德化特别是美国的弊病。

克勒式堕落状态中解放出来。

《高尔吉亚》所展现的"重估一切价值"的性质现在应该已经清楚了。如果苏格拉底的诘问法是沿着内在性的方向进行的,即考察道德术语的"具有常识的"定义并揭示它们与对话者所持有的道德信念之网之间存在着矛盾,那么苏格拉底的伦理学并非如此。[①] 作为一位持异议的公民,苏格拉底小心翼翼地诉诸雅典人关于正当行为的现存观念。然而,作为哲学式批评者和"牛虻",他远远超越了 *sensus communis*(共同意识)。所以,那些说苏格拉底号召其雅典同胞"回到被哲学所批判的旧时代最佳理想"的人,无疑是误入歧途了。[②] 苏格拉底强烈要求避开不义,这使得他不仅仅与波鲁斯和卡利克勒的权力崇拜正相对立,而且也和墓前演说中得到清晰阐明的公民的伟大和自我牺牲的理想形象完全相反。卡利克勒说对了:如果苏格拉底说的是对的,那么"我们这些终有一死者的生活就必须上下颠倒了,而且显然我们到处都在做着我们本不应该做的事情"(《高尔吉亚》,481c)。用尤本的话来说,在此,"成为伟人意味着成为好人,勇气就是甘愿遭受不义也不做不义之事,生活的目的不是要征服叙拉古、为朋友复仇、建立一个帝国、或者留下纪念碑,而是要战胜征服叙拉古的冲动并且不伤害任何一个人",故而,苏格拉底并没有净化或者修缮价值体系,而是给出了根本完全不同的另一个。[③] 苏格拉底的负面精神瓦解了伯里克利的理想,用避免不义的律令揭示了审美不朽主义的道德空洞。它指向了一个新的道德世界,在此当中行为的准则并不来源于试图显示伟大或者文化优越性的集体欲望,而是来源于要保持他自身的道德正直、避免与不义同流合污的个体欲望。[④]

《申辩》和《高尔吉亚》清楚地阐明了理性良心的立场,理性良心的"否定"与任何信条律令的内在化都不同,这在西方历史上是第一次。两篇对话从头到尾,苏格拉底都在煞费苦心地将由道德论证和反思创造的劝说与

---

① 对于诘问法论证的"内在性"特征,见 Reeve, *Socrates in the Apology*, pp. 45 – 48.
② Euben, *The Tragedy of Political Theory*, p. 203. 参照 Walzer, *The Company of Critics*, p. 4.
③ Euben, *The Tragedy of Political Theory*, p. 206.
④ 这一阐释表明:苏格拉底对于伯里克利式民主的批评与奥古斯丁在《上帝之城》中对于共和的和帝国的罗马的批评有类似之处。和苏格拉底一样的是,奥古斯丁想要质疑那些公认的对于德性的理解;和苏格拉底不同的是,奥古斯丁想要用"正确的"德性替换"错误的"德性。这一事实使得两人区分开来,除此之外两人对于占统治地位的德性都作出了同样的消解。

在公民大会与法庭上所产生的劝说区分开来。后者并非完全是非理性的（尽管修辞术和辩证法的对比可能会暗示如此），但是它不得不考虑公众的情绪和偏见（并且随之变动）。政治领袖或行动者的**正直**受到了严格的限制，因为他不能够让自我一致的欲望再三地与人民的欲望、希望和恐惧相冲突。但是，苏格拉底的道德正直恰恰就是建立在自洽性高于任何其他标准的基础之上。自相矛盾——对于规定自身的道德承诺的背叛——是最活生生的恐惧。所以，对于卡利克勒最初的反驳：苏格拉底将"我们这些终有一死者的生活"上下颠倒，苏格拉底的回应是：你这个模式使得常识和公众意见成了唯一可能的标准（《高尔吉亚》，481c–482b）。然而，对于苏格拉底来说重要的事情并不是他的意见是否与民众的意见相冲突，而是是否与他**自身**（他自己的理性和他自己的原则）相冲突："我的朋友，我想这样会更好一些：我的七弦琴的声音与别人不同、不一致，我奏出的任何和音都与多数人的七弦琴奏出的不同、正相反；而不是我，**作为一个人**，走调了并且自相矛盾。"（《高尔吉亚》，482c）①

在此诉诸的准则——它明确地站在"大对数人"的想法或者习俗和传统所规定东西的对立面上——不是自然法或者"人类心中的上帝之声"（对于欧洲基督徒来说的良心）的预设，也不是来自于技艺的某种特殊的知识。毋宁说，是一种**自我一致**，即不矛盾原则在避免不义这一基本道德承诺上的应用。通过对**这一**原则的详细阐述，苏格拉底使得良心的世俗形式得以可能。良心总是在说不，（正如莎士比亚在《理查三世》中所说的）"它让人处处受阻"，可关于阻止的原因却从不告诉人们。它们可能仅仅只是宗教、习俗或者法律的内化。在《申辩》中，当苏格拉底诉诸他自己的"内在声音"（daimonion②）并诉诸践行无情的自我省察时，他便是在诉诸能思的个体的能力以生产这些禁令——这是一切禁绝型伦理学的核心，它们并不是从对于这些权威的服从中，而是从对于不义的非专家式理解中生产出来的。对于苏格拉底来说，良心（和道德）不再依靠由这些权威所提供的"引导（leading string）"。

由于援引不自相矛盾原则作为个体道德正直的检测，苏格拉底对于卡利克勒的回应便证明了能思的个体的相对道德独立，证明了思考和自我评判的权力。通过让人们了解如下事实：没有权威能高于会思的、道德一致的个

---

① 参考阿伦特的解读，我修改了 Woodhead 对这个段落的翻译。
② 介于神与人之间的精灵，苏格拉底的守护神，中文可以译为"良心"。——译者注

体，苏格拉底示范了从**良心上反抗**政治权威、社会习俗和教条约束是如何可能的。从上面这一观点出发，道德个人主义就有了成为具体实在的可能。这是怀疑派和道德家的蒙田在追问基督教的出现是否减少了世上不义之时所表述的，也是梭罗在写下"我有权利认为唯一义务就是在任何时候按照我认为恰当的方式行事"之时所表述的道德个人主义。

持异议的公民身份：《克力同》、良心与公民不服从

上述最后一种表述引发了如下反驳：首先，苏格拉底并不是良心主观主义学说的支持者；其次，他也不是法律或者合法的政治权威的敌人。确实，他不是两者的敌人——然而，约翰·洛克（John Locke）也不是两者的敌人，可他是关于在必要时拒绝权威的权利的最著名的理论家。不过，苏格拉底的情况就相对复杂了，因为他明确反对对政治权威的**任何**不服从，尽管他事实上经常不服从和不屈服。在《申辩》中他说：他**知道**"干坏事和不服从我的上级，行不义之事和不服从是恶的和可耻的"（《申辩》，29b）。在《克力同》中他更进一步，他表示由他好朋友克力同提出的逃过牢狱之灾和即将到来的死刑的建议不仅是不义之行，而且作为对于依法制定的程序的不服从，这会毁灭城邦本身。苏格拉底模仿**雅典法律**（Laws of Athens）问了自己（和克力同——"对城邦行不义"的潜在帮凶）如下问题：

> 如果我们要把你处死是出于我们相信这样做是正确的，你期望得到允许来反对你的城邦及其法律吗，你站在自己的立场上竭尽所能地试图摧毁你的国家和我们（它的法律）来报复吗？而你，一心向善的你，认为这样做是正当的吗？你如此有智慧，难道竟然忘记了与你的父母和所有其他祖先相比，你的国家在诸神和所有通情达理的人那里是更宝贵、更值得尊敬、更神圣不可侵犯、并且享有更高的荣耀的吗？你难道不明白自己应该比敬重父亲更敬重国家，应该比平息对父亲的愤怒更快地平息对于国家的愤怒吗？如果你不能说服你的国家，那么你必须无条件服从它的命令，耐心地服从它提出的任何惩罚，无论是鞭打还是监禁，你说对吗？如果国家让你去打仗，让你受伤或者战死，你必须服从，这样做才是正确的……在战争中、在法庭上并且在任何其他地方你都必须要服从你的城邦和你的国家的命令，否则你必须说服它们以与正义的原则一致。（《克力同》，51a-c）

这并非完全是"不管我的国家正确或者错误,我都要绝对效忠于它"的学说,因为苏格拉底强调无论公民还是法律本身都是会犯错的,他主张任何公民都有权利去说服犯了错误或者行不义的公民同胞。然而,如果说服的尝试失败了,被告无条件的责任就是温驯地并且顺从地服从权威,甘愿接受他的毁灭。任何受到基于权利的个人主义这一英美传统影响的人在读这段话时都必然会感到一丝恶心。甚至是霍布斯,政治权威和国家的首席护卫者,也从未要求牺牲者对其不可抗拒的强力"耐心地服从"。① 在《克力同》中,苏格拉底似乎提出了一种政治义务理论,这种理论可能允许提出抗议但**绝不**赞同对法律不服从。

由此引发了一系列的问题,有些是我们熟悉的,有些则稍微陌生。首先,我们如何能够让《申辩》中持异议的精神与《克力同》对于权威的绝对服从统一起来?这两篇对话是否可以彼此一致但是又不至于完全一样?此外,存在着这样一个问题:《克力同》是否自身是前后一致的?因为对于甚至是不义法律的无条件服从这一表面上的学说与苏格拉底的如下原则相冲突,即我们决不能作恶或者行不义之事(《克力同》,49a)。如果《克力同》确实是要树立起对法律和城邦的绝对顺从,那难道我们要到别处才能找到本着良心的、持异议的公民身份吗?与这些我们在苏格拉底的对话中找到的东西相比,索福克勒斯(Sophocles)的《安提戈涅》难道不是给我们提供了一种更为清晰的公民不服从模型、提供了一种更加充分的对于公民不服从的辩护吗?

如果确实如此的话,那苏格拉底在多大程度上支持持异议和不服从,还会涉及更广的议题。即使他可以被认为是在辩护在某些情况下的不服从,可他的动机在任何意义上能够恰当地被称作是**政治的**吗?苏格拉底避免不义的努力——即"决不自愿作恶"——能否为公民身份提供一个模型呢,或者说它是否表达了一种与政治行动和公民参与理念相冲突的道德净化论或者道德绝对主义呢?在此,我们涉及了沃尔泽(Michael Walzer)所讲的政治中的"脏手"问题,即,除非不时干些从任何标准看都是不道德或者不正义的事,人们无法满足政治使命的要求。② 如果说马基雅维利和马克斯·韦伯认为对政治"罪"这种不可避免的重负要以男子气概去接受,那么苏格拉底就明确

---

① 见 Thomas Hobbes, *Leviathan*, ed. C. B. Macpherson (New York: Penguin, 1988), p. 270.

② Michael Walzer, "Political Action: The Problem of Dirty Hands", in *Philosophy and Public Affairs* 2, no. 2 (1972), 160 – 180.

地提出要对不义哪怕最微不足道的玷污进行拒斥——他为"干净的"(尽管是非政治的)手论证。从这个角度来看,他所呼吁的"对灵魂的关心"看来从根本上与政治行为者所特有的那种世俗性截然相反。

在《申辩》中,在苏格拉底驳斥了对他的控诉并且澄清了他那多少被人误解的哲学活动之后,他提出了一个著名的修辞问题。他对陪审团说,假设你们无视阿努图斯提出的败坏青年的指控并且将我无罪释放,但附加了这样一个条件,即,让我放弃自己的哲学活动,这一活动在你们看来是十分可疑的,那我会怎么做呢?苏格拉底毫不犹豫地回应:"我一定会这么回答:雅典人,我是对你们身怀感激和挚爱的仆人,但是我更服从神的话而不是你们的;只要我还有一口气,只要我还能干,我将永远不会停止践行爱智之学,劝诫你们并且向每一个我遇到的人阐明真相。"(《申辩》,29c-d)为了防止其公民同胞们没有理解他的意思,随后他补充说道:"你们知道我将绝不会改变我的行为,九死不悔。"(《申辩》,30c)

在此,我们看起来有了一个确定无疑的反抗姿态,此种姿态将服从于他的哲学/政治使命的义务,置于民众可能颁布的任何反对哲学活动的命令或者法律之上。看来,这一声明与《克力同》中雅典法律的论点之间出现了极为严重不和谐。然而,近来的阐释者都倾向于对存在于两篇对话间的鸿沟轻描淡写甚至视而不见。例如,布里克豪斯和史密斯认为并不存在什么"《申辩》/《克力同》问题",因为苏格拉底的两个原则——决不行不义和决不违抗城邦权威——事实上是完美一致的。[①] 他们指出,苏格拉底在被审判时的傲慢顶撞牵涉到一种假设的情况:苏格拉底被判处有条件的无罪释放。不过,实际上陪审团并无法律授权这样做。因此,苏格拉底继续从事哲学并不会对"真正法律权威的合法命令"构成不服从。类似地,人们会质疑那企图处死赖翁(Leon)的新当政的政治权威的合法性并辩论说苏格拉底对于三十僭主命令的不服从当然不是对于公正制定的法律的不服从。当然,还可以有更深入的问题:如果正当构成的法律命令苏格拉底去做一些显然不义的事情,那又如何是好?布里克豪斯和史密斯对此的回答是:苏格拉底可以完全照做而不会危及他的"绝不自觉行不义"的誓言。严格地说,造成不义后果的道德责任不在于践行命令的人,而是发布命令的人。"不义的法律可以被

[①] Brickhouse and Smith, *Plato's Socrates*, pp. 144ff. 参看 Thomas C. Brickhouse and Nicolas D. Smith, *Socrates on Trial* (Princeton: Princeton University Press, 1989), pp. 137-153.

指定出来；但服从它们，公民并不是在行不义。"①

这种消除《申辩》与《克力同》之间张力的策略所存在的问题在于：只有将苏格拉底转变为最消极的公民，此种方式才会成功；即他对不义的强烈厌恶总是要让位于更强烈的服从法律的要求。万一出现了道德和法律冲突的情况，他或者任何其他公民都要做不义法律所要求的事，确信自己不过是在服从命令，并且因此完全不必为城邦命令所造成的不义负责。② 就像是儿童服从父母或者奴隶服从他的主人，听从合法权威的命令而行不义的公民，鉴于他从属的地位，无可责难。

如此达成《申辩》与《克力同》和解的方式付出了高昂的代价。它不仅需要一个反对"可以正义地不服从法律"的苏格拉底；而且还要求他持有这样一种政治成员观：当涉及政治责任和公民义务时，公民们没有任何道德反思的责任。作为个体，我们有责任省察我们自己并避免行不义之事；而作为城邦公民，我们并不是有责任感的行动者。因此，我们可以不必为我们出于服从造成的后果负责任。可能，这并不是严格意义上的盲从学说（毕竟，公民们可以自由选择持异议，可以自由选择"说服或者服从"），但是这种权威主义已经足够让我们想起"无思"的阿道夫·艾希曼这个例子，他不仅将道德和法律责任混为一谈，而且在整个审判过程中自始至终地坚持认为他所做的并不是犯罪，因为元首（Führer）的命令在第三帝国（the Third Reich）就是法律。③ 故而，布里克豪斯和史密斯创造了一个"一致的"却难以令人信服的苏格拉底，他对于被省察的生活的坚持是严格地服从公共/私人领域的区分的。这只"牛虻"可能会用伦理要求尝试唤醒私人领域中的个体，但是作为公民来说，他却放任他们沉睡终日。在此我们有了"好人"与"好公民"的区分，这要比亚里士多德在《政治学》第 3 卷中所设想的远为激进。

理查德·克劳特则采用了相反的做法。不是让《申辩》屈从于虚拟的权

---

① Brickhouse and Smith, *Plato's Socrates*, p. 152. 参看 p. 153："在我们看来，苏格拉底的如下要求是前后一致的：公民决不能行不义也决不能违背法律，即便法律本身是不义的，或者即便公民依照法律的行动会产生恶。之所以这么说的原因是：在这样的情况下，不义的责任主体是城邦，而不是作为城邦'子孙'或者'奴隶'的城邦公民。"我想要指出的是：这种立场的始作俑者是 Luther。
② 布里克豪斯和史密斯充分意识到了他们论证中包含的这一含义，并且在其著作第 154 页尝试为"我只是服从命令"这一借口辩护。
③ 见 Arendt, *Eichmann in Jerusalem*, pp. 148 – 149.

威主义以达到前后一致，而是选择了更合理的路径：主张《克力同》的政治义务学说并非如其表面上制定的那样僵化。对于克劳特来说，《申辩》明确的立场是：苏格拉底相信能够正当地不服从法律（不服从三十僭主命令与不服从对其哲学活动的禁令，都表明了他毫不妥协地坚持决不行不义这一原则）。① 那么任务就变成了如何去解读《克力同》中**雅典法律**的言辞，以便于让它"为证明不服从打开大门"。② 他的做法是从《克力同》中引出一种原－洛克式的同意学说，即要求个体公民维持其"正义协定"，并且还提出一种对"劝说或服从"条款的解读，它不仅允许公民的不服从，而且让它成为了公民的真正责任——当这个公民确信他面对不义之法时。

按照克劳特的说法，苏格拉底之所以拒绝克力同的逃跑提议，就是因为这样做将会推翻他与**雅典法律**订立的自愿协定，他持守终生的这一协定是非强制性的，也并没有要求他**行**任何不义之事（否则就明显地与决不行不义之事的原则相冲突了）。此一协定**确实**要求他做的事，乃是让他接受法庭的裁定，即使这些裁定可能会导致他被错误判罚而**遭受**不义的伤害。如果普遍地拒绝接受不利的裁定，遵守他自己协定的那一部分，这将会导致法律系统的毁灭，以至于城邦的毁灭。因此，苏格拉底拒绝破坏自己的正义协定而对城邦做不义之事或者罪恶之事。他在受审中，按照陪审团裁定的要求付出代价——不是出于对权威的盲目服从，而是出于对由自己自由加入的协定所施加的义务的约束力的承认，这既是公正的也是有条件的。按照克劳特的解读，苏格拉底认识到：在这样一个政治秩序由法律规则决定的城邦中，法律裁定有可能带来伤害，这是该政体的成员们不可避免付出的代价。然而，这一认识并没有哪怕一刻影响了"避免不义"准则的统辖性地位——当法律或者命令是不义时，避免不义这一准则**要求**不服从；正如法律或命令是自由和公平协定的结果时，避免不义这一准则要求履行义务一样。

但是，决不行不义之事这一准则如何能够与**雅典法律**要求（苏格拉底应当"劝说或服从"）相协调一致呢？在之前引述的段落中暗含的这一条款出现在**雅典法律**言辞的第二部分中："我们坚持认为，任何不服从的人都是在行不义之事，这是基于以下三个方面的考量：第一，因为我们是他的父母；第二，因为我们是他的护卫者；第三，因为在承诺服从之后，他没有服从我们，如果我们真的犯了任何错误的话，他也没有劝说我们改变我们的决定。

---

① Kraut, *Socrates and the state*, pp. 13–22.
② Kraut, *Socrates and the state*, p. 24.

尽管所有我们的指令都是以建议的形式提出,而不是以野蛮命令的形式下达,我们给了他选择的机会:要么说服我们,要么按照我们说的去做,而实际上他两者都没有做"(《克力同》,51e – 52a)。

维多利亚时代的希腊哲学史家乔治·格罗特(George Grote)对这一条款做出了一个通行的解读,他足够合情合理地认为,**雅典法律**让苏格拉底面临一种或此或彼的选择:或者服从(与他的"正义协定"相一致),**或者**在公民大会上利用他的公民权利说服雅典同胞——他们提出的法律或裁定是不正义的。这种选择没有为不服从留下任何空间,因为苏格拉底的责任——如同其他每一位雅典公民的责任一样——就是要说明,为什么他们提出的法律是坏的,而如果他的说服失败了,那就要服从公民大会的法律或者命令。①

为了反驳这一解读,克劳特提出**雅典法律**所说"劝说或者服从"中的"或者"实际上暗藏着一个"空子(loophole)",这个空子使得对法律的不服从得以可能。② 这一漏洞实际上在第一次引述的段落(《克力同》,51a – c)关于"劝说或服从"学说的陈述里就已经出现了。在那里,**雅典法律**说道:"在战争中、在法庭上并且在任何其他地方你都必须要服从你的城邦和你的国家的命令,**否则你必须说服它们以与正义的原则一致**"(《克力同》,51c,着重之处为本书作者所加)。显然,公民的责任不仅是要服从,而且要忠于正义的要求。因此,如果苏格拉底逃跑,那么他就做了不义之事,因为"他没有服从我们;如果我们真的犯了任何错误的话,他也没有劝说我们改变我们的决定"(《克力同》,51e)。**如果**这种说服也适用于法庭上的话,那么面临不义的法律或者裁定的个体公民的责任就并不仅仅是要说服和(说服失败后)服从,而是要**不服从**不义的法律或裁定,并且要在恰当的公共场所对这一不服从的原因**进行说明**。即使说服的努力失败了,**雅典法律**也是允许不服从这一行为的,因为它们要求的责任不是去服从可能出错的法律,而是要警惕共同体合法制定的不义。③ 用克劳特的话来说就是,"如果有人不服从法律,那么,当被传唤时,他必须当庭劝说其公民同胞这种不服从是正义的……不服从的公民之所以需要说服,是因为他对于作为其父母的城邦有欠付——他已经签订了协定要对他的行为做出一些解释"。④

这种解读之所以吸引人,就是因为它将苏格拉底的要求——前后一致并

---

① Kraut, *Socrates and the state*, pp. 55 – 56.
② Ibid., p. 59.
③ Ibid., pp. 58 – 59.
④ Ibid., pp. 59 – 60.

第一章　什么是苏格拉底的公民身份？

且说明理由——置于核心位置。从**雅典法律的**言辞在其对什么是真正重要的东西（即给出理由）的评估上来看，明显体现了苏格拉底的立场。但最终，说《克里同》让不服从得以可能、甚至实际上鼓励了不服从（只要给出了理由），这却是毫无说服力的。这篇对话的修辞，以及在这修辞中处于突出位置的将**雅典法律**作为父母的隐喻，都表明公民永远都对法律秩序（城邦）有欠付，因为法律秩序（城邦）**首先给予了他生命**（《克力同》，50d）。[①] **雅典法律**如父母一样养育和教育了他；并且，正如父母和孩子一样，在城邦和其公民之间并不存在权利的平等（《克力同》，51a）。事实上，与父母相比，国家"在诸神和所有理性人那里都是更宝贵、更值得尊敬、更神圣不可侵犯、并且享有更高的荣耀的东西"（《克力同》，51b）。那么，按照《克力同》的观点，一个人的生活并非个人自己的而毋宁说是城邦的有条件的礼物，应当给予它比给父母的更多的尊敬和顺从；而且，一个人必须一直牢牢记住这一事实：他是"不能回嘴的"，对于城邦比对于父母来说更是这样（50e）。

因此，如克劳特那样将**雅典法律**作为渴望得到改正的和渴望听到理由的（或被理由安抚的），是难以令人置信的。**雅典法律的**言辞所阐明的乃是城邦对其公民的不容置疑的权威，**雅典法律**明确表示这种权威会受到所有不服从行为的动摇，而非仅仅会受到没有给出理由的不服从行为的动摇。从始至终，城邦都表现得"像是一个被迫害和容易受伤的个体"。[②] 克劳特独具匠心的解读诚然使得《克力同》与《申辩》相一致，但是这并不意味着这种解读**一定**战胜了另一种关于这两篇对话的解读：认识到两者之间存在着张力，而且保持这种张力。[③] 毋宁说是，它在警示我们：如果将柏拉图在《克力同》中描写的苏格拉底当做与《申辩》中一样的真正苏格拉底的声音，那就有危险了。即使在这些"苏格拉底的"柏拉图对话中，我们也必须识别对苏格拉底思想的忠诚度上的细微渐变层次。[④]

---

① 参见 Rousseau, *On the Social Contract*, bk. 2, chap. 4: "他们的（公民的）生活——他们已经将之献给了城邦——一直由城邦来保护；而当他们冒着生命危险来保卫城邦时，他们所做的事情不是在归还从城邦那里得到的东西吗？"
② Kateb, "Socratic Integrity", p. 93.
③ Kraut, *Socrates and the State*, pp. 59, 72.
④ 需要指出的是：虽然我认为《申辩》和《克力同》之间的张力是不可简化的，但是我并不认为它们之间是单纯对立的。正相反，没有《申辩》，我们无法理解在《克力同》中苏格拉底放弃逃跑这个选择。在《申辩》中，苏格拉底明确提出：他宁愿死也不愿被放逐或者过一种没有哲学的生活。如果逃跑（正如克力同所建议的那样），那将表明他并没有真正信守《申辩》中他的言辞。关于这一点，见 N. A. Greenberg, "Socrates' Choice in the *Crito*", *Harvard Studies in Classical Philology* 70, no. 1 (1965), 45–82.

这是否意味着：当我们试图阐述苏格拉底的政治学和苏格拉底的公民身份的本性时，我们应该忽略《克力同》？当然不，因为《克力同》对于苏格拉底与雅典民主的紧密关联，以及他如何评价这种政治联合体的形式，提供了必不可少的证据。

在他们对话的结尾处，**雅典法律**宣布：

> 苏格拉底，我们有可靠的证据表明：你对我们和城邦是满意的。如果你不是对这个国家格外地依恋的话，你不会如此格外地不情愿跨越出你自己国家的边界。除了军事远征，你从未因参加庆典或者任何其他理由而离开这个城邦。你从未如其他人那样外出旅行，而且你从未有一丝一毫的冲动希望认识别的国家或制度。你对我们和我们的城邦是满意的。你已经确定无疑地选择了我们，并且用你作为一个公民的行动来观察我们。(《克力同》，52b–c)

稍后又补充道：

> 如果你对我们不满或者认为这一协定不公平，在这70年间你随时都可以离开这个国家。你没有选择斯巴达或者克里特——你喜爱的好城邦的模范——或者其他任何希腊人的或者外国人的城邦。除非你软弱无力了或者老掉牙了出了其他岔子，否则你绝不会让自己在这城邦中缺席。很显然，你比所有其他雅典人都要更爱这城邦和我们——它的法律。(《克力同》，52e–53a)

这些段落所展示的并不是"要么爱它要么离开它"的政治忠诚学说，而是对苏格拉底对雅典城邦的依恋性的洞察。苏格拉底**更喜欢**雅典并非因为他出生在那里（**雅典法律作为他的父母**），而是因为雅典民主制度及由此带来的自由。① 他可能会认为别的城邦（如斯巴达和克里特这样的寡头政体）是更守法的和更有纪律的，但是他甚至拒绝哪怕短暂地离开雅典。这表明了他对于民主制的道德特殊品性的赞赏——这种制度（正如伯里克利所说的那样）不仅让公民自由和平等，而且提供了在希腊世界中无与伦比的表达自由

---

① 见弗拉斯托斯对于相同段落的解读，载于其论文"The Historical Socrates and Athenian Democracy", pp. 91–92.

和宽容精神。

只有在雅典,苏格拉底才能够按照他自己的方式、如他那样长久地践行哲人型公民身份。只有在雅典才有自由和平等让他能够追求他所想的道德进步,这一道德进步依靠的是个体的努力、反思和判断,而非道德习惯、灌输和惩罚这样的强制手段。如果有人基于之前所引用的那一段落,坚持要称呼苏格拉底是一个"爱国者",那么就必须将这种描述限定为是一种宪政爱国主义。但即使是这样,我们也可能无法洞见他这种依恋的真正本性。伯里克利是对的:雅典的宪政制度在历史上第一次让民主的个人主义得以可能。苏格拉底充分认识到这一事实并且对此心存感激。这使得他的使命得以可能——即阐发刚刚萌芽的个人主义的道德含义,促使雅典公民关心自己的灵魂并且自主思考。然而,他对于**雅典法律**以及由之所开创的可能性的欣赏,并不能阻止他对雅典人的政治实践以及引导它的众多价值做出激烈的批评。

那么,苏格拉底对于雅典的法律的偏爱并非表示要对**一群人**或者一个民族的忠诚。与伯里克利不同,他并没有反复唠叨雅典人作为**一个民族**的独特性;也肯定没有把自己看做在各个方面都高出邻邦的。进一步而言,与柏拉图不同,他指出民主的自由是他哲学活动的前提,也是个人道德进步的前提。① 逃离雅典(如克力同极力劝告他去做的那样),苏格拉底只能去像忒拜(Thebes)和麦加拉(Megera)这样的城邦,那里将会禁止他践行其"真正的政治技艺";要不就去帖撒利(Thessaly)这样的"缺乏纪律和放纵"的地方,在那里他的故事将会得到欣赏,可是他的诘问法则不会受到欢迎(《克力同》,53c – 54a)。只有在雅典,在它的民主制度下,才能为苏格拉底那间接的(和非强制的)技艺的存在,提供其所必须的自由和萌芽状态的个人主义。他根本不可能在其他地方继续自己的使命。

假如这是对于《克力同》意义——就理解苏格拉底的公民身份、以及其公民忠诚的本性和范围而言——的一个大致合理的理解,我们仍然面临着由"劝说或服从"说法所带来的一个难题。如果一个人像我一样对这个说法如何与公民不服从相调和心存疑虑,那么,他就不得不承认在公民与法律的道德关系这个核心问题上苏格拉底的遗产是模棱两可的。在此,持异议的公民身份的拥护者很可能会转向安提戈涅,将她作为一个比苏格拉底明显更好的典范,苏格拉底的激进质疑从未产出任何激进的**行动**。如果道德正直是一个**意欲**去践行它的问题,那么安提戈涅反抗克瑞翁(Creon)对于埋葬她哥哥

---

① 参看柏拉图:《理想国》卷 8,557a – 562a。

波吕尼刻斯（Polyneices）的禁令，不惜主动选择死亡，就是让下面的问题昭然若揭：她的道德承诺**是什么**，以及它们如何与城邦的法律针尖对麦芒。苏格拉底在他自己的死亡事件中给我们提供了一个负面的、思与行动分离的、而且似乎是消极顺从的形象；而安提戈涅的行动却体现了清晰的价值等级、正义的积极意义、以及**践行**其承诺的勇气。她的妹妹（伊斯墨涅【Ismene】）以家族和宗教责任之名将安提戈涅的行为称为"放肆的行动"（1.78），从而将她推入公共领域的强光之中。安提戈涅那"最为光荣的行动"（1.749）为她赢得了无与伦比的正义和虔敬之名，而且揭示了克瑞翁政治权威主义的非道德基础。[1] 总之，安提戈涅是"行动的热爱者"——伯里克利理想的道德范本，这一形象完全失去了温顺或者平静的痕迹，后者使得哲学选项成问题。她，而非苏格拉底，更像是真正符合道德正直要求的英雄主义典范。

这种观点的问题在于：它忽略了安提戈涅对法律不服从的理由。就像玛莎·纽斯鲍姆（Martha Nussbaum）所说的那样，如果克瑞翁对于道德－实践世界的理解是完全简化的，即，在其中所有的价值和责任都必须遵守公民忠诚这"唯一最高善"，那么，安提戈涅的理解也并没有什么更多的微妙之处，她实际上同样不过是顽固坚持信条而已。[2] 这一悲剧向我们展示的就是两种信条之间的冲突：对于城邦作为所有善的基础的教条式信念与同等固执地坚持传统宗教和家庭责任胜过所有其他价值。安提戈涅对克瑞翁问题——"你胆敢违背法律？"——的回答不容忍任何进一步讨论："我敢，这不是宙斯公告的法律；也不是与那些下面的人一起生活的**正义**为人类所制定的法律。我不相信你的公告有着这么大的权力能够让一个终有一死者推翻神的法令，神的法令是未成文的又是稳固的。它们不是只在今天或者昨天存在，它们永远存在，没人知道它们何时第一次出现。我不会因为害怕任何人的脾气去触犯这些来自神的法律而招致惩罚。"（494－503）

在这些自信的虔敬言辞中，我们可以发现与坚持质疑和省察的苏格拉底的主张完全相反的另一种道德性情。对于安提戈涅来说，并不存在任何质疑的空间，也没有任何理由需要去做出说明。对于宗教律法和责任的传统理解命令人们服从，因为它自古以来就是这样的。正如克瑞翁在制定和执行他的

---

[1] Sophocles, *Antigone*, trans. David Grene (Chicago: University of Chicago Press, 1991), pp. 188－190.

[2] Martha C. Nussbaum, *The Fragility of Goodness* (New York: Cambridge University Press, 1991), pp. 58－61.

法令时未能考虑到非政治价值,同样,安提戈涅也未能考虑到任何超出她对去世的家族成员所负有的最高责任之外的任何价值。① 诚然,她是一个**行动者**而苏格拉底并非如此。但是,她的行动是以信仰为前提的,是以对无可置疑之物的承诺为前提的,是以坚信为前提的——坚信她**知道**宙斯的法律是什么并且知道在这场冲突中他会站在哪一边。她对于"更高法律"的祈求无疑是正直的,而不仅仅是行之有效的修辞技巧的运用(如亚里士多德在《修辞学》【1375b】中所展现的那样)。但是,在并未给出任何理由和诉诸传统虔敬(她的祟拜人同胞会同情认可的)的意义上来说,它**是**修辞的。(因此,大众确实对她表示了支持。海蒙【Haemon】,克瑞翁的儿子以及她未来的丈夫,将此报告给了他那不耐烦的父亲。)

那么,与苏格拉底不同,安提戈涅并非异端。如果说她"放肆的行动"的结果为她赢得了"伟大的声誉"(894),这并非因为她代表着个人道德判断或者良心以反抗城邦的要求。她对于克瑞翁的反抗,尽管无可非议,但在性质上是极端保守的。她代表着根深蒂固植根于习俗中的声音,在对抗政治的傲慢时变得激进好战。我们不能被她的行动的"男子气概"所吸引,认为它高于卡利克勒描绘的苏格拉底那种远离公共舞台的"毫无男子气概"的哲学活动。② 因此,虽然我们对苏格拉底作为公民不服从的守护神的看法被《克力同》的"劝说或服从"问句所质疑,但是我们不应该得出这样一个不成熟的结论:安提戈涅给我们提供了一个更好的本着良心的公民身份的模范。安提戈涅并非用良心的声音在说话,更不用说是理性的、世俗的良心了。

对于苏格拉底立场的一个更为严肃的反驳是由阿伦特在其文章《论公民的不服从》中提出来的。简单来说,她觉得苏格拉底不能作为一种公民身份的模型,不论是哲学的还是其他的,其原因正是因为他对自己灵魂的关心削

---

① 正如 Warren J. Lane 和 Ann M. Lane 所说,这似乎必然会导致如下争论:安提戈涅是"人之典范,她将对城邦、习俗和神的忠诚之公民誓言编织进入日常生活之中"。这种解读瓦解了《安提戈涅》中关于价值的悲剧性冲突,使得这出戏剧成为错误认识的悲剧(安提戈涅代表着家庭、法律和城邦的政治真正融合,而克瑞翁则代表着残暴堕落)。参见其文章"The Politics of *Antigone*", in *Greek Tragedy and Political Theory*, ed. J. Peter Euben (Berkeley: University of California Press, 1986), p. 164.
② 女人篡夺了对于行动的男性特权——这一事实是这个戏剧一以贯之的主题,并且,在克瑞翁看来,这是安提戈涅对他的权威挑战的最为令人恼火的方面。见 Sophocles, *Antigone*, p. 187.

弱了公民对（公共）世界之关心。说到底，苏格拉底的良心是一种利己之心。① 思的内在对话——这种内在对话**就是**良心——告诉他什么**不该**做。然而，它的标准乃是：是否一个拟议决定的行动会允许他仍然作为自己的朋友——即在思中那个他的内在伙伴。道德正直被看作是一种自我一致性，将所有的责任都集中在内部。因此，这体现了《高尔吉亚》的原则："这样会更好一些：我的七弦琴的声音与别人不同、不一致，我奏出的任何和音都与多数人的七弦琴奏出的不同、正相反；而不是我，仅仅作为一个人，走调了并且自相矛盾。"（《高尔吉亚》，482c）对于阿伦特来说，这就意味着对于行动、政治和公民身份的要求全然无动于衷，不再关心**世界**，而只关心自我及其道德正直。

阿伦特的指控让我们想起了黑格尔在其《精神现象学》中对于"优美灵魂"的批判。在那本书中，黑格尔无情地揭露了良心形式的道德缺陷：良心"生活在害怕因行动和生存而玷污了自己内在本心的光明中"。为了保护内心的纯洁，它"逃离与现实世界接触，坚持处于自愿的无能之中，放弃自我，使其简化为一种终极抽象的极端"②。如果，正如黑格尔在《美学》中的看法那样：安提戈涅的道德立场是"单面的"，未能将公民领域与家庭和宗教领域整合起来，但至少它**拥护了一面**而且让自己确定地参与到这个世界中。可是，"净化的良心"这一立场则否弃了世俗的羁绊，因为怕它产生不可避免的道德污点。因此，它否弃了对任何外在于它的事物的责任。当阿伦特将苏格拉底（和梭罗）的本着良心的个人主义贴上"自私自利的非政治形式"的标签时，她心里所想的正是这种对所有**世俗**责任的否弃。

是否苏格拉底的否弃式道德绝对主义——他对于避免不义的坚持——使得他与公民身份的要求不符并且让他应当受到这种较为宽泛的道德谴责，正如阿伦特那受到黑格尔启发的分析中所蕴含的那样？当然可能是如此，假如苏格拉底真的如阿伦特所说的那样拒绝对这个世界负责，以便对自己尽责的话。但是，这种对于世界或者自我的或此或彼的选择，没有考虑到这样一种可能：苏格拉底试图在关心自我与关心这个世界之间建立一种间接的关系。一个人最好能够通过在自我与**民众**的激情和能量之间培养适当的距离来承担

---

① Hannah Arendt, "Civil Disobedience" in Arendt, *Crises of the Republic*（New York：Harcourt Brace Jovanovich, 1972），p. 65.
② G. W. F. Hegel, *The Phenomenology of Spirit*, trans. A. V. Miller（New York：Oxford University Press, 1979），p. 400.

个人对世界的责任,来完成公民身份的要求。只有这样,道德反思才会培养一种更深层次的不义之意识,它超越了习俗和日常的界限,并且不会随民众的情绪而游移不定。虽然阿伦特在强调说公共－政治领域是意见的领域时无疑是正确的,但她这么想就错了:苏格拉底的良心意指彻底地抽身退隐进入一种与自我交流的无世界状态,或者是说苏格拉底的良心通过自称具有优越的道德—知识——类似于柏拉图的哲学真理高于"仅仅"意见的等级划分——来与政治发生关系。①

阿伦特对于良心的"非政治"性的批评再次揭示了认识一种"政治技艺"的困难,这种"政治技艺"既不是要将私人(伦理自我)与公共分离,也不是要用良心或者逻辑来替换政治对话。这是一个如何打开公共领域接受良心和理智的影响的问题,而不是强制公共领域遵守沉思的自我的伦理命令的问题。苏格拉底的"利己之心"是一种独特的自我克制:他从不允许自己过一种"通常的私人生活",他是如此热切地希望在他的对话者心中培养避免不义行为的渴望(《申辩》,36c)。他的"私人"生活是在公共领域之中进行的,而且虽然他说"正义的真正捍卫者"必须"别管政治事务"(《申辩》,32a),但他从未停止践行"真正的政治技艺",即,无情的省察并净化意见。以这种间接的方式,有良知个体的反思性道德对公民参与和公民德性产生了影响,或至少努力造成影响。

正是这种间接性(源于思与行动的分离)让苏格拉底的政治技艺能够比其初看起来更能够免受阿伦特的指控。因为所谓良心"政治"真正困扰阿伦特之处是其道德要求的抽象性,是由于它那毫不妥协的命令使得它缺乏对于具体政治后果的关心。比如,她引用了梭罗在《论公民不服从的责任》中提出的要求:美国人"必须停止蓄奴,必须终止墨西哥战争,尽管这会危及美国人的生存"。② 在阿伦特眼中,如此不惜一切代价地坚持原则就是政治不负责任的写照,是对古老格言"*Fiat justicia et pereat mundus*(即使世界毁灭,也要伸张正义)"的一种固执于字面的误解。

在这一点上,比较苏格拉底和梭罗是有启发意义的。尽管阿伦特(按照一般的看法)将他们认定为本着良心的道德绝对主义的两个典范,但仅仅只是梭罗而非苏格拉底,将"总是说不"和(有限的)抽身退隐变成行动的呼唤——事实上,变成革命的呼唤:"我一刻也不能把那样一个政治组织作

---

① Arendt, "Civil Disobedience", pp. 67–68.
② Thoreau, 转引自 Arendt, "Civil Disobedience", p. 61. 见 Thoreau, *Political Writings*, p. 5.

为**我**的政府，它也是**奴隶**的政府……当在一个本应该成为自由庇护所的国家里人口的六分之一都是奴隶之时；并且，当整个国家（墨西哥）被一支外国军队不正义地侵略和征服、并不得不遭受军法管制之时，我认为这就是反抗和革命之时。使这项责任更加迫切的是这一事实：被侵略的不是我们自己的国家，我们的国家是侵略军。"①

在梭罗的观念中，行动所要遵从的原则恰恰就是：**行动**。它不仅仅是不服从或者不顺从（虽然可能从这里开始）。它要改正道德领域中的错误，而且"不惜一切代价"这么做。比如，梭罗写道："行动所要遵从的原则——对正义的认知和履行——**改变**了事物和关系；它本质上是革命的，并且不会完全与之前的任何东西保持一致。"② 他试图根除最大的恶（奴隶制），这一值得赞许的愿望不仅指引他攻击保护了这种制度的政府，并提出了一种以拒绝交税为形式的"平和革命"；而且甚至使他思考暴力或许也是一种必要的手段："但即便会流血又怎样？当良心受伤的时候就不会流血了吗？"③

梭罗的文章扩展了，而且在很多方面深化了苏格拉底的本着良心的个人主义观念，然而它也越出了这一观念的范围：它毫无畏惧地呼唤行动和（至少在最后的这个例子中）武力。作为绝对道德应用在政治中的一个例子，它横跨了作为积极行动者的绝对道德（例如我们在革命者和基督教的积极行动者那里所发现的）和作为否弃者的绝对道德两者之间的差别。④ 因此，它与苏格拉底那破除幻象的政治技艺之间的联系是微乎其微的。梭罗的良心并不单单是从与自身的思的对话而来的"总是说不"的声音，或者是通过与他人对话而产生的困惑的产物。它是感知正义的道德能力，并且这种道德能力能够提供一个坚实的——实际上是无可置疑的——行动的基础。梭罗对与不义的政府合谋出于良知的"no"可以导致对实际行动（甚至可能是暴力的行动）的慷慨激昂的"yes"。当我们回想起美国独立战争（American Revolution）就是同不义的税收斗争时，我们可能会发现自己非常同情梭罗对推翻奴隶制这更大恶的呼唤。

乍一看，似乎梭罗比苏格拉底**更富政治性**。然而，如果阿伦特担忧的核

---

① Thoreau, "Resistance to Civil Government", *Political Writings*, p. 4.
② Thoreau, "Resistance to Civil Government", *Political Writings*, p. 8.
③ Ibid. p. 11.
④ 关于这一区分的重要性，见 George Kateb, *Hannah Arendt: Politics, Conscience, Evil* (Totowa, N. J.: Rowman & Allanheld, 1984), p. 85.

心是建立某种非政治的、本质上是个人激情（对道德纯洁性的渴望、对不被明智和世俗妥协所污染的原则的渴望）的现世后果，这种激情凌驾于所有其他东西之上，那么，很明显的是：苏格拉底对政治领域有着较少的威胁。我这么说的意思并不是：相对于梭罗及受到他影响的人来说，苏格拉底的道德激情是较少攻击性的（并且因此较少危险性）；而是：苏格拉底的良心并不排除对于后果的关心（马克斯·韦伯将此作为有责任政治行动者的标识）。①苏格拉底希望保持自己道德正直的范围仅仅是在**他自身**的后果之内。他宁愿赴死也不愿行不义之事。这并不会让他像梭罗那样企图去消除恶而完全不顾这样做所导致的世俗后果（在这个例子中是联邦的瓦解）。换句话说，这并非让对于内在的道德纯洁的追求成为积极政治行动的主导原则——阿伦特唯恐会如此。②

但是，这不是又让我们再次把苏格拉底看成是"优美灵魂"？我认为不会，只要我们考虑到苏格拉底的"真正的政治技艺"的间接本性以及他对这种技艺的不懈追求。虽然个体出于良心避免不义的渴望与一群以良心之名积极行动去根除具体的恶的个体们的渴望不同，但个体的渴望仍然可以有激进的政治影响。人们越是认识到那些为政治的恶提供担保的虚假德性，就越是愿意对恶说不。这无疑就是梭罗想要鼓励的那种倾向，尽管他的表述是强硬的（并且偶尔是教条主义的）。但要让这一切发生，个体公民必须首先对如下这一观念保持开放：德性的观念可能**是**虚假的。一种真正的良心政治学只有在那些至少部分哲人化的公民那里才能找到。他们知道自己并没有关于德性的"专家"知识，但是他们能够意识到不义的事实；因此，他们较少可能倾向于将城邦所支持的暴力行为视为德性的表现，也较少可能会认为充当暴力的共谋者是公民德性的表现。

"否定之路"（Via Negative）与公民身份

人们通常是这样说的：仅仅"总是说不"是不够的，这种怀疑的性情几乎不可能提供正面的道德感，而这才是推动公民走向一个更为公正社会所必

---

① 见本书第四章。
② 见阿伦特在《论革命》第二章中对于雅各宾派革命性同情的分析。

须的东西。我们一再地被告知，人们需要某些东西去相信。将生命献给破除幻象的活动和"总是说不"对于哲人型的少数人是可能的，但是对多数人来说它只会造成败坏，因为它剥夺了多数人德性的稳定感，而这是驱除犬儒主义和不道德所必须的东西。在政治领域中这个问题看来特别尖锐，因为在这个领域中，充分的成员意识显然由某种类似于公民宗教的东西所决定，即，相信激发集体生活的德性和目的。这倒不需要采用卢梭那样的刻板的和极端的形式，他不仅主张公民宗教而且主张严格的审查制度以避免道德败坏。① 它可以采用一种更为温和的制度图腾的形式，我们可以在美国找到这种形式。不管形式如何，如果公民要从道德失范和无动于衷这种当代政治生活的典型状况中提升，那么显而易见的是：公民需要某种类似于共同政治信仰的东西，或者，至少是强有力的共同价值观。②

这种分析基于如下愿望：渴望一种更为积极的公民，渴望一种更为道德的政治制度，或对两者同样渴望。它表达了许多人的渴望，他们希望政治和德性能够在公民德性的一种复兴的理想中重聚，这一理想将光辉荣誉和道德志向重新还给公民身份观念。在持这种观点的批评者眼中，自由制度将公民身份削减为一系列权利和福利，并因此鼓励一种狭隘的自私自利的风气，它使公民更像是消费者（或者是当事人）而非自治政体的一员。这样的政体已经失去了与批评者所说的一个基本真理的关联，即：政治共同体并不仅仅是互相保护和获得利益的机器，而是道德理想的化身——为了防它们的丧失，必须通过政治参与和政治/道德教育来保持和积极灌输这一理想。③

我对于苏格拉底的哲学实践和持异议的公民身份的解读与这些被普遍认为的要求背道而驰。从道德个人主义的立场出发——这种道德个人主义可以说是（仅有些微的夸张）苏格拉底创造的——不能说公民身份的危机是某种信仰危机。人们之所以成为道德沦丧的个体，不是因为没有什么东西值得他们去信仰，没有什么东西将他们积极地团结为共同体的一员。正相反，道德个人主义者认为社会生活和公共意见不断地产生共同的信念、激情和几乎不受省察的信念。因此，大部分社会生活（甚至在最"世俗的"自由主义政体中）都具有让人头脑发热的梦境性质，因为它由关于道德包含什么以及谁

---

① Rousseau, *On the Social Contract*, bk. 4, chaps. 7 and 8.
② 关于这一论证的详细论述，见 Ronald Beiner, *What's the Matter with Liberalism?* (Berkeley: University of California Press, 1992).
③ 关于这一立场的经典表述，见亚里士多德：《政治学》，1280b12 – 1281a9。

是和谁不是道德的错误确定性所引导。① 我们总是发现自己陷入了无可争议的信念之中，并且为意欲去相信的意志所左右，却自始至终对于这种状态的道德影响毫无察觉。

那么，问题并非是世俗化（韦伯称之为"世界的祛魅"）已经使这个世界失去意义，或者我们需要某种形式的重新复魅，尽管这是阿伦特和其他那些受到了公民共和传统所启发的人看来认为需要的，并且这也是她为何转向伯里克利的政治行动概念将之作为意义创造的优先形式的原因。这也是近来的一些评论者——共同体主义者、保守派和新保守派——的看法，因此他们希望诉诸关于善好的"浓厚"概念，以便平衡由自由主义的"权利话语"和市场经济所促成的自私自利的个人主义。② 他们认为，"伦理实体"——黑格尔用 *Sittlichkeit*（伦理）所指称的东西——在今天似乎已经枯竭了，这使我们的共同体生活失去了那种一致共同的目标，即亚里士多德视为对政治生活来说至关重要的那种东西。③

这种分析是很诱惑人的，假如我们的公共生活看起来像是其曾经的辉煌的悲惨影子，并且能够重回当初荣景的话。但是，我认为柏拉图在其早期对话中呈现的苏格拉底在满足对共享的德性或者最好生活概念的渴望，那就是一种误读了。《申辩》中的苏格拉底展示给我们的既不是对于有意义的共同善的追求，也不是对生活"高贵的"形式的追求，而是不断提醒我们：所有这类观念都可能会诱发不义，并且提醒我们，最低限度的道德生活就在于坚持不懈地对抗这样的诱惑。从苏格拉底的观点来看，破除幻象并不会导致虚无主义的**终极结果**（telos）（如尼采所想的那样）或者纯粹自私，因为破除幻象实际上就是对无限增生（或者复活）的幻象作持续不断的抗争。因此，它需要不停地再次更新和反复挑战：牛虻的工作从未完成。

然而，当涉及道德问题时，我们最不倾向于去做的事就是追问和省察我们自己生存的真实性，更不用说消解它了。我们会更倾向于去确认和坚持自

---

① 在《理想国》中柏拉图的道德心理学作为一种对于社会生活**此种**维度的分析尚未被超越。

② 例如，可见 Alisdiair MacIntyre, *After Virtue* (South Bend: Notre Dame University Press, 1980); Daniel Bell, *The Cultural Contradictions of Capitalism* (New York: Basic Books, 1978), chapter 4; 以及 William Galston, *Liberal Purposes* (New York: Cambridge University Press, 1991), 他写道："在现代自由社会中，孩子们的最大危险并不是他们深信某种东西，而是他们什么都不信。" (p. 255)

③ 亚里士多德：《政治学》卷一，1252a1。

己的主张，我们会更倾向于得到**我们**所共有的"共同体意识"的确证，我们会更倾向于让我们的价值战胜那些处于想象中的"其他人"的价值。苏格拉底的道德个人主义（以及公民身份的"总是说不"的形式所暗示的意义）不仅仅剥夺了我们自满，而且也剥夺了从"共同行动"中或者说（更严重的是）从自我主张的国家意志中得到的崇高感。它可能会帮助我们在政治生活中避免最坏的事情，但是避免最坏的事情通常看起来只是达到或者接近最好的事情的贫乏的替代品。这就是为什么伯里克利的民主和"**知道**德性是什么"的苏格拉底的思想，两者极大地左右了西方的想象空间，并且持续不断地给予自由民主的批评者以灵感，这些批评者认为自由民主制是平庸的、缺乏力量的或者无可救药的相对主义的。

　　苏格拉底确实不断谈论德性，但是，正如我论证的，他从未对卓越或伟大这一伯里克利式理想提出过任何积极的替代品。反而，他强调表面上最好的东西总是与最坏的东西非常接近，对于这一相近性的揭示源于他的不断坚持：无论我们做什么，我们最深层次的义务就是要避免不义。他的道德是将否弃行为作为核心的，但是这丝毫没有削减其严肃性或苛刻性。比如，苏格拉底教导我们对"最好的"保持怀疑态度，与此同时帮助我们认识到：避免最坏的东西——无论是作为个体还是作为公民——就其自身来说就是一个非常高的道德成就。苏格拉底的"否定之路"可能并不能够给我们"某些东西去相信"——尽管这是许多人所渴望的，但是，它仍然能够给我们带来某种值得追求的东西：破除幻象的并因此是更本真道德的那种公民身份。

第二章　约翰·斯图尔特·密尔：公众意见、道德真理和公民身份

本书余下的章节将会致力于探讨那些努力思考在民主化和"大众"政治时代中如何定位"哲人型公民身份"的几位思想家的作品。这些思想家——约翰·斯图尔特·密尔（John Stuart Mill）、弗雷德里希·尼采（Friedrich Nietzsche）、马克斯·韦伯（Max Weber）、汉娜·阿伦特（Hannah Ardent）和列奥·施特劳斯（Leo Strauss）——都在苏格拉底的道德个人主义与现代政治的关联问题上摆出了自己的强硬立场。有些人试图论证苏格拉底立场变得越来越重要，然而另一些人则试图揭示苏格拉底的立场与平均化、官僚化的时代毫无关系（或者有着隐蔽的和谐关系）。或许除了密尔之外，他们都对哲人型公民身份在民族国家和日益深化的普选制下的可行性持怀疑态度。对于尼采来说，真正个体的实现不仅仅需要从大众政治的腐败和愚蠢中抽身退隐，而且需要逃离"苏格拉底主义"（这被理解为一种理性化、普世化的道德主义，适用于"畜群"）。对于韦伯来说，现代政治能够为个体自由和行动提供空间，但仅只对领袖有效。在一个"祛魅"的世界中，哲人的和公民的生活都无法获得正直性。阿伦特和施特劳斯两人都强烈反对韦伯的判断——前者站在公民的立场上，后者站在哲人的立场上——但两人都不对苏格拉底的哲人型、持异议的公民身份抱有多少希望。

只有在密尔那里——他在19世纪中叶写作，当时他面临的正是英格兰的不稳定的、片面的和受到激烈质疑的民主化进程——我们能够找到一种真正的对于苏格拉底的原初理想的完全认同。但即便是密尔，当涉及政治时也倾向于限制苏格拉底的否定性和个人主义的范围，因为他确实感到了他那个时代首先需要的是理智在整个社会中更有效率的传播。他对于公众意见（及其导致的大众暴政）的恐惧使得他将重心更多地放在对那些逐步解放获得选举权的大众进行"意见引导"和公民教育问题上，而不是放在通过有独立精

神的个体来让消解性理性发挥作用。密尔的这一面可以在其早期文章以及在《代议制政府》（1861）中尤为明显。然而密尔的柏拉图式或亚里士多德式的这一面被他对于道德个人主义和独立思想的热烈认同所平衡，他将它们不仅视为社会进步的必需要素，而且视为实际上是其自身的目的。① 这一认同可以在《论自由》（1859）一书中找到其经典的表述，这本书得到了众多评注（尽管已为人熟知）但却仍然留有惊奇甚至是震惊的空间。

正如艾伦·瑞安（Alan Ryan）所正确地评论的那样，密尔写作《论自由》是为了向维多利亚时代的听众们重复苏格拉底的教导："未经省察的生活是不值得过的。"②《论自由》不仅仅是向同时代的听众重申这一广为人知的教导。它揭示了我们是如何地迫切需要这一苏格拉底的命令，而且揭示了经省察的生活与中产阶级的行为方式和习俗有着如何巨大的不一致。对于密尔来说，正如对苏格拉底来说也是一样，人性的丑恶就是：我们总是把本地化的（local）习俗和传统错误地当成了道德真理。更大的丑恶就是：那些由我们的文化或者反思所提供的真理碎片迅速地变为非真理——这通常都是因为它们被当作是整全的真理，或者以一种死记硬背、要求不高的方式得到把握。密尔关于这种部分真理走向谬误的逻辑的核心例子就是基督教教导的**片面**道德真理，在他看来，此种真理由于被当作是道德自身的全面表述而变成了完全的虚假谎言。③ 和苏格拉底一样，密尔想要让我们对日常生活中的教条主义保持警醒，让我们对大多数时间中理智上和道德上的沉睡状态这一事

---

① 独立思想或者意见的多样性是"其自身的目的"，这一想法明显与密尔功利主义立场之间存在着张力。在功利主义那里，唯一真正有资格将自身作为目的的东西就是幸福。实际上自《论自由》一出版就存在着这一争议，并且许多学术文章都关注了这一问题。大多数注释者都察觉到了密尔研究计划中的这一根本的不一致，他们发现密尔的"自由原则"（Principle of Liberty）是对其"实用原则"（Principle of Utility）（或者说是"最大幸福原则【Greatest Happiness Principle】"）的一种独断的和自相矛盾的剥夺。密尔公开地对"实用原则"做出了承诺：实用主义原则即"行为越能增进幸福就越正确，反之，行为越能产生不幸就越错误"。而在《论自由》中，他主张自由绝不应该被限制，除非这种限制能够避免对他人造成伤害，这一主张看来会对于促进公众福利的策略设置一套先验的限制因素。也就是说，这看来是将自由放在了效用之上，并且也没有做出任何解释的尝试，更不用说调和这两个原则了。尝试将密尔从前后不一致的指控中解救出来的一种巧妙方式，可见 John Gray, *Mill On Liberty: A Defense* (New York: Routledge, 1996).
② Alan Ryan, *introduction to Mill*, Texts and Commentaries (New York: Norton, 1997), P. xxxv.
③ John Stuart Mill, *On Liberty*, in *Mill, Texts and Commentaries*, ed. Alan Ryan, pp. 78 – 79.

实保持警醒。无论在苏格拉底的表达中还是在其密尔的自由主义变体中，"经省察的生活"都是要与个人自身所在社会的那些公认的真理做出持续不断斗争。这一斗争在道德上是必须要做的，否则人们就会懒惰地按照 doxa（意见）行事，这不仅使我们默许暴行的发生，而且当与我们类似的那些人（我们的领袖或者我们的邻居）犯下暴行时我们甚至完全不知道那是暴行。

这并不是说密尔，或者苏格拉底，想要拒斥所有的习俗或者习以为常的信念。他是一位对哲学激进分子——如杰里米·边沁（Jeremy Bentham）和他的父亲詹姆斯·密尔（James Mill）——的足够敏锐的批评者，他认识到：并不存在关于人类本性的唯物主义"科学"，这种科学能够完全清除过去遗传下来的非理性，并且能够为道德和政治提供一个新的基础。[①] 此外，他还从浪漫主义者——特别是从柯勒律治（Coleridge）——那里得知：许多已建立的制度和实践都包含了智慧和价值，而它们的保守的意识形态拥护者其实并不懂或者并不能领会。[②] 然而，同时他依然坚决反对习俗对人的心灵和道德感所施加的力量。

密尔的特点是，他从未发表过这样一篇文章——将启蒙所激发的理性主义和亲近传统的浪漫主义两者进行适度的综合。毋宁说，他使用一方来指出另一方的片面性，并且——更重要的是——他使用两者以削弱流行的意见。在《论自由》中他提出了理智进步的冲突模式，这首要地就是确保智性能量（mental energy）高于大多数社会在大部分时间中通常保持的那种强度。并且这种智性能量——在个体独立思想和判断的能力中明确显示出来——它不仅与文化停滞斗争而且与道德懒惰斗争。《论自由》与《代议制政府》在许多观点上存在着张力，但它们在下面这一点上是一致的：它们都试图提升理智能量，将其作为抵抗习俗和多数人意见之向下重力的巨大反作用力。故而，密尔在《论自由》中关于思想、讨论和表达的最大可能自由的观点可以在《代议制政府》关于积极的、政治参与的公民观点中找到其政治上的对应物。对于两本书来说，至关重要的东西就是如何能够脱离公认观念的狭隘限制，如何能够脱离理智和道德被动性的狭隘限制。

密尔之所以信奉多元论，乃是源于他确信我们所面临的最大的道德威胁是我们自身的懒惰和教条主义，是我们确信占据统治地位的价值表可以令道

---

① 参见 John Stuart Mill, "Bentham", in Mill, *Essay on Politics and Culture*, ed. Gertrude Himmelfarb（Gloucester, Mass.：Peter Smith, 1973），特别是 pp. 92–96.
② 参见 Mill, "Coleridge", *Essays*, pp. 153–166.

德获得正当性,并且为行动提供所需证明,而事实上这行动可能是极端不道德的。为了在面对道德问题上日益加剧的僵化一致时能够保持意见的多样性,他捍卫在宗教和哲学上持异议者(或者"异端")的形象。正如密尔在《论自由》第二章中那著名的讨论,这一形象(明显是对苏格拉底的"牛虻"的概括)——通过揭示公认意见为虚假的,或者通过迫使已经成为死记硬背教条式的意见再次成为真实的、更鲜活的印象——给予了社会宝贵的服务。① 但是,通过持异议的支持者来提供的公共服务更多地是持异议的他揭示出公认意见的片面性。这只能够通过这样的能力来克服:从另一个角度来观看这个问题并且领会由**这一**视域所提供的新的真理碎片。换句话来说,持异议者或者牛虻要提醒我们的是:在道德和人类事务中,真理是多面的、复杂的而非刻板公式化的。持异议者让我们在想要按照地方性的偏见(例如对基督教道德的社会主导性解释)去行动或者判断时慢下来。

这种立场可能会受到如下反驳——就密尔而言,有关反驳已经到了成篇累牍、令人厌烦的地步——它会令我们立场不稳并最终滑向相对主义。关于这些,人们需要的仅仅是注意到密尔贯穿其作品始终做出的大量澄清,即,想要看到真理的不同面向和复杂性仍然是渴望真理,并且想要避免不假思索的反射性判断绝不意味着想要避免判断本身。② 密尔并非想要使道德问题相对主义化,而是要避免对其思考过早结束。他试图通过描绘出苏格拉底辩证法的社会化形式来做这件事。思想与讨论的自由的最大可能性就是:将苏格拉底的牛虻的工作"制度化",由此创造一种氛围,在其中意见将不大可能会固化成为自以为是的不道德(这种威胁对于**所有**社会生活来说都永久存在)。当然,在《论自由》中密尔捍卫的思想和讨论的自由并不能确保社会和政治的恶不出现,苏格拉底的辩证法也是一样。从这两者中我们所能要求的最多只能是创造一种氛围,在其中,从社会的从众性而来的行动惯性能够在某种程度上得到解除;在其中,梦游者——那些没有从他们的道德沉睡中苏醒的人——会在(某种程度上)意识到他们自身最为珍爱的和未经质疑而

---

① Mill, *On Liberty*, pp. 54 – 76.
② 在这一点上,我想要指出:虽然密尔在思想中拟定的听众是维多利亚时代的人们,但是他可能会对当代美国学院中流行的那种精确的悬搁判断姿态持批判立场。对于密尔来说,道德判断是不可避免的并且正是这种东西让我们成为人。问题并不是如何去避免道德判断,而毋宁说是如何去避免心智的惯性,它让判断在群体偏见、信条式信念或者意识形态的表达中变成为可预演的练习。

盲目相信的信念的偶然性。①

密尔充分地意识到，在即将到来的民主大众政治中，持异议者或者"哲人型公民"的声音充其量不过偶然会发挥作用。所需要的并非仅是持异议者发声的机会，而是一种让少数人意见在政治上制度化的方式。这种需要之所以更为急迫的原因是密尔那受托克维尔（Tocqueville）启发而来的恐惧：对多数人潜在暴政的恐惧。因此，在《论自由》中关于公众意见和道德的动力学的文化分析在《代议制政府》中被占据核心地位的比例代表制（proportional representation）和复式投票（multiple voting）方案所补充。我认为，这些方案的可行性并不是一个重要问题，更为重要的问题是密尔支持这些方案的动机。尽管密尔看到那些作为个体的"异端"——如苏格拉底、耶稣或者路德——都产生了巨大的文化上和历史上的影响，他也预见到了（在托克维尔的帮助之下）政治的新现实需要对持异议者或少数派的声音的制度化——乃至放大化。甚至宪法保障都不能抑制多数人的意志，更不用说从一种全力抬升多数人意见的排他性权力体制而来的贫瘠的政治判断了。

下面，我将会追溯密尔的观点变迁：将苏格拉底的关切从文化批评领域（《论自由》）转变为政治制度理论（《代议制政府》）。我的观点是：密尔仅仅只是部分地成功完成了这样的转变，并且所付出的最大代价就是他对于道德个人主义承诺以及在《论自由》中他支持的破除幻象计划的弱化。可能这些代价是不可避免的，但那并不能丝毫减弱我们的惋惜之情。

我从追溯密尔早期文章中公众意见问题的出现开始，特别是他对于托克维尔《论美国的民主》两卷英译本的评论。然后，我将转向密尔在《论自由》中提出的对苏格拉底的计划的重新制定，既对他赋予"异端的"个体的社会文化作用给予特别关注，也对他的原视域主义以及这种原视域主义与他的道德进步观念的关系给予特别关注。最后，我会转向《代议制政府》中他试图在政治上放大持异议者声音的尝试，以及他的如下确信：在代议制民主中需要一种特殊的"统治技艺"——一种政治技艺——以提供有效的理智的传播和对意见的引导。问题并不仅仅只是：在现代的境况之下，是否从哲人型公民身份向"启蒙的"管理这一转变是不可避免的，而毋宁说是：是否密尔竭尽全力要保护的东西构成了对苏格拉底遗产的背叛。

---

① Mill, *On Liberty*, p. 54.

密尔早期作品中的公众意见

尽管苏格拉底时代的雅典与密尔时代的英国之间有着巨大差异,但两者之间有一个明显的相似性:都经历着在理智上、道德上、政治上和社会上的巨大变革。公元前五世纪的启蒙——与雅典的政治改革和它作为一个帝国的力量的顶峰与没落一起——创造了令人瞩目的流变的背景,这是一个传统权威和传统做事情的方式都已经失去了本来具有的力量的时代。柏拉图的对话对此提供了无尽证据:证明了权威的没落,也证明了柏拉图试图为古老的(朽坏的)道德提供一种新的理性主义基础的尝试。[1] 苏格拉底的回应(如我在前文中所持的观点)是完全不同的。正如《申辩》和《克力同》所展现的那样,他为那个时代的雅典所提供的开放性而自豪,宁愿死去也不选择苟活在其他地方。卡尔·波普尔(Karl Popper)将苏格拉底和柏拉图分别作为开放社会和封闭社会的捍卫者来描述,可能有些夸张了,可是这一描述的确抓住了他们对那个转变时代所作的回应在本质上是不同的这一点,那是一个古老真理不再有说服力的时代。[2]

就像同时代的其他人一样,密尔意识到自己生活在这样一个时代中。他第一篇发表的文章——《时代精神》(1831)——详细地讨论了圣西门(the Saint Simonian)所作的"自然"时代和"过渡"时代的区分,前者的特点是权威、一致同意,以及未受教育的大众对受过教育的精英的信任,后者的特点是前面那些特征的缺失。对于青年密尔来说,他自己时代属于哪个时代是没有任何疑问的,而权威性的普遍消失是导致焦虑的原因也是无可置疑的。古老制度和学说可能理应值得怀疑;但是,普通人对精英提供的指导失去信任,这才是十足的灾难:"多数人都失去了指导者;并且社会暴露在所有错误和危险之下,当人们没有广泛地并且作为一个整体地学习知识的各个分支就去尝试自行在特殊部分上做判断时,就会产生这些错误和危险。"[3]

---

[1] 关于柏拉图在希腊背景下重构权威的一个极具启发的讨论,可见汉娜·阿伦特的文章 "What Is Authority?" in Arendt, *Between Past and Future* (New York: Penguin, 1968), pp. 104 – 115.

[2] 见 Karl R. Popper, *The Open Society and Its Enemies*, vol. 1, "The Spell of Plato" (Princeton: Princeton University Press, 1966).

[3] Mill, "The Spirit of the Age", *Essays*, pp. 8 – 9.

第二章 约翰·斯图尔特·密尔：公众意见、道德真理和公民身份

从某一批精英的失败出发，普通人得出了错误的结论：最好还是**永远**自行思考，最好还是**永远**相信自己独立的判断。这个时代的错误见解与穿越沙漠的旅行者的错误见解相似，他们"在未知的国家在一个瞎眼向导的带领下进行一段漫长的旅程"。密尔继续说道："他们中较聪明者将会怀着何等诚挚之情去劝诫其他人要用他们自己的眼睛；而听到那些坚持认为找到他们自己的路是困难的、必须听从向导的话的人又会多么反感啊。他将会被充满热情地告知：他们迄今为止之所以迷失了路，完全是因为他们的这一弱点即让他人指导自己，并且，除非每一个人都敢于独立去思和看，否则他们将永远无法到达旅程的目的地。"①

在这样一种情况之下，每一个"外行人"都被认为拥有了判断的特权，而任何判断只要凭借知识和经验而超越了最初表象，就会被视为"错误的精致化"。密尔说，这就是他所在时代的状况，而最为紧迫的问题就是如何走出这一状况，如何能够"从没有任何公认学说并且意见世界不过是一团混乱的过渡时代（transition age）走向自然时代（natural age），在自然时代中，世俗力量和道德影响都是由社会的现存城邦所能提供的最合适的人来符合习惯地和毫无争议地运用"。② 为了让这种情况发生，"道德和社会革命"是必需的。只有如此，世俗力量和道德影响才能回到"最有能力者"手中，并且社会才能继续其"向前的进步"。

尽管青年密尔对传统的托利精英当然是轻蔑的，并且因此他并不是通常意义上的保守派，然而在《时代精神》中他的立场明显是温和专制的和精英的。而且，尽管他成熟时期的思想是更为本着苏格拉底的精神和《什么是启蒙？》的那种康德的精神（这个康德赞颂了独立判断），然而必须要说的是他一直保持着早期立场的痕迹，将精英主义的残余与专制主义更为温和的、更为间接的形式混合起来。毕竟，他在《论自由》一书中观察到："所有智慧的或者高贵的事物的开端都来且必然来自个体；通常来说首先来自于某一个个体。普通人的光荣与荣耀就是他能够跟随那些有开创精神的人……"③ 而在《代议制政府》中我们能够读到："这就是人们认为决定他们如何行动的东西；尽管普通人的信念和信仰更多地取决于个人地位而非理

---

① Mill, "The Spirit of the Age", p. 9.
② Ibid., pp. 11, 17, 18.
③ Mill, *On Liberty*, pp. 91 - 92. 我在后文中会谈到，当引用的这部分文字放在上下文语境中时，其"精英主义"态度是显而易见的。

性,但是个人地位更高的那些人的信念和信仰、以及有教养者的联合权威对普通人有着不小的影响。"①

尽管在其作品中这一思路持续存在,但《时代精神》那种赤裸裸的权威主义(这可以从青年密尔的这一确信中推出:经省察的生活肯定是普通人所无法企及的)并没有持续很久。密尔遇到了托克维尔的《论美国的民主》,这强迫密尔重新考量普通人能够做什么——在失去了激进的改革者(像边沁那样)的指引或者古代制度的被低估的智慧(如柯勒律治为英国人提供的那样)之后。这并不是说托克维尔引领密尔看到美国成为了哲人型公民的共和国——根本不是这样。然而,《论美国的民主》确实让他认识到"过渡时代"实际上是民主化的时代,而且没有回头的路。旧式的权威——本质上是等级制的并且基于对最合适的人来领导的广泛共识——已经一去不复返了。欧洲人越久地沉浸在法国大革命及其余波的创伤之中,就越是对如下事实熟视无睹:"过渡时代"已经进行了数个世纪,并且在新的道德-政治秩序——美国民主制的世界——的诞生中达到了它的终点。② 对"自然"权威怀旧的时代过去了。

密尔关于《论美国的民主》第一卷的评论于 1835 年发表在《伦敦与威斯敏特评论(London and Westminster Review)》上。在其中,他完全接受了托克维尔的论题:民主是文明世界的命运,而且唯一真正的问题就是,这民主会得到好的还是坏的管理——明智的和节制的,还是无节制的和大众的。③按照托克维尔的说法,在法国民主已经陷于"未经训导的自然本能状态了,民主就像那些在街头接受教育的弃儿那样成长……"④ 托克维尔在他"为新的世界提供新的政治科学"理想的背景下提出了对于美国民主优势和劣势的分析。他这样做是打算提醒受过教育的欧洲人作为导师的责任,以及突出从美国实验而来的最重要的教训。只有那些用这些教训来武装的人才能有希望去对民主和平等那"无法抗拒的浪潮"有控制力,让它能够远离多数人的暴

---

① John Stuart Mill, *Considerations on Representative Government*, in Mill, *Utilitarianism*, *On Liberty*, *and Considerations on Representative Government*, ed. H. B. Acton (London: Dent, 1984). P. 198;下引此书写为 CRG。

② Mill, "Tocqueville on Democracy in America (Vol. 1)", in *Essays*, p. 175;下引此书写为"Tocqueville (Vol. 1)"。

③ Ibid., pp. 182 – 183.

④ Alexis de Tocqueville, introduction to vol. 1 of *Democracy in America*,转引自 Mill, "Tocqueville (Vol. 1)", p. 177.

政或者行政的专制。

正如他对于托克维尔那自称意欲"受教育的"民主制的强调所表明的：青年密尔起初陷入在《论美国的民主》的较为保守的主题之中。正如在《时代精神》中，我们可以发现一种对未受教育的和缺乏经验的大众判断的明显不信任，密尔将这种大众判断看作最有可能在欧洲和美国生产出新型专制的力量。密尔用亚里士多德的风格写道："最好的政府，（这还用说吗？）必须是最智慧者的政府，而且这些最智慧者必然只能是少数人。"① 密尔是作为民主的"启蒙派"这么说的，他（跟随托克维尔）害怕用"代理（delegation）替代代表（representation）"的后果，即当"人们自身粗陋的和必然肤浅的判断"替代了"那些人的判断——人们是因为对那些人的诚实充满信心才将其挑选出来作为最智慧的**护卫者的**，我们可以命令他们从事这种服务"。② 民主制之恰当的或者（用密尔的话来说）**理性的**构想并不是说：民众需要如字面上那样"自我统治"，而是说：在其中人们能够自由去选择代表者，最好是"受过教育的阶级"，他们的知识和经验能够超过那贫乏得可怜的"多数人的常识"。③ 因此，正如密尔观察到的：

> 当统治团体……是如此人数众多时，这个统治团体的多数人不会也不可能将政府实践作为他们生命中最重要职业，在统治团体自身中也完全不可能有智慧、远见和谨慎。这些品质如果能够找到的话，必定不能在统治团体中找到，而只能在统治体委托的那些人中找到。如果美国的人民，或者英国抑或法国的上层阶级，下达政府管理措施的命令亲自进行政治实践，那些国家除了得到坏的治理外，没有别的可能。④

无论是民主制还是贵族制，统治的技艺都是将专门的知识（techne【技艺】）与有经验的判断（phronesis【实践智慧】）结合在一起。在两种政治制度中公民首要的德性就是"自愿将他们自己放在他们中最有智慧的人的领导之下"。⑤ 青年密尔一直追随着柏拉图和亚里士多德，而不是苏格拉底，对

---

① Mill, "Tocqueville（Vol. 1）", p. 195.
② Mill, "Tocqueville（Vol. 1）", p. 204.
③ Ibid., pp. 196–197（Mill's n. 8）.
④ Ibid., pp. 203–204.
⑤ Ibid., p. 204.

于谁的确在实践"真正的政治技艺",或者"真正的政治技艺"由什么构成这样的问题,则思考相对较少。

更有趣的是密尔对于"多数人暴政"的解读。密尔正确地做出了如下观察,托克维尔对道德力量的恐惧(民主的大多数对意见的控制)远甚于他对物质力量的恐惧(民主的大多数对个人和少数人的操纵)。在托克维尔看来,此种力量进入了思想自身的领域,在思想领域中产生出了一种影响到几乎每一个人的"谄媚精神"。比如,"只要多数人还在怀疑之中,那讨论就依然存在;但是,一旦多数人不可改变地决定下来,所有人都得闭嘴安静;朋友和敌人似乎同等地受其约束"。① 如果一个持异议的思想者或者作家僭越了这个多数人为"思想领域"划出的"可畏的圆圈",他将面临着一种奇怪的殉难:这不是宗教裁判所的火刑或者公共审判与定罪,而是要面对"日常骚扰迫害"以及"无穷无尽的忏悔"。托克维尔写道:"对他来说,政治的生涯向他封闭了;他已经触犯了接纳他进入政治的唯一权力"。② 即便最轻微的批评,也会让生活在"无休止自恋中"的多数人感觉受到了道德上的伤害,并且多数人会坚持主张:与其相关的每一件事("从措辞顺序到最具体的德性")都必须被无止境地模仿和称赞。与此种品味和意见的暴政相比,路易十四(Louis XIV)的宫廷成了自由言说的真正乌托邦。正如托克维尔所冷静地谴责的,"总之,我不知道有哪个国家要比美国更少思想独立和真正的讨论自由了"。③

如下的说法毫不夸张:托克维尔对源自公众意见的这种独特堕落的描述极大可能影响了密尔对政治和文化的思考。这让他对如下启蒙观念产生了深深的(并且是正当的)怀疑:从国家权力的强制中解放出来的公众意见是一种本质上批判的(和理性的)力量。④ 在大众民主的条件之下,公众意见的强制性、单一性和非理性的力量只可能会增加,会造成远远超过柏拉图所能想象的 doxa(意见)的暴政。事实上,正如托克维尔观察到的,对公众意见的信仰变成了"一种宗教,而'多数人'就是它的先知"。⑤ 密尔在那个时候想到的解决办法是更充分的广泛"传播理智"并且保留一个"有闲阶

---

① 转引自 Mill, "Tocqueville (Vol. 1)", p. 206.
② Mill, "Tocqueville (Vol. 1)", p. 207.
③ 转引自 Mill, "Tocqueville (Vol. 1)", p. 206.
④ 见 Jürgen Habermas, *The Structural Transformation of the Public Sphere*, trans. Thomas Burger (Cambridge, Mass.: MIT Press, 1989), pp. 132 – 135.
⑤ 转引自 Mill, "Tocqueville (Vol. 2)", p. 242.

第二章 约翰·斯图尔特·密尔：公众意见、道德真理和公民身份

级"。通过这样的方式，他的意图是让一群能够充分摆脱市场和生存压力的个人，以便既能够坚持精神的独立又能够保持观点的多元化。密尔写道，"在有闲阶级存在的情况下，我们能够看到民主易于导致的所有不便都得到了巨大的和有益的矫正"。①

在1840年密尔对于《论美国的民主》第2卷做出的评述中，他依靠"受教育的"或有闲的阶级对未经训导的多数人进行制约的做法经历了一个微妙的但却明显的转变。他实际上是在自传中提起了这种转变，在其中他写道：他的"实践政治原则"的修改可以在他对于托克维尔第一卷和第二卷评论的对比中找到。②

这一转变的本质是什么？我们可以从如下说法开始解释，如果说密尔在他1835年的评论中关注的核心是民主大众用代理（delegation）替代代表（representative）的这一倾向——也就是说，倾向于将他们的代表权削弱为他们的集体意志的登记名册，那么在1840年的评论中，他关注的核心是如何保证这些同样的人能够不变成日益中央集权化（和权力化）的国家机器的被动客户。这就是大革命之后在法国发生的事。大众被纳入了公共领域，但是除了投票之外，没有任何制度能够让他们借以积极地和主动地培养他们新近赢得的政治自由。正如密尔（通过解读托克维尔）所提出的：

> 一种政治行动，如果只是几年做一次，那么公民就不会在日常习惯中为此事做好准备，就会让公民的理智和道德性格一如既往毫无改变；如果公民们没有得到鼓励去为他们自己共同地承担那部分曾经由特权阶级所从事的事务，那么中央政府就不仅仅轻易地包揽了所有地方管理，而且拿走了在一个像我们这样的国家中个人的联合体所从事的事务。无论政府是革命的还是反革命的都没有什么不同；在前者和后者中一样，每一件事都为了民众而做，却没有任何事情是由民众而做。③

在法国，其结果就是"对自由的肤浅的爱"与"实践上奴隶的习性"的结合。在密尔看来，托克维尔的伟大之处就是指出公共事务的地方管

---

① Mill, "Tocqueville (Vol. 1)", p. 210.
② John Stuart Mill, *Autography*, ed. John M. Robson (New York: Penguin, 1989), p. 150.
③ Mill, "Tocqueville on Democracy in America (Vol. 2)", in *Essays*, p. 229, 下引此书写为"Tocqueville (Vol. 2)".

理——自治的真正实践——是如何成为了对美国人民的政治教育的,这一点不仅让他们从法国式的顺从中解救出来,而且把他们从最"商业化的"民族所特有的对政治漠不关心中解救出来。因为如果说中央集权和过度能量充沛的政府是对自由和公共精神的现代巨大威胁之一,那么源于市场的对个人利益的狭隘解读就是另一个。密尔写下了这样一段话,这段话听起来脱胎于亚里士多德《政治学》第三卷对诸多问题的解决与洞见:

> 几乎每一个人都要从事私人挣钱的工作,这种工作差不多就是一种机械性的例行公事;这种工作仅只能够让他小部分的能力运用在行动中,而这种工作的排他性追求往往倾向于将他的注意力和兴趣排他地固着于他自己身上,以及固着于作为他自身附属物的他的家庭上;——使得他对于公共事务、对于更为丰富的目标和更为高贵的兴趣漠不关心,并且使得他在对于个人舒适的过渡关注中变得自私和胆怯。必须依靠相反的东西来平衡这些倾向;提供一些公共事务让他做,或者当一个教区委员、或者当一个陪审员、或者当一个选民;这样一来,他的想法就能够跳出这个狭隘的圈子……我们相信,如果公共精神没有通过人民对具体政府事务的大量参与来得到培养的话,那么商业民族的精神本质上是自私的和奴性的;如果没有相应的对于公共职能的广泛分配,以及没有相应的人人在公共事务中的发言权,那么所迫切需要的理智在中产阶级或底层阶级中的普遍传播就不能实现。①

必须认识到这一点:和亚里士多德一样,密尔认为至少对于当前来说最好的制度,应当在公民身份中将"机械呆板、不动脑筋的"或者经营性的阶级排除在外。19世纪40年代的英国工人阶级普选权的想法对于他来说太过激进了;这种想法没有认识到政治对于基本能力的要求,在密尔看来过分劳累的(而且通常是不识字的)工人阶级是不可能拥有这些基本能力的。但是,密尔在如下方面确实离开了亚里士多德:密尔认为扩大的中产阶级——尽管他们有"不动脑筋的、市侩的"态度和工作——应当通过"参与判断和担任公职"的方式被教育成为公民。② 他认为,只有这种方式才能够让现

---

① Mill, "Tocqueville on Democracy in America (Vol. 2)", in *Essays*, pp. 230–231.
② 见 Aristotle, *The Politics*, trans. T. A. Sinclair (New York: Penguin, 1981), 1277b33–1278b5;1275a22。所引的表述是亚里士多德在《政治学》第三卷第一节中给出的一个著名的公民身份定义。在西方政治思想史中,这个定义是共和传统的根。

第二章　约翰·斯图尔特·密尔：公众意见、道德真理和公民身份　　75

代政治组织逃脱那看来不可避免的可能性——多数人成为"习惯和常规的奴隶"。美国的共和制避免了精神上的软弱无力和狭隘的自私自利这孪生的两种危险，这是靠要求"不断地锻炼每一个民众的能力"——即通过"将所有公共问题都交给每个人自己（普通人）来判断的普遍实践"来达到的。①

　　与1835年的文章相比，密尔对于托克维尔《论美国的民主》第二卷的评论在关注的重心上有了很大的改变。对于如下两者的强调可以作为1835年文章的标志：大众判断的缺陷和权威的衰落造成的不良影响。我们很容易将这种转变看作是他对于在英国发生的改革心存焦虑的结果。然而，这种解读太过简单了，因为这种解读并没有对所发生的变化给予充分重视。除了表现出他对"实践政治的原则"的修改之外，1840年的文章还反映出他在思考政治整体时基本原则的变化。在密尔的写作中首次将政治教育（**为公民身份而进行的教育**）的主题从对权威的结构性依赖中脱离开来。政治教育不再是"德性的教育"——在这种教育中，人们的首要德性就是愿意去听从"他们中最有智慧的人"（密尔最早的作品还无法摆脱这一古典模式）。毋宁说，这种政治教育被视为一种自我教育的形式，通过对公共判断的机会的创造和对公民责任的承担使这种教育得以可能。②

　　这并不是说密尔相信**任何人**——毫不考虑他们发展的总体状况——都能够通过在地方自治部门的实践成为自我管理和自我克制的公民。政治成熟的最低限度——这受历史、文化发展和阶级地位的变幻莫测影响——这个观念在他的思想中仍然保留着永久的并且重要的位置。但是，在1840年的文章中明确做出的改变，是他认识到顺从权威对理智能量和道德警觉性整体水平是有相当影响的。真正的危险是道德和理智能量的麻痹或减弱，而顺从权威只能助长这一趋势。在1835年，他关心的是"私人判断"所带来的"过分"举动；在1840年，他全神贯注于如下需要：扩大普通公民做出公共判断的机会。正如他后来在《论自由》中所承认的，托克维尔帮助他认识到道德和理智能力就像是肌肉，它们只能通过锻炼得到强健。

　　但是，如果说托克维尔展现了美国人是如何避免顺从和屈服的，那么他

---

① Mill, "Tocqueville（Vol. 2）", p. 232.
② 公民的自我塑造（《论自由》中的自我教育学说）这个崭新的强调之处与密尔自身的经验（1826年他的精神危机所造成的影响）确实有着密切的联系。在每一个实例中，个体有责任去主动地塑造他自身。这种模式与性格塑造模式不同。在性格塑造中，"学生"作为不能自立的泥土，按照"启蒙的观点"、中产阶级的价值观、或者按照哲学理论的指导（边沁式的功利主义）进行塑造。

也揭示了公众意见是如何能够——并且,事实上确实——在一个失去了传统形式权威的世界中成为一种新的和更为有力量的权威形式的。正如前文所述,《论美国的民主》第一卷那著名的论题——即统治美国的是一种意见的无与伦比的全体一致——在密尔 1835 年评论中成了关注焦点。1840 年,他回到了这一主题,对于这一危险表达了更强烈的警觉,但对于如何避免它却不那么确定了(也不那么令人信服了):

> 我们的作者说得很正确,一般人不可能独立形成他们自己的观点:他们在大多数时候从权威那里获得观点,这一权威可能在理论上受到排斥,但在实际上总是存在的。凌驾于他们之上的法律,之前的社会从古老的传统中发现它们,或者从牧师或者哲学家的信条中发现它们,而美国人则是从彼此的意见中发现它们。所有人处身的环境差不多等同,并且所有人在理智和知识方面都差不多类似,唯一能让人们自动服从的权威就是数量的权威……不再有持异议的声音坚持如下观点:即便是多数人相信的,也依然是可以争议的;个人判断的权利扩展到了无能力者那里,于是甚至不再被有能力者来行使;思考只有在有限的范围内是可能的,这一限度不是如过去那样由永远不会错误的亚里士多德所划定的,而是由"我们的自由和得到启蒙的公民们"或者是由"我们的自由和得到启蒙的时代"所划定的。①

在此,"有能力者"也已经被对数量的崇拜所败坏了;而且如马基雅维利所预言的那样,多数人的声音已经成为了上帝声音,所以再多的闲暇或者再多的知识传授都不能对公众意见的铁板一块造成任何影响。当然,如密尔所说,在一个商业精神统治无可撼动的社会中,是无法期待过多的闲暇或者知识传授的。这种精神——作为现代化而非民主化发展的结果——已经阻碍了教育和民主公共领域的更广泛传播的潜在可能。可能会有更多的书,但它们和其他东西一样都成了商品,快速地消费并且更快速地被遗忘。② 愈来愈多"浅薄的信息"和一知半解的思想充斥着市场,但是这些并不能激发任何真正的思——正如苏格拉底教导的那样,真正的思是理智能量和道德警觉性的唯一真实表达。

---

① Mill, "Tocqueville (Vol. 2)", p. 242.

② Ibid., p. 261.

第二章　约翰·斯图尔特·密尔：公众意见、道德真理和公民身份　　　77

　　密尔对于"常识的教条主义"和商业精神的不容置疑的霸权的回应是再一次诉诸那些社会阶层（农业阶级、有闲阶级和知识阶级）——它们在传统上就多少远离这种精神，并且诉诸"更有智慧的和更有良心的政治家和公共导师们将它作为他们最紧迫的责任来关注，并且在人的内心世界和外在生活中，建立某种能够对那种精神的排他性倾向形成有益制衡的东西……"① 密尔十分赞赏托克维尔对这些危险的揭示，但也认识到这些危险比托克维尔所设想的更深地植根于现代社会之中，他的解决办法于是仅仅是对源自英国的等级阶层结构的良性影响的盼望。至少，这种等级区分允诺了最低限度的意见多样性。②

　　面对着"与大众相比越来越不重要的个人"，密尔抓住了任何他能够找到的社会表达。自相矛盾的结果是：个人的命运是包含在阶级的命运之中的（尽管，密尔并不喜欢阶级理论，他将之称为"高明的谬论"）。商业中产阶级地位的上升是不可避免的，但是按照密尔的说法，这并不意味着"最有力量的"一定是"无所不能的"。同样地，现代民主社会的命运必然伴随着公众意见被加冕为终极权威，但是这并不意味着这种意见实际上真是全体一致同意的。只要存在着"社会与民众的意见和观点不同的意见和感受的支持"，托克维尔描述的万众一色的黑夜就是能够避免的。

"异端"意见，自由讨论与《论自由》中的视角主义（perspectivism）

　　这一对托克维尔社会学的修订最终没有说服其修订者本人。在现代（至少是部分民主的）社会中，关于公众意见以及个体的问题，是不能够通过用不同的阶级利益充当更为启蒙的或者更为多元意见的发源地的方式来解决的。在对托克维尔的批判中，密尔已经揭示了一种潜藏于大众民主疾病背后的文化的或者"文明的"动力机制，它几乎无法被英国那程度更高的社会异质性所抑制。如果这些疾病真的是深深嵌入在现代化自身进程之中的话，那么它们所表现出来的是一种任何历史-文化的偶然性都无法真正阻止的力量和必然性。密尔在他1840年评论的结尾处所指出的从多数人的暴政中的逃离最终证明是无路可逃。商业社会和大众民主相结合的动力机制在最基本的

---

①　Mill, "Tocqueville (Vol. 2)", p. 264.
②　Ibid., p. 266.

道德和政治问题上生产出了更加严重的公众意见同质化,而无论在整个社会中能与其竞争的利益是什么。

在其根源处——即,"常识"的教条主义——这同样是苏格拉底在公元前五世纪雅典所面临的问题。[①] 显而易见,所改变的是其规模和各种因素的结合方式,这些因素试图将道德和政治观点简化为教条式的单面性。不用说,无论苏格拉底的雅典还是密尔的英国(或者是托克维尔的美国,就此而言)都从未达成过一种不折不扣的一致同意。但是,如果说雅典帝国民主制没有能够有效地质疑其占统治地位的价值体系,那它至少庇护了一种以苏格拉底为最高典范的持异议的和批判的文化。[②] 苏格拉底使得持异议行动哲学化了,也就是说他创造了一种超越意识形态和党派政治之上的道德批判形式,当然,这不是要达到一种永恒的、无限的绝对状态,而是一种由个体所理解的人道价值的新概念。

密尔的问题在本质上是苏格拉底的问题,即,如何能够破坏日益庞大而单一化的公众意见和"常识"的天然教条主义。这意味着不仅仅需要增强纠正和修改的可能性,这意味着需要为彻底的道德重估打开空间。到了1850年,密尔已经对如下想法失去了信心:某个特定的阶级或者阶级的对立(如马基雅维利所设想的那样),能够为道德的进步和自由的维持提供动力。**所有的阶级**——不仅是未受过教育的工人阶级和懒惰的贵族阶级——对于他来说都是"理智和道德水平低下的"。这种对社会阶级可以在避免道德和理智停滞方面能做贡献的有益的怀疑主义,在密尔对英国中产阶级态度的修订看法中特别明显。他在《论自由》中将这个日益强大的阶级描述为正是道德和理智奴性化的主要执行者。

《论自由》不仅仅标志着密尔从保守社会学的转向,而且标志着密尔对"负面哲学"价值的态度的修正。在1838年他写的关于边沁的文章中,密尔将他父亲的理智导师描述为"他的时代和国家中最具**颠覆性的**、或者……**批判性的思想家**",不过他立即补充说,如果仅仅只有这些品性的话,那

---

① 参考密尔对格罗特解读《普罗泰戈拉》篇的讨论,载于他对格罗特的书 *Plato and Other Companions of Socrates* 所作的评论中,in Mill, *Collected Works*, ed. J. M. Robson (Toronto: University of Toronto Press, 1978), 11: 402 - 403: "柏拉图(和苏格拉底)的真正敌人……并非智者……而是陈词滥调(commonplace)。这是将传统意见和当下流行的观点作为终极事实接受……"

② 关于雅典城邦中对持异议身份的实践和文化的详尽历史学记述参见 Josiah Ober, *Political Dissent in Democratic Athens: Intellectual Critics of Popular Rule* (Princeton: Princeton University Press, 1998)。

第二章 约翰·斯图尔特·密尔：公众意见、道德真理和公民身份

边沁会被归为"精神统治的最低层次——负面性的或者破坏性的哲学家……"① 密尔将哲学的怀疑主义与法国的 *philosophes*（哲学家们）以及休谟联系在一起，称他们"是 *dilettanti*（一知半解）的典范，从他们的作品中人们只能学到真理是不存在的，更不可能得到真理了……"② 如果一位哲学家其主要的影响是负面的，仅仅在于对错误观点的消解，那么他就不能够位列于那些积极地推进了真理事业的人们中间。

对怀疑理性抱持轻蔑态度与青年密尔的如下信念密切相关：边沁和他的父亲（且不提他们的庸俗心理学）确实曾经用功利主义的形式勾勒出道德科学的提纲。而成熟时期的密尔虽然将他们的功利主义修改到面目全非，但却从未抛弃它（或者放弃其基础主义式的自负）。然而，他的确确认识到，在公众意见和"常识"中内在固有的教条主义是比他或者他的父辈们所预想的更为固执和根深蒂固的。因此，"做点清扫地基的工作"（使用洛克那著名的表述）不应再被视为一项只是伏尔泰式小聪明做的可有可无的服务，不应该认为哲学的真正工作有待体系的建立者去从事。正如《论自由》所表明的，为思想"做点清扫地基的工作"已经变成了与习俗的压制、从众顺从以及大众意见的重负进行对抗的一项永无休止的斗争。虽然密尔并没有使用一种明确的表述，但是《论自由》的论证和概念都表明了他对"负面性"哲学和我称之为"消解式理性"（dissolvent rationality）的态度做出了大幅的修正。"负面性哲学"和消解性理性现在已经成了密尔的主要战斗武器，被用于为道德、理智和审美式个人主义保留空间而战。

《论自由》不仅仅是密尔试图提醒其同时代人"经省察的生活"所具有的价值的尝试；更重要的是，它是一种将苏格拉底的辩证法的主要优点翻译成为某种适合现代社会形式的尝试。我们从他的《自传》中了解到密尔从早年开始就非常看重苏格拉底，并且他后来还辛勤地用英语翻译了许多柏拉图对话——其中就有《申辩》和《高尔吉亚》，并做了大量笔记。③ 那么，我们不应该对如下事实感到奇怪：苏格拉底的精神在《论自由》中突显出来，或者对如下事实感到奇怪：苏格拉底作为被运用"常识"的人们所判罪的最

---

① Mill, "Bentham", p. 79.
② Ibid., p. 80.
③ Mill, *Autobiography*, pp. 38 – 39（他记述了自己受诘问法的影响，将之作为对自己年轻心灵进行探索的一种方式），54 – 55, 99. 密尔的柏拉图翻译以及他关于这些对话所作的笔记可以在下书中找到。*Collected Works*, Vol. 11, *Essays on Philosophy and the Classics*. 见 F. E. Sparshott's introduction, pp. xviii – xxi.

大的道德异端之一而出现（密尔的另一个例子是耶稣）。① 和柏拉图一样，密尔试图找出苏格拉底审判和定罪的哲学和政治含义。和柏拉图不同，他并未得出这样的结论：只有通过将哲人生活放在公民生活之上，哲人生活才能够得到拯救；毋宁说，他试图构想出一个社会，在其中哲人型公民身份的实践将不会自动地通向殉道。

"翻译"的主要工作在《论自由》第二章中出现。然而，在继续讨论之前，我想要提醒人们注意密尔在引论章节中提出的语境。人人都知道密尔写作《论自由》是为了力主"一条极其简单的原则"，即，"人类（个人地或集体地）对他们中的任何人的行动自由进行干涉的唯一目的，就是自我保护。这就是说，能够正当地对文明群体的任何成员行使权力（即使违背了他的意志）的唯一目的，就在于防止对他人造成伤害。若说为了那人自身的好处，无论是身体上的还是精神上的，则不成为充足的理由"。② 毫不奇怪的是：《论自由》中的大多数科学讨论都致力于解决这个原则及其相关区分（例如在关系到自我和关系到他人的行为之间的区分）在我们社会和法律生活有争议问题上的应用，例如色情表演和煽动仇恨的言论。实际上，密尔自己用了五分之二的章节在如下问题上：社会应当精确地将边界定在哪里，以及"自由的原则"如何能够在具体的情况中作为指南来调控管理。然而，这个司法性焦点模糊了如下事实：《论自由》首先是一本关于道德和文化批评的作品。这一点在密尔的引论章节中说得很明白了，引论也为接下来的两章（"论思想自由和讨论自由"和"论个性"）奠定了基调。

当然，密尔最重要的主题是自由与权威之间的斗争，在引论中他历史化了这一斗争。密尔粗略地追溯了这一历史进程：掠食成性但必然的统治者必须通过引入权利观念并强迫其接受宪法的检查来加以限制，这一进程随着独立的统治者们被人们自己周期性地选择的政治权力所替代而达到了顶峰。随着大众政府的崛起制造了一种假象：暴政是过去的事情了；以及，当需要被

---

① Mil, *On Liberty*, pp. 59 – 60.
② Ibid., p. 48. 密尔继续写道："人们不可能正当地强迫一个人去做或者不做一件事，说因为这样做会对他更好、说因为这样做会让他更快乐、说因为这样做在别人眼里看来是聪明的或者甚至是正当的。若是为了对他规劝、和他讲理、对他说服、对他恳求，那所有这些理由都是好的，但只是不能对他强迫，或者说，如果他不这样做的话就必会遭受不幸……任何人的行为中，需要他对社会负责的唯一部分是与他人相关的那部分。在仅只与他自己相关的那部分，他的独立性理所当然是绝对的。对于他自己，对于他自己的身体和心灵，个人是最高主权者。"

第二章　约翰·斯图尔特·密尔：公众意见、道德真理和公民身份

限制的意志是人民自己的意志时，之前对政治权力设定的限制已经是不合时宜的东西了。然而，经验教导我们：被大众政权带入现实中存在的"自治"并不是"每人被自己管治，而是每人都被所有其他人管治"；而且，关于"人民意志"实际上是"人数最多的或者最为积极的那**一部分**人民的意志，亦即多数人或者那些能使自己被承认为多数的那些人的意志"。① 密尔写道，如下事实已经被普遍接受了：多数人的暴政已经位列"社会需要防范的诸种灾祸之一"了。②

随着作为理论和实践的出发点的这个托克维尔式主题的宣告，密尔继续写道，通过政府行动得到表达的受压迫多数人的意志只不过是多数人暴政的一种表现形式。"一般民众"仍然恐惧国家权力的这种滥用。然而，能思考的人们则已经认识到：

> 当社会本身是暴君时——当社会作为集体凌驾于构成它的单独个体时——它施行暴政的手段并不限于通过政治机构而做出的行动。社会能够并且确实在执行它自己的命令；而假如它发布的不是对的而是错的命令的话，或者对它本不应该干涉的事情发布命令的话，那么它就是在实践一种比许多种类的政治压迫更为可怕的社会暴政，因为尽管它不常以极端的惩罚为后盾，但却让人们更少逃脱的办法——它已经更深地渗透进入了生活的每一个细节之中，**并且奴役了灵魂本身**。因此，仅只防御官僚的暴政还不够；也需要防御普遍流行的意见和情感的暴政；也需要防御社会通过除民事处罚以外的方法来把它自己观念和实践作为行为的准则来强加给那些持异议者；也需要防御社会限制与它自己方式不相协调的个性的发展（甚至，如果可能的话，阻止这种个性的形成），并且迫使所有性格都按照社会自己的模型来进行剪裁塑造。③

虽然这重申了托克维尔关于"道德奴性"的警告，但密尔在清晰阐释这种社会暴政的模式和目标方面远远超越了托克维尔。几乎在任何时间和地点，人类社会的明显的、不可否认的倾向性就是将其价值体系强加给所有成员，不容许任何持异议者，并且妖魔化所有违背共同体标准（它们自诩为道

---

① Mil, *On Liberty*, p. 43.
② Ibid., p. 44.
③ Ibid., p. 44.

德本身)的自我塑造模式。最重要的主题——道德——总是被人类社会以最严重的狭隘性和教条主义的态度来对待,"人类在他们真正关心的事情上天然是不容异己的"。①

这些主题将自由主义者、道德主义者密尔与反自由主义者、"道德虚无主义者"尼采紧密地联系在一起(原因我会在之后讨论)。在此注意到这一点就够了:密尔的引论就如同尼采《道德的谱系》的第一篇文章,阐明了道德价值发展中的历史偶然性影响,或者说阐明了人总是强烈倾向于忽略自身的历史性,并且主张"社会的喜恶"就是道德自身的实质。② 密尔与尼采不同之处在于,他并没有得出尼采那错误的结论,即,道德价值的历史性导致并没有道德这样的东西存在,仅仅只有受到文化和历史制约的"道德们(moralities)"。③

那么,托克维尔和历史所表明的就是:随着大众政府的和民主文化的到来,人类社会的这种明显的倾向性得到了加强而非减弱。那么,就更有理由去坚持"一条极其简单的原则",这个原则可以应用在所有获得最低限度道德成熟度的文化上,④ 但特别是可以应用在那些民主化已经强化了不容异己的力量的文化中。正如密尔写道:"无论作为统治者还是公民同胞,人的天性都是将自己的观点和爱好作为行为准则强加给他人,这一性情得到了人的天性中某些最好的和最坏的感情的大力支持,以致于已经几乎无法加以约束,除非是它自身欠缺力量;而由于它的力量不是在削减,而是在增长,所以,除非能筑起一条道德信念的强有力屏障以对抗这种灾祸,否则,在当前的世界环境之中,我们只能眼睁睁看着它的增长。"⑤

---

① Mil, *On Liberty*, p. 47.
② 关于尼采的谱系学概念以及这个概念如何应用到道德的历史研究上的一个不错的综合性讨论,请参考 Alexander Nehamas, *Nietzsche*: *Life as Literature* (Cambridge, Mass.: Harvard University Press, 1985), pp. 106 – 114.
③ 奇怪的是,这个尼采式的结论是由自由主义者以赛亚·伯林得出的,尽管他声称存在着一个客观的"人类价值"。伯林那引起广泛讨论的多元主义是说:存在着多元的(历史和文化所特有的)价值体系,并且这些冲突不仅在不同价值体系之间存在而且在同一种价值体系内部也存在。对于伯林来说,就如同对于尼采来说,并不存在压倒一切的理性标准,它能够在彼此对抗的终极价值中做出决定;也不存在能够将特定的价值(例如,平等和自由)与另一个价值相比较的方法。
④ "自由,作为一条原则来说,在人类尚未达到能够通过自由和平等的讨论获得提升之前,是不适用的。"(*On Liberty*, p. 49)
⑤ *On Liberty*, p. 52.

第二章 约翰·斯图尔特·密尔：公众意见、道德真理和公民身份

正是这两个因素——一方面是，人类永远倾向于通过将不容异己和群体感情道德化的方式歪曲道德为非道德；另一方面是，现代民主化的结果是赋予多数人的意见以权力——让密尔不仅提出他的自由原则作为保护的手段，而且也提出了（我们在《论自由》第二章看到的）对公共领域的苏格拉底式重新理解。

密尔支持思想和讨论的自由及其所需要的对持异议者意见的保护，其基本论证大纲是简单明了的。社会或者其权威并没有权利去压制持异议者的意见，因为这样做就假定了社会是不可能犯错误的。这种人类狂妄自大的结果就是剥夺了社会如下机会：用正确的（尽管是非传统的）意见取代错误的（公认的）意见。在持异议者的意见是错误的情况下，压制异见仍然剥夺了社会如下机会：通过冲突和对比获得对公认观点的真理的更鲜活的印象。但是，密尔指出，比如上两种可能性更有可能的情况就是持异议者的观点包含着部分真理，并且公认的观点能够通过接纳其视角和真理而得到丰富。①

如果概括为这么简约的逻辑骨架，密尔提出的这些论证似乎会让那些将一定的言论自由当作理所当然的读者或者那些自诩能"兼听双方观点"（尽管这未必影响其最终判断）的读者感到了无新意。但是，对密尔逻辑可能性的熟悉（几乎感到平淡无奇），既不应该让我们对他论点的激进含义视而不见，也不应该让我们对那些令人惊奇的迂回曲折视而不见，这些迂回曲折构成了《论自由》一书最长的章节（粗算起来是其他章节的两倍）。如下说法并非夸张：在《论自由》中，密尔在这章和下一章（"论个性"）中投入了更多的理论和道德能量。

考量密尔的第一个观点，即，对任何意见的压制假定了压制者的不可能错误而且犯下一种特殊的恶行："剥夺了整个人类"一个可能确实正确的观点。坦率地说，这个观点将会轻易得到这样一些人的认同，这些人足够幸运能够生活在启蒙原则的历史余晖照耀下（主要指自由民主制下的公民们）。但是，这种赞同错失了密尔的主要观点，即不仅是那些自诩永不犯错的教皇们或者牧师们压制讨论。② 普通人不大可能会认为他们自己总是正确的，主要是因为他们从经验中学习到了自身是会犯错误的。密尔认为，正是这种在"微观"层面上会犯错误的感觉，让我们相信我们的共同体或文化的权威判

---

① *On Liberty*, p. 76.
② 在 1870 年，教皇永不犯错（papal infallibility）成为天主教会的一个信条，就在密尔写作《论自由》几年之后。

断。我们通过诉诸密尔称之为"'世界'作为一个整体的不可能犯错误"来补偿个体判断的可能犯错误。密尔详述如下:

> 而世界,对每个个体来说,意味着他所接触到的那一部分世界;他的党派、他的教派、他的教会、他的阶级或者社会;如果比较起来,一个人认为所谓世界对他来说意味着他自己的国家或者他自己的时代这样广泛的理解的话,那他就可以被称为是几近自由和胸怀宽广的了。他对于这个集体权威的信仰绝不会因为他自己意识到有其他时代、其他国家、其他教派、其他教会、其他阶级和其他党派过去曾经、并且甚至现在仍然抱有正相反的想法这一事实而有丝毫动摇。他把代表自己正义一方对抗他者的持异议世界的责任,移交给了自己的世界;并且,以下情况从未对他造成困扰:在这众多的世界中选择哪个作为他信靠的对象,不过是偶然所决定的罢了,同样的偶然性也可以让他在伦敦成为牧师,也可以让他在北京成为佛教徒或者成为儒家信徒。然而,这一点是自明的……时代并不比个人要更不可能犯错误。①

认识到这个观点的正确性就是要承认教条主义已经被编织进入了我们作为道德存在的各个层面之中了。我们最为关心的事情——那些甚至让我们为之杀戮和牺牲的东西——(在很大程度上来说)都是狭隘偏见作用的结果,这些狭隘偏见综合起来构成了我们阶级、文化或者时代的"常识"。当然,当今很少有人会为"偏见"辩护,但是他们也不会认识到他们的基本道德假设在大多数情况下是被动继承的和教条坚持的(无论事后理性化的工作多么精密)。作为道德存在,我们是不可避免的"社群性的自我",是习惯的而非理性的生物。密尔的观点是:我们并不仅仅是接受了这样的状况,而且是全心全意地**意欲**这样的状况。对我们的阶级、文化或者时代"毫无怀疑地"接受为我们在一个偶然的(和令人不安的多元化的)世界中提供了我们所渴求的方向和支持。我们作为个体的判断可能是不确定的,但是作为集体权威(集体权威通过我们的特定"世界"的常识得到表现)的支持者,我们为自己的生存提供了一个稳固的、看似并非偶然的基础。如果坦承我们最为基本判断的有条件性或者偶然性,将会使我们面临一种道德/生存上眩晕或者麻

---

① Mill, *On Liberty*, p. 54.

第二章　约翰·斯图尔特·密尔：公众意见、道德真理和公民身份

痹。因此，猛烈的反感和自以为是的傲慢奇怪地混合在一起，反对在基本道德和政治问题上的所有异议。

人类判断天生就有沦为一种死记硬背、不假思索发挥功能的趋势，这让密尔试图去寻找一种能够阻止它致命衰败的方式。将《论自由》第二章所提供的"方法"称作"自由讨论"，实际上是将一种远为激进的提议平庸化了。在密尔看来，问题并不仅仅是认识到人类判断是可能犯错误的，并（因此）认识到将公开讨论作为一种过滤信念和纠正公认意见的方法的重要性。正如前文所指出的，这是理查德·克劳特对苏格拉底诘问法进路的解读。① 乍看之下，这种解读似乎更为适合密尔的提议。然而，和苏格拉底一样，密尔认识到：人类将成见固化的倾向已经根深蒂固；而且，为了达成最低限度的道德觉醒也需要将公认的意见不仅暴露在健康的（然而有限的）怀疑主义面前，而且也要暴露在一种文化的特殊消解性力量面前，这种文化以某种方式将竞争性挑战和争论制度化。

《论自由》中阐述的公开讨论和争论的模式是冲突式的，而非共识式的，并且其目的并不只是修改或者"更正"已确定的意见，而是将那种意见暴露在可能是最无情的逆光之下，以便于其狭隘性和有限性有可能被照亮。密尔提出如上这种模式不是因为他认为在"不同意见的集市"上的一场公开战斗中"真相终将大白于天下"，或者说一种充满对抗性的制度必然会最终生产出真理。像苏格拉底一样，他对于人类理解力的力量有着深深的怀疑，并且对于普通人的头脑在思考任何这样的事情时容易被操控，有着深深的认识。他之所以提出这些，是因为他认为让公众意见那愈加固化的庞大单一体系有所松动的唯一办法，就是让它受到持续不断的——并且是激进的——挑战。在大众社会中一只牛虻是绝对不够的；最低限度的道德社会之可能性取决于**许多**批评者的不断出现，以及在挑战中决不放过任何信念的意愿。

这样一来，虽然密尔将公开讨论描述为可能犯错的人类理解力更正自身的最主要的"方法"，但是，紧接着这一描述，他批评了那些想要保护某些有社会价值的信念免受公共攻击的人。② 任何信念的明显社会功用——甚至是审判的上帝和来世的信念——都不能给予任何政府或者社会以权力去限制那些削弱这些有益信念的"坏人"。之所以要这样做的原因是：所有这些限制都基于对异见的危害性（"不道德和不虔敬"）的确信。在这一点上，密

---

① 见本书第一章。
② Mill, *On Liberty*, pp. 56–57.

尔选择的例子——苏格拉底和耶稣——毫无疑问表达了他最为深切的忧虑。他们两位作为人类在道德上的救星,都(分别地)因为不虔敬和亵渎之名被审判和定罪,这一事实不仅表明了公认意见在认知上的局限性,而且表明了其道德盲目会不断重复和走极端。

这样一来,密尔将他对于人类理解力的可错性的坚持与一个更强的论断(人类道德想象力的局限及其产生的严重不道德)结合了起来。密尔为了将这一观点讲清楚,他指出那些对耶稣审判和判罪的人:"显然,并非坏人——并不比普通人更坏些,而且毋宁说正相反;相比较于他们时代和人们所拥有的宗教的、道德的、和爱国的情感,这些人拥有的情感是最丰沛的、或者说比最丰沛还要多;正是这样一些人,在包括我们自己时代在内的任何时代中,都完全有机会在不遭受谴责并受到尊重的情况下度过其一生"。① 密尔将这一观点扩展到他自己时代中那些最受尊重和最为虔敬的人身上,他主张,如果这些人生活在苏格拉底和基督的时代的话,他们将会对这两人做出当时的审判者所做的同样的事,而这些审判者今天却被人痛斥。**任何**时代共同的道德感都同样是道德盲目的,因为它就是(有限的)道德视野的表达。盲目性和有限性沆瀣一气,并且因此是根深蒂固的。唯一所能指望的事情就是通过公开的讨论和对"不道德和不虔敬"批评的宽容,社会能少做一些盲目的判断,能少做一些道德化暴力的荒诞之事。

对于某些人来说,如上关于密尔立场的描述听起来既太过激进又太过绝望。密尔确实相信道德进步的可能性及真实性。他不是蒙田,只会沉思人类一贯的道德愚蠢;他也不像尼采那样认为"只有一个基督徒,他死在十字架上"。然而,贯穿《论自由》一书始终强调的是我们所取得的道德进步的不稳定性,并强调了如下这些因素——诸如公认意见的教条主义以及任何多数人必然包含的不宽容,这些因素一再地让我们陷入倒退的危险之中。虽然,像苏格拉底一样,密尔并不是要推翻**所有**习传的意见,但他充分意识到:道德进步并不是内在渐进式的;任何道德固化成为"常识"是与其对道德真理的日益远离密不可分的;以及(因此),总是需要像苏格拉底和耶稣这样的激进者来改革和彻底改变道德语词。转用科学哲学家托马斯·库恩(Thomas Kuhn)那已被滥用的术语来说:道德进步既有"革命"的时刻也有"常态"的时刻。它并不仅仅是累加式的(渐进的消除谬误所起的作用),而且也是

---

① Mill, *On Liberty*, pp. 56–57.

不连续的——甚至偶尔会有"范式转换"。①

密尔批判的焦点在于人类道德想象力的狭隘（更不用说常识的内在教条主义了），这使得他认为像苏格拉底和耶稣这些打断进程者的价值与改革者的价值一样、甚至更高，那些改革者只是在公认意见的约束之中进行工作并尝试做出纯粹"内在的"批判。②"异端的"持异议者有着世界史上的重要性：他所揭示的并不仅仅是意见的可错误性，而是整个信念网络的可错误性（更不用说建基于其上的生活方式了）。在这方面，密尔提出了惊人的主张。虽然认识到"我们已经不再像以前习以为常的那样，对那些与我们思想不一致的人们行如此多邪恶之事"，但他认为自己的时代在压制独立思想和"异端"意见方面做得更为成功，而不是相反。他写道，"我们现在仅仅有社会性的不宽容，这既不杀死任何人，也不根除任何意见，但是这却诱导人们把不同意见掩盖起来，或者避免任何积极努力以让不同意见得到传播。在我们这里，从十年或者一代人的时间看，异端意见不再能够明显地获得、或者说甚至还丢掉了它们的阵地；它们不再能够如熊熊烈火般传播广泛，而只是在勤思好学的人构成的小圈子中暗暗燃烧；在这些人中间，异端意见得以引燃发端，但从未以其真实或迷惑之光点亮人类一般事务"。③

正是通过这种社会不宽容（以及它的双胞胎，一种形式的然而冷淡轻视的宽容——马尔库塞［Herbert Marcuse］将其误导性地描述为"压抑性宽容"），斗争之火被扑灭了并且智性上的和解达成了。但是，正如密尔所观察的，这种平静的出现所付出的代价是"人类精神的全部道德勇敢"。④

密尔的主张是激进的，并且与尼采和韦伯这样的社会批评家的观点有些相似，他们认为现代的自由是以根本的顺从式规范的内在化为代价换来的。关于这一点，可能会有反驳意见说：密尔的观点对于维多利亚时代的社会可能是正确的，但是对我们自己的社会则未必如此；此外，在上个世纪所能看到的不仅是"异端意见"的出现和传播，而且能看到为这些意见所付出的社

---

① 艾伦·瑞安援引了库恩（以及艺术史），以表明大部分关于政治和道德进步的对话是很有问题的，即假设它的确有某种相对永恒的、跨时代的和跨文化的评判标准。见他的文章 "A Political Assessment of Progress" in *Progress: Fact or Illusion*, ed. Leo Marx and Bruce Mazlish (Ann Arbor: University of Michigan Press, 1998), pp. 97–98.
② 对"革命性"人物的赞赏在《论自由》第三章中能找到更多的证据，稍后我会讨论这一章。
③ Mill, *On Liberty*, p. 66.
④ Ibid.

会稳定性和人类生命的巨大代价。从被"危险的想法"所震动的上个世纪这一背景看来,精神狭隘的资产阶级的 bon sens(常识)完全是一种无足轻重的恶而已。

对这个挑战密尔会说些什么呢?第一,他可能会公开承认需要对历史语境保持敏感性,这一点他吸收自托克维尔的"新的政治科学"(而托克维尔又是从孟德斯鸠那里学到的)。第二,毫无疑问,他将会指出:我们的时代或者任何其他时代的真正危险的想法,并不是与社会的或者道德的广泛一致性相**背离**的那些想法,而是已经成功取得或者创造出这种一致性(并且由之提供出确定感)作为在这个世界中行动的基础的那些想法。我们需要注意的是:从定义上来说,广为遵循的信条或者意识形态并**不是**异端想法;而且,密尔使用"异端"这个词语指称的是像苏格拉底和耶稣这样的人物,他将这两个人看作是"常识"的挑战者,这种常识虽然并不是全体一致同意的,但却是根深蒂固的和道德上自鸣得意的。① 那些通过特定元素的怪诞夸张来僵化公认观点(如基督教的原教旨主义),以及那些为了暴力或者自我膨胀的野心去激发"常识"的偏见(所有形式的民族主义和群体情感,包括法西斯主义)的做法,表面上看是异端,事实上根本都不是异端的。他们的疯狂表现并放大了这种潜伏在人们"常识"表面之下的疯狂。(比如,想想如下事实:种族优越感从出现之日起就一直是欧洲文明社会的祸根。)

密尔的"异端"说到底是一种批判性和消解性力量,其"异端之思(heterodox speculations)"为阻止将原本道德的观念转变为非道德行动的坚实基础这种固化提供帮助。这就是为什么《论自由》一书的许多段落都可以读作对"异端"几乎毫无保留的颂扬。这一颂扬并非源自人们所猜测的如下事实:异端是那个向误入歧途的大众心灵揭示真理的人。恰恰相反,对错误的、习传意见的修正仅仅是持异议者的一种(而且绝不是最重要的)功能。在密尔看来,更为至关重要的是,作为牛虻的持异议者对一个文化的智性能量的水平所作的贡献。只有在对"异端之思"保持宽容,以及像苏格拉底这样的异端能够自由找到听众的那些地方,智性能量才能够在人民中体现自身。只有这样,进步才有可能:"设想如下两种情况:如果有人做了应有的学习和准备、进行独立思考,但犯了错误;另一个人有正确的观点,可是因为不想受思考所苦而只是固执于这些东西。在这两种情况下,前者要比后者

---

① 当然,耶稣的教导成为了最成功信条的基础,并且成为了到处清除异端这一最执著的尝试的基础。在我对密尔论证的"第二部分"讨论结束之后,我会思考这个问题。

第二章 约翰·斯图尔特·密尔：公众意见、道德真理和公民身份 89

获得更多的真理。需要思想自由并不单单是为了、或者主要是为了塑造伟大的思想家。正相反，让普通人获得他们能够获得的精神成长同样是、或者甚至更加是必不可少的。"①

如果公众意见的内在倾向是围绕着真理的一个单面性阐释而凝固起来，那么这一倾向只有在如下那些稀有的历史时刻才不会成为道德进步不可逾越的障碍：当"旧的精神专制已被推翻"并且"异端之思"生长繁盛之时。密尔说，"无论在人类精神上还是在制度上发生的每一个进步……"都能追溯到这三个时期中：宗教改革、启蒙以及德国的"歌德和费希特的时代"。②

当然，这是一种夸张，但是它指出了密尔支持思想和讨论自由的第一个论证的本质方面。公开讨论并非主要作为获得真理的方法，而是作为消解错位确定性的手段——事关我们最关心的问题的那种确定性。就像苏格拉底辩证法的前设那样，密尔的第一个论证的前设是：我们并不知道我们自以为知道的东西。我们显然是会犯错误的，特别是——事实上，尤其是——当关涉到最重要的事情的时候。因此，密尔描绘的异端并没有用认识论之吻唤醒我们（好像许多睡美人一样），那种吻据说能够让我们从梦境般的假象之域中抵达真理之域。道德进步的不连续性并非这种类型的（可以说马克思并没有看到这一点）。毋宁说，异端对于唤醒的贡献恰恰是通过质疑公认意见的权威性来实现的（公认的意见，就其本性来说，引起了"更深层次的睡眠"）③。类似地，密尔之所以要将意见或者制度上的"每一个进步"都归功于"异端之思"的三个繁盛期就在于：他想要强调在大多数时间和地点中与社会生活相伴而生的精神和道德的专制主义。异端个体——密尔反讽地称作"为思想的疾病所折磨的"人们——是罕见的；以独立思想为特征的**时代**更是罕见的。但为道德进步培养潜能的唯一方法就是从自由思想的个体到自由思想的时代的跳跃。这样的时代不可能成为实际存在。它们最多只能通过事实上思想和讨论的绝对自由这种方式来间接地得到培养。这种自由使得智性竞争（通过对"公认意见的深层睡眠状态"进行持续不断的搅扰）得以存在。

---

① Mill, *On Liberty*, p. 67.
② Ibid., p. 68. 可参考，在对格罗特的书《希腊史》的评论中（载于 *Collected Works*, 11: 321），密尔对我们应该将什么东西归功于古希腊人做出了评估。在其中，他竟然辩称（不仅让人想起黑格尔），雅典的帝国主义是"留给世界最重要的东西"。密尔对伯里克利式雅典的钟爱之处就是他对在《论自由》中列举的三个时期的钟爱之处，即，"永不熄灭的精神和能量"，从习俗和权威的压制中得到了相对的自由。
③ Mill, *On Liberty*, p. 74.

这一阐述可能看来太过尖锐、太过负面以致于无法把握密尔心中真正所想。当我们进入密尔的论证的第二部分之后,这种印象会得到增强。在这第二个部分中,密尔的假设是公认的意见是正确的,他的关注点转移到这种公认的意见以何种方式被持有。乍看起来,密尔极力主张自由讨论并非为了**消解**公认的意见(毕竟,现在讨论的公认意见是**正确的**),而仅仅是为了保证如下情况:对于在我们的信念中的正确的东西,可以获得一个清晰的和生动的理解。这种生动的理解是通过被迫去与已建立的最好信念进行斗争和争论而促成的。所以,密尔将"苏格拉底的辩证法"说成是一种"妙计",它设计出来并不是要消解意见而是要强迫苏格拉底的对话者知道他们自己的信念的根据和最佳论证。① 真理的"合理且生动的领会"需要一种帮助———一种来自"持异议的竞争者"的帮助,他不会允许我们在岗位上昏睡。他那不时的挑战强迫我们维持稳固的、可认识的基础,而这会使我们能够建立一个更为稳定的道德真理大厦。

这无疑是密尔的论证的一个方面。然而,经过密尔对于正确意见以何种方式被持有的描述后,第二个论证变得复杂起来。结果证明,对密尔来说,信念以何种**方式**被持有,会以人们始料未及的程度决定它的真与假。任何人持有一种观点却并不知道它的根据,或者不知道代表反对意见立场的最佳理由,那么他持有的信念就仅仅只是知识偏见或者迷信。② 如果密尔支持思想和讨论自由的第一个论证着重于我们的可错性(即这一事实:我们并不知道我们自以为知道的东西),他的第二论证表明:即使当我们的意见是"正确的",我们持有它们的方式实际上会造成它们的错误。渐进累积的效应并不足以让绝大部分的公认意见自圆其说,而只能够让我们在对真理的独占上变得较少确信,并且不仅对持异议者而且对我们的敌人掌握部分真理的可能性持更为开放的态度。

同样,这可能看起来太过负面了。密尔的第二个论证的力量表面上似乎是:我们需要下苦功去了解我们意见的根据,只有这样我们才能有得到保证的(而非未保证的)信念。但是进一步的观察表明:密尔对于得到保证的或者正确的信念的标准要比预想的更为严格。这不仅仅是知道"问题的两面"的问题,这不仅仅是能够一连串说出一大推支持和反对某一特定的立场的理由问题。毋宁说,这是一个要知道反对意见的"最合理和最有说服力的形

---

① Mill, *On Liberty*, p. 75.
② Ibid., p. 68.

式"的问题；这是一个要感受到"关于对象的真实看法需要遇到的和处理的困难的全部力量"的问题。① 如下说法并不夸张：即便有的话，也只有很少人能够达到密尔对得到有保证信念所要求的那种苦功或者理智能量。我们中有多少人敢说自己知道支持和反对自由主义或保守主义的最好的和最有说服力的理由呢？仅仅知道些关于个人权利或者需要权威和秩序这样的陈词滥调是不够的。我们中有多少人敢说了解福利国家、全球资本主义或者有组织的宗教的益处和危险呢？关于这些问题，在一场激烈的政治辩论中，即便是专家往往都只是对认同的立场做意识形态化的、单面的辩护。

因此，即使我们"知道"真理，我们也不能说是"占有"它，也不能说是真正拥有了得到保证的信念。密尔说，"在那些所谓受过教育的人中有百分之九十九都是这种情况，甚至那些能为他们自己的意见滔滔不绝辩护的人也是如此……他们从未将自己置身于与他们思想有差别的人的精神立场中，并且思考这类人会说些什么；因而，在这个词严格的意义上说，他们并不知道他们自己宣称的学说是什么"。② 时间并不能够改变这种状况；更可能的是，意见针对特定群体的"定位营销（niche marketing）"既锁闭了受教育者也锁闭了未受教育者，人们仿佛生活在回音室中——主要和思想相似的人居住在一起。密尔所要求的标准——知道支持反对立场的最强有力理由——只是纸上谈兵罢了；而事实仍然是：即便受过最好教育的人的意见的持有方式依然会使这些意见中的大部分变成谬误。

这就让"知道一个人意见的根据"置身于一种不同的光亮中。我们中很少有人能够说达到了这个要求——至少如密尔所设想的那样。而如果事实是这样的话，那么我们就需要持异议者的意见来为理智上的懒惰提供一种好争辩的练习。辩证法或者争论的真正教导并非（与密尔自己的建议**相反**）要提升论辩的技巧，而是要提升对无知的认识。公认意见的本性——即使这个意见是正确的——就是：它的被公认性使得它是错误的。**这**，就是持异议者教导我们的。

密尔的要点是：公认的意见常常以其真理性为代价获得了它的地位。被社会选中作为正确的或者占统治地位的意见后（通常经过了长期的斗争），这一意见就不再有真正的对手。它膨胀成为整全的或者明确无疑的真理并且

---

① Mill, *On Liberty*, p. 69.
② Ibid. 参见密尔对 Grote 的书 *History of Greece*, 11：316, 324 的评论中关于雅典民主的描述。

被这样反复灌输给后人，成为这个群体的常识的一部分。现在它已不得再被讨论和争论，而是成为文化基础的不容置疑的判断之一。此时，它的内容被掏空了，它的实质被抽干了。因为一旦争论结束了，"在讨论缺席的情况下，不仅意见的根据被遗忘了，而且意见本身的意义也常常被遗忘了。传达意义的词语不再表达什么想法，或者仅只表达它们本来应该表达的一小部分。取代生动的概念和活生生的信念的，是残存下来的一些死记硬背的词语；或者说，如果意义还有任何部分被留下来的话，也只是其外壳和表皮，更精细的本质精髓失去了"。①

这一具体固化和失去实质的进程在事实上定义了一个意见成为"公认的"意见的方式。按照密尔的说法，"几乎所有道德学说和宗教信条的经历都说明了这一点"。② 哪里"争议不活跃了"——哪里意见的争斗停止了，在那里意见或者学说的意义就死去了，并且其所蕴含的真理性就变成了错误性（或者，最好的情况是半真半假）。只有意见的永无休止的斗争能够让我们认识到（尽管只是部分地认识到）包含在跻身为"公认意见"的学说中的某些真理的元素。

密尔的论证的关键之处在他选择来阐明从真理性到错误性、从活生生的学说变成"死的信条"的转变的例子中表露无遗。那个例子是基督教的道德教导的命运。"我这里说的基督教"，密尔写道：

> 指的是所有教会和教派都认可的那些内容——新约中包含的箴言和戒律。这些东西是被所有信奉基督教的教徒们视为神圣的，并当作律法接受的。然而，如下说法并不过分：一千个基督徒中没有一个参照那些律法来指导或者检验他的个人行为。他在个人行为上参照的标准是他的民族、他的阶级或者他所担任的宗教职业的习俗。于是，从一方面来说，他有一套道德箴言集，他相信那是由不可能错误者赐予他的自我管理规则；从另一方面来说，他又有一套日常生活的判断和实践标准，这些标准与那些箴言中的某些部分有某种程度的相合，与另外一些箴言则不那么相合，与某些箴言甚至针锋相对；而总的来说，是在基督教信条与世俗生活的利益和建议之间的折中。对于前一套标准，他予以尊敬；对于后一套标准，他付以真正的效忠。③

---

① Mill, *On Liberty*, p. 71.
② Ibid.
③ Ibid., p. 73.

看到下面这一点非常重要：密尔在这里并非是要谴责基督教的伪善或者一心谋私利的前后不一致。他要谴责他们的东西是：没能够抓住那些他们给予尊敬的教导的道德意义。正是因为基督教已经变成了"公认的意见"：现代的基督教徒可以立即知道新约的箴言（例如，被赐福的是贫穷和卑贱之人），但在行事中却并不真正考量它们。活生生的信仰变成了死去的教条，并因此失去了促进我们道德正直的力量。同样，这并不仅仅是基督教的命运，而实际上是所有"道德学说和宗教信条"的命运。

在这一点上，密尔论证的第二个部分导致了两个问题。第一，是否对任何意见的真理性的"生动的理解"都需要真正信仰者为信条生存而进行斗争的热情——甚至是狂热？密尔将早期基督徒与现代基督徒进行对比，显然就是要暗示这一点。第二，如果任何意见的真理性从争议不活跃的那一刻开始就逐渐失去，难道人们就应该传播和保持错误的异端意见，以便维持争议和（由此而来）维持一个强健的真理概念？或者，如密尔所说，

> 正确知识的不可或缺的条件是一致性的缺席吗？必须有些人坚持错误才能够让某些人实现真理吗？一旦信念被广泛接受就不再是真实的和有生命力的了吗——而，除非还有对它的某些怀疑存留，否则一个观点就从未得到彻底的理解和感受？一旦人们一致的接受了某一个真理，这真理就在他们中僵化死去了吗？人们迄今为止都认为，理智进步的最高目标和最佳结果就是要让更多的人认识所有重要真理；而，理智只是在尚未达到它目标的时候才持续存在吗？难道胜利的全面完成意味着征服的果实的消亡吗？①

在这两个覆盖面很广的问题中，我要先讨论一下第二个。到现在为止，我一直都认为：密尔在之前段落中修辞式提出的问题的答案是（令人惊讶地）肯定的。然而，密尔对他提出的论证的这种解读表示了众所周知的异议，直截了当地表示：他确定"没有这种事"，"随着人类的进步，不再争议或者不再存疑的学说的数目将会一直不断增加；而人类的福祉正是通过达到无异议的真理的数量和重要性来进行衡量。严重的争论一个问题接着一个问题地停止下来，这是意见固化的必然事件之一；这种固化，对正确意见来

---

① Mill, *On Liberty*, pp. 74-75.

说是有益的,但是对错误的意见就是危险的和有害的"。① 密尔继续说,"意见多样性的范围的逐渐缩小是(同时)不可避免的和不可或缺的"。

通过这些话,他想要表达的可能是什么呢?答案初看来昭然若揭。与思想和讨论的自由一样,意见的多样性并非其自身的目的,而是逐步揭示一种虽然复杂却能达成最终独一无二道德真理的**手段**。虽然,直至目前为止密尔提出的论证似乎表明他赞同一种多元主义的强健模式——赞同意见多样性(以其自身为目的),但是他的真正立场(看起来)是通过一种道德进步的累加概念来得到定义的,其最终目的是在最重要的问题上的一致同意。按照这种解读,上面所引用的段落揭示了密尔对他父亲和边沁的启蒙理想保持着持续的信任,同时还信任他从圣西门那里和奥古斯特·孔德(Auguste Comte)的作品中吸收的关于进步的学说。② 因此,如果说《论自由》使在苏格拉底的诘问法得到了社会维度,那么这种做法与克劳特所勾勒的诘问法的意义是相协调的。思想和讨论的绝对自由,与意见的多样性和热烈的争论相结合,都是社会对话和质询的"方法"中的诸元素,这种方法被设计来揭示潜藏在道德的和政治的问题(正如科学的问题一样)中的真理。

以赛亚·伯林(Isaiah Berlin)在他的文章《密尔与生活的目的》中强烈地谴责了这种解读。伯林认为,密尔主要对自由、多样性和正义有所承诺,而非对真理有所承诺;他支持讨论自由的论证基于下面的假设:不仅人类是可能错误的,而且"并不存在唯一的、普遍共识的真理",并且"每一个人、每一个国家、每一种文明都按照自己的道路走向自己的目的,不需要与其他的(人、国家、文明的)目的保持一致……"③ 密尔对于正在兴起的公众意见的暴政和随之而来的"拉平化的中产阶级社会"的恐惧,加上他对于在现代社会中差异的逐步抹平的敏锐觉察,使他重视意见的多样性本身的价值。④ 实际上,按照伯林的说法,密尔的个体作为能够在各种不同目的之间做出选择的自我培养的主体这一概念位于"他的思想和情感的中心位置"。正是这一概念——而非对功利主义、启蒙抑或甚至是个人领域神圣性有任何

---

① Mill, *On Liberty*, p. 75.
② 关于密尔和孔德各自历史观的一个不错对比,参考 Maurice Mandelbaum's *History, Man, & Reason: A Study in Nineteenth-Century Thought* (Baltimore: Johns Hopkins University Press, 1974), pp. 163–174.
③ Isaiah Berlin, "John Stuart Mill and the Ends of Life", in his *Four Essays on Liberty* (New York: Oxford University Press, 1969), pp. 181, 184.
④ Ibid., pp. 189–90. 见 Mill, *On liberty*, pp. 97–98.

残留的承诺——才是驱动密尔的思想的东西。

伯林的文章在提醒我们密尔的希望和恐惧的真正本质方面有着有益的影响；它迫使我们在解读密尔关于"意见多样性范围"的"不可避免的和不可或缺的"逐渐缩小这一陈述时采取一种更为精细区分的态度。然而，虽然伯林在提醒我们下面这一点上是绝对正确的：密尔对于多样性的承诺并不仅仅涉及意见，而且涉及"生活的实验"（这一承诺胜过他对于发现真理的献身的承诺），但是他有些夸大了他的看法。密尔可能重视意见多样性的价值更甚于重视真理的价值，并且他可能非常清楚伯林所说的"真理的多样性和生活不可化约的复杂性"，所以他不会真正支持道德的和科学共同进步的启蒙叙事——像我们之前所引用的那一段话所表明的。① 然而，密尔对多样性的承诺是和他对自由和道德进步的承诺无法分割地联系在一起的，并且这一事实使得伯林将密尔归入他本人那种特定的道德多元主义（伯林对价值不可通约性的强调）中去的做法显得十分可疑了。

比如，虽然密尔反对在科学的和道德的真理之间进行简单的类比——这种类比导致了孔德的疑问："如果我们在化学或者生物学中不允许自由思想，为什么我们要在道德或者政治中允许它呢？"但是他也反对如下观念：对多元目的的承认会相对化出于生存的道德进步观念。对于密尔来说，以下两者之间并不矛盾：一方面，日益增加的自由、宽容和意见多样性；另一方面，对基于权利的个人主义的基本道德主旨的日益普世接受。事实上，这两者是密切相关的。促进意见的多样性和促进通往"善好生活"无限道路的开放性对密尔来说并不意味着（对伯林则是确定无疑的）：必须肯定生活的传统宗教的或者共同体的形式。

一个密尔式的自由主义者并不会质疑这种共同体的存在权利（只要他们尊重关键的生命权利并且不奴役共同体成员），但是他将会指出，当这些团体接受基于权利的个人主义（宽容、尊重和个人自由）的基本学说并且相应地调整他们的实践之时，明确无疑的进步就达成了。密尔并不认为对愤怒的、不宽容的或者不人道的特殊主义的逐步遏制会有损多样性。相反，伯林

---

① 在意见的多元性与真理之间的张力更多是伯林分析的结果而非密尔自己的观点。对于伯林来说，"真理"代表的是，它对西方理性主义传统来说意味着什么，（在伯林的解读中）这个意义从苏格拉底延续到现在：对于生活的根本性问题的唯一一套和谐一致的答案。只有存在着这样一套答案，追求最好生活的哲学探寻对人类来说才有意义。另一方面，对于密尔来说，真理的多面性与意见的多样性以及一种视角论世界观相吻合，这让他能够坚持对（作为多面向的）道德真理和意见的多样性的承诺。

式多元主义则更倾向于赞同对个人权利和意见多样性的限制——以特定的团体更愿意接受那些与他们类似的人的统治之名。个体权利让位于团体地位或者认同的要求，并且多样性不是更多地与个人展现出的"异端之思"或者"生活的实验"相关联，而是与在特定的价值等级秩序中得到展现的地域文化视角相关。①

总之，对密尔的合理解读必须给予以下两点同等程度的重视：他对于促进多样性的渴求**和**他对于道德进步的真实性（如果不是必然性的话）的信念。如果要公平对待他思想中内在关联的这两个方面，那就既不能靠一种对意见的检验和净化的平滑累加进程，这样的进程将在对道德和政治问题的共识中达到顶点（一种"历史的终结"），也不能诉诸伯林的赫尔德式理想的文化视角论。前者是不充分的，因为它没能够传达出密尔对于道德真理多面性的赞赏；而后者在认识论和道德根据上都是不充分的。将多样性等同于特定团体或者文化的"视角"，这会造成一种关于差异之价值的奇怪的呆滞的和窒息的景象，在其中团体的价值和偏见被赋予了虚假的审美整体性，所有这一切都以个人自由和文化活力为代价。这种想法也会支持权威主义（authoritarianism）的各种有限形式（宗教的、民主的或者传统的）作为人们生活的多种目的的合理表达。这是密尔决不会去做的事情，《论自由》第三章和第四章的所作出的论证会表明这一点。然而，在进入它们之前，我要先回到之前提出的两个问题——关于第二章中密尔第二个论证的含义。

异端的观点必须被宽容仅仅是为了保持争议，以及随之而来的"真理的生动的理解"？事实上，答案是否定的。当我们将密尔对于人类易犯错性（我们其实并不知道自以为知道的东西）的坚持，与他的当学说达到"公认的思想"状态就会被固化的描述联系在一起时，呼应能看出密尔对于所有道德进步的脆弱性的认识是多么深入。倒退的可能性总是近在眼前，特别是当任何团体或者文化认为它能够获得即便不是全部真理、至少也是最大部分真理之时。每向前一步，由于教条主义地固化，都会变成向后退一步。异端的意见是必须的，这并不仅仅是要去复活"死去的"真理，而是要去揭示它们**作为**真理就有的片面性——密尔在他提出的第三个、并且是最后一个论证中强调了这一点。

但是，如果"真理的生动的理解"需要的不是人群中有一部分人继续

---

① 见 Berlin, "Two Concepts of Liberty", in *Four Essays on Liberty*, 特别是 pp. 154 – 166.

第二章 约翰·斯图尔特·密尔：公众意见、道德真理和公民身份

"无知"，那么是否需要一种狂热和高涨的热情，一种爱竞争的热情？同样，这似乎是伯林所认可的东西。他甚至将密尔要求激烈争论的主张与黑格尔的论题——为将人类从停滞不前的状态中解救出来，战争是必须的——相比较。① 但是，这就离题万里了，而且不仅因为密尔的战场是在一个由"公共讨论的道德"进行理想的统治的地方。它之所以是错误的，不仅因为密尔并不支持纯粹自为的强势观点（及其所需的性情）；而且他也不认为理智和道德能力通过积极参与辩论的交锋就能得到最有效的提高："意见冲突的有益效果并不发生在热情的盲目拥护者身上，而是发生在更为冷静和更利益中立的公正旁观者身上"。②

对这些问题的答案指向了密尔的论证的最后一个部分，他思考的第三种也是最后一种情况。与其说某一种学说是正确的而其他的学说是错误的，事实上更常发生的情况是，"两者分享了真理"，并且这就需要"不一致的意见"以"充当真理的补遗者，而公认的意见仅仅体现了该真理的一部分"。③

这么简单地看，这第三种情况看来仅仅只是为了让密尔论证的逻辑可能性圆满。然而，密尔支持思想和讨论自由的论证的第三个部分远不止于此。事实上，它是前两个"部分"的完成和顶峰。因为正是在这里密尔扩展了他的真理"多面性"概念，发展出视角论（尽管他从未使用过尼采的术语）的一种独特的、自由主义的版本。这个概念改变了我们对密尔提出的前两个论证的解读方式，既突出了朝向道德真理的简单累加进步概念的缺陷，也突出了伯林如下主张的缺陷：不同文化价值的视角是不可通约的和不能调和的。④ 它也指出了一种公民身份的概念，这种概念相较于密尔对能量和参与的拥护——以及对于胆怯、温和以及顺从的厌恶——比起让人初以为他会主张的那种公民身份来说，可能更为接近哲人型的（在苏格拉底的意义上）。

通过详述"真理在公认的与异端的意见之间共同分享"这一主张，密尔勾勒出的人类理解力的一个倾向，即总是将部分作为整全，总是认为在道德

---

① Berlin, "John Stuart Mill", p. 189.
② Mill, *On Liberty*, p. 81.
③ Ibid., p. 76.
④ 见 Isaiah Berlin, "The Originality of Machiavelli", in his *Against the Current* (New York: Penguin, 1982), pp. 45–48.

和政治的基本问题上有确定的、终极的和独立的答案:

> 在感官无法触及的对象上,大众意见通常是正确的,但很少或者从来都不是全部真理。它们是真理的一部分;有时是较大的一部分,有时是较小的一部分,它们本应该被真理所伴随和限制,但总是被夸张、被扭曲并且被从真理那里分离出来。另一方面,异端意见通常是某些被忽略和被压制的真理,突然间冲出了束缚,或与共同意见中包含的真理谋求调和;或将它视为敌人,并以同样的排他性自立为全部真理。后一种情况是迄今最为常见的,因为在人类的心灵中,**片面性一直是主宰,而多面性只是例外**。因此,甚至在意见的变革中,通常是真理的一部分落下而另一部分升起。甚至在进步中,这应是不断累加的进程,在大部分情况下却只是替换罢了,用一个片面的和不完全的真理替换另一个;而进步主要是在这一点上:新的真理断片比它替换掉的要更为亟需,更为适合时代的需要。①

密尔主张在公认意见的和异议意见中的真理都有片面性,以及持续不断地要求新的"真理的断片"。有三个例子可以支持这一主张。第一个例子是文化的。密尔引述了卢梭对启蒙的批判,密尔虽然认为卢梭才华横溢,但其批判与他的理性主义对手的学说相比,却充斥着更多错误。然而,卢梭的"似是而非的"洞察——科学和文明的进步造成了败坏和道德衰退的进程——在"打破密集铁板一块的(理性主义者的)片面意见,并迫使其元素更好地(与额外材料一道)重组"上,发挥了有益的效果。② 他的新的"真理碎片"包括"人工社会的非道德化影响"以及"简朴的生活"有更大价值,这些都限制了科学和道德必然一同进步的启蒙自信。

密尔的第二个例子是政治的,他提出了一个将会在《代议制政府》的开篇章节中再次讨论的主题。这个主题是关于一个"司空见惯"的真理:健康的政体需要一个保持秩序的政党和一个要求改革的政党,因为每一个都代表了真理的一部分并且被另一个反对党所限制。反对党这一事实阻止了任何在实践中对政治"真理"的独占,创造了各种元素的张力平衡——与或者由改革派、或者由保守派单方面统治所达成的状况相比,这种状态要更为紧密地

---

① Mill, *On Liberty*, pp. 76 - 77(着重之处为本书作者所加)。
② Ibid., p. 77.

接近政治生活的现实。"关于民主政体和贵族政体、关于财产和平等、关于合作和竞争、关于奢侈和节约、关于社会性和个人性、关于自由和纪律,以及实践生活中已确立的所有其他对立,除非支持两方的意见都能够以同等的自由得到表达、并且以同等才能和能量得到辩护,否则两方因素就没有机会各得其所……"① 这远非亚里士多德的学说("混合政体"和中庸德性是更优越的)的现代版本,这一点在接下来的让人印象深刻的段落中将会讲清楚,在这段话中密尔描述了在道德-政治问题上我们能够达到的真理类型,领会它所必需的能力,以及为了利用和补充大多数意见那不可避免的片面性而对一种制度化的竞争的要求:

> 在生活的重大实践问题上,真理在很大程度上是对立物的协调和结合的问题,但很少有人有足够宽广和不偏不倚的心胸能够将之调整到接近于正确,于是,只有通过交战双方在敌对旗帜下进行斗争的粗暴过程才能够实现。在上面列举的任何一个重大实践问题上,如果两种意见中有一个比另一个更为得势,那么对另一个,不仅应予以宽容,而且应予以鼓励和支持,因为这"另一个"只是在特定的时间和地点恰巧处于少数人支持的地位。②

判断的能力,即在"生活的重大实践问题上"辨别真理的能力,是与康德称之为"扩展的心态"内在相关。这种能力之所以是罕见的,并非因为在正确的时间去认识和做正确的事情的能力是罕见的——后者属于高贵者的经验和美好品性(亚里士多德的明智或者实践智慧)的范畴。它之所以是罕见的,是因为判断需要一种动态的视角论——以利益中立的公正态度从许多不同角度和从远处观看事物的能力。这种能力几乎不可能是任何阶级的自然属性。(对好逸恶劳的贵族政体的轻蔑、对中产阶级盲从的憎恨、对工人阶级的缺乏教育和缺乏经验的恐惧,使得密尔对亚里士多德建立在心智能力上的社会学持怀疑的态度。)

大多数个体都不擅长与反对方进行和解与联合,都不擅长**正直地**从不同角度看待事物——这一事实表明:如果"真理的所有方面"都要遵从公平竞

---

① Mill, *On Liberty*, p. 78.
② Ibid., p. 78.

赛原则,那"粗暴的斗争过程"是必须的。① 并且,甚至在这个次好的情况中,斗争是有价值的**并非**因为它促进了党派能量或者教派热情的动员,而是(正如之前所指出的)因为它对密尔称之为"更利益中立的公正旁观者"有影响。这个旁观者(对真理的多样面向的细心观察者)有可能学会将眼前的材料编织出一个(与任何单面的支持者所做的相比)更复杂的图案。

那么,意见的片面性就如胆怯、温和或者顺从一样,也是密尔的靶子。理智和道德能量并不能通过激情鼓吹而得到最好的表达(尽管密尔显然相信这要比由因循习俗而导致的漠不关心或者精神迟钝更好)。通过消解和在想象中重新结合构成道德和政治辩论戏剧的诸元素的能力,它们可以得到好得多的表达。就如苏格拉底所认为的那样,哲人型公民不是一个鼓吹者或者行动者,而是某种保持距离的评判者,他最关心的事情是抑制从对真理的片面理解中产生出来的不义(党派政治和多数人决定型政治的不可避免的形式)。②

正是在密尔的第三个关于道德的例子中,这种视角论的含义(他将真理看作"多面向的"这一想法)得到了最为生动的展现。实际上,所有信条、宗教传统和道德学说都无法抗拒将他们自己看作对德性以及道德要求的最终决定性表述。基督教并不例外。事实上,正如尼采所主张的,在许多方面它都是这样一个典型,即一种伦理信条将自身当作普遍的、完整的,并且能够

---

① 密尔对于所谓的"竞争的"立场的支持可以在他对于雅典公民大会的辩论和商议的性质的描述中十分清楚地看出来。参见他的对于格罗特的书 History of Greece (11: 316 - 317) 的评论,在此处,密尔称赞了雅典人在辩论中的能量和"流动性 (mobility)"。我认为,密尔的立场常常被误解为一种利益集团多元主义 (interest - group pluralism)。例如,哈贝马斯在《公共领域的结构转型 (Structural Transformation of the Public Sphere)》中提出:密尔的意见多样性观点对于让"真理的所有方面公平竞赛"来说是至关重要的,它标志着对"在公共领域中利益竞争的理性解决无能为力"这一点的无可奈何地接受,标志着密尔试图以"视角化的认识论 (perspectivist epistemology)"来掩盖这种无可奈何的接受 (p. 135)。哈贝马斯对于密尔的批评基于这一假设:(通过)类似的普遍利益本身的理性证明,批判理性能够提供"社会中存在的利益一致性的客观保证"(ibid.)。我在 Arendt and Heidegger (Princeton: Princeton University Press, 1996) 一书中 (pp. 70 - 71) 批评了这一假设的先验特征。在此,可以这么说:"普遍利益"是多面向的并且可以进行多种多样的(并不必然是意识形态化的)解读。这样一来,它既不能还原为个人利益的总和(如边沁和老密尔所思考的那样),也不能简单地依靠个别利益的对立立场来识别(如卢梭和哈贝马斯某种程度上所主张的那样)。
② 我不是要暗示这个"观察者"在遇到不义时会**不作为**。他对于道德 - 政治问题的复杂性——而有时是简单性——的认识并不会阻止他不时地介入干预。

第二章 约翰·斯图尔特·密尔：公众意见、道德真理和公民身份　　101

替代或者排除所有其他东西的。与尼采不同，密尔并没有将这个教条的假设追溯到基督本人的教导。正相反，密尔写道，"基督的话语与全面的道德所要求的东西没有任何不可调和之处"，他补充说，"凡是在伦理中优秀的东西都可以在基督的话语中找到"①，然而，"与此相一致的是：相信基督的话语包含、并且仅只打算包含真理的一部分；相信构成最高道德的许多基本因素都不在其中"。基督教是一种部分的真理，并且"如下就是大错特错了：硬是要从基督教教义中寻找出完整的规则作为我们的指导，这是它的作者希望强制贯彻的，但是仅只提供了部分"。这样做是"一个重大的现实的恶"，因为这个"狭隘的学说"，没有得到古代和现代不同的道德观念的补充，养成了"低下、卑贱、奴性的性格，任由自己屈从于它认为的最高意志，无能让自己向最高的善好提升或者与之相通。"②

　　这最后一句话为《论自由》第三章的决定性一击做了准备，在那里密尔痛斥了"加尔文主义者"将德性还原为服从的责任，并且（以某种原尼采式的态势）力主"异教式的自我肯定"作为一剂良药以平衡它。在当前的语境中，重要的是要看到密尔的讨论是如何相对化基督教的：并非使它成为与他者不可简化的斗争中的**某一种**视角，而是把它思考为一种**部分的**真理，亟需通过"世俗的资源"来补充。密尔的立场是：为了将一个部分看做是一个部分，我们并不需要知道（或者声称知道）整全的本质。我们也不需要将道德真理看作一种天生整全的东西，特定的信条或学说都希望去（或多或少成功地）符合它。"最高的善好"不是柏拉图意义上的**善之理式**（the Good），而是人类个体能够做出的对道德直觉和观念的最佳和最完整的阐释。这种阐释总是难以实现的；原则上它永远不可能完成，这是由于人类理智的局限性和人类经验的开放性。

　　那么，道德并不能简化为某一种视角的视野或者**某一**套道德。现在存在并且曾经存在诸多**道德**，这一事实并不能阻止我们从许多不同的道德中选出最好的（并且避免最坏的），不能阻止我们审视行为的不同准则和人类优秀的不同概念，以便于"调和与联合相对立的东西"。这正是密尔所做的——当他指出将基督教伦理观与希腊罗马的公共精神德性相结合的必要性之时。与伯林**相反**，"终极"价值的冲突不能阻碍自由主义的视角论联合看

---

① 参照 Mill, *Utilitarianism*, ed. Acton, pp. 17–18.
② Mill, *On Liberty*, pp. 80–81.

似无法联合的东西。就像所有其他真理一样，道德真理是多面的，总是需要"新的断片"。①

虽然难以把捉，这种道德真理的视角论概念（这一概念立足于"意见的多样性"上）是一种积极的方式，这是与苏格拉底的否弃式道德不同的。其实，可以这样说：密尔在《论自由》中的计划与其说是提出他的"一条极其简单的原则"，倒不如说是暗暗勾勒出人类卓越德性的替代概念。正如我们将会看到的，伯林的观点——密尔首先想要的是让个体自治或者选择成为首要德性——完全没抓住重点。② 当我们将《代议制政府》中找到的充满活力的公民身份概念加入这幅图画中的时候，我们很容易将密尔看作提倡一套鲜明"自由主义者的德性"的强力代言人，以及成功培养这种特定的善好生活概念的体制的支持者。③

下面这一点毫无疑问：密尔想要在一个由"勤劳的羊群"统治（或者他认为如此）的时代中提升理智和道德能量。至少在这方面，他对苏格拉底的德性的更新代表了某种性格的积极概念——这种性格是自由社会力图去鼓励的和为之留下空间的。然而，下列说法（就像某些密尔的保守主义批评者所做的那样）就错了：在他的视角主义和多元主义背后潜藏着一个为人类生活预设的**目的**（telos），其确定性就如我们在亚里士多德那里发现的一样。密尔的视角主义和对自由的注重意味着（正如他清楚地看到那样）：有多少个个体，就有多少种通往善好生活的道路；"善好生活"自身就是多面向的，并且和真理本身一样，需要新的"实验尝试"和新的表述；最后，"用自己

---

① 当然，这样说并不能阻止我们诉诸苏格拉底避免不义的禁令，或者诉诸耶稣的金科玉律（Golden Rules of Jesus）（正如密尔在 *Utilitarianism* 一书中所做的那样），将之作为任何最低限度可接受的道德概念的实质内容。然而，正如西方对谁值得受到人道待遇的看法的历史发展所表明的，甚至最低限度道德规则的充分展现也在很大程度上取决于解释、重构和扩展的复杂的历史。

② Berlin, "John Stuart Mill", p. 192.

③ 在这方面，自由主义者的敏感性——即，自由主义者的"多元主义"仅仅只是支持（实际上）什么是善好生活这个有争议概念的面具——既让部分自由主义理论家持肯定态度，也让部分自由主义理论家持保留态度。持肯定态度的，参见 Stephen Macedo, *Liberal Virtues* (Oxford: Clarendon Press, 1990)；持保留态度的，参见 John Rawls's *Political Liberalism* (New York: Columbia University Press, 1993)。罗尔斯的政治自由主义试图将全部具体的自由主义者的德性问题一揽子置于那些为维持"秩序良好的［多元］社会"所必须的道德（例如，宽容）之上。

的方式追求自己的善好"与我们自己道德和理智能力的较好部分是否得到了发展相关。① 因此，密尔的自治概念是一种"开放的"概念——与"封闭的"相对（正如我们在康德那里找到的那种）。他想要看到人类的能量能够尽可能多地塑造出更多新奇的和美丽的形式，只要它不会对其他人的关键诉求造成伤害。（这是内置于密尔的"自由原则"中的否弃式道德。）并且，当涉及道德性格形成问题时，他从没有想要让国家扮演导师的角色。

总而言之，我认为密尔支持思想自由和讨论自由的三个论证（通常读作"道德和理智进步的可错方法论"）的意旨比通常认为的要更为负面。密尔的第一个论证——公认的意见可能是错误的而异端的意见是正确的——教导我们的是，正如苏格拉底所做的，我们并不知道我们自以为知道的东西。密尔的第二个论证——即使公认的意见是正确的，为了对其真理有"生动的领会"，异端的意见也是必须的——教导我们的是，道德上的自鸣得意会导致我们对传统意见那最珍贵的部分的歪曲或者耗尽。换句话来说，即使当公认的意见是正确的，我们也有办法让它成为错误的。最后，密尔的第三个论证——在大多数情况下的更典型状态是公认的和异端的意见都仅仅把捉了真理的一部分——教导我们的是，道德真理是多面的、复杂的，通常总是对立面的结合，并且总是需要补充额外的"断片"。

综上所述，这三个支持自由讨论的论证传达出一种强力的苏格拉底的信息，尽管它披着认知乐观主义的外衣。密尔对于人类可错误性、经验和多元主义的强调导致了一种令人惊讶的怀疑主义结论。即使我们确信得到真理的一部分，也很少有人能够把捉到它全部的意义并且能够将它与真理的其他部分一并妥善安置，人类的教条主义倾向性——在关于最重要的事情上，意见、思想和理由总是趋向片面性——需要苏格拉底的辩证法采取一个更广阔的、更社会的形式。我们必须想方设法找到增加牛虻和异端数目的方法。在民主政治的世界中尤其如此，因为在这种政体下大众意见通常占据统治地位。撇开我们的第一印象，密尔支持讨论自由的论证并非将道德和理智进步表现为一个个正确的结论不断叠加的进程，而是表现为对那些被假定的整全真理的永无止境的省察。通过这种方式，思想和意见的自由帮助我们消解融

---

① Mill, *On Liberty*, pp. 85–86.

化对道德真理过度自信的理解,并深入了解不义的一味繁殖和对自由的压制。①

个人与公民身份

假定我对密尔在《论自由》第二章提出的论证的归纳描述是合理的,并且假定苏格拉底的诘问法和密尔的自由讨论有着共同的(批判的和负面的)形式和功能,那可能依然存在的一种反对意见是:这两位哲学家进行着截然相反的努力。如我在第一章中所论证的那样,苏格拉底使用辩证法是为了让其公民同胞们慢下来。而密尔则是希望其公民同胞摆脱"习俗的专制"和由之所造成的精神迟钝。对密尔来说,这不是让人们慢下来的问题,而是要刺激他们使其变得更加积极的问题——不仅是在精神上和个人生活中,而且在公共生活中也是一样。

在苏格拉底与密尔的计划之间存在的这种表面上的差异,最明显地体现在《论自由》第三章("论个性为人类福祉的因素之一")和《代议制政府》第二、三章("好的政府形式的标准"和"理想上最好政府形式是代议制政府")中。前一个文本以一个剥夺了个体性和差异性的停滞社会的反乌托邦理想而闻名遐迩,并且以吁求"异教的自我肯定"以抵消两千年来"基督徒的克己忘我"所造成的个性的消失而闻名遐迩。密尔承认:"做约翰·诺克斯(John knox)可能比做阿尔基比亚德要好一些",可做伯里克利

---

① 这个总结似乎让密尔与本书第一章所描绘的负面性或者怀疑的苏格拉底过于类似。在这个问题上,如果我们能够回忆起密尔在他的《自传》中对苏格拉底的"方法"的刻画无疑是很有帮助的:"苏格拉底的方法……作为这样一种训练是无可超越的:它纠正错误、并清除困惑事件达到理智对自身的抛弃(intellectus sibi permissus),这是一种将其所有组成部分都置于大众话语指导之下的理解。模糊不清且普遍性意见的拥有者通过诘问法进行探寻,这一探寻的结果被限定在:或者在特定的语词中陷入自相矛盾,或者承认自己不知道自己在说什么;通过特定的例子对所有普遍论题做永不停止的检审;遭到围攻的对象是大而抽象语词的意义……作为一种为了获得清晰思考的教育,这一切是不可估价的……"(pp. 38 – 39)。密尔关于诘问法的讨论还有一点要说明的是:诘问法作为苏格拉底(和柏拉图)反抗习俗或者"陈词滥调"的斗争的主要武器。密尔对于苏格拉底哲学实践负面性特征的重视,参见密尔对格罗特的《柏拉图及其他苏格拉底友伴》一书的评论,载于 Collected Works, 11:402 – 405。可对比他对于"教条主义的(dogmatic)"(或者说正向的、回避辩证法的)柏拉图的评论:"教条主义的柏拉图与诘问法的柏拉图看起来是截然不同的两个人。"pp. 413 – 414。

比两者都要更好。①《代议制政府》在这一论题上得到了扩展,要求政府培养人民的勇气和创造力,通过促进"积极的和有活力的性格"的养成来提升他们。② 在两个文本中,最大的恶是"被动顺从的性格",密尔(以他那坦率的欧洲中心主义方式)将之视为服从的一种"东方"形式。③

这与密尔对哲人型公民身份的追寻的遗产有什么关系呢?我将证明:一方面,是密尔个人自我培养观念;另一方面,是积极公民身份观念,这两方面向他或许根本上是苏格拉底的计划中引入了一种模糊不清的调子。通过这些看法得到展现的对苏格拉底的计划的修改,至少在部分上证明了在公元前五世纪的雅典和19世纪中叶的英国两者之间背景上的巨大差异。雅典直接民主的浮士德式能量被中央管理(与文化上顺从)的立宪君主制下的工业系统化组织形式所替代,在其中绝大多数人仍然没有选举权。在这个给定的情境中,像密尔这样的哲人型公民身份的核心价值的支持者去强调"异教的自我肯定"的积极方面和政治参与,就不会像初看起来那样矛盾了。

然而,在这些章节中密尔的很多表述都足够作为拦路虎让我们不得不停下来。例如,密尔在"论个性为人类福祉的因素之一"中所勾勒的自我培养或者自我塑造的审美模式,导致了一种对天才和自发性的完全非苏格拉底式的颂扬。正是密尔思想的这种浪漫主义组成部分让他坚持认为"普通人的光荣和荣誉"就在于他能够跟随较少顺从、更有创造力的优秀者的主动性。④ 如果将这一陈述脱离开上下文语境来自鸣得意地表达对密尔的"精英主义"的惊诧,那就明显是错误了。然而,即便在上下文语境中,这一陈述也让人听了不舒服,特别是因为它严格要求我们中的大多数人即便不是过一种"经省察的生活"的话,也要过一种可以被称为"反思的跟随(reflective follow-

---

① Mill, *On Liberty*, p. 89.
② Mill, *CRG*, pp. 202, 230.
③ 我认为完全可以进一步作出如下评论:和韦伯一样,密尔是"东方学家"(在爱德华·萨义德【Edward Said】的意义上使用这个词)。当密尔想要获得一副西方文明作为大众社会的图像时,他援引中国,而韦伯写社会的"埃及化"时也是一样。他们的观点是要传达:如果文艺复兴的人文主义和自由主义的个人主义的最后余火已近熄灭,只留下一个在中央管理下的密集人群的话,那么欧洲社会看起来将会是什么样子。对密尔的欧洲中心主义的批评,参见 John Gray 的 *Mill on Liberty: A Defense* 一书"后记",pp. 130 – 158.
④ Mill, *On Liberty*, p. 92 – 93.

ing)"的生活。①

同样地,在《代议制政府》中我们发现密尔表面上支持如下亚里士多德式的观点:政府的功能是要向公民提供关于德性或者性格的教育。密尔写道:"评价一个政府的好坏,应该根据它对人们采取的行动,以及它对事情采取的行动;根据它让公民成为什么样的人,以及它以什么样的方式与他们相处;根据它倾向于促使人民进步还是堕落,以及它为他们做的工作是好是坏以及如何依靠他们做工作。"②虽然密尔从未有过类似这样的观点:政治家是或者应该是"塑造性格的政治艺术家",但将"论个性作为人类福祉的因素之一"中的浪漫主义修辞与《代议制政府》的教化式修辞结合起来看,却明确表现为指向那个方向。

我们该怎么样去理解这些段落呢?这是自我背叛的例证吗,是受到了像柯勒律治这样的浪漫主义者或者像亚里士多德这样的古典思想家的影响而导致的失足?或者,它们揭示了真正的密尔,一个较少关心权利式道德、更多关心创造力和性格的培养(甚至是强制,如果必需的话)的"自由主义者"?是否存在一种解读这些陈述的方式,能够将它们表现为支持而非削弱密尔对意见多样性和个体自由的基本承诺?

比起那些通常会对《论自由》的修辞感到尴尬(或者感到震惊)的人所感到的,或者比起那些认为密尔是一个隐秘的"德性理论家"(用邦尼·霍尼格【Bonnie Honig】的一个有用短语来说)③所想的,我认为密尔是更为前后一致的。正如在下一节中我将会讨论的,密尔确实有自我背叛的时刻,即削弱了其计划的苏格拉底特性以及对公民身份之广义的哲学形式的承诺。然而,《论自由》第三章和《代议制政府》第二、三章的论证理路不能算这样的时刻。将这些文本联系在一起的东西是它们都在强调个人能量作为道德进步的必要条件的重要性。在个人的能量被压制或者没有出口的地方,结果就是文化的停滞和道德衰退。在公民或者国民在公共领域中不能发挥积极作用的地方,结果就是一种助长权威主义的顺从。

"论个性为人类福祉的因素之一"以一个并不那么令人吃惊的观点开场:

---

① 在密尔书中其他地方也有类似的情况,与海德格尔的书《存在与时间》及其"本真的跟随(authentic following)"概念有着意想不到的共鸣。
② Mill, *CRG*, pp. 210.
③ 见 Bonnie Honig, *Political Theory and the Displacement of Politics* (Ithaca: Cornell University Press, 1993), pp. 2–3.

意见的自由应当与相应的(但必须更为受限制的)行动的自由相匹配:"人们应当有自由依照他们的意见而行动——将这些意见在他们的生活中付诸实践,只要他们能够为他们自己的风险和冒险负责,那么从他们的同胞那里,无论身体上或是道德上,都不该有任何阻碍",① 并且,只要这行动并不伤害到其他人。然而,对这一问题的讨论很快就转换到对人类生活中自发的价值的讨论,并且从这里转换到坚决主张个人有权用他们自己的方式使用和解读经验,有权选择他们自己的人生计划,并且有权以一种积极的、独立的和完全个人化的方式培养或者塑造他们自己。密尔写道:"在人的作品当中,人类正当地使用其生命以求完美和美化所创造的作品中,居于第一重要地位的无疑就是人本身。"② 密尔敦促我们每一个人将他的生命当作一件艺术作品,并且敦促我们将自身思考为一名艺术家,为创造自己的美(或者丑)负主要责任。③

密尔论证的领域已经从道德和真理转向了一种可以被称之为性格美学的东西。为了让某个东西成为自身美丽的东西——正如尼采可能会说的那样,"给予人们的性格一种风格"——需要充沛的欲望和冲动,作为加工材料:

> 欲望和冲动——与信念和克制居于同等地位——是完美人类的构成部分:所谓强烈的冲动具有危险性,只是在它没有得到恰当的平衡的时候,……人们行不义之事,并不是因为人们的欲望是强烈的,而是因为他们的良心是软弱的,……说一个人的欲望和情感比另一个人的要更为强烈和更为多样,这仅仅只是说:他拥有更多的人性的原始材料,因而或许有能力做较多的恶,但是肯定有能力做更多的善。所谓强烈的冲动不过是能量的另一个名称。能量当然可以被导向坏的用途;但是,一个富有能量的天性比一个不活跃的和无感情的天性总是能够做更多的善。一个人,如果欲望和冲动是他自己的——是他自己本性的表达,以他自身的方式加以发展和修改——我们就说这个人具有一种性格。一个人,如果欲望和冲动不是他自己的,那就没有性格,正如一台蒸汽机没有性格一样。④

---

① Mill, *On Liberty*, p. 64.
② Ibid., p. 87.
③ 与尼采《快乐的科学》第 290 节有着惊人的相似。参见我在本书第三章中的讨论。
④ Mill, *On Liberty*, p. 87—88.

密尔的这一主张（能量和"强烈的冲动"对自我培养是至关重要的）与歌德（Goethe）和冯·洪堡（von Humbolt）相关，也可以往前追溯到柏拉图、往后追溯到尼采。然而，这一观念在思想史中的根源与激发密尔对强烈冲动和欲望之热烈支持的现实背景比起来是远不重要的，这种热烈支持与密尔作为一名维多利亚管教式时代的圣贤的通常形象截然不同。密尔的背景是大众社会，其道德被占统治地位的中产阶级的偏见所左右，这种偏见保留着加尔文禁欲主义的形式（即便在本质上已并非如此），并且树立了服从和从众作为德性。借助从托克维尔那里吸取的各种教训，密尔向他的社会发出了控诉，这个社会在残暴性和包容性两方面上令人震惊：

> 在我们的时代里，从社会的最高阶级到最低阶级，每个人都生活在有敌意的和恐怖的审查制度的眼中。不仅在涉及他人的事情上，而且在仅仅关于我们自己的事情上，个人或者家庭都不会对自己问一问：我选择什么？或者，适合我的性格和性情的可能会是什么？或者，让我内在最好的和最崇高的东西得到公平发展的机会，并且能够让它生长并茁壮起来的可能会是什么？他们问自己的是：与我的地位相适合的是什么？与我位置相同和经济状况相同的人通常会做的事情是什么？或者（还要更糟糕的是），所处位置和经济状况比我更好的那些人通常会做的事情是什么？我的意思并不是：他们选择适合习俗的优先于选择适合他们自己倾向的。还不是这样，而是除了适合习俗的事情外，他们并没有任何倾向。如此这样，心灵就屈服于枷锁之下：甚至在人们做来取乐的事情上，从众也是他们首先想到的；他们喜欢成群结队；他们只在那些通常做的事情中做选择：品味的独特性，行为的怪异性，和躲避犯罪一样要竭力避免；如此下去直到这样一种情况，由于不循其本性，结果就没有本性可遵循：他们作为人类的能力衰退了、饿死了；他们变得没有能力再有任何强烈的愿望或者与生俱来的快乐，并且，他们普遍没有了内在生长的、完全属于他们自己的意见和感情。[1]

人们常常容易将这个判断历史化，认为它只适合围绕着密尔的维多利亚时代的苍白气氛，而与60年代之后的盎格鲁－美国文化并不相关。不过，

---

[1] Mill, *On Liberty*, p. 88.

第二章 约翰·斯图尔特·密尔：公众意见、道德真理和公民身份　　109

虽然调性已经改变了，消费社会提供给每一类人群一套私人订制的风格，可是那些倾向于站在这个市场之外的个人，或者那些质疑它所提供的这一套选择能表达本真自我的个人，一定会发现他自己是被社会遗弃者。反叛是争夺年轻人市场的广告商最喜爱的修辞，这一事实并不能改变密尔在上面这一段中讲述的关于在社会的好恶背后的基本动力机制的根本事实（及其在当今的依然适用）。甚至，消费社会的胜利使得真正的怪异性或者个性的前景变得更加渺茫。①

不过，密尔总是倾向于突出大众的向下重力拉扯，将之描述为"意见的暴政"，它是如此巨大而单调，以至于看起来天才和普通个人都要花大力气才能让自己（或者任何其他人）远离它。如下说法听起来更像是柯勒律治而非托克维尔，密尔写道：平庸已经成为"人类之中不断占上风的力量"。真正的力量是大众的财产，而政府运用它只是限于将自身作为"表达大众倾向性和本能的手段"。密尔早期作品中所害怕的公众意见（public opinion）在《论自由》中被等同于大众意见（mass opinion）："那些以公众意见之名提出意见的人并不总是同一类公众：在美国，是全体白人；在英国，主要是中产阶级。**但是，他们毫无例外只是大众，也就是说，是集体的平庸。**"②

正是在这样的社会背景下密尔发表了如下说法："所有有智慧的或者高贵的事物的发端是并且必须是来自于个体"，并且，"普通人的光荣和荣誉就在于他能够跟随那个发端；就在于他能够对有智慧的或者高贵的事物有内在的响应，并且能够睁开双眼接受指引走向它们"。③ 既然密尔明确反驳"英雄崇拜"并且反对"强者"有权利强迫他人去过一种更高级的、更高贵的生活形式的想法，那么他论证的关键看来是：只有天才能够突破习俗和传统的硬壳。在这一点上，他似乎不仅赞同他的朋友托马斯·卡莱尔（Thomas Carlyle）的观点，而且也与许多大众社会的保守批评家的观点——从布克哈特和尼采到黑格尔和奥特加·伊·加塞特（Ortegay Gasset）相一致。

我们在此是否距离尼采的"未来哲学家"或者海德格尔在《形而上学导论》中的诗人政治家仅一步之遥？如下这一事实将会让某些人倾向于肯定

---

① 当我们把（左的或者右的）政治正确性和美国中产阶级"堕落恐惧"的歇斯底里类型考虑在内时，我们可以看到鼓励从众和服从的力量从没有真正缓和。我们在表面上可能与密尔的英国有很大的不同，但是我们在深层次上是惊人一致的。
② Mill, *On Liberty*, p. 88. （着重之处为本书作者所加）
③ Ibid., pp. 92–93.

的答案：密尔所试图唤醒的既不是理性也不是商议，而是自发性和创造力。然而，正如我之前提出的，这一判断将会错失密尔的主要观点。在他的讨论中，关键之处并不是要克服布尔乔亚式顺从本身（以某些更高级、更高贵、或者更"本真"的东西的名义），而是要保护作为视角主义和道德进步前提条件的真正的意见多样性。问题并不是**民主化**导致"拉平化"，而是**大众－公众意见**（mass public opinion）总是在给定时刻倾向于一个方向，并且这（结果是）彻底抹平或者根除了视角论，而不是促进多元化或者让它们变得更加截然不同。结果就是，践行为独立的道德和政治判断提供助力的视角主义变得愈发困难，或者从密尔在《论自由》第二章中勾勒的自由讨论中获得任何（负面的和消解的）益处变得愈发困难。在大众之中、在团体之中如果要能"思"，那必定是依赖个人的原创力为他们展现出思考和行为的其他方式。

那么，这就是密尔做出他那看似令人震惊的陈述的语境。当公众意见是大众文化和媒体的创造物时，我们理所应当怀疑诉诸理性、德性或者公众商议的充分性。异端或者持异议者的例子、说不的公民的例子，都是非常重要的。但是，正如密尔所指出的，在英雄式的持异议者之外，我们需要尽可能多的有能量、思想和行动力的个人中枢。否则，人类的经验和意见将会跟着大众文化的狭隘约束随波逐流。只有那些发现新的真理和开始新的实践的人才能够阻止人类生活变成为"一潭死水"；并且只有"那些在思想上更为崇高的人的个性得到越来越多的展现"才能为日益变得无可置疑的大众意见统治提供一种有效的"抗衡力量和矫正作用"。① 那么，密尔笔下的"更高天赋并且受到更好教育的一个人或者少数人"就既不是哲学王也不是绅士，或者拥有优越德性（卢梭）或诗性灵感（雪莱）的立法家。他们为生活和解释经验的新方式、为构想道德生活的新方式"指出道路"。他们通过自身的创造力、正直和持异议的榜样作用进行教导，而**非通过强迫进行教导**。如果没有他们，最好的信念和实践也有的"败坏为机械的教条"的倾向将一如既往存在下去。

密尔言论的精英论调模糊了一个事实上非常严肃的道德必需工作。关键并不主要在于在大众平庸中保存英雄的或者高贵的品质，而是保证人类生活和经验的开放性：保护它的目的多种多样、德性多元化，以及能量的潜在富

---

① Mill, *On Liberty*, pp. 91, 93.

足性。密尔担忧的事情并不是天才或者创造力衰退本身,而是丧失了革新能力的社会的道德和理智影响;这是一个个人不再经常发现新真理和开始新实践的社会;换句话来说,这是一个不再能够时常得到提醒的社会——提醒它自己所偏好的生活形式和道德阐释是有片面性的。多样性和能量的价值本身就值得重视,但是它们也因它们带来的可能(但绝不能保证)的东西而得到重视,这种东西就是:道德进步。

那么,对密尔的精英主义的控诉之所以没有命中靶心有四条重要的原因。第一,因为天才(或者异端)并不强迫其公民同胞,或者把他们作为自己艺术理想的原初材料来看待,他仅仅是"指出道路"。第二,因为"有创造力的"个人的贡献不是在于政治的或者文化的立法,而是在于给公众意见内在固有的单面性提供一个"抗衡力量和矫正作用"。第三,因为密尔的目标本来并不是要保存宏伟的文化生产的可能性,而是要培养尽可能多的个人能量的中枢。第四(并且从这一点得出),因为它并不想将思想和行动的自由仅仅限制在那些非凡才能者身上。道德进步可能在苏格拉底或者耶稣的意见和行动中最为清晰可见,但是一个普通的个人用自己的方式过自己的生活(同样,与他者的切身利益相协调),本身就在道德上有价值。这样做对于多样性和种群进步的贡献,可能比让生命花费在仅仅是模仿占支配地位的社会性格或者盲从占统治地位的行为模式上要更多。①

但即便是这样,密尔支持行为上和意见上的个体性的论证看来要取决于他关于进步的观念,以及因此依赖他的道德和性格的正向观念。我们似乎距离苏格拉底辩证法的负面性已经很远了,这一负面性产生于持续不断地(和彻底地)追问质疑。然而,一旦我们看到如下事实,这一距离就消失不见了:"在生活中开展新的实践和实验"产生的影响不仅是在于防止一种"败坏为机械教条"的倾向,而且有助于揭示生活形式以及善好生活概念的片面性。和苏格拉底一样,密尔相信经省察的生活——彻底追问质疑的生活——通过帮助个人将他自身从习俗的专制以及群体感受和行动的反射性的、无思的性格特征中脱离出来,可以推动道德的目的。和苏格拉底一样,他相信道德和理智正直取决于道德和理智能量,也取决于自由的环境。②

---

① Mill, *On Liberty*, p. 93.
② 人们要牢记这一点:在《克里同》中,**雅典法律**提醒苏格拉底,他喜欢她们更甚于其他法律。言论的自由就是苏格拉底喜欢雅典超过其他城邦的一个原因,"更为自律的"城邦既在**雅典法律**的言辞中出现,也在《申辩》对他自己哲学活动的描述中出现。

密尔支持实践多元化的论证反映了他支持意见多元化的论证，因为多元化的主要作用就是消解。我们既认为我们自己知道善好的或者德性的生活是什么，而且也认为我们自己知道哪一条行为准则统辖它。意见和实践的自由向我们证明：我们把部分当成了整体并且（在这个过程中）损害了道德生活的本质。当密尔说，"没有理由说所有人类的生存都应该依照某一种或者少数几种模式建构出来"，他是在质疑这一假设：像道德生活这样复杂的现象可以被简化为单一的行为准则或者普遍适合所有人的价值等级。① 对道德生活来说基本的东西是：不是单一的价值等级，而是苏格拉底的/密尔的拒绝，即拒绝对他人的切身利益造成伤害，或者拒绝让自己变成为造成这种伤害的工具。对道德生活来说最基本的东西就是避免不义——特别是避免由道德或者单一的、死板僵化的行为准则的命令所辩护的不义。

密尔在《论自由》第四章中所作的论述为此种解读提供了支持，在这一章中他不仅在什么是私人的和什么应当为公共权威所调控的之间划出保护性的界限，而且谴责了如下这种普遍性的人类倾向：对与我们自身不同的行为准则无法容忍。但是当我们转向《代议制政府》的第二、三章时，这种解读会突然遇到额外的反驳，这两章似乎要促进一种教化的或者"指导性"的政府的自由主义的版本，以便培养一种特定的公民身份和公民德性概念。我们如何能够将这些与《论自由》对道德的或者公民的家长制作风的拒绝、以及密尔的对个性的呼求协调起来？

在《论自由》中，密尔指出早先时代有过这样的政治权威，它为臣民中的过多个性而困，便声称"一种凌驾于所有人之上的力量"，以便更有利于诱导那些"身体或者心灵强大"的个人去服从"要求他们去控制自己冲动"的规则。然而，这样的时代是遥远的过去了。《代议制政府》表现的是：替换它的是一个新时代，在这个时代中政府（虽然避免了任何要统治"所有人"的主张）依然还是培养或者应该培养公民的和道德的能量的主要机构。在一个公共-精神的德性已经几乎全部消失（由于基督教几乎全部抹去了异教德性）的世界中，密尔似乎不惜动用任何能够促使它们再生所必须的手段——甚至是一个教化的国家。按照密尔的说法，政府（除了其他事务之外）是一个"国民教育机构"，其目的应该是要鼓励公共精神，促进"勤勉、诚实、正义和明智"，并且总体地塑型国民性格。②

---

① Mill, *On Liberty*, p. 93.
② Mill, *CRG*, pp. 211, 201.

第二章 约翰·斯图尔特·密尔：公众意见、道德真理和公民身份

在《代议制政府》中，密尔对公民教育的关注处于核心地位毫无疑问。问题是：这种教育如何得以开展，并且其目标（准确地说）是什么？后者可以简单地加以概括。好的政府形式的主要标准是能有效地在公民中培养一种"积极的性格"。① 但是，"积极的性格"的含义是什么，而且为什么它应当得到优先考虑？公民教育如何才能够实现它，以及通过什么手段实现它？这种政治教育与《论自由》的强自由主义气质是否相协调？此外，它可以与《论自由》那本书中的苏格拉底式目标和谐一致吗，以及，总的来说，与哲人型公民身份这一想法相和谐一致吗？

对密尔来说，"积极的性格"的内涵并不仅仅是能量而且是公共精神、精神活力、勇气和创造力。② 它之所以会得到优先考虑是因为它是在人类事务中取得进步的前提条件。在人类事务中，"事物如果任其自流就不可避免地会衰退"。对于这条规则，政府的制度也不例外。如果某种制度在形式上很流行，那么这一制度不仅仅在构建时需要这些品质，而且在它运作和维持之时都需要这些品质。密尔的观察是，"政治机器并不能自行运转"。合理的一套制度不仅仅需要公民的顺从，而且需要他们"积极的参与"。③ 因此，好政府主要取决于那些它治理下的"人的品质"。由于存在着"一种人类事务趋向更加恶化的绵延不绝和永不停息的潮流，构成这股潮流的是人类所有的愚蠢、所有的邪恶、所有的疏忽、懒惰和消极"，迫切要求的是：通过人们选择的或者自愿服从的那种政府的形式，人们自身的积极性格（并且，特别是德性和理智）能够得到促进。④

按照密尔的说法，促进能量、德性和理智的主要途径——公民教育的主要手段——就是政治参与本身。这是一个引起高度争议的说法，这可能看起来让密尔成为参与式民主的同盟者（并且，在某种程度上，成为苏格拉底的敌人）。事实上，密尔之所以大体上是民主代议制形式的支持者，就在于这种制度对普通人开放了各式各样政治参与的机会。人们越多地参与——他们的能量越是在地方和国家双重层面上的政治进程中得到激励并获得参与机会——他们越是能够从对利益的自私追求中脱身出来并且被教育成为公民。通过参与到公共事务和商议中去，"作为私人的公民"经历了一个转变，扩

---

① Mill, *CRG*, pp. 202；207–209.
② Ibid., pp. 202. 参照 Mill, review of Grote's *History of Greece*, 11: 313–314.
③ Ibid., p. 190.
④ Ibid., pp. 205, 207.

展了思想的范围,同时也发展了一系列道德理智能力。按照密尔的说法,当公民参加到公共活动中时,

> 在如此参与中,便被号召不是去权衡他自己的利益;遇到有冲突的要求时,被号召以与自己私人偏好不同的另一条原则所指导;事事处处应用以共同善为其存在理由的原则和行为准则;并且,他经常发现在同一工作中与他共事的人比他自己更熟悉这些观念及其实际运用,他们对它的研究将会为他的理解提供理由,并且鼓舞他对于普遍利益的情感。这让他感受到他自己是公众的一份子,以及,凡是为了公众利益的任何事情都是为了他的利益。①

如果剥夺了参加公共事务和商议所提供的"公共精神的学校",作为私人的公民就会发现他自己所有关于利益或者责任的思考都沉浸于"个人和家庭之中";他将他的邻居视为对手和潜在的竞争者。如此一来,密尔观察到,"当公共道德真正灭绝之时,甚至私人道德也受到损害"。②

这些看法让我们回想起卢梭在《社会契约论》中的论证。如同密尔一样,卢梭也设想了在政治参与和道德进步之间最紧密可能性的联系。③ 事实上,卢梭的论证预示了密尔的看法:政治参与让普通人从对狭隘的利益追求提升到对于共同善的自律关心。对于卢梭来说,公民身份的承诺就是能够转变一个人,否则他注定要成为冲动和欲望的奴隶。这种转变令人难忘的印刻在卢梭如下事件的描述中:我们离开自然状态(或者其社会败坏的残余)并且进入一种由人民主权所驱动的政体形式之中。参加到这种主权的立法活动中的个人发现"他的能力得到了锻炼和发展,他的思想得到了开阔,他的情感变得高贵,他的整个灵魂得以提升至前所未有的高度,如果对于这新处境的滥用不是往往使他的状态降低到比他离开时更低的话,他本应该一直拥有永远使他离开自然状态的这一幸福时光;并且将他从一个愚蠢的、受限制的

---

① Mill, *CRG*, pp. 233 – 234. 也可见 pp. 301 – 302 密尔关于公共讨论中参与的特征的描述对"体力劳动者"的公民性教化也有贡献。
② Ibid., p. 234.
③ 在政治参与的教育价值这个问题上,对密尔和卢梭的相似性和差异性的讨论,可见 Dennis Thompson, *John Stuart Mill and Representative Government* (Princeton: Princeton University Press, 1976), pp. 36 – 53.

动物转变成为理智存在和一个人"。①

显然,《代议制政府》并没有将公民参与等同于立法权,也不能说密尔分享了卢梭对如下这一想法的热情:有道德的公民身份让我们成为完整的人和获得真正的自由。然而,他们关于通过参与式公民身份达成道德提升的基本论证是相似的,这一点不会让我们吃惊。让人不安的并不简单是如下事实:卢梭可以被视为一个"反自由主义者",而是在于如下事实:他对于激发公民的普遍利益的描述完全是敌视意见的多样性、派别分歧和个人异议的(尽管他在《论科学与艺术》中赞赏地引用了苏格拉底)。② 他所要追溯的轨迹是:通过积极参与共同善和共同我(公共我)而从自私自利的罗网中挣脱出来获得自由。作为个人自由和意见多样性的拥护者,密尔(至少在评估公民身份的价值之时)难道也会同样专注于一致同意和对"共同善"的单一解释?是否他对于教育普通工人阶级成为公民的关切,胜过了他对于个性、视角主义和真理之"多面性"的承诺?

我们必须承认的是:和卢梭一样,密尔期望从积极的、公共导向的和与参与式公民身份中获得教育上的巨大收益。这样说没错,但我们应该要认识到:在卢梭想要生产的那种公民与密尔想要的公民理想之间有着巨大的差异。通过法律、习俗和公民宗教的教育,卢梭式公民被教育成为爱国者,对一种单一共同善的警醒的但大体上沉默的守护者。③ 因此,我们不应该对以下事实感到奇怪:在卢梭的考量中政治参与有着高度仪式化的方面;他表达的并不是差异性而是实际上的一致同意,这是通过一种德性和公民责任上的全面教育而产生的。

相比之下,密尔的关注点是在培养和引导能量到公共追求上、关注启蒙和观点的普遍扩展上,后者可以通过对公共事务的持续关注而产生。密尔的理想形象不是卢梭少年时在普鲁塔克那里遇到的一种简洁质朴的和自我牺牲的斯巴达人,而是他在其朋友乔治·格罗特写的希腊历史中找到的一种健谈

---

① Jean-Jacques Rousseau, "On the Social Contract" in Rousseau, *The Basic Political Writings*, ed. and trans. Donald Cress (Indianapolis: Hackett, 1987), bk. 1, chap. 8, p. 151.
② Rousseau, "Discourse on the Science and the Arts", in Rousseau, *The Basic Political Writings*, pp. 8-9. 毫无道理的是,卢梭将苏格拉底作为导致德性无知的始作俑者。这是将"自知无知"在一种自私的和完全字面意义上使用。
③ Rousseau, "On the Social Contract", bk. 2, chap. 3.

的和理智能量充沛的雅典人。① 密尔写道:"尽管古代的社会制度和道德观念上有缺点,但是雅典那由陪审团构成的法庭和公民大会的实践提升了普通雅典人的理智标准,使之远远超越了无论古今所有其他大众的情况。"② 虽然在陪审团和"教区职位"中的服务可能无法与雅典人那定期参加公共讨论所获得的助益相提并论,然而它有益于产生"思想的延展和能力的发展",使之远远超过"那些在其生命中无所事事,就是动动笔杆子或者在柜台卖个东西的人"。而且,我们会看到,密尔比卢梭更为赞赏大众的和代议的集会的商议维度。

密尔在这一点上的看法表明了在他的公民教育观念中的一个至关重要的模棱两可之处,这一模棱两可之处源于他消除政治教育和批判性理智发展之间的差别的倾向。正如丹尼斯·唐普斯(Dennis Thompson)所指出的,当密尔描述参与的目标时,"他经常在政治教育和理智教育两者之间游移不定,他显然假定普遍批判性理智和广阔知识的发展是与政治技艺和政治知识的增长相伴而生的"。③ 如果我们考虑到密尔对于民主改革的信奉和他对于公众意见的暴政的恐惧,这一游移不定有着重要的意义。因为,虽然卢梭认为公民教育成功的标准是拥有最高统治权的人民议会达到一致同意的程度,但密尔的衡量标准则是,有多少对共同善的充满活力的解读能够设法进入政治领域当中。

和卢梭一样,密尔避开了从"利益聚集"得出共同善的想法;和卢梭不同,密尔认识到施特劳斯(Leo Strauss)所说的共同善"从根本上就存在着争议的"本性。④《代议制政府》的观点是:我们不应该试图通过爱国主义准则的灌输和对"派系"争斗的避免(卢梭),或者求助于站在争端之上的哲学的"仲裁者"(施特劳斯),来回避这个存在着争议的本性。毋宁说,

---

① 密尔写了两篇关于格罗特八卷本著作《希腊史》的书评(1846 和 1853),两篇都名为"Grote's History of Greece"。在 1853 年的书评中,我们可以发现他出人意料地赞赏了雅典人对交谈、参与和商议的热爱。见 Mill, *Collected Works*, 11: 316-320. 密尔甚至于(表示赞同地)大篇幅地引用伯里克利墓前演说,以便于更好地描述公共精神与个人主义的独一无二的雅典式结合。事实上,他鼓励我们去接受伯里克利的理想化描述的诱惑,并且在很多方面鼓励我们将苏格拉底作为典型的雅典人。

② Mill, *Representative Government*, p. 233.

③ Thompson, *John Stuart Mill*, p. 49.

④ Leo Strauss, "*What is the Political Philosophy?*" *and Other Studies* (Chicago: University of Chicago Press, 1988), p. 17. 参见本书第五章我对施特劳斯的讨论。

我们应该更倾向于这样一种制度,这种制度对一系列不完全的解释都保持开放;这种制度认可民主主权和多数人的意见,但是也能保证少数派的观点不仅不会被压制,而且被给予真正的力量。因为只有在这样一种政治制度中,没有任何个人或者群体因受到多数人的意见或者精英的名望所压制而注定被动服从,道德和理智能量的高水准才能够得到维持,并且,"公共精神"才不至于混同于共同善的单一概念。

这可以从密尔谴责霍布斯所主张的那种"好的专制"的影响时的思路中看出来。"好的专制"政体有可能会尊重其被统治对象,不会任意对待他们,并且这种统治可能确实是着眼于共同善(至少如专制者所认知的那样)。然而,避免政治分歧和派系的代价就是全部人民的幼儿化,他们的理智和道德视野的狭隘化。由于被剥夺了在公共利益事务上采取行动的机会,在关于政治利益的话题上他们没有获得任何激励去发展更见多识广的观点:"除了……对思考本身有兴趣的少数好学的人以外,全体人民的理智和情感都让位给物质利益,并且当有了物质利益之后,就让位于私人生活的娱乐和装饰"。① 对密尔来说,这种家长制作风只能是一种"东方"类型的停滞。只有确保进入政治生活的斗争中才能够保证"人民本身的改进",这一改进源自让他们更为自立,并因此在理智上和道德上更为积极。② 参与政治讨论和争论对于普通人的道德和理智"肌肉"的训练是必须的。

这种对强健的政治多元主义的偏爱在密尔对于人民的和代议的集会的合适功能的讨论中得到了更为清楚的表达。总的来说,密尔接受了卢梭在(人民的)主权政治体与政府之间做出的区分,并将这一发展应用于人民的和代议的政治体上。密尔认为,后者所要做的事情既不是去管理、去行动,甚至也不是要去起草立法。这些本来就是"技艺的"活动最好留给那些经过训练和有经验的人。然而,"团体能够比个人做得更好的东西就是商议。当必须保证听取并且思量许多相冲突的意见时,一个商议的团体是不可缺少的"。③ 任何议会最主要的活动就是交谈、商议——让那些提议的法律和政府行动经过多反面的讨论和判断。密尔充分认识到商议性言辞既没有得到西方的政治理论传统的高度重视,事实上,也没有得到同时代人们的高度重视:

---

① Mill, *Representative Government*, pp. 220.
② Ibid., p. 224.
③ Ibid., P. 249. 参考亚里士多德:《政治学》,1281a39 – 1282b13。

代议制议会常常被它的敌人讥笑为只不过是空谈和 *bavardage*（闲聊）的场所。很少有比这更不得体的嘲弄了。当谈论的主题是国家的最大公众利益之时，并且当代议制政府谈论的每一句话都要么代表着国家中某一个重要团体的意见，要么代表着某一个重要团体所信赖的某个个人的意见之时，我不知道代议制议会除了用交谈的方式之外还能如何更好地让自身发挥作用。代议制议会是这样一个地方，在那里国家中的每一种利益和形形色色的意见都能够——在政府面前以及在所有其他利益和意见面前——为其自身的理由进行辩护，甚至是最激烈的辩护，都能够强迫他们去听，并且或者服从或者说清楚不服从的理由。作为这样的地方，代议制议会本身就是——如果它没有其他目的的话——能够存在于任何地方的最重要的政治制度之一，并且是自由政府的头等好处之一。这种"交谈"，只要不至于停止"行动"，那就绝不应该受到轻视；谈论绝不会让行动停止，如果议会了解并且承认交谈和讨论是它的本分之事，而作为讨论结果的**行动**则不是一个混杂型团体的任务，而是经过相应特别训练的个人的任务……①

真理的多面性找到政治表达的地方就是代表性的或者人民的集会；这种多面性得到表达的模式是交谈或者协商性言辞。行动可能是这种言辞的结果，但是，正如密尔所指出的，仅仅是不同的和持异议的观点表达本身，就让这种言辞成为在任何政体中最为重要的活动。如果这样的集会能够恰当地做好工作，那么它们能够质疑并且让源自政府和部分民众的积极主动性慢下来。密尔的意图是给予这些集会一种苏格拉底的色调——让它们成为"批判和控制"的部门而非行动的部门，这导致他主张绝对必须在协商的和行政的团体之间做出区分。

最后，密尔对意见和持异议者的政治学的一以贯之的承诺在他对少数派代表的长篇讨论中可见一斑。代议制议会不仅对政府的"批判和控制"来说是必不可少的，而且对于面对社会中支配性力量时保留对抗性的和相冲突的观点来说也是必不可少的。响应马基雅维利在《论李维》中的观点，密尔说道，"没有社会能够有长期持续的进步，除非当社会中最强大力量与某个对抗的力量之间存在冲突之时；除非当精神权威和世俗权威存在冲突之时；除

---

① Mill, *Representative Government*, pp. 259–260.

第二章　约翰·斯图尔特·密尔：公众意见、道德真理和公民身份　　119

非当军人阶级或者地主阶级与劳动阶级之间存在冲突之时；除非当国王和人民之间存在冲突之时；除非当持正统信仰者与宗教改革者之间存在冲突之时"。① 他最不想要的事情就是那样一个社会，在其中强大的公民意识或者道德德性意识造成了少数人或者持异议者的观点的边缘化。虽然每一种政府形式都有可能会压倒这些观点，但是《论自由》主张，由民主制所带来的危险是特别尖锐的。因为在多数人占支配地位的地方，非民主形式的政府所内含的（在人民和统治的精英之间）的冲突根源被消除了。因此，民主社会的"最大的困难"就是"为个人抵抗统治性权力的倾向提供一种社会支持，一个 point d'appui（支点）；为不断占支配地位的公众意见所不赞同的意见和利益提供保护的聚集点"。②

密尔的解决方案是对托马斯·黑尔的复数投票（plural voting）方案的支持，他认为这一方案能够为那些饱受非议的少数人（"受过教育的少数人"）增加道德和政治重要性。虽然对扩大选举权到工人阶级和妇女（在当时确实是激进的立场）持坚定拥护态度，但是密尔对于大众民主能力和判断水平的担忧使得他提出了一种"普遍的但分等级的选举"，在这种选举中通过将最有能力的声音在选举上放大来做纯粹数量上的补偿。密尔写道："在一切人类事务中，每一个直接利益相关的并且并非受监护的人，都有确定无疑的发言权，并且，如果他对于自身发言权的行使并不与全体的安全相矛盾的话，那就不能正当地排除他行使这种权利。但是，尽管每个人都应该拥有发言权，然而每个人都应该拥有平等的发言权就是一个完全不同的命题了。"③

密尔对于复数投票的支持是存疑的（他在《自传》中宣布撤回这个观

---

① Ibid., p. 290. 参看 Machiavelli, *The Discourses*, bk. 1, chap. 4. 这一立场其实与《联邦党人文集》中第十篇麦迪逊（Madison）关于党争的原因和遏制的论证类似。在此只要明确这一点就够了：麦迪逊所关心的是相互冲突的利益以及一个阶级的利益成为霸权的可能性——事实上，这是极其可能的，除非这种冲突是多元化的并且消散在社会团体中。参见汤普森的讨论，载于 *John Stuart Mill*, pp. 70-71. 我不同意汤普森的如下观点：密尔使用"普遍利益"一词标志着他欲求"一致同意"而且对之寄予厚望（马基雅维利和麦迪逊都认为"一致同意"是不可能的，也是不值得向往的）。
② Mill, *Representative Government*, p. 290.
③ Ibid., p. 306. 参见 pp. 307-308："每个被当作无名小卒、或者被打上毫无价值的印记的人都有权感到受侮辱。但除了傻瓜——而且是奇怪的傻瓜——之外，没有一个人会对承认以下事实感到冒犯：有些人的意见，甚至他们的愿望，有权利比自己的意见或愿望得到更多的思量"。

点),但是背后的动机是明确的,并且(总的说来)是值得称赞的。因为,如果对于代议制民主来说最主要的威胁(超越了政府侵权)就是日益一致的公众意见的暴政,那么就需要去找到某些方式去制衡多数人,并且保证"不同利益、不同意见、不同等级的有才智的人虽然在数量上寡不敌众但依然能被听到"。① 密尔的提议采用了支持由精英提出"引导性"意见这样的形式,不过这一事实应该不会让我们对他的主要的关切视而不见,即在公共-政治的商议中保留少数人的声音。②

所有这些考量都有助于我们用一种不同的眼光看待密尔对于公民教育和参与的重视。他建议的方法是在普通公民中灌输公共精神和公民德性(选举权的扩大、对地方政治功能和公共辩论的参与),这些方法并不是设计来获得单一共同的利益或者表达任何类似于"公意(General Will)"(在卢梭那著名的表述中,这是"稳固的、不可改变的和纯粹的")的东西。但是这仍然给我们留下了问题:为什么密尔在《代议制政府》中如此强调公民德性的培养,以至于不惜(明显地)损害他那更为苏格拉底式的关切。

这个问题的答案只能是:对密尔来说,公民身份是哲人型公民身份的前提条件。他的恐惧之处在于:他的时代的体力劳动者,虽然应该得到全部的政治权利,然而却处于一种极度局限的精神和道德视野中,这一视野必须通过政治讨论和"集体的政治行动"来得到扩展。③ 普通人越是多地拥有这两种活动的经验,以及拥有**公开**投票的机会,他就会越是敏于区分对利益自私的追求和对正义和共同善的要求。④ 他们也将应该会对(密尔在《论自由》中指出的)制度和政策的一种苏格拉底式的批判更为开放。虽然普通公民可能永远不会达到哲人型的或者持异议的公民身份这样的高度,但是代议制民主这个制度促进了公民自我教育和自我依赖的水平——这与由这种公民所做出的批判更能够产生共鸣。这为"普通人的荣誉"提供了一种不同的、明显非精英的表达。

基于通过代议制民主所激励的积极的和独立的公民德性形式之上,密尔树立了他的"理想上最好政体"的愿景,这个愿景试图将雅典民主制的公共精神与苏格拉底的批判性道德能量结合起来。事实上,在密尔眼中,(恰当

---

① Mill, *Representative Government*, p. 299.
② 我将会在本章的下一节中处理密尔论证的"柏拉图的"那一面。
③ Mill, *CRG*, p. 302.
④ Ibid., p. 326.

理解的）代议制民主拥有调和民主精神和苏格拉底精神的潜力。通过对精神的独立性和在共同善问题上的多元观点的鼓励，代议制民主在民主时代提供了一种对多数人暴政——占支配地位的意见的暴政——的替代品。

《代议制政府》中的政治技艺

虽然《代议制政府》很难被看作是将《论自由》的原则简单应用到制度设计问题上，但是《代议制政府》总的说来要比人们最初所设想的更为忠诚于《论自由》的精神。《论自由》的道德个人主义被转化为一套原则和建议，它们被设计来不但在政治领域中而且在文化领域中培养高水平的道德和理智能量。正如我在前文中试图展示的，这种能量既是公共精神的前提，也是道德上严肃批判的前提，两者可能并没有初看起来那么矛盾。例如，虽然我对于那些将苏格拉底描述成主要是"爱国者"的人是持怀疑态度的，但不可否认的是他忠于雅典民主制的原则（如果不是对它的政策的话）。在《代议制政府》中，密尔试图做出一种类似的综合，让人们相信：代议制民主的自由和平等为个人的公民化和道德发展提供了最大程度的刺激。这并不是如卢梭所认为的那样是复兴古典公民德性概念的问题。毋宁说，这是培养一种民主的公民身份形式的问题，这种民主的公民身份较少倾向于将多数人的意志错误地当作共同善，这种民主的公民身份至少适合于处理善好的各种不同（并且相冲突的）表达都有片面本性的情况。①

不过，我们必须承认的是：密尔很看重边沁在"有害利益（sinister interests）"与"共同善"之间的区分，并且对普通公民在代议制民主中的效率和道德能力所能达到的水平持怀疑态度。② 即便那些参加"公共事务和判断"（使用亚里士多德的术语来说）的个人，也有可能会欠缺完成绝大多数政治的/法律的功能所必须的专门教育，正如他很可能会被属于他的阶级或

---

① 当然，卢梭在"公意（general will）"与"众意（will of all）"之间做出了断然的区分。"众意"即多数人的意志，这个词表示的并不是真正的普遍利益，而仅仅是个别意志的并存。对密尔来说，公意这个词如果不完全是虚构的话，作为一个实际存在的东西来说完全是难以捉摸的。正如托克维尔所指出的，民主制的诱惑之处就是假定多数人的意志与公意一致。
② Mill, *CRG*, p. 327. 我转用了 Thompson（p. 55）所作的关于"工具性的（instrumental）"能力（寻找最有效的手段以达到给定目的的能力）和道德能力（按照共同善来区分和进行目标排序的能力）的区分。

者群体的"局部利益"所诱惑。代议制政府面临的两个最大的威胁是：其一，"普遍的无知和无能"；其二，受特定（或者说"有害"）利益所影响。①

虽然密尔（毫无疑问，太过乐观地）认为公民教育能够在很大程度上改善这一状况，增强普通公民对追求共同善的承诺，但是就短期来说，他求助于"受过教育的少数人"的道德和政治能力以保证政治社会在进步的轨道上前进。事实上，《代议制政府》的大部分读起来就好像密尔是一种民主的不合格的支持者，这个民主是由精英、由"最好的和最优秀的"人统治的。这一印象并不如我们希望的那样是错误的，因为密尔十分严肃地对待"能力原则"以至于支持这样一种观点：事实上，存在着道德和政治判断的技艺。这种技艺不能被简化为某种由《高尔吉亚》中的苏格拉底貌似主张的那种道德专家知识。毋宁说，这种技艺结合了适合大众社会的道德和技术因素——在大众社会中政治和法律结构这两方面都是庞大的和复杂的。在这样一个社会中，那些掌握道德的和工具的能力（"受教育的少数人"）的人们要去引导那些较没有能力的大众——可以肯定，不是通过公然强制的手段，而是通过他们榜样的力量以及他们较高的理性和能力。密尔希望，人民将不再顺从于他们所在社会的"更高等级者"（懒惰和无能的贵族），而是顺从于智力和道德上的更优秀者。②

在此，我们意外地遭遇了密尔思想的"柏拉图的"维度，这一维度中为权威原则保留了充足的地盘，并且依赖于对教育隐喻的一种可疑的政治使用。鉴于青年密尔的信念，"最好的政府……必须是最智慧者的政府，而且这些最智慧者必然只能是少数人"，我们对此并不吃惊：成年期的密尔试图用对能力原则的同等强调来平衡参与原则。真正令人吃惊的是密尔在主张专门知识的权威性以及人民"顺从得到培养之理智的优越权威"的需要这两方面的时间长度。③ 可以肯定的是，大部分密尔的担忧是由对无制约的和单一的多数人意志的恐惧所激发的，此种多数人的意志无能于从脱离自身的视角来观看。通过将"受过教育的少数人"提升到有权力的和声望的高峰，密尔希望能制度化"为个人抵抗统治性权力的倾向提供一种社会支持，一个支点"。④

---

① Mill, *CRG*, pp. 262-263.
② Thompson, *John Stuart Mill*, p. 85.
③ Mill, "Bentham", p. 112.
④ Mill, *CRG*, p. 290. 参考 Mill, "Bentham", pp. 111-112.

第二章　约翰·斯图尔特·密尔：公众意见、道德真理和公民身份　　123

　　这是一个值得称赞的目标。问题是密尔对"受教育阶级"在代议制民主中发挥的那一作用的观念过于依赖柏拉图的道德心理学及其灵魂三分法，柏拉图的区分反映出社会自身的等级结构（为满足欲望而进行生产或者劳动的阶级被有激情活力的护卫者或者军人阶级所保护和制约，这两个阶级都服从于哲学王，哲学王代表着社会的纯粹心智）。虽然密尔不会认为**民众**是无法教育的"野兽"（《理想国》，493b），但他被这头野兽的相对无能和欠缺道德正直（这两点都导致它将自私的阶级利益作为普遍利益）的危险搅扰得心神不宁。① 而且，和柏拉图一样，密尔相信一个无私欲的有理智能思考的阶级的可能性，这个阶级可能会成为共同善的无私的工具。② 在《代议制政府》中一次又一次地展现出这一信念。这一信念暴露出对"受教育阶级"的一个奇怪的非批判性看法，受教育阶级被说成从结构上就与"有害的利益"相分离的人，类似于黑格尔的"官员"（"普遍的阶级"）或者曼海姆（Mannheim）的"自由悬浮的知识分子"。③ 让这个小失误变得如此令人不安的原因，不是密尔没有能够（如马克思和韦伯那样）撕下这种群体的利益的假面具，而是他忽略了他自己的（苏格拉底的）准则，并且不是让由诘问法所培养的怀疑性理智，而是让社会地位和训练成为达到去除私人利益的方法。④ 和柏拉图一样，他将"心智"看成好像是属于一个群体的特定财产，这样做就背叛了他的道德个人主义以及他对于哲人型公民身份的首要承诺。

　　这种将德性归于群体而非个体的倾向在《代议制政府》中是显而易见的，尤其是密尔支持复数投票（有些人能够比其他人投更多的票）作为一种增强"受过教育的少数人"的影响力的手段。密尔提出其立场的根据——每个人都应该拥有发言权，然而这完全不等于说每个人都应该拥有**平等**的发言权——表明了他在这个方面的意思：

---

① Mill, "Bentham", p. 113.
② 在密尔对格罗特的《柏拉图及其他苏格拉底友伴》的评论中，密尔赞同地引用了柏拉图的想法：统治是一个"需要技艺的活儿"，它应该由那些拥有更优秀智慧和德性的人来做。见 Mill, *Collected Works*, 11：436.
③ See G. W. F. Hegel, *The Philosophy of Right*, trans. T. M. Knox (Oxford：Oxford University Press, 1949), and Karl Mannheim, *Ideology and Utopia* (New York：Harcourt, Brace and World, 1936).
④ 当然，我并不主张：正规教育排除了或者必然地贬低了怀疑性理智。毋宁说，我的观点是：当密尔考量"受教育阶级的"作用时，他或多或少放弃了对于此种理智的专注。

当在任何事务上有共同利益的两个人意见不同时,那正义是否需要将两种意见放在完全平等价值的位置上?如果两人有着平等的德性,在知识和理智上一个人比另一个人优越——或者如果两人有着平等的理智,在德性上一个人超越了另一个人——那么,有着更高道德或者理智的人的意见和判断就要比有着较低道德或者理智的人的意见和判断拥有更高的价值:如果国家的制度实际上主张两人的意见有着相同的价值,那么这种主张就不是实事求是的。两者中作为较有智慧或者更有道德的那个人有权宣称自己更有分量:困难之处在于要弄清楚哪个人是较有智慧的或者更有道德的人;这件事情在个人之间是不可能解决的,但是,**如果把人放在团体中或者群体中**,这件事情则有可能用特定的手段接近于精确地完成。并没有借口将这种学说用在任何有理由认为是个人和私人权利的场合。在仅仅涉及两人中的某一个人的事务中,那个人有权遵循他自己的意见,无论另一个人可能比他自己多有智慧。但如果我们现在说的是与两个人平等的相关的事情;在这种情况下,如果较为无知的人不让自己的那部分事务服从于较有智慧的人的指导,那么较有智慧的人就必须听任更为无知的人的指导……如果认为两者之一不得不退让是不正义的,那哪一种不正义更大呢?是较好的判断让步给较差的判断呢,还是较差的让步给较好的?①

上文中暗含有这样一个假设:某些东西——即,较多的德性或者理智的拥有者——在个体之中很难去确定,可是当我们处理集体或者阶级时这些东西就变得明确了,这个假设是与基于权利的个人主义相抵触的。② 密尔为了论证**民众**应该服从在理智上或者道德上的优越者的判断而如此冒失地做出的这个假设,在这个假设中暴露了这位 19 世纪著名的道德个人主义者身上也有一种太过常见的阶级偏见。如下事实是毫无疑问的:人们经常可能成为某种利益、偏见或者习俗的囚徒。这样一种观点:认为精英——无论如何定义的——就会没有类似的道德盲区,是完全非苏格拉底的观点,这种观点是密尔自己在《论自由》中嗤之以鼻的观点。

密尔对于服从权威的支持(作为对他的参与原则的平衡)在他关于政治

---

① Mill, *CRG*, pp. 306-307(着重之处为本书作者所加)。
② 密尔对这个假设有他自己的疑惑,但是这些疑惑都是基于实际的考量,而不是原则上的。见 Thompson 的讨论,载于 *John Stuart Mill*, pp. 100-101。

第二章　约翰·斯图尔特·密尔：公众意见、道德真理和公民身份　　125

进步的较宽泛理论中是有一定道理的，这一理论将可行的政治制度作为既定人群的相对"成熟"所起作用的结果。"越是未开化的"人群，越是需要更多的权威，越是依靠"引导"以帮助他们变得成熟并且（最终地）能够自我决断。所以，相当程度的家长制政治是内置于密尔的政府理论中的，虽然《论自由》要与"权威的枷锁"和对人民家长制的教导两者作斗争。在《代议制政府》中，密尔发现自己与西方政治理论传统在如下问题上是一致的：即认为自我教育的人是一个自相矛盾的说法。在地方机构中参与政治以及阅读报纸（雅典集会的现代等价物）会有帮助，但是"一个学校假定有教师也有学生；教育的功用取决于它让较低心智者与较高心智者相接触，此种接触在通常的生活过程中是罕见的，而缺乏此种接触就比别的任何事情更容易导致把人类中的绝大部分保持在一种心安理得的无知水平上"。①

在此，我们遇到了一个自相矛盾之处，它困扰着所有"教育民众"以使其能自我管理的尝试。从普罗泰戈拉到卢梭，从圣西门到现代的"激进民主"的支持者，至关重要的问题不是谁将会教育教育者，而是如何能够让在发展的早期和中期所灌输的顺从习惯在之后的发展阶段中得到超越？密尔是足够诚实的，以至于他并不会去构思一个关于自我治理的精心制作的童话剧——我们可以在卢梭那里找到这个版本，在卢梭那里学生按照他们被教导的去行动，但是却想象他们是在独立地行动。并且，密尔是足够前后一致的，以至于他坚持主张成年人接受的作为公民的"教育（schooling）"在很大程度上是间接的。② 然而，《代议制政府》的读者们一次又一次被如下两者之间的张力所迷惑：一方面，要求增加心智的能量和独立性；另一方面，坚持新类型的权威和服从的要求。

在这方面最生动的片段是密尔不经意提及的判断：美国制度对国民性格的败坏影响。密尔写道："美国制度将这样一个信条深深铭刻在美国人的心里：任何一个（白种）人都是和任何其他人一样好的人；人们会认为，这一错误的信条与在美国人性格中的某些更为令人不快之处密切相关联。任何国家的宪法认可这一信条都无疑不是一个小的祸害：因为无论是或显或隐地相信这一信条，对道德和理智卓越造成的有害影响几乎如同大多数政府形式能够产生的一样。"③

---

① Mill, *CRG*, pp. 378, 382.
② Ibid., p. 390.
③ Ibid., p. 313.

在密尔的眼中，这个"错误的信条"——任何一个人都是和任何其他人一样好的人——是一种无知的反权威主义的形式，这种形式最终培养了一种对纯粹数量的力量的"不自觉的服从"。密尔认为，甚至是在民主制中，权威也是无法避免的。比起基于数量来说，基于优秀的德性和理智的权威无疑是更好的。①

然而，美国的反权威主义还存在着另外一面，这一面在他那对于托克维尔分析的忠实保留中并未注意到。这就是新教赋予"私人判断"或者良心高于（或反对）服从任何宗教的、世俗的或者文化的权威的要求的特权。以下事实是毫无疑问的：这一特权被滥用了，这一特权通常自相矛盾地转变成为另一种形式的因循守旧和多数人的暴政。然而，正如密尔自己在他那更为前后一致的时刻所认识到的：独立判断的特权居于人类尊严或者道德和理智正直的任何能得到最低限度的辩护的概念的核心。《论自由》之所以反对判断能力的惰性化并不是没有原因的，所有公民和道德教育实际上都需要判断能力。

我们如何弄清楚在密尔的思想中的这些张力的意义呢？我们可以按密尔自己建议的方式回到当时背景中去并注意到：在他所在时代中新兴的工人阶级政治可能会解开政治上无经验的和未经教育的民众的束缚，他对于这一状况的恐惧让他认同反民主的保守主义立场。或者我们可能会注意到：他立场的模棱两可是深深植根于他自己年轻时的浪漫主义和托克维尔教导的影响。然而，这两点都没有真正深入问题的核心。密尔如何能够保留《论自由》中有关讨论和追问的苏格拉底式破除幻象的观念，与此同时却能够在《代议制政府》中暗藏那种准柏拉图式精英政治作用的观念？

在密尔对柏拉图式对话的解读以及对在其中出场的苏格拉底这一人物的理解中，答案显露出来。和他父亲一样，密尔称赞苏格拉底的诘问法"作为这样一种训练是无可超越的，它纠正错误、并清除困惑事件达到**理智对自身的抛弃**（intellectus sibi permissus）……"②但是，他同时认为，在苏格拉底辩证法的负面品性与把政治看做是一种特殊科学或者技艺的更真实的柏拉图信念之间并没有真正的张力。事实上，在他看来，前者为后者提供了基础。例如，在1866年对乔治·格罗特的《柏拉图及其他苏格拉底友伴》所写的书

---

① 这回归到了密尔对托克维尔《论美国的民主》第二卷的书评中所采取立场。参见本章第一部分的讨论。

② Mill, *Autobiography*, p. 38. 参考 Mill, "Grote's Plato", in *Collected Works*, 11：405.

第二章　约翰·斯图尔特·密尔：公众意见、道德真理和公民身份　　127

评中，密尔写道：

> 注定是苏格拉底，并且注定是柏拉图——他无论是作为苏格拉底的解释者或者继承者，永远不能与苏格拉底完全分开——才能将哲学的负面性提升到从此无法超越的完善状态，才能提供给它最大的、最有趣的和最不可或缺的实践领域，与生活和行为相关的普遍性。这些伟大的人开创了这种思想：和生活的实践的每一个其他方面一样，道德和政治是一种科学的事务，只有通过严格学习和专门训练才能够得到理解；这当中的一个必不可少的部分是逐渐学会不是仅仅考虑按照教条能够说什么，而是反对教条能够说什么；学会筛选意见，并且绝不接受任何意见，直到证明它能够战胜每一个逻辑的乃至实践上的反对理由。这两个原则——科学基础与伦理和政治方法论的必要性，以及作为那种方法一部分的严格负面性的、辩证法的必要性——是从柏拉图那里学到的许多教导中最为重要的……①

这个段落因其明确地认识到了在与"主宰性习俗"的斗争中负面性的、破除幻象的苏格拉底辩证法的作用而引人注目。② 但是，也很引人注目的是：它将消解的理性与专门的科学嫁接起来。在密尔的理解中，前者为后者铺平了道路。负面性哲学的意义不再是"做点清扫地基的工作"以便于为道德的、理智的和审美的个人主义保留空间——就像是在《论自由》中所做的那样。毋宁说，负面性哲学的意义是培养被选择的少数人的能力，这些经过了"严格学习和专门训练"的少数人能够去追寻祛除个人私利的"科学的"领导能力和管理能力。

从苏格拉底的诘问法推导出一种"统治的技艺"，这就其自身来说并不是新东西。事实上，正如我在第一章中所指出的那样，对《高尔吉亚》中苏格拉底的"真正的政治技艺"的标准解读是沿着相似路线进行的。密尔所做的特别之事是在最高的水平上重建那个柏拉图式的区分：一方面是 nomos

---

① Mill, "Grote's Plato", 11: 382-383.
② 跟随柏拉图，格罗特给予统治希腊道德的、政治的和社会的生活之作为"共同意识（commonsense）"的准则以这样一个名称。见 George Grote, *Plato and Other Companions of Socrates*（London: 1875）, 1: 253, 以及柏拉图：《高尔吉亚》, 484b。密尔在其书评（11: 390）中从格罗特那里引用了相关的段落。密尔自己对"主宰性习俗"的暴政与哲学精神受到迫害的描述是他的全部作品中最为动人的和最有启发作用的。

（习俗）或者 doxa（意见），另一面是 techne（技艺）或者 episteme（知识）。虽然这一做法与《论自由》中将苏格拉底的辩证法转化成社会-文化形式的思路有明显的冲突，但事实上，它可以被认为是与其一致的——只不过代价是用一种权威主义（大众顺从精英的统治）替换另一种权威主义（"主宰性习俗"或者公众意见的暴政）。人民需要变得更有独立精神和理智能量，但是——鉴于此种改进内在与生俱来的局限——他们应该欣然同意比他们更优秀者的较为卓越的理智和判断。密尔并不想要他的公民是被动的——远非如此——但是，他也不想他们对那些明显拥有更优秀判断能力的人过分苛责。密尔认为，只有当公民们认识到这些个体们作为一个群体、并且服从于他们时，德性和理智才能够在代议制民主中发挥他们合适的功用。

在论证托马斯·黑尔的复数投票方案的过程中，密尔宣称"以这样的方式，民主政体的人民将会得到在其他方式中几乎肯定得不到的东西——比自己拥有更高等级的理智和性格的领导者。现代民主制将会偶尔出现它的伯里克利，并且经常出现一群优秀的和指导性的心灵"。[1] 如果事后诸葛亮，我们可以很容易指出密尔的理想（积极的、参与的公民团体服从"最优秀的和最聪明的"人的判断）是天真的幻想。然而，我们能够这样做——我们已经反复地被在这方面可怕的和可耻的经验破灭了幻想——这一事实，表明了密尔对苏格拉底和柏拉图所作的**政治上**的转用，存在着一个更深层次的问题。

这个问题涉及密尔的这种想法：普通公民的道德判断必须服从精英的更有效率和（假定的）更有道德的判断，也涉及他的与之相关联的假设：这种精英较少受到构成了大众政治生活绝大部分的幻想、激情和无事实根据的 *doxai*（意见）这三者的束缚。经验表明关于政治的科学或者伦理的科学的想法是极度可疑的。更为重要的是，经验已经一再地证明了如下事实：民主制的精英们也受属于他们自己的一系列幻想、激情和无事实根据的意见的束缚——受他们自己的"主宰性习俗"的（精英）版本的束缚。苏格拉底对这种情形十分清楚，并且这就是他为什么将伯里克利放在了他那张无能"提升"雅典人的雅典政治领袖名单中的原因之一。密尔认为自己的精英训练的彻底性将会让他们作为一个群体更少成为幻象、偏见、激情和野心的猎物。我们知道不是这么回事。在道德和政治中，破除幻象只能是相对的。这一过程需要不断地重新开始。在《论自由》中，密尔十分有力地提出了这一观

---

[1] Mill, *CRG*, p. 291.

点。在《代议制政府》中,他好像或者是忘记了它、或者是屈从于如下这个幻象:存在着一个社会群体,他们受到的教育和训练让他们能够永远地超越习俗和常规、偏见和利益的影响。

如果从上面的评论中得出下述结论就错了:密尔赞同一种"民主的柏拉图主义",在其中,代议制被强烈歪曲了,以至于人民能做的只不过是对统治他们的精英投票提供合法性证明。[1] 密尔意图在社会中提升理智和道德能量的一般水平,由此而提出的参与原则在他的政治理论中占据了强有力的位置,所以,这使他不会赞同"民主的柏拉图主义"。虽然密尔确实倾向于在"受教育阶级"中找"心智",但是这并不能说他将"心智"限制在这阶级。(这一举动将会让没有受过教育阶级的利益的真正代表成为多余的,因为正如柏拉图所认为的,关于所有阶级的"真正利益"的知识是精英的认知特性。)贯穿《论自由》和《代议制政府》两书始末,我们发现了如下这一一以贯之的意图:在商议和公共事务中扩大参与,并且通过保留不同的视角来"拓展视域"。然而我的观点是:"负面性"或者这种视角主义的苏格拉底式特征在《论自由》中比在《代议制政府》中更为一贯地持续存在。为什么会是这样呢?

我们可以在密尔在1858年三月写给帕斯夸莱·维拉里(Pasquale Villari)的信中找到线索。在其中,密尔提到他即将出版"一本讨论自由的小册子",他说自己论述的焦点将是道德和理智自由,"在北美新大陆的国家中道德和理智自由比英国要好,而在政治自由上则比英国要差"。[2] 一方面是道德和理智自由,另一方面是政治自由,在这个两方面之间的差别表明了密尔在"多数人的暴政"的文化的和政治的影响之间看到了鸿沟。在文化的领域中,异端的和怀疑的思想的消解特性是最需要的;在政治舞台上(至少在英国,在那里政府是受限制的并且权利受到保护),则需要的是经过更多训练的专业人士并且少些业余人士的参与。密尔在他对格罗特的《柏拉图及其他苏格拉底的友伴》的书评中所雄辩地描述的"主宰性习俗及其众多自愿服从者的普遍力量",在此让位给一种较为有区别的(但最终却较不丰富的)

---

[1] Graeme Duncan 在他的书 *Marx and Mill*: *Two Views of Social Conflict and Social Harmony* (Cambridge: Cambridge University Press, 1973) 中 p. 261 中提出了这种描述。

[2] Mill, *The Later Letters*, 1849 *to* 1873, in *Collected Works*, 15: 550. (信的原件是法文。)

观念:"常识"如何影响了文化和政治。①

这个意想不到的在政治和文化之间的严格区分的后果有两个方面。一方面,它让密尔能够在《论自由》中描述他所认为的最低限度的苏格拉底式文化的样子。另一方面,它让密尔能够多少坚持这一信念:统治首先是一个"需要技艺的活儿",它不仅仅需要"专门的和专业的研究学习",而且需要"对统治对象的科学掌握"。② 对于政治**技艺**的关注(而不是关注其道德风险和潜在的恐怖后果),让密尔支持一种将苏格拉底式负面思考与现代政治学相关联的狭窄理解,将其表达为仅仅是精英训练中的一个因素。

人们已经注意到了这个观念与《论自由》中的广义的苏格拉底主义相冲突。③ 在此需要强调的是:**那本书是如何包含了公民身份的真正哲人化形式的纲要的**。密尔在《代议制政府》中没有能够发展公民身份的这一方面,将重点替换为对地方机构和陪审团的参与这种托克维尔式的德性,之所以发生这种转变可以由如下需要得到解释:首先发展公民,随后发展哲人型公民。但是,密尔对把政治作为一种"需要技艺的活儿"的柏拉图式观念的支持,让他忽略了发展他的思想的这一条线索,并且导致他促进了(尽管可能是无意地)一种自由主义的费边式和技术专家治国式的版本(我们十分熟悉这一版本)的发展。结果就是在政治思想历史中错失良机。因为,如果有一位理论家能够为现代充分阐明苏格拉底的公民身份的话,那这个人无疑就是约翰·斯图尔特·密尔。

---

① 参见 Mill, *Collected Works*, 11:400-405.
② Mill, *Collected Works*, 11:436. 密尔将这一洞见归因于柏拉图,将之描述为"具有先验的重要性和普世适用性的真理"。
③ 这一观念也与密尔的(和格罗特的)对雅典民主制度的极其正面的描述相冲突,并且,事实上与对民众自身的极其正面的描述相冲突。见 Mill, "Grote's History of Greece", 11:324-325。一条能够解释密尔从试图结合最好的伯里克利式民主与苏格拉底的怀疑主义到强调专家技艺这一转变的进路就是:在雅典普通公民的能力和开阔心智与密尔同时代人的相对无能之间,他看到了巨大的差异。在公民是有能力的地方——正如密尔认为的那样:在雅典城邦中,公民们毫无疑问是有能力的,苏格拉底的怀疑主义和道德正直的附加因素是足够的;在公民没有能力的地方,需要"科学"作为**诘问法**的补充。

第三章 弗雷德里希·尼采：
道德、个人主义和政治

非道德者。道德者现在必须接受这一事实：他们被看做是非道德者，是因为他们解剖了道德……人们将道德者与道德说教者混同。从前的道德者解剖得太少、说教得太多，于是造成了那种混同，也对当今的道德者造成了不快。(*Nietzsche*, The Wanderer and His Shadow)

我要坦率地承认，苏格拉底离我如此之近以至于我几乎一直与他斗争。(*Nietzsche*, *unpublished note*, 1875)

任何讨论公民身份话题的书却包含一章论述尼采的内容，都必须提供解释。尼采在我所想要讲述的故事——即，关于哲人型公民身份以及它在现代变迁的故事——中占据了一个关键性的位置。当然，作为"真正的欧洲人(good European)"以及对民主和民族国家的尖刻批评者，公民身份是尼采最不关心的事情之一。[1] 然而，尼采的思想在启蒙之后的世俗道德个人主义发展中标志着一个关键性的阶段。可以毫不夸张地说：他将苏格拉底的负面性的批判要求推进到了极端，尽管他将苏格拉底的"理性主义"和对辩证法的喜爱贬低为现代欧洲文化衰落的根本原因。[2]

这样一来，就产生了一种自相矛盾的并且通常是令人愤怒的混合体，但

---

[1] Friedrich Nietzsche, *Beyond Good and Evil*, trans. Walter Kaufmann (New York: Vintage, 1986), sec. 241; 下引此书写为 *BGE*。
[2] Friedrich Nietzsche, "The Problem of Socrates," *Twilight of the Idols*, in *Twilight of the Idols/The Anti-Christ*, trans. R. J. Hollingdale (New York: Penguin, 1990), sec. 2, 5, 6, 10; 分别写为 *TI* and *AC*。

是，这个结果对随后的理论家在现代晚期中如何处理哲学、公民身份和个体道德正直这些议题产生了最为重要的影响。如果没有尼采，我们简直无法想象马克斯·韦伯会将民主、哲学以及公民身份理想去神秘化。事实上，韦伯在 1917 年末到 1919 年初著名的"志业（vocation）"讲座上对于道德和理智正直之意义的重构可以被读作对于《申辩》的苏格拉底的一种"祛魅的"、准尼采式的回应。① 汉娜·阿伦特对雅典公民身份理想形象的重新发现以及施特劳斯对哲人生活的柏拉图式辩护，同样也只有放在尼采的身影之下才能理解。对这些思想者来说，尼采的挑衅是根本性的，它彻底改变了哲人型公民身份问题所得以提出的大背景。

然而，尼采对于我的主题的重要之处远远超出了他对后人的影响。很不幸的是，他与今天的相关性几乎被他对夸张的喜爱以及他对社会"等级秩序"的臭名昭著的认同所模糊而变得晦暗不明了。对这些东西的热爱让他信奉的政治观只能被描述为难以置信的愚蠢和令人厌恶的，并不无道理地被贴上了"贵族激进主义（aristocratic radicalism）"的标签。② 然而，大多数注释者将会同意：在尼采那里，除了他那露骨的——并且通常是惊悚的——政治主张之外，还有更为丰富的内容。如果我们能够透过这个夸张的表面看进去的话，我们会在他思想中发现很多与道德个人主义和哲人型公民身份这些主题相关联的内容；特别是与这个问题紧密相关：在民族-国家和大众政治的时代中，这种哲人型公民身份是否还有持续存在的可能性。③

---

① 见本书第四章的讨论。
② 这一短语是由丹麦哲学家格奥尔格·布兰德斯（Georg Brandes）所杜撰出来的，在 19 世纪末以及 20 世纪初他撰写的一系列关于尼采的论文中使用了这个词语。见 Georg Brandes, *Friedrich Nietzsche*, trans. A. G. Chater (London: Heineman, 1914). 在尼采给布兰德斯的信（日期为 1887 年 12 月 2 日）中写道，"你所使用的'贵族激进主义'这一表达方式实在太好了。如果我可以这么说的话，这是迄今为止我读到过的关于我自己的评论中最敏锐的"。见 *Selected Letters of Friedrich Nietzsche*, ed. and trans. Christopher Middleton (Indianapolis: Hackett, 1996), pp. 278–280. 当然，这依然给我们留下了这样的问题：确切地说，"贵族激进主义"指的是什么；以及，它是否可以作为一种政治学说。
③ 当然，这就提出了尼采的哲学和他的政治思想之间的关系问题，这一晦暗不明的关系赋予尼采（真正的）哲学家作为文化的医生这一观念，这位医生诊断时代的疾病并提供"治疗"。尼采那荒谬的和令人厌恶的政治观点通常都是作为对西方无尽堕落的一种"治疗"而提出的。但是，这种解读尼采的方式将一种目的论的动机赋予他的文本，实际上将他思想中最无趣（和最没有说服力）的一面作为最伟大的时刻，在这一阴影遮蔽之下的他的哲学的其他部分必须得到解读。

第三章 弗雷德里希·尼采：道德、个人主义和政治

在尼采看来，现代的处境使得在哲学与公民身份之间的苏格拉底式平衡变得站不住脚了。意识形态已经取代了意见作为日益通俗化的大众生活的中介。比如，在《人性的、太人性的》（1878）一书中，尼采观察到：政党感到必须设法影响大众，于是"将它们的原则变成愚蠢的巨大壁画，并原封不动地涂上墙"。① 在这样一种境况之下，道德和理智正直的维系（如果它们还能得到维系的话）取决于哲学家"稍微偏离大路"，在公共领域这个"太多人……不停说话"的地方保持沉默。在《道德的谱系》（1887）一书中，这种观点被有意尖锐化了：哲学家必须抽身退隐进入"荒漠"，远离对公共领域以及对"与'今天'相关的一切事务"的关切。② 这种抽身退隐——这是成熟期的尼采所一以贯之地坚持的——激进化了苏格拉底和密尔所培养的适度的疏离。由此产生的立场可以用尼采描述其谱系学计划的一个比喻加以准确表达：就像从另一个星球来观看事物。③

此种强化疏离的遗产不出所料是模棱两可的。通过拉大批判性的距离，尼采将以前思想家大多忽略的东西带进观察对象之中——例如，在道德概念和实践背后被遗忘的血腥历史。④ 这对于与道德教条主义斗争来说至关重要，道德教条主义将某**一组**（文化上和历史上主导的）德性固化为道德**本身**。但是，这样的批判性疏离也孕育了一种厌世情绪，这让尼采谴责许多现代政治形式和运动是"生病的野兽（sick animal）"——即人（尼采在沉思即将到来的**大政治**时代时曾幻想过这种人的变形）——的产物。⑤

尼采对哲学式疏离的夸张坚持，加上他对苏格拉底的那种复杂而又明显的"弑父关系（Oedipal relationship）"，使得对他在政治和道德问题上思考的解读变得困难重重。在大多数情况下，学术文献屈从于以下两种诱惑之

---

① Nietzsche, *Human, All Too Human*, trans. R. J. Hollingdale (New York: Cambridge University Press, 1996), sec. 438; 下引此书写为 *HATH*。
② 见尼采在 "*On the Genealogy of Moral*" 与 "*Ecce Homo*" (trans. Walter Kaufmann (New York: Vintage, 1989), bk. 3, sec. 8【下引这两本书分别写为 *GM* 和 *EH*】) 中对于"荒漠"的评述。参照柏拉图：《申辩》，32e–33a。
③ Nietzsche, *GM*, Essay 3, sec. 11.
④ 因此尼采在《瞧，这个人》（第7节，"为什么我是命运"）中自夸道："那确定我的东西，那将我与其他人分开的东西，就是我**揭穿了**基督教的道德"（*EH*, p. 332）。
⑤ 见 Nietzsche, *GM*, essay 2, sec. 24; *BGE*, sec. 208. 关于尼采的厌世态度，见 Judith Shklar, "Putting Cruelty First", in her *Ordinary Vice* (Cambridge, Mass.: Harvard University Press, 1984), pp. 7–44.

一。其一，有些人严格按照尼采自己说的（通常是惊世骇俗的）每一个字来进行解读，将他视为反苏格拉底的（anti-Socrates），是非理性主义的化身，并且持一种末世论的无节制的政治学。① 其二，有些学者受到了瓦尔特·考夫曼（Walter Kaufmann）那部开创性（但日益引起争议）的作品的影响，他强调尼采的个人主义以及与西方传统中众多哲学家的延续性。这些注释者倾向于更多关注在尼采与苏格拉底之间的许多相似之处，但是却很少关注这与**政治**有何关联。② 更加令人惊奇的是，随着后现代理论家们的流行，第三种选择在近来出现了：试图在贵族的外表之下揭示出一个民主的尼采。③

这些都是或多或少貌似合理地接近尼采思想的方法。在本章中我试图去勾勒出这样一个尼采：他是显然的却又摇摆不定的苏格拉底式的；归根结底，他既不能被简化为一个反政治的个人主义者，也不能被简化为一个革命的保守主义者。在我看来：尼采显然有**道德**承诺；这些承诺胜过他对于"高贵价值"的追求所隐含的新贵族式完美主义；最后，他的道德立场至少在部分上是与苏格拉底和密尔的道德个人主义相协调的。比如，虽然尼采再三指出苏格拉底的理性主义的有害文化影响，但是，为了揭示出**我们的**道德偏见和教条主义的根源，以及为了与反对良心、个性和独立判断的文化力量斗争，尼采使用了打着他自己烙印的批判的、消解的理性。尼采对于公民身份问题并不关心，他的研究揭示了在西方文化中盲从因袭、教条主义和驯化顺从的背后根源。因此，他的思想是任何算得上对现代晚期中的"经省察的生活"的仔细理解的一块必要的试金石。

---

① 受到列奥·施特劳斯影响的作者们在这一类别中尤为突出。见 Werner Dannhauser, *Nietzsche's View of Socrates* (Ithaca: Cornell University Press, 1974); Bruce Detwiler, *Nietzsche and the Politics of Aristocratic Radicalism* (Chicago: University of Chicago Press, 1990); 以及, Peter Berkowitz, *Nietzsche: The Ethics of an Immoralist* (Cambridge, Mass.: Harvard University Press, 1995).
② 见 Walter Kaufmann, *Nietzsche: Philosopher, Psychologist, Antichrist* (Princeton: Princeton University Press, 1974); Alexander Nehamas, *Nietzsche: Life as Literature* (Cambridge, Mass.: Harvard University Press, 1985).
③ 如，可见，Keith Ansell-Pearson, *An Introduction to Nietzsche and Politics* (Cambridge: Cambridge University Press, 1996); Bonnie Honig, *Political Theory and the Displacement of Politics* (Ithaca: Cornell University Press, 1993); 以及, David Owen, *Nietzsche, Politics, and Modernity* (Thousand Oaks, Calif.: Sage Publications, 1995).

第三章 弗雷德里希·尼采：道德、个人主义和政治

乍看起来，这种强调尼采的道德承诺的做法似乎完全偏离了目标。因为尼采的批判瞄准的不是**某一**道德而是道德本身；将尼采描述为美学家而非道德个人主义者无疑是更为安全的。① 然而，这样做将会降低他的作品的价值。尼采的批判并不单独是由自我塑造这一主张所驱动，而且也是由对理智和道德正直的要求的清楚认识所驱动。他确实有这些承诺，这并非（如通常所认为的那样）是一种赤裸裸的自我矛盾的行为。② 他对于个性和能量的培养的关心也不必然会造成特定的（贵族的和原法西斯主义的）政治学。尼采有时写得好像确实会如此——好像他对于占统治地位道德的批判正是作为一种"价值重估"的文化-政治转变的序曲，这一事实更多地揭示了苏格拉底的负面性所建立的标准的严格性，而非揭示了尼采思想的"内在逻辑"。

当然，无可否认的是：尼采反对苏格拉底这类否定性的道德（对于尼采的品味来说，这种道德太过于负面性、被动反应性和"奴性"）。但是同样无可否认的是：他给予了道德和理智正直这一苏格拉底理想以新的推动力。理智正直——对可以避免的自欺的揭露——是最高等级的尼采式德性，他对这种德性的要求甚至超过了"对自己冷酷"。③ 在《悲剧的诞生》（及其对辩证法的无情的却并不十分令人信服的批判）之后，尼采为了自己的目的改造了苏格拉底的诘问法，将之表述为视角主义的流动标志。通常人们认为：尼采的视角主义通过强调个人的、文化的或者意识形态的"观点"来消解"客观"真理存在的可能性。于是，视角主义通常扮演着苏格拉底诘问法的对立面，后者被视为一种逻辑工具，是专门用于消除错误观念和揭示单一的（并且具有理性说服力的）真理的。④ 我将会论证，这是一种对尼采的方法和苏格拉底的诘问法之间真正联系的漫画式表达。

---

① 如，可见，Nehamas, *Nietzsche: Life as Literature*. 这本书中刻画的尼采有关于道德的内在观念，这种道德的内在观念能够在《道德的谱系》序言第 6 节中看到。对此问题的深入讨论可见，Maudmarie Clark, "Nietzsche's Immoralism and the Concept of Morality" in *Nietzsche, Genealogy, Morality: Essays on Nietzsche's "On the Genealogy of Morals"*, ed. Richard Schacht (Berkeley: University of California Press, 1994).

② 在揭露源自"禁欲主义理想"的假面具方面，尼采对于他自己的训练会产生什么样的效果有着充分的自我意识。特别可以参见《道德的谱系》第三章第 24 节。

③ 如，可见，Nietzsche, *AC*, secs. 9, 12。在其中，尼采将"神学家的理想化（和歪曲化）这个世界的本能"作为箭靶，并且，他批评大多数的哲学家——除了某些持怀疑态度的人之外——对"理智正直这一首要条件一无所知"。也可见 Nietzsche, *BGE*, sec. 230，在这个部分中他将"诚实"这个词放在"道德的花言巧语"类别中。

④ 如，可见，Dannhauser, *Nietzsche's View of Socrates*, p. 124.

此处还有比认识论或者甚至是哲学方法更重要的东西。通过视角主义这一观念，尼采不仅试图保留哲人生活，而且试图保留一种哲人生活所特有的那种正直。理智正直——对尼采正如对苏格拉底一样——被规定为与各种类型的教条主义作斗争的义务，这包括了像柏拉图和康德这样的教条主义哲学家，他们没有达到彻底的（和开放式的）追问质疑这一苏格拉底的理想。①视角主义是尼采在这场战斗中的主要武器，也是他将道德哲学从仅仅对给定价值的理性化的命运中拯救出来的理智方法。

　　与苏格拉底不同，尼采永远不能算作是"公民中的公民"，这一事实突出了他感到在**诚实的**哲学批判在自身和整个文化（文化为了其道德自我形象——事实上，为了其自身存在——都依赖一套虚构）之间保持距离。那么，我们不应该对他提出了某种**哲人型公民身份**可能性的文化批判感到惊讶。人们必须做出一个选择：成为哲人**或者**成为公民，但绝不会两者都是，因为后一角色假定一套虚构之物——意见、意识形态或者常识——不受质疑。哲学和公民身份是相互排斥的，这一结论后来以各种形式为韦伯、阿伦特和施特劳斯所接受；它本身算不上是什么新鲜事。这一结论让人感到困惑之处乃是在于：它源自于尼采对苏格拉底诘问法策略的激进化。这是不是一个**前后一致**的结论，尚有待观察。

主人与奴隶：现代民主的谱系学

　　无论密尔对公众意见的暴政多么恐惧，他仍然保留了自己对大众政府的热情——当然，这个大众政府是经过适当调和的与引导的。在他对乔治·格罗特的两部伟大作品（八卷本的《希腊史》和六卷本的《柏拉图及其他苏格拉底友伴》）的评论中，提出了一种将《论自由》中的苏格拉底式教导与《代议制政府》中对于公民德性和参与的强调两者调和起来的可能性。在对

---

① 见 Nietzsche, preface, *GM*, secs. 2, 3. 在批判的问题上尼采与康德的关系，见 Gilles Deleuze, *Nietzsche and Philosophy*, trans. Hugh Tomlinson (New York: Columbia University Press, 1982), pp. 88–94. 哲学作为"彻底的怀疑"以及苏格拉底在创造它的过程中所扮演的角色，参见 Martin Heidegger, *What Is Called Thinking*? trans. J. Glenn Gray (New York: Harper and Row, 1968). 关于尼采对柏拉图的基本看法，见 Nietzsche, preface, *BGE*. 在这里，尼采将柏拉图作为哲学教条主义的首创者来进行攻击，尽管柏拉图受到了苏格拉底的启发。参见稍后我在"视角主义、自我塑造和独立判断"中所作的论述。

第三章　弗雷德里希·尼采：道德、个人主义和政治　　137

第一本书的评论中，密尔高度赞扬的不仅仅是伯里克利，而且包括能量充沛的和在理智上好奇求知的雅典民众。在对第二本书的评论中，密尔强调了在与"主宰性习俗"那势不可挡的力量进行的哲学斗争中，苏格拉底的负面精神所起的重要作用。从这些评论中显示出来的并不是显而易见的自我冲突，而是一种民主的理想，在这种民主的理想中可以既有伯里克利也有苏格拉底，既有能量充沛的民众也有积极的（并且广泛传播的）哲学性情。

一种多数人欠缺政治经验的民主制的前景促使密尔从这一理想转向代议制体制，在其中，参与和能力两者都被重视。因此，他强调多数人的公民教育和少数人的专门知识两方面并重。这些力量再加上由几乎绝对的思想自由和讨论自由所提供的促进因素，（在他看来）是对于大众意见之向下重负的最佳抗力。民主需要避免"主宰性习俗"——即，习俗、传统、大众的偏见或者公众的情绪——的不受约束的统治。然而，无论《论自由》中那些较为阴郁的段落显得多么绝望，密尔对教育和进步的启蒙信念平抑了他的如下感觉：大众意见如"铁板一块"满是惰性。

此种信念在尼采那里则完全没有，而且这不仅仅是因为他分享了哲学传统上的对于非哲学大众的轻视。① 尼采的主张（哲人型公民身份是**不可能的**）之所以值得严肃对待，其原因在于：他追溯意见和传统道德的根源直到我们作为语言的和文化的存在的最深处。在本节中，我想要省察尼采在这方面的论证，以便于展示出这些论证是如何支撑了他对于民主政治的批判性看法（在本章第三节讨论）。

在《超善恶》（1886）一个最为著名的——如果不是臭名昭著的话——段落中，尼采宣称：

　　道德，在今日的欧洲就是畜群的道德——换句话说，如我们所了解的那样，只不过是人类道德的一种类型而已，在它之旁、在它之前、在它之后都还有很多其他类型的道德，在它们之上**更高的**道德是可能存在的，或者本应该是可能存在的。但是，这种道德竭尽全力抵制这样一种"可能性"，抵制这种"本应该"：它顽固而无情地说，"我即道德，别无道德"。事实上，在一个纵容并且诌媚最极端畜群欲望的宗教的帮助之下，我们已经可以在政治和社会制度中找到一种对此种道德的越来越

---

① 正如柏拉图在《理想国》中所提出的著名论断，民众是对哲学的魅力免疫的野兽（493b）。

明显的表达:**民主**运动是基督教运动的后代子嗣。①

这一段话中包含着无与伦比的卓越才智和残酷的远距离观察——这本来隐含在尼采那激进疏离的批判立场之中。求民主化的斗争被拔离其直接的历史语境并且被放置于一场意义深远的世界-历史戏剧之中,尼采将这场求民主化的斗争称为"奴隶在道德上造反"。以对"高贵的"罗马价值的犹太"倒置"为开端的这场斗争在法国大革命和"民主化"运动的胜利中达到了最高点,在这一过程中"生病的"畜群的价值逐渐统治了世俗现代性的道德和政治领域。② 在这种观点看来,启蒙并不是作为人性的伟大解放者(正如在密尔看来那样),而是作为一种破坏性的力量,它移除了妨碍基督教道德的"畜群价值"获胜的最后一道文化屏障。现在,这些价值采取了一种基于权利的平等主义道德的世俗形式,这破坏了社会的"等级秩序"。

这作为一幅粗暴的丑化图景看,并不是完全拙劣的。实际上,许多自由主义者可能会同意尼采所讲故事的主旨(当然,要把"奴性的"和"高贵的"这些专用术语排除在外)。民主化运动**是**基督教运动的后代子嗣,它使自己的道德普世主义脱掉了宗派主义、来世和迷信这些糟粕外衣。但在我们刚刚引述的这一段中,尼采所作的并不仅仅是将通常被当作进步发展来的叙事的东西说成是一种负面的标志,他也在基督教自命不凡提供的一套全面的、适合所有人的行为准则与民主制的制度结构和基本价值之间指出了明确的联系,换句话说,问题并不是——或者并不仅仅是——民主是基督教的"后代子嗣"主张源自宗教的或者信念式的价值。毋宁说,民主制复制了(以改变后的、世俗的形式)那些**根本上**就其本性来说是被动的和顺从的价值,而且将它们提升到社会的普世行为准则的地位上。

我们已经在密尔那里看到了一种类似的对基督教精神的控诉。然而,在密尔那里,基督教和民主的"多数人暴政"两者之间的联系多少是含蓄的。尼采,既不是基督徒也不是民主主义者,不需要受到类似密尔的约束。两者之间的联系不仅仅明确化了,而且做出了详细的阐释。如此一来,我们在尼采这里遇到了在密尔的分析中可能被掩饰了的问题。我们将之陈述如下:现代民主制复制基督教的德性概念的狭隘性到了怎样的程度?其自由的观念和实践被这一狭隘概念劫持到了怎样程度?正如我所指出的那样,尼采对这两

---

① Nietzsche, *BGE*, sec. 202.
② 见 Nietzsche, *GM*, essay 1, sec. 16.

个问题的回答是:"几乎全部"。

这可以在《超善恶》199 节中找到相关论证。在此节中,尼采着重强调了:迄今为止的几乎**每一种**道德是如何培养了"服从的畜群本能",以及如何使得对无条件的命令("你应该")的要求成为普通人良心的基础。基督教在这种服从的需要之上建立了自己的德性体系,给予了这个体系一种强烈的普世的和诱惑的形式,以至于那些在生活中发号施令的人都觉得:他们自己必须"假装是更古老和更高级命令的执行者",以防自己感到良心不安(bad conscience)。当这种德性体系被翻译为"民主运动"的术语时,新道德产生了"现代欧洲的畜群人"——他是"驯服的,容易相处的,并且对畜群有用的",他的德性是"有公共精神,仁慈,为人着想,勤奋,温和,谦逊,宽容和同情"。① 从"道德的自然历史"的角度看,民主运动继续了基督教的计划,即创造温顺者,其最重要的品质是服从。由争取"自由制度"的斗争所创造的任何附带的自由———一旦当这些制度得到确立之时——就消失不见了。②

上述如此简单的概括可能使尼采对基督教道德和民主的"畜群人"之间的联系的评论显得仅仅是煽动性的(并不十分有说服力),只有当我们转向他在《超善恶》之后所写的书,我们才能够明白一些隐藏在它们背后的理由,以及为什么尼采觉得可以在现代政治信念和早期基督教所建立的"禁欲理想"二者之间找到这样一种紧密关联。③

在《道德的谱系》第二章中,尼采描述了史前的"习俗道德"——习俗的道德通常在可怕的仪式、酷刑和惩罚中得到具体体现——如何将反复无常又健忘的人类 - 野兽最终转变为道德主体,在曾经只不过是本能的和健忘的脑子里印入了意志和记忆。尼采以少见的目的论笔调写道:

> 如果我们把自己置于这一奇妙进程的终点,在此树木终于结出了果实,在此社会和习俗道德终于显示出了他们纯粹作为手段的目的是**什么**。那么,我们就会发现,最成熟的果实是**完全自主的个体**(sovereign

---

① Nietzsche, *BGE*, sec. 199.
② Nietzsche, *TI*, p. 103.
③ 正如人们指出的,《道德的谱系》可以看作是尼采在《超善恶》260 节中首次表达的思想的扩展。

individual),他只喜欢他自己,他从习俗的道德中再次得到解放,他是自治的和高于道德的(因为"自治"和"道德"是相互排斥的);简而言之,拥有自己独立的、持之以恒的意志和**做出承诺的权利**——并且在他身上有一种在每一块肌肉中颤抖着的骄傲的意识,这是对最终获得的东西是**什么**并且**什么**成为了他的血肉的意识,对他自己的力量和自由的意识,对人类到达了完善状态的感觉……对**责任**这个非同寻常特权的骄傲的意识——对这种罕见的自由、这种超越个人并且超越命运的力量的意识——已经深入到他的心底并且变成了本能,一种处于支配地位的本能。他会将这种处于支配地位的本能称作什么呢,假设他觉得需要给它一个名字的话?答案毋庸置疑:这个完全自主的人将之称为他的**良心**(conscience)。①

这是一个非同寻常和相当知名的段落。在这个段落中,尼采勾勒了他的"有责任感的个体(responsible individual)"这一概念——自治的和高于道德的人——作为那绵延千年进程的最终的、健康的并且完全值得赞赏的产物,否则这一进程将看起来是残酷的和令人厌恶的。这个个体不仅控制了尼采笔下"高贵"种族(《道德的谱系》第一章中的"金发野兽")的攻击性本能,而且也能够抑制由习俗道德所培养的"服从本能"。他在如下意义上是自治的:他的自我控制使得他能够为他的行为完全负责——有点像康德的自律(autonomy)概念所允诺却没能传达出来的东西。(在《道德形而上学原理》与《实践理性批判》中,康德认为服从从纯形式推理得出的责任,是"自我立法"的唯一合法内容。)②

注意到下面这一点非常重要:尼采指出"自治"和"道德"(在他的使用中)是相互排斥的,以此对"自治的和高于道德的"这一表达做出限定,他这么做并不是说,"完全自主的个体"**超越**(beyond)一般意义上的道德;毋宁说他是在说,这个个体——这个**本着良心**的(conscientious)个体不仅

---

① Nietzsche, *GM*, bk. 2, sec. 2.
② Immanuel Kant, *Groundwork of the Metaphysics of Morals*, trans. H. J. Paton (New York: Harper and Row, 1956). 参见 Nietzsche, *AC*, sec. 11:"'德性''义务''善本身',具有非人格性和普世性,是错觉,是生命日薄西山、苟延残喘的表达,是柯尼斯堡的中国精神(Konigsbrugian Chinadom)的表达。最深刻的保存和生长的法则要求与此相反的东西:我们每一个人都要发明**他自己的**德性、发明**他自己的**绝对命令(categorical imperative)。如果一个民族将其**自身的**责任错当成普遍的责任概念,那么这个民族就会灭亡。"在这个段落中,请注意尼采是多么轻易地从自治的个体转换到自治的**民族**。

第三章　弗雷德里希·尼采：道德、个人主义和政治　　　　141

仅只有内在化的权威——超越了习俗和在西方有历史记载以来的那些**被误认为是道德的东西**。这种"所谓的道德"是信条 - 支配的（creed - governed），首要关心的就是服从，就是让个体软弱或者"驯服"，并且让那些可能会扰乱社会的激情和能量得到抑制。① 即便在世俗的形式中，"所谓的道德"继续着这种攻击，树立起外在的权威（例如大写的理性或者大写的自然）来代替传统、信条或者上帝。

对于尼采来说，"完全自主的个体"不对这种权威负责，而只对他自己负责。事实上，他的骄傲和良心禁止他将道德等同于对命令的服从，无论它们源于何处。从这样一个主体（成熟的道德主体）的视角看来，那些被误认为是道德的大部分将会表现为最极端不道德的来源，这确实是对的。当我们考虑到野蛮和愚蠢充斥了多少世纪的"让人类变得道德"的计划时，尤其会是如此。② 尼采的基本观点是：将**道德**一以贯之地认定为**对权威的服从**，已经让我们的道德感发育不良，以致成为一种根深蒂固地顺从并且将它与理智诚实的要求分离。

所有这一切都让尼采比通常所认为的那样更为接近苏格拉底和密尔。③ 他之所以与"所谓的道德"争执，并不是因为"所谓的道德"要求自我控制或者涉及对他人的责任。（很难找到一个人比尼采更激烈反对"随心所欲"了。）毋宁说，"所谓的道德"涉及将道德习惯性地认定为权威，这种习惯性反射开始时由"习俗道德"所设置，并且由许多世纪的信条式道德所加强。结果并不仅仅是对道德感的巨大扭曲，而且完全禁止了对我们所理解的基本道德价值的批判。正如尼采在1886年《朝霞》的序言中所说：

> 迄今为止，善与恶是从未得到过充分思考的主题——这是一个太过危险的主题。良心、名誉、地狱，有时甚至警察，从未允诺过，将来也不会允诺不偏不倚；在道德面前，正如在任何权威面前，人们是不**允许**

---

① Nietzsche, "The 'improvers' of Mankind", *TI*, secs. 1, 2. 对尼采来说，通过作为一种手段的道德普遍概念，个体对群体表现为"有用的"，见 *The Gay Science*, trans. Kaufmann (New York: Vintage, 1974) sec. 116（后引此书写做 *GS*）。关于尼采的如下观念——习俗和"传统"的道德概念之所以作为人们服从的"更高的权威"仅仅是因为它**发号施令**，见 *Daybreak*, trans. R. J. Hollingdale (Cambridge: Cambridge University Press, 1997), sec. 9.

② Nietzsche, "The 'Improvers' of Mankind", *TI*, sec. 5.

③ 还有黑格尔。

思考的，更不用说表达意见了。在此，他所能做的只有——**服从**！只要这个世界存在一天，就没有任何权威会愿意让自己变成批评的箭靶；批评道德，把道德看作一个问题，看作是有问题的——什么？这难道不一直是（**现在仍然是**）不道德的？①

人们可能会认为，这种"正向的"权威将会成为哲学批判的主要箭靶。事实上，尼采主张道德并不需要害怕哲人，因为它拥有一种"魅惑的技艺"——能够通过它的"鼓舞人心的"品质来麻痹批判性思想。尼采之所以将道德称为"哲学家的喀耳刻（Circe）"正是因为这一令人陶醉（并且消除敌意）的效果。

如果"道德解释"的权威性仅只感染到哲学家，那么这将只是一个关于自我欺骗的奇特例子而已。问题是，哲学家对理智正直的放弃反映出整个社会对理智正直的放弃，社会对质疑德性的主导解释奇怪地无动于衷。在《快乐的科学》中，有一个十分苏格拉底式的、十分密尔式的段落，尼采是这么写的：

> 我一直都有相同的经验，并且一再对这经验进行抵制。我不愿相信它，尽管它是一个明显的事实：**绝大多数人欠缺理智良心**。事实上，通常在我看来，一个吁求理智良心的人是一个孤寂的人，置身在人口稠密的城市中就好像在沙漠中一样。每个人都用异样的眼光打量你，用他自己的那杆秤来进行衡量，说这个好、说那个坏。当你提示他们的衡量是不准确的时候，甚至没有人会脸红；也没有人会感到被激怒；他们仅仅只是对你的怀疑表示嘲笑。我的意思是：**绝大多数人**并不会认为如下行为是可鄙的，相信这个或者那个并且按此信念去生活，而事先不用知道关于争论的最终的和最确定的理由的来龙去脉，并且事后甚至也不需要为这些理由自寻烦恼——最有天赋的男人和最高贵的女人仍然属于这"绝大多数人"之列。②

这与《道德的谱系》那自治的和高于道德的"完全自主的个体"有什么关系？答案是，这个个体拥有并不仅仅是"形式上的"或者受他人支配的

---

① Nietzsche, preface, *Daybreak*, sec. 3.
② Nietzsche, *GS*, sec. 2.

第三章　弗雷德里希·尼采：道德、个人主义和政治

良心,这个良心并不仅仅只是抓住了"那些发号施令者——父母、老师、法律、阶级偏见、公众意见——对着他耳朵所大声嚷嚷的那些东西"。① 完全自主的个体的良心——他的"主导本能"——就像苏格拉底的 daimon（守护精灵）一样,是完全独立的。相对于与他人一致,它更重视与自身一致。② 如果遇到与个人的意志和自我控制所设定的标准不一致的行为,它会说"不"。当这种良心出现时,道德便不再认同外在的权威——或者说,实际上,不再认同外在给定命令的内在化。然而,正如尼采对道德的"活体解剖"所清楚揭示的,此种个体是最为罕见的。"习俗道德的巨大劳作"实际上滋生出表现拙劣的、畜群一般的并且对命令极度渴求的人,而非"完全自主的个体"。**这种**道德主体再也不感到有需要去说明其紧紧坚持的价值观。

发生了什么事情？在从习俗道德向一种更为成熟的道德文化（一种对个体良心和理智较少敌意的文化）转变的过程中出了什么问题？尼采的答案是,我们——或者至少是我们中的绝大多数人——在道德进步的中间阶段停滞不前了,这一阶段是在传统暴政和自治个体性之间的半途。这是一个有负罪感、良心不安和禁欲理想的阶段；这是一个大体上与"所谓的道德"（或者道德被看做是一个历史的、时代的现象）吻合的阶段。③ 尼采毫无疑问将这个时代看做是一个**生病**的阶段。那些内在化"道德"价值的人确确实实是**生病的**、自我折磨的人,这些人缺乏最基本的心灵健康。尽管尼采将这个阶

---

① Nietzsche, *BGE*, sec. 199.
② 柏拉图：《高尔吉亚》,482c。
③ 在《道德的谱系》前言第 6 节中,尼采描述了他对同情这一道德的怀疑是如何走向了一个更普遍的和更激进的计划："如果有谁坚持研究这一问题并且**学习**在此如何提问的话,那么他将会经历我所经历过的东西——一个巨大的、崭新的境界为他打开大门,一种崭新的可能性如眩晕般支配了他,各种各样的不信任、怀疑、害怕纷至沓来,他对于道德的信念、对于所有道德的信念都会动摇……"正如一位批评家所指出的那样：鉴于上面这个段落,如果说当尼采写作道德价值的批判时,他脑中所想的仅仅只是**特定的**（基督教）道德的话（见 Clark,"Nietzsche's Immoralism and the Concept of Morality"）,那就是目光短浅了。另一方面,没有任何东西能够阻止我们提出如下主张：尼采将"道德"等同于一组特定的文化和历史的**道德们**,它自身变化为"禁欲的理想"、变化为源自"善/恶"二元论的不同价值体系的反复迭代——正如尼采在《道德的谱系》第一章中所描述的那样。因此,在尼采那严格限定的意义上,并非所有的**价值体系**都是**道德**价值,因为某些价值（比如"高贵"）无法促进禁欲的理想。**我们**可能会有倾向于将这些价值称作非 - 或者反 - 禁欲价值的**道德**价值,但是尼采会倾向于将它们归类为"超道德（extralmoral）"。结果,我们将"道德"作为普遍道德价值来使用与尼采那更为明确的批判性使用之间有着不可避免的偏差。

段称为生病的阶段——"正如怀孕是生病",但事实上,有责任感的行动者之**健康**版本也并非一定是必然的结果。"怀孕"——两千年的"道德"价值——可能也无法孕育出尼采所希望的果实。①

"生病"(这一在通往完全自主的个体的路上的迷途)源于何处?是什么导致它走向了道德化的自我厌恶(在"罪"与"罪恶"的伪装之下)这难以想象的高度?

为了解答这些问题,尼采去思考有组织的政治生活的原初起源。他认为,这无处不在的负罪感、"良心不安"的内疚感,并非通过对于罪行或者社会越轨行为的惩罚来到这个世界,也并不与"原罪"或者如下事实相关:人类拥有让自己变得耽于肉欲、骄傲自大、残酷无情或者野心勃勃的冲动。②毋宁说,覆盖整个地球的"重负"的首次出现是伴随着人类生活的一个最基本的变化而来的:从社会生活的游牧的、家族的或者部落的形式突然转变为有界限的、特定领土内的政治形式。当**国家**第一次出现时,当"一群捕食的金发野兽,作为征服者和主人的种族,为战争而组织起来并且有能力去组织,他们毫不犹豫地将魔爪伸向那些或许在人数上占巨大优势,但却是尚未成形和游牧的民众"时,"良心不安"便萌芽了。③

但是,国家的出现为何在普通人那里引起了一种无处不在的负罪感呢?尼采的答案来源于他的冲动理论,来源于如下命题:我们除了欲望和激情之外一无所有,并且所有更高等级的能力(例如理性)只不过是更多基本冲动的精神化形式,其结构秩序是得到严格规定的。④ 如果由个体的冲动所生产出来的能量是可以累积的,那么当这个个体被放置于一个此种能量的释放管道突然被阻塞的情况下时会发生什么呢?答案只能是,这种能量回转头来对个体施加攻击。如果被剥夺了攻击性本能和激情的外部出口,个体的"权力意志"就转向了内部。随着原初国家的兴起,绝大多数人突然发现他们自己恰恰处于这样一个位置——被剥夺了所有外在出口。然而,冲动和激情仍然在提出它们的要求。⑤

国家对于具有攻击性的冲动和激情的禁令不仅仅造成了重负感或受难

---

① Nietzsche, *GM*, essay 2, secs. 19 and 24.
② 见 Nehamas, *Nietzsche: Life as Literature*, p. 122.
③ Nietzsche, *GM*, essay 2, sec. 17.
④ Nietzsche, *BGE*, sec. 36.
⑤ Nietzsche, *GM*, essay 2, sec. 16.

感,而且造成了一种更深层次的和更复杂的心理世界,在其中受挫的冲动寻找它们的"隐秘的满足"。因此,国家的出现与尼采称之为"人的内在化"同时发生,并且在原本由某种近似于完全动物本能的东西所统治的脑子里发展出来一种灵魂或者精神。国家的出现以及它对追求自由的动物本能的"用铁锤打击",是人类遭受自身苦难的开端,苦难源于"与其作为野兽的过去的粗暴决裂"①。

当然,尼采并不是在**哀叹**原初人类历史的这一事实。毕竟,这是"内在世界"(**灵魂**)、所有文化的发展以及个性的更高形式的前提条件。② 关键的问题在于人类如何应付他们的新境况以及它对他们所造成的苦难。这苦难被如下事实所加重:多数人虽然被骄傲和对卓越的渴望所驱动,但是他们(按照尼采的说法)欠缺能量、不能自律,并且无能力获得让他们自身出类拔萃所必须的力量。他们无法把他们的冲动和遗传特征的原始材料,转化成为某些独一无二的和美好的东西。③ 换句话来说,他们缺乏为获得**真正**个性所必须的能量。多数人都为这种无能所苦,并且,因此多数人都对任何能够过一种独一无二的或者与众不同的生活的人怀恨在心。④

按照尼采的说法,源于这种受限制、无能力和怀恨在心所产生的受难折磨很快到达了难以承受的程度。冲动全面受挫的经验几乎要压垮那些受其折磨的人们。他们"生病"(由于受挫和缺乏自由)得如此之重以至于他们开始感觉到一种"对生命的厌恶",这是一种威胁到了他们求生存意志的极端憎恶。正是在他对我们的道德史前史的叙述的这一点上,尼采引入了一个他

---

① Nietzsche, *GM*, essay 2, sec. 16.
② Ibid., sec. 18:"你们已经能够猜到,这完全**积极主动**的'不安良心'(作为所有理想的和富有想象力的现象的子宫)也将孕育出从未见过的新奇的美丽和肯定性,并且可能孕育出美本身。"
③ 见 Nietzsche, *GS*, sec. 290. 也可见 Nehamas, *Nietzsche*: *Life as Literature*, p. 121.
④ 在此需要强调的是:"不安良心(bad conscience)"在其最为原初的意义上——作为人的"内在化"——并不与构成任何社会大多数的那些"平庸之人"的"良心不安"相一致。后一种情况是更为基本现象的衍生物。因此,当尼采把人称作"**生病的野兽**"(*GM*, essay 3, sec. 14)时,他在两种截然不同的意义上使用这个短语:首先,代表在社会中源于圈地建立国家而产生的原初自我-分裂(某种既影响"主人"也影响"奴隶"的东西);其次,代表这种生病状态的自我毁灭形式,这种病折磨那些无能于优秀之人。将无能于优秀之人的自我-分裂感和生存的不安状态进行道德化——由禁欲主义僧侣来完成。关于这些问题的杰出讨论,可见 Aaron Ridley, *Nietzsche's Conscience*: *Six Character Studies from the "Genealogy"* (Ithaca: Cornell University Press, 1999), pp. 21 – 22.

最为著名的"理想类型（ideal types）"——禁欲主义僧侣（ascetic priest）。

禁欲主义僧侣是"几乎在每一个时代中"都会出现的人物，他们代表着一种对生命和生存本身说"不"的道德理想。他那"将生活看作是误入歧途"的"骇人听闻的"价值评判模式，将价值的根源设定为一个非现实世界的、超验的源泉。① 然而，尽管对**此世**世界和**此世**生命都说"不"，但是禁欲主义僧侣（"在四处繁衍"）依然提供了一种世俗的功用。对于"生病的畜群"来说，他既是牧羊人也是医生，保护他们免受敌人（健康的生命）的伤害，并且，更为重要的是，避免受到他们自身的伤害。② 通过为他们的痛苦提供一个理由以及为他们的苦难提供一个背后的**意义**，他完成了这一世俗的功用。通过**道德化解释**他们不适的感觉，通过告诉"生病"之人**他们自身**要为他们遭受的苦难负责，这一世俗的功用得到了最终的完成。他们的不适是"有罪的"人类因其自身拥有这些冲动而对自己判罪和惩罚的标志。③

当然，禁欲主义僧侣的解释是明显的谎言。④ 我们如何可能为我们自己的天性**负责**，为让我们成为人的那些冲动**负责**？不过，这个谎言在强化一种"生理上受压抑"生活的意志方面有着意想不到的影响。通过对生命、肉欲、侵略性、对卓越的渴望等等东西的造谣中伤，禁欲主义僧侣试图去改变生病之人**怨恨**（ressentiment）的方向，"为了自我约束、自我控制和自我征服的目的"转向他们自身。⑤ 他将病弱之人转变为"有罪之人"，创造了一个共同体，这个共同体之前只是作为"虚弱的、病弱无力的、心怀不满的个体"的集合体。这种"作为负罪、恐惧和惩罚"而遭受苦难的重新解读战胜了"古老的压抑、重负和疲倦"，以对信条的自律和遵守为形式，给予生病之人一个目的、一个计划和一个未来。⑥ 它联合了他们分散的权力意志。因此，在禁欲的理想中所表现出来的"以生命反抗生命"的矛盾仅仅只是表面上的。事实上，这种理想"来源于处于衰退之中的生命的自我保护本能"；它是"一种为了生命保存的诡计"。⑦

尼采对禁欲主义僧侣作用的描述在理解如下问题上有非常重要的意义：

---

① Nietzsche, *GM*, essay 3, sec. 11.
② Ibid., sec. 15.
③ Nietzsche, *GM*, sec. 20.
④ Ibid., sec. 15.
⑤ Ibid., sec. 16.
⑥ Ibid., sec. 20.
⑦ Ibid., sec. 13.

第三章 弗雷德里希·尼采：道德、个人主义和政治

宣称克己禁欲的非现实世界的价值如何真的成为了生命的一种形式，在这一进程中创造了一种特殊的文化类型（这种文化类型为服从、平等和对规范的遵守所着迷）。它也帮助我们看到这些价值——所谓的**道德**价值——在生命和文化的不同形式之间的斗争中发挥了何种作用。因为由禁欲主义僧侣所提供的价值体系并不仅仅是设计来减轻苦难的"药物"；它也是与其他道德、与其他生命形式——其中最重要的就是"健康的生命"——作斗争的**武器**。这些"健康的"个体们是对于"畜群"的另一个重要的威胁，他们威胁着要去统治畜群，同时又引发了无法承受的嫉妒和怨恨。① 因此，禁欲主义僧侣——牧羊人、医生与"生病的畜群"的护卫者——必须找到一种抵挡健康的、"高贵的"类型的人的伤害的方式。只有通过让健康的生命在某种程度上被诱骗放弃掉他们的自身价值，只有通过让健康的生命将他们的健康——他们的让自身出类拔萃的能力——看作是某种有罪的或者应受责备的东西，这才能够达成。

这引领我们走向了《道德的谱系》第一章中处理的一些问题，并且引领我们走向了下面这个问题：尼采将苏格拉底作为禁欲主义僧侣这一自相矛盾的看法。

在《道德的谱系》第一章中，尼采试图表明善与恶的道德范畴——这些我们当做是自然的和普世的东西——事实上是作为对处于统治地位的关于好和坏的贵族价值的反应而在历史上出现的。尼采主张，起初，掌握了"命名的权利"的人是高贵者，他们从他们的生活的典型方式中获得基本价值，按照他们自身爱竞争的、个性化的能力和能量来制定德性体系。因此，价值判断"善"②——至少在最初——指涉的并非是不自私的行为，而是高贵者的力量、活力和个性。这是与所有"普通和下等人"的道德正相反的价值判断。高贵者理所当然地认为他自己以及那些与他类似的人是"好的"，而普通人——那些卑贱的、消极顺从的、不高贵的人——是"坏的"。③

现今的善与恶颠倒了这些贵族的价值，将贵族价值判断的"好人"转变为邪恶的或者恶毒的人，同时将普通人（那些人无能于热爱竞争的卓越或者无能于过行动的生活）提高到善的级别。尼采宣称，这一颠倒是"精神的复

---

① Nietzsche, *GM*, sec. 15.
② 我们在不同的地方会分别用"善"和"好"翻译 good，请读者细查。——译者注
③ Nietzsche, *GM*, essay 1, sec. 2.

仇"，是普通人对高贵者产生的强烈的却无能为力的仇恨的结果。通过这一颠倒，新的理想和新的道德前景被建立起来了，这是专门为了培养和保存消极顺从的、平庸的人而裁制的东西。这是"奴隶在道德上造反"，这是对于希腊和罗马高贵理想的剧烈的并且彻底的颠倒。①

尼采将犹太人作为"奴隶造反"的发起者这一臭名昭著的鉴定不应该让我们对于他在"高贵者"与"奴隶"道德之间（看似并不微妙的）对比的细微差别视而不见。前者以自我肯定为特征："高贵的人类以自己作为一个力量强大者为荣，也以能自我控制为荣，他懂得如何去说话，也懂得如何去保持沉默，他乐意对自己严厉而强硬，并且尊重所有严肃性和强硬性。"②他的德性——核心在于力量、能力和积极的生命——颂扬卓越，卓越是拥有巨大能量并且自律的个体能够为他们自身赢得的东西。对尼采来说，高贵的生命与积极的生命是完全相同的，甚至这种**积极**德性的道德无法在行为者与他的行为之间做出任何强有力的区分——一个人就是他的所作所为。高贵者骄傲地意识到如下事实：**他的**德性仅仅只有那些像他一样的人才能拥有，那些人是同样拥有巨大能量、力量和勇气的个体。他高度珍视他的敌人，因为敌人让他能够表现出他的德性和能力的全部。

相反，奴隶道德保存并且保护那些只知道劳碌却不知道行动的人。正如之前所提到的，它通过恶魔化高贵者及其决定性的特征——力量、活力、耽于肉欲、骄傲和健康的自我中心主义——得以开端。只有在对这些贵族的德性说"不"之后，奴隶德性才能开始创造它自身的价值体系。然而，这些价值实质上是贵族价值的颠倒。这样一来，它们就打上了与生俱来的受约束的印记。奴隶道德既不能以行动和德性的积极主动表现为核心价值，也不能向那些无能力（因为缺乏能量，"生理上抑郁"或者受到外在约束）获得它的人宣扬个性。禁欲主义僧侣必须以某种方式从消极顺从、谦卑以及缺乏能量或者强烈的感情中制造出德性。

这是如何实现的？答案的开端可以在尼采那著名的羊羔和猛兽的寓言中找到（《道德的谱系》，第一章第 13 节），这一比喻显示了隐藏在对高贵者所评价之"善"的"奴性"颠倒背后的基本（被动反应的）逻辑：

> 羊羔不喜欢猛兽并不奇怪，只是没有任何理由因为抓走了小羊羔而

---

① Ibid., sec. 10.
② Nietzsche, *BGE*, sec. 260.

第三章 弗雷德里希·尼采：道德、个人主义和政治

责备猛兽。如果羊羔们在它们自己中间议论说，"这些猛兽是恶的；而谁只要与猛禽一点也不像，毋宁说正相反，像其对立面的羊羔——它不就是善的吗？"那么，这一理想的建立并没有什么可以指摘的，除了猛兽可能会投以讥讽的一瞥并且说道："**我们**完全不会不喜欢它们，这些善良的小羊羔；我们甚至热爱它们：没有什么能比嫩羊羔的味道更好了"。

将自己（以他一贯的典型作风）认同"作为主人的"猛兽之后，尼采继续阐释自己的寓言。他的要点是要相对化我们关于道德行为和责任的定义，而这靠的是质疑它们所依赖的行动的语法：

> 要求力量**不**作为力量来表现自身，要求它**不**表现征服的欲望、推翻的欲望、成为主人的欲望；要求它不表现对敌人的渴望、对阻抗的渴望、对胜利的渴望，这就如同要求软弱必须作为力量来表现自身一样荒谬。一定量的强力等于一定量的冲动、意志力、影响力——更确切地说，强力不是别的，恰恰就是这种有冲动的、有意志力的、有影响力的东西本身，而仅仅由于语言的迷惑（以及由于僵化在语言中的理性的根本错误）——这种语言的迷惑将所有的影响想象为并且错误地想象为以某些产生影响的东西为前提条件，以"主语"为前提条件——强力才会展现为其他。因为正如大众心中将闪电与闪光区分开，把后者看成**行动**、看成一个被称作"闪电"的主语的活动；与此类似，大众道德也将力量与力量的表现区分开，似乎在强者的背后存在着一个中立的基础，它能够**自由地**表现力量或者不表现力量。但是，并不存在这样的基础；在去行动、去产生影响、以及去生成背后并没有"存在"；"行动者"仅仅是一个被附加给行为的虚构之物——行为就是一切。

这个段落的结论性声明太过绝对了。考虑到尼采的如下一般看法：我们的概念系统塑造了世界而非反映世界，他其实不能以轻蔑的口吻将主体称为一个"虚构之物"。[①] 然而，他的总体要点是非常重要的。如果并不存在行动或者责任的**自然**语法，并且如果（如尼采所认为的那样）任何道德的基本

[①] 在这些问题上对尼采观点的总结，见 Arthur Danto, "Perspectivism", in his *Nietzsche as Philosopher* (New York: Columbia University Press, 1965), pp. 68–99.

目的都是要提供有利于某种特定生命形式的条件,那么我们的道德认识论视为理所当然的行为者与行为之间的明确区分,就必须被看做是为了某种道德的特定**类型**和(实际上)人类的特定**类型**服务的。事实上,正如尼采表明的,这一区分的正式建立的确成了高贵与奴性道德两者之间斗争的武器。①

尼采主张,在"高贵的"道德中,一个人就是其所作所为:个人的身份与在行动中的德性表现是不可分割的。相反地,在"奴性的"道德中,一个人作为**道德**主体却与积极行动的生活没有任何内在的联系。道德上有责任的自我("主体"或者"灵魂")被假定为在其行动或者"影响"之先存在。这个自我占据了一个不同的(独立的并且更高级的)本体论层面,这层面让它既能够脱离这个世界也能够在其中行为。② **内在**生活——一个人的动机、意向和心灵——成为道德评价的主要领域和对象。结果就是,"奴隶"**不用做任何事情**就可以被认为是有道德的或者道德高尚的。的确,对于行动的**否弃**——对于与世俗、利益或者力量相关的所有东西的否弃——现在被看作是伟大的德性。无能——欠缺力量去行动——不再是个人耻辱的原因。反而,它成了奴隶的"自由"的标志,是与主人的德性相比更为优越的德性。③

在这个寓言中,尼采的观点不是要去赞扬"高贵者"的掠食行为(尽管他当然也不是要去谴责它),而是要指出我们的行为和责任的观念如何反映出如下这种特定的历史的尝试:试图诽谤行动的生活——"主人"的生活。尼采主张,"奴隶的"对行动和爱竞争的个性(这种个性产生于伟大的能力、能量和**优秀德性**【virtu】)的敌意,已经植入我们的道德评价的语法之中,我们认为这一语法是"自然的"。我要强调的是:对尼采来说,对这种道德认识论的嘲讽不是因为它把行动者与这个世界或者与他的行为的关系**搞错了**,而是因为它在肯定某种特定行为准则时,让它看起来适用于所有人。根据这一准则,每一个人都被呈现为在道德上有责任的人,这也就是说每一个人都被呈现为驯服的、自我监督的并且对畜群有用的人。正如尼采在《道德的谱系》中所主张的观点,最坏的事情不是"生病的人"的生存,而是这一事实:**他们**的道德开始传染"健康的人"——积极的、健康的并且个

---

① 见 Nietzsche, *BGE*, sec. 260.
② 见 Tracy Strong, *Nietzsche and the Politics of Transfiguration* (Berkeley: University of California Press, 1975), pp. 63 – 64. 也可见 Nietzsche, *BGE*, sec. 17.
③ Nietzsche, *GM*, essay 1, sec. 13.

人主义的人（第三章，第 14 节）。高贵者开始内在化"奴性的"行为准则，从而屈从于"最弱者的权力意志"。正如之前所提出的那样，"禁欲主义僧侣"在这一"败坏"过程中起到了关键的作用，主要是通过他对生存进行宗教（禁欲主义的）解读来诱惑人。然而，行动者/行动这一区分在表面上的自然性是他的武器库中另一件力量强大的武器。

令人惊讶的是，尼采让苏格拉底扮演了一个败坏的禁欲主义僧侣的角色，他巧妙地运用"奴隶的"道德认识论说服雅典人：他们那永不停息的行动是该受责备的；他们的行为所带来的不是荣誉而是羞耻。通过赋予内在性和良心以优先地位，苏格拉底剥夺了伯里克利式德性所赖以为生的空气。他消解了曾经培养了雅典人的能量和伟大的保护性道德视野。在"苏格拉底的问题"中（载于《偶像的黄昏》），尼采描述了作为"庸众"的苏格拉底如何用他的辩证法诱惑年轻贵族，让他们远离积极行动的生活而趋向于过一种"堕落的"沉思生活。"跟随着苏格拉底，希腊人的品味发生了改变而偏爱辩证法：当这种改变发生时，究竟发生了什么事？最重要的是，一种**更为高贵**的品味战败了；随着辩证法，小民崛起"。①

我们在《偶像的黄昏》中遇到的苏格拉底是一位极端的理性主义者，他提供理性和逻辑作为那些人——那些不再能够确保自我克制或者对激情冷静控制的人——的拐杖。他是日渐衰败的**贵族**生活的医生，正因为如此，他较少作为一个追问者，更多作为一个教条主义者提供新奇的方法以避免即将到来的崩溃："理性在当时是被神化为**救世主**了；无论是苏格拉底还是他的'病人们'都不能随意去当理性的人或是非理性的人——这是**合乎社会习俗的**，这是他们最后的应急措施……人们陷入危险，人们只有**一个**选择：要么毁灭，要么成为**荒谬的理性的人**。"② 苏格拉底作为禁欲主义僧侣的角色为那些不再能够相信他们自己本能的贵族提供帮助，这一角色让他成为希腊人的活力能量衰退的伟大标志。

当我们将尼采对苏格拉底作为**堕落者**的描述与他对将修昔底德作为"古代希腊人本能上强大有力、坚强不屈、冷酷强硬之事实性的最后表现"的赞许引证相比较，我们似乎就掌握了我们需要的所有证据以判定尼采之罪——当然不是拥护罪恶，而是支持一种个性的竞争式概念，这一概念为反思、自

---

① Nietzsche, "The Problem of Socrates", *Ti*, sec. 5. 参照 Nietzsche, *Daybreak*, sec. 41.
② Nietzsche, "The Problem of Socrates", sec. 10.

我省察和激进的（哲学的）质疑留下的空间少得可怜。① 尼采让我们面对的并非是在公民与哲人之间的冲突，而是在积极行动的英雄的个体与哲人之间的冲突。

如果我们将这些方面与尼采之前在《悲剧的诞生》与《不合时宜的沉思》中对生命和行动-维系的幻象的赞美联系起来的话，我们似乎就到达了一个与苏格拉底正相反对的立场上；在其中，"让人们慢下来"以及否弃的德性都表现为"日渐衰败的"生命的症状。《道德的谱系》的一半的修辞——即，破除幻象的修辞——让位给了另一半——充满激奋的（并激奋他人的）生命的（**生命-哲学的**）修辞。这种修辞几乎完全与"理智良心"的要求无关，因为它将幻象作为实际生命的一个必要的维度。

从**这个**视角来看的话，唯一真正重要的事情就是给定的生命形式是健康的还是生病的，是积极主动的还是被动反应的。健康的和生病的形式都需要保护性的幻象——两者都将简化后的虚构之物强加给这个世界和自我，以便于更好地处理无秩序的和碎片化的威胁——这一事实两方都并不反对。毋宁说，它凸显了"非-真理"作为生命的一种境况的必要性。② 比如，"高贵的"希腊人支持一种理想（幻象），在这一理想中自我与行动是不可分割的，而堕落的希腊人则受到了奴隶的道德认识论魔咒的迷惑。③ 在不同状况下，生命的特定形式——一个是有生命力的，另一个是日渐衰退的——是通过为其效劳的道德语词得到保护的，正如"生病的畜群"是通过基督教的道德语词得到保护的，这种道德语词竭尽可能地带领自我脱离这个世界。

这一对幻象之必要性的坚持就是尼采谱系学研究的最主要的遗产吗？"完全自主的个体"是不切实际的幻象吗，是一个除了可能在对于超人（übermensch）的幻想形式中达到之外，从没到达过的道德发展的阶段？尼采是否不是在深化在理智与道德正直之间的苏格拉底式关联，而是事实上在与其战斗？因为尼采敦促像他自己这样的"自由思想家"去破除幻象，但是对其他人——无论"健康的人"还是"生病的人"——则主张一种封闭视域的必要性。④

---

① Nietzsche, *GM*, essay 1, sec. 11; and "What I Owe to the Ancients", *TI*, sec. 2.
② Nietzsche, *BGE*, sec. 4.
③ 对于能动性和希腊人的尼采式故事（至少在其极度字面的形式中）的怀疑，见 Bernard Williams, *Shame and Necessity* (Berkeley: University of California Press, 1994).
④ Friedrich Nietzsche, "On the Utility and Liability of History for Life", in Nietzsche, *Unfashionable Observation*, trans. Richard T. Grey (Stanford: Stanford University Press, 1995), p. 90.

对这些问题的回答引领我们走向尼采对现代民主制的观念的理解,他将民主制视为一种典型的反个人主义者文化。在尼采看来,与其说自由民主制促进了自治的计划,倒不如说自由民主制通过给予"良心不安"和"畜群"的**怨恨**以制度化的形式阻碍了这一计划。它分泌出了一种不能容忍任何反对立场的精神特质、道德、文化。尼采在民主制度和"公众意见的暴政"之外提出了另一种选择可能,这**的确**为哲学和道德正直保留了空间,但这(貌似)以牺牲公民身份为代价。他能够为"未来的哲学"构想出一个政治角色,这个角色看起来与苏格拉底的、破除幻象的那一个角色相去甚远。毋宁说,这个角色令人不安地让人回想起柏拉图,具体原因我会马上进入讨论。

民主、贵族主义与个人主义

在《超善恶》这本书中,尼采明确的支持反平等主义、反民主的政治学,以便于促进他所说的"人的提升"。在第九章("何谓高贵")一开篇,他既表达了自己对于贵族价值的优越性的明确信心,也表达了他那貌似真实的信念,即,对于不平等的保留是真正人类进步的关键:

> 迄今为止,作为"人"这种类型的每一次提升都是贵族社会的成果——而且以后也会一再如此;贵族社会相信人与人之间存在着巨大等级差异和价值差异,认为需要某种意义上的奴隶制。如果没有一种距离感,即诸如产生于阶层差异,产生于统治的特权阶级总是忽视和俯视臣民和被当做工具的人,产生于统治阶级发号施令、控制和**保持距离的激情**,那么人们也就不会产生其他更为神秘的激情,就不会有在灵魂内部不断扩大距离的渴望,也就不会形成更高、更罕见、更久远、更延伸、更全面的状态;简而言之,作为"人"这种类型就不会提升,就不会有不间断的"人的自我超越"——这当然是在一种高于道德的意义上使用道德公式所表述的。[1]

诚然,在这个段落中存在着模棱两可之处("某种意义上的奴隶制"),但是它大体上的倾向性是足够明确的。当尼采在下一节中接着将"健康的"

---

[1] Nietzsche, *BGE*, sec. 257.

贵族制定义为这样一种制度：不是将自身仅仅看作社会整全的一个部分，而是作为社会整全的"意义和最高的证明"——这样一种制度"带着良心平安（good conscience）"接受"数不清的人类的牺牲，**为了这个制度的缘故**，这些人必须沦为和降低为发展不完善的人类、奴隶、被当做工具来利用的人"——我们似乎遇到了这样一个观点，这个观点（从道德上来说）至少与亚里士多德在《政治学》第一卷中对"自然的"奴隶制的辩护一样地令人厌恶。在两位哲学家看来，有德性活动的展现预先假定了有闲的精英和负责更为平庸的活动的人类"工具"的出现。只有在体力劳动和维持生计的任务由其他人来执行的地方，更高级的、非功利主义的情感才能够欣欣向荣。①

从这种视角来看，民主秩序的崛起标志着所有价值的贬值。民主平等主义的文化——在这种文化中没有任何人类的生命在道德上比其他人类的生命更有价值——将整个价值领域降低到"最小公分母"（普通人，他们完全忽略了"更罕见、更久远、更延伸的全面状态"）成为迎合大众欲望的东西。人的平等需要各种不同价值的可替代性。此外，它助长了根据胆怯、欠缺生命活力以及与"畜群"保持基本一致来进行调整剪裁的一套价值。因此，尼采的声称，"对我们来说，民主运动不仅仅只是政治组织的衰败形式，而且是人自身蜕化的衰败形式，即，人自身平庸化和价值贬值的衰败形式"。②

仅仅这么看，尼采似乎提供给我们一个简单的公式。贵族制引领（或者能够引领）人的提升，民主制则导致了人自身的蜕化——导致了"平等权利和平等主张的侏儒畜群"。但是尼采也承认一个无可辩驳的事实，即，在现代民主制的形式下，"奴隶在道德上造反"已经获胜。亚里士多德式的价值已经被推翻了。③ 因此，在《超善恶》一个著名的段落中，尼采将他自己的希望寄托在"未来的哲学家"身上。作为"发号施令者和立法者"，**他们将会创造出一种能够推翻"最多数人"的"无意义"的价值**。装备上这一重估价值的武器，他们将会残酷无情地将新贵族的价值烙印在作为坏泥的堕落的欧洲身上（通过"一个崭新的、好战的时代"以及"为地球统治权而进行的战斗"，这种状况将会好转）。④

这是一种对《超善恶》一书流传最广的解读。然而，如果我们将尼采对

---

① 参看 Hannah Arendt, *The Human Condition* (Chicago: University of Chicago Press, 1958).
② Nietzsche, *BGE*, sec. 203.
③ Nietzsche, *GM*, essay 1, sec. 9.
④ Nietzsche, *BGE*, secs. 203 211. 参照 *BGE*, sec. 208.

第三章　弗雷德里希·尼采：道德、个人主义和政治

于民主文化的批判与《道德的谱系》一书的基本观点联系起来看的话，那我们就会发现事情并非如此简单。当我们将尼采早期在《人性的、太人性的》(1878)和《漫游者和他的影子》(1880)中对民主的评论考虑在内的时候，额外的难题就出现了。

正如我在本章第二部分中所指出的那样，尼采对"奴隶道德"的主要反驳就是：它将**某一**行为准则和**某一**价值体系作为对所有人都有约束力的东西。"奴隶造反"的核心是对于道德多元主义的最为彻底的拒绝，即，对于这一想法的拒绝：不同的行为准则可能会适用于不同的生活领域或者不同的个体或文化类型。① 现在，"道德多元主义"意味着很多东西：从价值通常是冲突的并且行为的准则是多元的这些简单的认识，到文化相对主义的更为激烈的主张。尼采对希腊、罗马和文艺复兴的积极德性的支持显示出他并不是一个相对主义者；虽然他认为存在着"其他更高等级的道德"的主张表明他是一位广义上的道德多元主义者（就像那些对如下观念提出质疑的人：存在着唯一的、正向的行为准则，这其实就是道德本身）。在尼采看来，对道德多元主义的拒斥为奴隶道德战胜"高贵"价值提供了战略上的基石。将自身呈现为事实而非一种解释，奴隶道德对所有其他与其竞争的价值体系釜底抽薪，在不宽容与道德概念之间创造出一种强有力的内在联系。②

尼采在《道德的谱系》中追溯了奴隶道德取得胜利所采取的策略，他的追溯为他的如下主张提供了背景（在《超善恶》，第202节）：他的时代的欧洲道德已经对其他"更高级"的道德视而不见，坚持认为"我即道德本身，别无道德"。在此，绝对有必要指出的是：尼采攻击的"奴隶道德"的古代和现代形式都是**正向的**或者"浓厚的"行为准则，这些行为准则得自于不同的德性体系。比如，在"奴隶造反"的早期（基督教的）形式中，温顺、服从、同情以及所有非自我中心的东西都被"谎称"为德性；而在之后（民主的）形式中，一套类似的价值（包括公共精神、仁慈、体贴、勤奋、温和适度）被表达为所有人的义务。③ 换句话说，尼采所不赞成的东西并不是任何社会都有一种占据统治地位的道德这一想法。（他几乎不可能那样做，

---

① 参照 Max Weber, "Science as a Vocation", in *From Max Weber*, ed. H. Gerth and C. W. Mills（New York: Oxford University Press, 1958），在这本书中他讨论了基督教伦理的"宏大道德狂热"如何让西方文明对这种可能性视而不见长达"千年"（p.149）。
② 见 Nehamas, *Nietzsche: Life as Literature*, p.126.
③ Nietzsche, *GM*, essay 1, sec.14; and *BGE*, sec.199.

鉴于他那广义的人类学观念：各种不同道德在不同文化中发挥作用。）毋宁说，他所不赞成的是那样的情况：占据统治地位的形式完全独占了文化的和心灵的空间，让社会和组成它的个体成为单一的（教条的）德性概念的奴隶。

这表明：与看上去的正相反，尼采事实上既在政治和文化之间做出了区分，也在政治制度和由它们所决定的个体类型之间做出了区分。相反的假设——政治和文化是重叠在一起的以至于它们最终难以区分，并且以至于个体公民是法律和制度的衍生物，他们在法律和制度中被养育长大——可以被简略地称为"柏拉图式的观念"。当尼采说"民主运动不仅仅只是政治组织的衰败形式，而且是人自身蜕化的衰败形式"时，并且，当他将民主政治和社会制度称作"这种［畜群］道德的更为明显的表达"时，[①] 他似乎采纳了这一柏拉图式的观念。但是，我们也可以看看《漫游者和他的影子》中的这段话：

> 欧洲的民主化是不可阻挡的……尽管如此，后世可能总会有一天嘲笑我们的这种焦虑，并且有可能将好几代人前仆后继的民主工作在某种程度上看作是建造石头大坝和防护墙一样——作为一种必然会在衣服上和脸上扬满尘土的活动，并且毫无疑问，也不可避免地让工人们变得有些迟钝和愚蠢的活动；但是，谁会希望这一工作由于那个缘故而无法完成呢！看起来，欧洲的民主化是那些数量众多的**预防措施**链条中的一环，这些预防措施是现代的观念，并且通过这些预防措施。我们将自身从中世纪分离出来。只有现在才是巨人建筑物的时代！我们终于确保了基础，如此，整个未来才能够安稳地建立于它们之上！从此以后，我们让文化那肥沃的土地再也不可能被狂暴的和失控的急流在一夜之间摧毁！我们建造起石头大坝和防护墙来阻挡野蛮人、阻挡瘟疫、阻挡身体**的和精神的奴役**![②]

这不仅仅是一种对民主之必然性的托克维尔式预感；事实上，这是对由现代（宪政）民主在合法性和道德性之间、以及在公共和私人领域之间做出的区分所打开的文化可能性的赞赏。这些区分，以及它们的制度表达都是

---

① Nietzsche, *BGE*, secs. 202, 203.
② Nietzsche, "The Wanderer and His Shadow", in *HATH*, sec. 275.

第三章　弗雷德里希·尼采：道德、个人主义和政治　　157

"预防措施"，通过这些预防措施现代将自身从中世纪（以及其他的，更为"有组织的【organic】时代"）的"身体和精神的奴役"中脱离出来。就像马克思在《黑格尔法哲学批判导言》中所做的那样，尼采将现代民主等同于世俗化和政治领域的相对自治状态，即，等同于文化和私人生活的领域从道德立法者（比如教会或者普鲁士的"基督教国家"）的暴政中得到解放。① 换句话来说，这不仅仅是人不能回到过去的问题（"没有人能当螃蟹向后爬"）。② 更重要的是，如果谁想回到过去，那这个人可能是疯了。

对由自由民主制度所打开的空间和可能性的这种现代人的赞赏应该让我们小心，不要把尼采匆忙等同于我说的"柏拉图式观念"（即，治邦技艺中首要的是灵魂技艺，而哲学家的作用是为德性立法）。当我们在《超善恶》中读到以下表述时也要保持警惕："民主运动是基督教运动的后代子嗣"（sec. 202）。我们从《超善恶》、《道德的谱系》和《敌基督者》中了解到：尼采将基督教作为一种教条式的、普世化的和不宽容的信条。同样的，我们了解到：他将**怨恨**作为驱动民主平等运动的最主要的激情，这种怨恨在对等级的所有（无论政治的或者文化的）标准的愤怒反对中显示自身。但是，我们也了解到：尼采将制度和实践看作是相对自治的东西，看作是**形式**——这种形式通过被注入一种特定的"权力意志"而被给予一个特定的意义。③ 这表明：在尼采那里，在自由民主**制度**与某个特定时刻驱动它们的**精神**或意志之间，存在着一个重要的（尽管大部分是暗含的）区分。④

将这个区分牢记在心，我建议对《超善恶》中尼采对"民主运动"的批评提出一个更为细致的解读。民主的社会和政治制度当然可能会成为"畜群道德的一种比以往任何时候都明显的表达"，但是这并不意味着它们原本的或者最为重要的功能是要去促进那种强迫性同质化的道德。正相反，如下说法是与尼采的理解完全一致的：一方面，为了将被封建基督教合并的价值领域从中分离开来，欧洲的民主化是绝对不可缺少的一步；另一方面，在其公开承认的对社会正义的关心这一动机之外，大众民主政治**运动**通常还会受

---

① 见 Karl Marx, Contribution to the Critique of Hegel's *Philosophy of Right* in *The Marx - Engels Reader*, ed. Robert Tucker (New York: Norton, 1978), pp. 19 - 20.
② Nietzsche, "Expeditions of an Untimely Man", *TI*, sec. 43.
③ 关于这一点，尤其可见，Nietzsche, *GM*, essay 2, sec. 12.
④ 制度与让这制度充满活力的精神的区分在本质上是反柏拉图的。正如尼采的如下区分本质上也是反柏拉图的：一方面是**文化**，另一方面是**国家**和政治。见 Nietzsche, "What the Germans Lack", *TI*, sec. 4. 参见 Nietzsche, *HATH*, sec. 474.

到更为含糊不明的动机所驱动。

为有限政府这一现代观念和基于权利的否定式道德提供制度形式的斗争——这一斗争为个体和文化自由打开了巨大的、崭新的领域——事实上，被另一种斗争所取代了：激情汹涌的多数人坚决将其正向道德强加于（或者影响）作为整体的社会。如果我们从**这个**角度来解读《超善恶》的话，我们能够发现对民主\大众文化的批判是由一种与密尔类似的那些关心所驱动的。如密尔一样，尼采最为恐惧的是多数人的教条主义，这种教条主义有着根深蒂固的文化和心理根源。通过由政治组织的民主形式授予权力，这种教条主义既对个体的和文化的自由造成了最大的威胁，也对人类的不同**类型**——特别是"完全自主的个体"——造成了最大的威胁。

当然，尼采的修辞比密尔的修辞要更具有煽动性。在尼采那里，上一代的文化悲观主义让位给一种启示录的腔调，大部分二十世纪的欧陆哲学将受其影响。然而，对如下想法的支持在许多地方都能找到：尼采的批判建基于现代人在文化与政治之间、道德性与合法性之间，"正向的"行为准则与人们最低限度的行为准则之间所作的区分。尼采在《人性的、太人性的》一书中指出，大众政治肯定会持存下来；试图去改变它是无意义的，"因为这已经发生了，我们必须让我们自身适应这种新的境况，就如同当一次地震替换掉了陆地旧有的边界和轮廓时我们需要适应一样"，他继续说：

> 如果所有政治现在都是关于这个问题的话：让生活对于最大多数人来说变得可以忍受，那么这最大多数人也会被允许去决定他们所理解的可以忍受的生活是什么样子；如果他们相信理智是能够发现适当的手段去达到这个目标的话，那么对此怀疑会有什么好处呢？他们现在**想要**哪怕一次机会去锻造出他们自己的幸福与不幸福；并且如果这种自己做决定的感觉，这种对在他们脑袋瓜里所容纳的和发掘出来的五六个想法的骄傲，事实上的的确确能够让他们的生活对他们来说变得如此幸福，以至于他们将会兴高采烈地忍受他们思想狭隘的致命后果：那么在此就没有什么可以反对的了，只要他们的思想狭隘没有甚至于要求**每一事物**都应该在这种意义上变成为政治，或者要求**每一个人**都必须按照这种标准生活和工作。

大众的思想狭隘不需要通过哲学的"发号施令者或者立法者"——他们把一种崭新的、贵族的价值体系强加给畜群般的大多数——来与之进行战

第三章　弗雷德里希·尼采：道德、个人主义和政治　　　　　　　　159

斗。毋宁说，在公共领域中这种 metalité（精神）的胜利意味着对个性的追求必须在**其他地方**发生，在一个尚未以这种方式进行"政治化"的文化空间中发生。

但是，有人可能会对此反驳道：这是"中期的"尼采在说话，这个尼采尚未将自己看做是欧洲的"命运"。① **那个**尼采——在《超善恶》、《查拉图斯特拉如是说》、《偶像的黄昏》中的尼采——并没有建议我们从公共领域中抽身退隐，而是建议我们要"重估一切价值"，建议我们要进行一场**文化的**革命：如果"人的降低"要被颠倒，那么这场文化的革命必须利用政治手段。②"未来的哲学家"并没有从公共领域中抽身退隐。毋宁说，他们捶打它以使之成形，使用最为野蛮类型的政治手段以便达到雅各布·布克哈特（Jacob Burckhardt）所说的"国家作为一件艺术作品"的状态。

无疑，青年尼采被这种国家的观念吸引住了，正如在 1872 年《希腊城邦》的文章断片所证明的。③ 而成熟尼采的修辞则似乎毫无模棱两可之处。在《偶像的黄昏》37-39 节中，他特意将自由主义和民主与"文化的衰退"联系起来，并且赞美罗马帝国与他那个时代的俄国，将它们作为足以建立持久制度的强国（与现代民主或者德意志帝国不同）来进行赞美。④ 再者，尼采还倾向于将国家视作"培育"一种特定类型的人的机构。于是，我们看来拥有了我们需要的所有证据，足以证明他的的确确忠于柏拉图式的政治

---

① 例如，见 Detwiler, *Nietzsche*, pp. 15-16，在其文中，这些对民主制"表示赞同"的提法都被描绘为不合常规的事件。然而，正如 Maudmarie Clark 所指出的那样，尼采"成熟期"的作品并没有否定他自己早期的观点。参见她的文章 "Nietzsche's Antidemocratic Rhetoric", *Southern Journal of Philosophy* 38（1999），pp. 119-141。这并不是说：最终，尼采在一种近乎诚实坦率的意义上是亲民主制的［正如 Lawrence Hatab 在他的书 *A Nietzschean Defense of Democracy*（Chicago: Open Court, 1995）中所持的观点］。而是，简单地说：在尼采那里，表层总是令人迷惑的，并且这些表面上的矛盾之处总是引诱着注释者边缘化某些评论却突出其他的评论。Detwiler 迫切想要表明：实际上，尼采是一个原纳粹和原法西斯主义者（尽管不是"单纯的"一个）。所以，他或多或少将"中期的"尼采排除在外，却将早期（1872）未刊的《希腊城邦（"The Greek State"）》的文章断片作为真正尼采式的文字。

② 见 Bernard Yack, "Nietzsche and Cultural Revolution", *The Longing for Total Revolution* (Berkeley: University of California Press, 1992), pp. 310-364; Detwiler, *Nietzsche and the Politics of Aristocratic Radicalism*, pp. 8, 12-13.

③ Friedrich Nietzsche, "Der griechische Staat" *Nietzsche Werke: Kritische Gesamtausgabe*, ed. Giorgio Colli and Mazzino Monatinari (Berlin: Walter de Gruyter, 1973), 3: 258-271.

④ 即便如此，他的这番言论的说服力仍然是值得商榷的。

观念。

但是，在我们得出这样的结论之前，我们需要好好考虑一下《偶像的黄昏》一书中"人类的'改善者'"那一节。在此部分中，尼采攻击了所有设计来"让人们变得有道德"的（宗教的、政治的、文化的）计划。无论这种尝试是为渴望去**驯服**人类－野兽所驱动（正如在基督教中所要求的那样），还是为渴望去**培育**"一个确定的种族和物种"所驱动［正如在印度道德和"摩奴法典（law of Manu）"中所要求的那样］，不道德的手段——通常是最为令人毛骨悚然的方式——必须被利用。如果一个人对目的有所意欲，那他必须对手段有所意欲：那（不道德的手段）就是"驯服式道德"和"培育式道德"的原则。因此，从**真正**道德的观点来看，这两种类型的计划是"彼此完全相称的，我们可以确定这样一个最高命题：为了**制造**道德，人们必须具有做相反事情的绝对意志，……这可以用一个公式来表达：迄今为止被用来让人类变得道德的**每一种**手段都是彻底**非道德的**"。① 在《敌基督者》第三节中，尼采提出了基督教驯服式道德也是培育式道德的一个例子；而在《超善恶》中，他提出我们可以将古典希腊城邦或者威尼斯这样的贵族共同体作为为了培育某种类型的个体的（"自愿的或者非自愿的"）"安排"。

这究竟是怎么回事？为什么我们在尼采生命的几乎同一时期的文本中得到了关于"培育式道德"的看似自相矛盾的讯息？如果别的不说，那么在尼采的修辞中肯定有着不稳定之处。一方面，他对暴力的和毁灭灵魂的手段表达了道德厌恶，这些手段被不同文化使用以"让人们变得道德"。（实际上，《道德的谱系》可以被读作关于人类自残的一个长篇的痛苦呐喊）。但是，另一方面，他似乎将这种"培育"作为一个几近价值中立的一个术语，是**所有**宗教和政治的组织欲盖弥彰的目的。就后一种理解而言，他似乎支持任何能够生产出他所推崇的拥有积极（异端的或者文艺复兴时期的）德性的人类的安排机制。这让许多人将尼采视为国家的捍卫者，尽管众所周知他把国家贬损为"所有冷酷怪物中的最冷酷者"。②

我想要说的是：在此，就如同在其他地方一样，我们遇到了尼采对一种双重视角的使用，这与康德在《道德形而上学基础》中的用法有着惊人的相

---

① Nietzsche, "The 'Improvers' of Mankind", *TI*, sec. 5.
② Friedrich Nietzsche, "On the New Idol", *Thus Spoke Zarathustra* in *The Portable Nietzsche*, ed. Walter Kaufmann (New York: Penguin, 1982), p. 160.

第三章 弗雷德里希·尼采：道德、个人主义和政治

似性。康德主张：只要我们在使用中是有意识的并且前后一致的，那么如下说法就不存在**逻辑**上自相矛盾之处：一方面，将人类说成是陷入在"自然的机械论"中的被限制的存在者；而另一方面，说人类是能够自发行动并且在道德上为自身立法的理性主体。当然，康德用来为他的双重视角奠基的两个世界形而上学，尼采不会接受。（康德的形而上学遭到了尼采持续不断的抨击。）尽管如此，尼采确实从康德那里转用了如下观念：在一方面，人类现象可以被一以贯之地自然化的；另一个方面，人类现象可以被批判地从道德的意义来看（在此，"道德的"这个词并非康德哲学的意义，不过也有着强烈的评价意义）。比如，《道德的谱系》一书持续不断地在以下两者之间做来回的变换：一方面是将身体上的和心灵上的残酷说成是人类自我塑形（即"去-野兽化"）所必需的东西；另一方面又对这种自我-残酷的强化和延长表达了最大程度的恐惧。①

当我们再考虑到这一事实：尼采（在他的"自然化"模式中）甚至将基督教也当成一种"培育"计划，那么，就更难以说他想要进行政治上强制执行的优生学实验了。"培育"已经变成了一个囊括一切的隐喻，这个隐喻指的不是政治主导的计划（如我们在柏拉图的《理想国》第5卷中所发现的计划），而是由任何政治的/道德的/文化的政体所"生产出"的那种**个体**。很明显，相对于由基督教和现代欧洲文化所生产出的"驯服的畜群"，尼采更加喜欢由希腊城邦、罗马和文艺复兴的意大利所"生产出"的那种喜好竞争的个体。②

就这种偏好来说，尼采与密尔（他竭力要求"异教的自我肯定"作为对基督教克己忘我的平衡）有相似之处，尽管他们对于哪些不同**种类**的德性

---

① 会有反驳意见说：鉴于尼采对生命的看法是将其作为剥削和权力意志（*BGE*, sec. 259），如果说他对无论身体上还是心灵上的残酷有任何真正的反对，就无疑是完全错误的。这种批评将尼采的哲学作为对人类现象的自然化这单一维度的展示（与此观点类似的是萨德【Sade】的文章"Yet Another Effort, Frenchmen, If You Would Be Truly Free", in Sade's *Philosophy in the bedroom*）。见 Max Horkheimer and Theodor Adorno, "Juliette, or Morality and Enlightenment", *Dialectic of Enlightenment*, trans. John Cumming（New York：Seabury Press, 1972），pp. 81 – 119. 这些解读假设尼采从事于单一地对权力和残酷的颂扬。鉴于尼采经常对在这个世界中过剩的（意志的）痛苦做出批判，这些解读完全无法得到支持。
② 见 Nietzsche, "Expeditions", *TI*, sec. 38. 在此，尼采表现出了这样一种倾向：相对于那种被自由主义者所喜爱的"消极"负面的观念（像密尔那样），他更偏爱一种"正向的"、积极的并且共和主义自由概念。也可见 sec. 41.

能够——并且应该——固化在同一个主体身上的看法并不相同。类似的，尼采和密尔在如下这个方面也有相似之处，即某些形式的专制对于人自我塑形的某些（早期）阶段是合适的。① 与密尔一样，尼采将特定文化的道德品味看作是对它可能生产何种个体类型（积极的还是畜群般的）至关重要的东西。但是，他没有在任何地方提出要使用**政治**的手段去强制执行一种**哲学上所决定的**培育计划。在《敌基督者》第三节中，当尼采写道："我在这里所提出的问题，并不是按照物种发展顺序，谁应当取代人，……而是应该**培育**、应该**意欲**什么类型的人，作为更有价值的人"，他关心的是关于**个体的主导性文化理想**，而不是关心谁应该与谁交媾（如在柏拉图那里一样）。所"意欲的"个体类型这一修辞并**不**暗含着对于人类自由的专制破坏，这一修辞可以在如下事实中得到证明：尼采将基督教本身作为个体的一种特定类型的**意欲的达成**。这样的意志可以激发一种特殊文化及其实践；它并不意味着要搞由牧师或者哲学家进行的优生学实验。

如果对尼采提出了一个柏拉图哲学王的更新版本的指责是错的——错在尼采并没有想要在**每一个人**身上强制推行同样的行为准则，错在他攻击宗教和国家恰恰是因为它们使用不道德手段推行这种"教化"计划，最后，错在尼采的"培育"某种类型个体的观念是模糊的和象征的，而不是某种计划好的并且强制执行的东西，那么，为什么他（在《超善恶》中）要主张将"未来的哲学家"（sec. 201）称作"发号施令者和立法者"呢？为什么他谈到要为欧洲创造一个"崭新的、统治的特权等级"（sec. 258）呢？

这个问题的答案将我们带回到尼采的"完全自主的个体"，以及为什么《道德的谱系》中所描述的漫长艰苦的道路最终（在很大程度上）证明是一条死路的原因。对尼采来说，问题不是如何能够争取让大众远离基督教，也不是如何能够将自由-民主制度替换成贵族制度。大众可能非常需要他们的信仰；将之拿走只会让他们去欣然接受更坏的专制形式。② 同样地，错误并不在于自由-民主**制度**，而是在于**我们**：我们已经失去了使这些制度成长所需要的活力。③ 确实，正如尼采的评论："只要人们还在为正确的自由体制

---

① 见 Mill, *On Liberty*, in *Texts and Commentaries*, ed. Alan Ryan (New York: Norton 1997), 48 - 49.

② Nietzsche, *BGE*, sec. 242. *GM*, essay 3, sec. 20, 在此"情感的放纵"呈现为对新世纪的先见之明。

③ Nietzsche, "Expeditions", sec. 37, 39.

第三章　弗雷德里希·尼采：道德、个人主义和政治　　163

而战斗，这些体制就会产生完全不同的效果；它们事实上就有力地促进了自由。"① 而一旦斗争停止了，拥有积极的、个性化德性的动机也就停止了。此时，"驯顺动物"的理想就走上了前台，并且文化作为一个整体屈膝在最小公分母（民众）面前，成为迎合大众欲望的东西。

　　和密尔一样，尼采遭受的是某种**幽闭恐惧症**的折磨，这种境况是由于文化空间被一种占支配地位的理想所霸占而造成的。② 在这样一种状况之下——在这里，"健康的"人处于被"生病的"人感染的危险之中；在这里，由自由-民主制度创造的自由被纳入到单一的正向行为准则之中——最大的需求就是找到能够为人们创造出"崭新的"或者别种可替换的价值的那些人，这样的价值既能够扩展人类生存的可能性，也能够扩展道德生活的丰富性。这（比什么都重要）就是尼采认为他的"未来的哲学家"，以及他的新的"统治的特权阶级"所做到的。他们主要的责任是去扩展文化空间和理想，而不是"统治"顺从的大众，这一点可以从尼采所引证的在他的时代进行"统治"的那些精神代表中看出来。这些人包括密尔、斯宾塞和达尔文——按照尼采的说法，他们全都是平庸的英国人，但是"谁会怀疑**这些**精神有时统治一下会很有用呢？"③ 在尼采的词汇表中，"统治（ruling）"，就像是"培育（breeding）"一样，不能只取其表面的含义。"统治"这个词意味着一种文化上的影响力，其重要性不能被低估，它并不取决于对政治力量的占有。

　　那么，"未来的哲学家"的任务就是要去打破占统治地位的（教条的）价值对欧洲文化的束缚。他们之所以被称作"未来的"哲学家，**不是**因为他们是通过先知尼采召唤来的作为暴力的政治艺术专家，而是因为他们关心的对象是**与未来相关的**，是攻击"当今的理想"并且保持文化可能性的开放的。④ 事后看来，我们可以将尼采也归入那些人中间，（被追认为）践行着某种类似于他归于密尔、斯宾塞和达尔文的"统治"。如果欧洲需要一个

---

① Nietzsche, "Expeditions", sec. 38. 汉娜·阿伦特——以及许多其他（广义上的）公民共和传统的传人——会同意这个观点。见她的书，*On Revolution* (New York: Penguin, 1968).
② Nietzsche, *BGE*, sec. 199.
③ Ibid., sec. 253.
④ 见 Alexander Nehamas 的文章 "Who Are the 'Philosophers of the Future'?: A Reading of *Beyond Good and Evil*", in *Reading Nietzsche*, ed. Robert C. Solomon and Kathleen M. Higgins (New York: Oxford University Press, 1988).

"崭新的、统治的特权阶级"的话,那就是一个**哲人型的**特权阶级,这一特权阶级能够与之前哲学对大众道德和习俗的理性化的谎言分道扬镳;这一特权阶级具有重新思考道德生活所必须的那种关键的独立自主,超越顺从的信条的束缚。总之,所需要的不是哲学王(或者哲学-元首),而是思想者,他们的**理智良心**推动他们去宣告过去的幻象的破灭,这一过去的幻象即为所有个体制定的单一、正向的行为准则——**唯一**"正确的生活方式"、**唯一**的善好,由理性或启示给出的"最好的"或者道德的生活——的幻象。

但是,即便这有限的目标难道不是需要一种比启蒙所梦想的更为彻底地与过去决裂?鉴于把"*creation ex nihilo*(无中生有)"这一本是神的任务交给哲学家,尼采的"重估一切价值"的号召难道不是要求一种与所有习俗和传统的决裂?

尼采常常以这种方式说话,最为明显地是在《偶像的黄昏》、《快乐的科学》以及《权力意志》(死后出版的笔记)中。那著名的"上帝死了"的宣言所指的并不是宗教信仰的终结,而是西方的文化和道德大厦发生了结构性坍塌,这一大厦建基的价值体系由基督教的上帝所"创建"(和保证)。随着这一大厦的坍塌,看待价值领域的整个方式走向了终结。[①] 尼采没有将这一事件简单地作为"形而上学的终结"(感觉和超感觉的区分、存在和本质的区分,以及其他类似区分的毁灭)。毋宁说,他将之看作预示着一场巨大的、可能是毁灭性的文化转型。[②]

尼采似乎认为由启蒙引发的片面的(并且半伪善的)世俗化将完全无法与这一即将到来的文化坍塌相提并论,"新价值"将必然会从它们的残骸中升起。但是,说这种预言的他似乎正好成为了基础主义者逻辑(他因对这种逻辑的攻击而闻名)的牺牲品。他假设如果基础倒了,一切都会随之而去。这一(错误的)假设在《偶像的黄昏》中他对于"自由思想的"乔治·艾略特(George Elliot)及其同类人的轻蔑中表现得最为明显:

> 他们已经摆脱了基督教的上帝,而现在感到必须更加坚决地紧紧抓住基督教道德不放:这是一种**英国式**的一致性……在英国,为了对从神学那里获得的每一次小小的解放有所回应,人们不得不以一种受恐惧所

[①] 见汉娜·阿伦特在其书 *The Life of the Mind* (New York: Harcourt Brace Jovanovich, 1978) 导言中所作的注释, p. 10。
[②] Nietzsche, *GS*, sec. 343. 参照 *GS*, sec. 125, 标题为"疯子"。

激发的方式重申自己的作为道德狂热者的立场。这就是人们在这所偿付的**补赎**（penance）。对我们来说，情况不同。当一个人放弃了基督教信仰的时候，这个人因此就被剥夺了自身对基督教道德的**权利**。因为后者（基督教道德）绝对**不是**不证自明的：人们必须反复地明确这一点，别管英国的那些平庸之徒。基督教是一个体系，对事物有着一以贯之的深思熟虑和**整全**的观点。如果一个人打破了基本的观念——对上帝的信仰，那么，这个人因此也就将整体打碎了：没有任何重要之物能残存下来。[1]

在此，我们遇到了尼采那自我夸张的巨大错误——一位牧师的儿子的错误。他想把基督教看成一个其最高的价值会自我贬低的"体系"（由于在与异教战斗中所发挥的"求真理的意志"），于是尼采便忽视了自己对于破除幻象的结构以及道德自我塑形的本质的洞察。回过头来看，"上帝死了"只不过是谈论如下转变的另一种方式，这种转变发生在西方从根据公认的（宗教的）"终极"价值之整合价值和生活领域的社会，走向不同的生活领域获得相对独立性和自治性的社会之时。这一"去中心化"是我们对于"为什么要这样做"（或者为什么要珍视这些价值）这样的问题失去了简单的、未经思索的答案的结果，但是它并没有摧毁由前一种生活方式所提供的可用的道德**材料**。基督教继续活着——不仅仅作为许多人未经反思的信仰，而且作为可以以密尔设想的方式被世俗化、被转用并且被补充的道德话语传统。事实上，人们不禁想说，"上帝死了"让基督教价值第一次可以被作为道德来使用。

当然，这个关于道德教导的转用和转变的一般性观点是尼采（当他没有纠缠于"划时代的转变"或者"虚无主义"问题时）完全意识到了的。事实上，他自己就是对异端的和文艺复兴的德性的"创造性转用"的大师级实践者，将它们从其原本生成语境中挖掘出来并且给予它们一个带有现代主义的、个人主义的倾向的重新解释（所有将尼采描述为残忍之辈的解读在我看来都必然是基于这一假设：他意欲对罗马或者文艺复兴之好战德性进行按照其原意的不折不扣的复活。）由"上帝死了"所表现出的巨大机会是：它让每一个个体能够以类似于尼采在《快乐的科学》中所描述的自我塑造进程，

---

[1] Nietzsche, "Expeditions", sec. 5.

来达成他的道德自我塑形:

> **不可或缺的事。**——给予人们的性格一种"风格"——一件伟大而稀有的艺术！这种艺术由那样一些人来实践，那些人综观自己天性中所有的长处和弱点，并且让它们融入一项艺术方案，直到它们都表现为艺术和理性的作品，而且甚至连弱点都让人赏心悦目。在这里，加入了大量第二天性；在那里，原本的天性被去除了——两种情况都需要经过长期的实践和每天的辛劳。在这里，无法去除的丑陋被隐藏起来了；在那里，这无法去除的丑陋被重新解释并被当作崇高。模糊不清并且拒绝成形的许多暧昧不明之物被保留下来并且被用来作为远景；这意味着向遥远的和不可估量之物的召唤。最后，当这工作完成之时，它就揭示了同一种品味的约束是如何支配和塑形了每一事物的部分与整体。无论这种品味是好是坏都不像人们所设想的那么重要，只要它是单一的品味就够了！[①]

我认为，自我塑造这个图景对我们如何理解尼采的自治观念、他对于"创造价值"的强调，以及他的"完全自主的个体"的观念都有着重要的影响。无论将个体作为审美的或者道德的主体，个体都无法无中生有地来创造他自己，无法通过对已经过去的一切夸张地（并且必然自欺欺人地）说"不"来创造他自己。毋宁说，这个进程总是牵涉对内在的和转用的材料进行工作，将它们混合或者雕刻成某种不同寻常的、崭新的并且有个性的东西。如果一个人的道德仅仅只是公认的材料的总和，这些材料并没有经过重作、转变和整合的话，那么这个人既无法成为一个有道德的**个体**，也无法拥有独特的性格。如此一来，自治的达成变成为一项课题计划，它只有通过对手头道德"材料"进行持续不断重作才能够完成。一个人必须让这些材料变成为他自己的；一个人必须**积极主动地**转用它们。最终，一个人必须**作为道德主体而自我生成**。到头来，这种尼采式的作为道德主体的自我生成进程与苏格拉底用"经省察的生活"所要表达的意思十分相近。

通过转向《快乐的科学》的另一段落（sec. 335）就可以明白这一点，在这个段落中尼采描述了这一事实：当我们进行"道德的"（或者"本着良

[①] Nietzsche, *GS*, sec. 290.

心的"）判断时，我们中多数人的自我认识的匮乏就会暴露出来。在此，我将这一篇幅较长但却异常重要章节的开始部分引述如下：

> 有多少人知道如何去观察某个东西呢？在少数知道的人中，又有多少人知道如何观察他们自己呢？"每个人都是离自己最远的人"——那些试图勒紧缰绳维持掌控的人们都带着懊恼认清了这一点；而由神对人所说的"认识你自己"的箴言，是一个充满恶意的箴言。自我观察事实上就如同它被证明的一样令人绝望，最好的证明就是通过如下方式：**几乎每一个人**都谈论道德行为的本质——敏捷的、热心的、深信的和健谈的，带着生动的表情、笑容和乐于助人的热情！有个人似乎想要对你说："但是我最亲爱的朋友，这恰恰就是我的专长。你直接把问题提给了能够回答你的人听。碰巧，我在任何事情上都没有像在这个方面一样有智慧。开门见山地直说吧：当人们判断'**这是正确的**'，然后推断'**因此，必须照办**'，然后接下去做他认为是正确的事并且将之指定为必然之时——那么，他行为的本质就是**道德的**。"
>
> 但是，我的朋友，你说了三个行为而不是一个。当你判断"这是正确的"时候，这也是一个行为。一个人会以道德的方式和不道德的方式进行判断，这难道不是可能的吗？**为什么**你认为这样，恰恰是这样，是正确的？
>
> "因为我的良心告诉我这是正确的；并且良心的声音绝不会是不道德的，因为它单独决定了什么是道德的。"
>
> 但是，为什么你要**听从**你良心的声音呢？而且，什么东西给予你权利去认为这样的判断是正确的并且是不可错误的呢？对于这一**信念**——是否没有良心支持？你难道没有听说过一种理智良心吗？在你的"良心"背后的良心？"这是正确的"——你的这一判断能够在你的本能、喜好、厌恶、经验以及缺乏经验中找到来历。你必须问："它**如何起源于那里的**？"，然后也要问："究竟是什么迫使我听从它？"你听从它的命令就像是听从长官命令的好士兵一样；或者就像得到了深爱男子命令的女人一样；或者就像惧怕发号施令者的谄媚者和懦夫一样；或者就像因为没有萌生任何反对意见只是服从的傻瓜一样。总之，你听从你良心的方式有几百种。但是，你将这个或者那个判断当作良心的声音——换句话来说，你觉得某些东西是正确的——可能是由于这一事实：你从未对你自己深思熟虑，而只是盲目地接受那些自童年起就**被告知**是正确

的东西；或者可能是由于这一事实：你称作为你的责任的东西至今为止已经带给你了营养和荣誉——而你认为它是"正确的"，正是因为它对你来说意味着你自身的"生存境况……"

在这个段落中，尼采主要关心的是将日常道德判断的教条主义展现出来，特别是其"本着良心的"的形式。具体地说，他在《超善恶》中关心的是以下两者的区分：他称之为仅仅只是"形式上的"良心与更为本真的（更为真正苏格拉底的）"完全自主的个体"的良心。① 对于尼采来说，正如对苏格拉底来说一样（但对卢梭则不是），道德正直不能够与理智正直相分离。没有"理智良心"的良心是无法自治的，但是（使用康德的术语）是可以他律治理——由习俗、家庭、宗教或者社会规定的东西的内在化。尽管（如上面所引这段文字所表明的）对这种"内在的声音"的服从有许多不同的方式，但对于大多数人来说，"内在的声音"只不过是已经被内在化的社会命令。在大多数人那里，良心仅仅只是形式——即，不给思考或者判断留下空间，而只是命令"你要无条件做一些事情，你要无条件不做一些事情"。按照尼采的说法，这一事实不应该令我们感到惊讶，因为"至今为止在人们中间没有任何东西比'服从'被演练和被培养得更好和更长久了"。这一服从的要求——通过习俗和习惯的道德渗透到了人类畜群之中——有效地阻止良心在大多数人那里变成为一种独立的道德能力。②

尼采用如下主张来总结335节："因此，还是让我们将自身**限制**在对我们的观念和价值的净化上吧，以及限制在对**什么是善的属于我们自己的新的价值体系的创造**上吧，而且让我们停止对'我们行为的道德价值'的沉思默想吧！"当说出这样一番话时，他想要表达什么意思呢？我想要提出，与尼采式的价值"创造"相关的并不是意志的艺术设定（如阿拉斯代尔·麦金泰尔认为的那样）③，而是一个关于"成为你自己"的更为复杂的过程——对价值的创造性和批判性转用的过程。如同在苏格拉底那里一样，尼采的伦理思想的重点在于，个体无法仅仅充当给定行为准则的接收容器，无论这一准则是由社会、传统还是信条所传达的。仅仅只是接受——相对于着手处理

---

① Nietzsche, *BGE*, sec. 199.
② 见 Nietzsche, preface, *Daybreak*, sec. 3.
③ 见 Alasdair MacIntyre, *After Virtue: A Study in Moral Theory* (Notre Dame: Notre Dame University Press, 1981), p. 107.

第三章　弗雷德里希·尼采：道德、个人主义和政治　　169

和转变——一套价值，或多或少必然会让一个人最终成为罪恶的同谋。除非道德经过由它的转用者进行的理智上和生存上的彻底重作，否则没有任何德性（无论是来源于苏格拉底或者文艺复兴）能够成为**道德**生活的一部分。否则，它将"不过是道德的亮片"，成为非道德的遮羞布（不幸的是，这就是大多数"德性体系"所最终沦落的样子）。

如果"创造"价值就是要通过一个由**理智**良心来发动（并且维系）的过程以让这些价值成为个人自己的，那么我们就会看到：尼采距离苏格拉底和密尔比通常所认为的要近得多。在与道德判断相关的问题中，"服从的本能"必须被一种成为你自己的批判性活动所替代，并且这一过程并不是模仿性的而是创造性的。"创造自己的价值"指的是这样一个过程，通过这一过程在道德上敏感的（并且理智上积极主动的）个体转用并且解释价值，以发展出他自己（独立的）行为准则。① 这种"创造"不是对摩西的特权的篡夺，毋宁说，它应该被看作是道德成熟的目标，作为一种从"受人支配的"道德感向自我主导的道德感的运动。将尼采从密尔（或者康德）那里区分开来的是，他意识到这种"受人支配性"多么深入地渗透在我们的存在之中：自治总是例外状况，并且是持续不断地斗争（"自我超越"的过程）的重心。

我认为，这就是尼采通过"完全自主的个体"这一表达想要说明的东西，并且在某种程度上，是"进行价值创造的"哲学家这一表达想要说明的东西。当然，问题是，当尼采备受争议地将异端或者文艺复兴的德性与奴隶道德的"被动"价值加以对比时，他将问题复杂化了。这让尼采的批判者有机会（某些批评还是有合理性的）指责他对于教条的行为准则的攻击是基于他自己的教条，即"贵族的"（尽管并没有普世性的）价值的教条。

在此，我们必须面对这一事实：尼采的计划有它"消极性"的一面。这一消极性可以在他不愿沉思（正如密尔所做的那样）这样一种可能性中看到：一种"类型"或者价值体系确实可能会成为另一种"类型"或者价值

---

① 参看 Friedrich Nietzsche, *The Will to Power*, trans. Walter Kaufmann and R. J. Hollingdale (New York: Vintage, 1968)："最终，个体从自身获得其行为的价值；因为他不得不以个人的方式进行解释，即便他所拥有的词语都是继承的。至少，对于一个表述的解释是私人的，即使他并不创造一个表述：作为一个解释者，他仍然是在创造。"（sec. 767）下引此书写为 *WP*。

体系的补充,尽管它们之间基本的张力仍然存在。也可以在他对于像阿尔基比亚德、切萨雷·博尔贾(Cesare Borgia)和拿破仑(Napoleon)这类人物的十足能量或者活力的颂扬中(与此相对的是"畜群"的"怯懦")看到。如果这些个体能够被描述为"有创造力的",那么这样做仅仅是因为他们跨越了公认的道德标准强行给予他们的行动空间,通过他们行为的十足伟大卓越或者大胆放肆来坚持他们作为例外的权利。但是,如此这些"超善恶"的生命典范带我们远离了密尔的"异端",并且更加远离了苏格拉底的良心。他们突出了尼采的"创造性"个体的明显的浮士德式维度。

但是,我们**应该**将阿尔基比亚德、博尔贾和拿破仑当作是"完全自主的个体"的典型例证吗?尼采在《道德的谱系》中提醒我们,后者("完全自主的个体")是以他的独立性和他的**良心**为特征,是以"有权利做出承诺"并且通过长久坚持不懈的意志将自身与未来结合在一起为特征的(第二章,第二节)。完全自主的个体并不简单是拥有巨大能量或者卓越德性(virtu)的人,而是将求自身一致性的意志进行内在化的个体。只有这种人才算是无论在任何情况下都能够信守承诺的人。这种一致性或者正直与我们在阿尔基比亚德、博尔贾和拿破仑这些人中找到的东西相去甚远。他们可能每一个人都拥有伟大的能力,但是他们都缺少上述意义的良心。

即便阿尔基比亚德、博尔贾和拿破仑不是"完全自主的个体"的好例子,尼采对他们的赞赏难道不是也揭示出关于他的"未来的哲学家"概念的某些基本的要素?毕竟,尼采将后者描述为规定"人类的走向和目的的发号施令者和立法者"。

在此,再次回到文本是会有帮助的。在《超善恶》的212节(在指责尼采的"哲学家"实际上是一位"精神的恺撒"时经常被引证的章节),尼采写道:

> 在我看来,越来越是这样了:哲学家,作为**必然性**的存在——一个明天和后天的人,总是发现他自己、并且**不得不**发现他自己与他的时代相矛盾:他的敌人是时代的理想典范。迄今为止,所有这些人类的非凡推动者——人们将他们称为哲学家(爱智慧的人),但他们自己很少觉得自己是智慧之友,而是正相反,他们觉得自己是令人不快的傻瓜和危险的问号,发现自己的任务是作为他们时代的不安良心,这是属于他们的困难的、没人想要的、但又是无法逃避的任务。
>
> 他们以活体解剖的方式把尖刀插入**他们时代的德性**的胸膛,他们泄

露了那属于他们自己的秘密：知晓人的一个**崭新的**伟大之处，或者说知晓一条崭新的、杳无人迹的通往他的改善提高的道路。无论任何时候他们都会揭露出他们时代最受尊重的类型的道德的背后隐藏着多少虚伪、多少懒惰、多少自我放弃和多少自我堕落，隐藏着多少谎言，又有多少德性**早就该被超越了**。每一次他们都会说："我们必须到达那里，走这条路，那儿是**你们**今人感到最不习惯的地方。"

比起上面这个段落，很难想象再有关于哲学的作用的更为苏格拉底式的表述了。真正的哲学家是"他们时代的不安良心和时代的理想典范的敌人"。他们基本的任务在于揭露道德和理智的懒惰，后者是为当前那"自鸣得意的陈词滥调"提供支持的东西。他们的精神气质是"批判性自律以及有助于精神方面的洁净和严肃的每一种习惯"，在日常道德判断的"伪善"面前尽量结合理智诚实和道德正直。① 如果我们想知道尼采心中所想的此种个体是哪一类人的话，那么他接着就举出了苏格拉底作为这种哲学家的例子，这是一位将反讽列为在（道德上和理智上懒惰的）衰落的时代中指向"灵魂伟大"的路标的人。

对哲学家任务的这种描述看起来直接违背了尼采在《超善恶》中似乎主张的"立法的"或者"指导的"角色："**然而，真正的哲学家是发号施令者和立法者**：他们说，这**就应如此**！……他们的认知就是**创造**，他们的创造就是立法，他们求真理的意志就是——**求力量的意志（权力意志）**。"（sec. 211）在此我们似乎得到了一个否定和肯定的典型尼采式辩证法：对于"时代的理想典范"动手开刀的"活体解剖"是与对新的一套（激进的）标准化药方的要求或者承诺结合在一起的。

这种辩证法当然在尼采的思想中起作用（见本章的最后一节）。但是我们应该注意到：在此处和《超善恶》的其他段落中，尼采的修辞同样是非常模糊的。这不仅仅是说，我们可以将"发号施令者和立法者"解读为指的是文化创新和影响的一种不同的（非政治的）形式。这与如下事实相关：当尼采表述他的"伟大"的正向理想时，这些理想与权力幻想关系不大，却与在一个充满谎言和顺从的世界中保持独立性和理智正直关系密切：

---

① Nietzsche, *BGE*, sec. 210.

面对一个"现代观念"的世界——一个将每个人都放逐到角落和"特殊性"中的世界,哲学家——如果当今可能有哲学家的话——将会被迫在他的广博性和丰富性中,在他那存在于多样性中的完整性中寻找人的伟大、寻找"伟大"的观念。他甚至会按照一个人能够忍受和承担多少、按照一个人能够肩负**多大**的责任来决定一个人的价值和等级……今天,伟大这一观念意味着要成为高贵的人,要成为独立的人,要成为与众不同的人,要成为卓尔不群的人并且必须独立地生活。而哲学家将会泄露出他自己理想的某些东西,如果他断定:"那些最伟大的人应当是最单独自立的人、最隐匿自身的人、最离经叛道的人、超善恶的人、是他自己德性的大师,他是有着充沛意志的人。这才应该被称作**伟大**:能够成为既有多样性又有完整性、既有丰富性又有全面性的存在"。再问一次:当今——伟大**可能**吗?①

伟大的个体不是如阿尔基比亚德、博尔贾或者拿破仑一样卓越德性(virtu)的恶魔。毋宁说,他是一个像苏格拉底那样的个体——像尼采那样的——他既能够"成为单独自立的人,成为与众不同的人",也能够从各种强烈的冲动、情感和特性的多样性中创造出"完整性"。尼采在《漫游者和他的影子》中将苏格拉底描绘成"道德理性的"个人主义的伟大典范并不是毫无道理的。苏格拉底是"生活的哲学化方式出现最大分歧"的源头;他的典型特征是他"分享了所有的气质"。正是这种"存在于多样性中的完整性"(*Ganzheit im Vielen*)构成了对于尼采来说的**伟大**的个性。② 利用对各种视角状态和情感状态的开放态度,这种个性突破了对社会生活的无尽的模仿,而且超越了"自我的社会构建"所设定的限制。作为**真正的**哲学家,苏格拉底和尼采不只是他们各自所处时代和地方的理想典范的敌人。他们是独立的、非教条的生活的模范。因此,尼采稍带着一点夸张地说,"我必须成为第一个正直的人,这就是我的命运"。③ 只有他和苏格拉底能够正当地宣称自己站立在"千年的谎言"之外。

---

① Nietzsche, *BGE*, sec. 212.
② 参看尼采在 *WP*, secs. 95, 1014 与 "Expeditions", *TI*, sec. 49 中对歌德的描述.
③ Nietzsche, "Why I Am a Destiny", 1.

视角主义、自我塑造与独立判断

当然，这一切并不意味着尼采的"真正的哲学家"用永恒的眼睛（sub specie aeternitatis）观看事物。这种"毫无偏见之知识（view from nowhere）"的想法定义了一种哲学的教条主义——尼采致力于与之进行战斗。既没有被利益也没有被意志所沾染的纯粹知识的概念，要求一个同样理想的客体领域。按照尼采的说法，这两种想法在起源上最终都是柏拉图式的。"教条主义者的错误"——对超越时间和机缘的大写真理的假设，这个大写的真理只有对于将自己的所有视角的偶然性都剥夺之后的眼睛才是可能的——源自于柏拉图的"对纯粹精神和至善本身的虚构"。① 这种虚构"意味着颠倒事实并且否定了**视角论**，而视角论是所有生命的基本境况"——实际上，是所有知识的基本状况。但是，赞成贵族政治的柏拉图为何会想要虚构理型（the Ideal）这样一种最全面的对生命的否定？"归根结底，是邪恶的苏格拉底败坏他了？归根结底，苏格拉底真的是青年的败坏者？而且，他被毒死是罪有应得？"②

这些来自于《超善恶》序言的问题颠倒了我正在讲述的故事，在我的故事中尼采将他自己作为苏格拉底的彻底质疑和否定性精神的真正的——而且可能是唯一真正的——继承人。因此，虽然将苏格拉底看做是尼采意义上的"真正的哲学家"诚然是合理的，但是后期的尼采更倾向于让苏格拉底扮演一个不同的角色：倒不是作为哲学教条主义的创造者，而是作为民众的煽动者。这看起来还是没有摆脱将苏格拉底作为一个用他的辩证法败坏雅典贵族制的禁欲主义僧侣形象。在尼采后期的作品中，《漫游者和他的影子》（在其中苏格拉底是作为道德个人主义的伟大英雄）那密尔式论调被最为严厉的嘲讽攻击所取代。

这种对苏格拉底的独特抨击出现在对哲学教条主义的预设的攻击之中，这并非巧合。在《超善恶》中，尼采的视角化的知识的观念反对单一的、不变的大写真理概念，而且（暗含着）反对苏格拉底哲学活动的独特方法即辩证法。尼采将辩证法的特征描述为一种苏格拉底用以使对手的理智"失去力

---

① Nietzsche, preface, *BGE*.
② Ibid.

量"的"实用计策"——迫使他们屈服在逻辑一致性的暴政面前,看到这一描述,任何疑问似乎都被打消了。① 如果我们相信成熟期的尼采,那么视角主义和苏格拉底的诘问法是截然相反的。前者认识到所有的观点都是解释,而后者似乎承诺**正确的**观点只是逻辑一致的那一个。

我认为这种对比更多是表面上的而非真实的。它更多告诉我们的是关于尼采的叙事性自我创造——以及他与苏格拉底之间的弑父斗争——却并没有告诉我们太多关于尼采的哲学计划的本质。然而,这个话题确实对于我们理解下面这个问题是非常重要的:谁能够真正地离开单一道德真理——无论理性发现的还是信仰启示的。按照尼采的说法,这样的人已经克服了"教条主义者的(柏拉图的)错误",不是为了回到由习俗和传统所造成的酣睡状态(显然,欧洲多数人的命运),而是为了追求尼采称之为"保持觉醒本身这一任务"。② 当然,这也是苏格拉底的牛虻的任务。然而,苏格拉底将它看作是一项重要的**政治**任务,目的在于要阻止其公民同胞终日酣睡。③ 对于尼采来说,觉醒(以及它所暗含的破除幻象的精神)必然是少数人的任务,他将他们称为"自由精灵(free spirit)"。

在本节中,我想要探索尼采坚持这个限制的原因。为什么视角主义——一种存在-认知的态度仅对少数人开放?这些少数人(自由精灵)是免除了幻象还是与教条主义的多数人不同,能认识到自身被幻象所囚禁?为什么多数人都"天生地"是教条主义的呢?除了习俗、传统和公认的意见的重负之外,什么阻止了他们去追求觉醒,或者,什么阻止了他们去响应那些做到了觉醒的人?这些问题的答案为理解尼采对如下这个问题的看法提供了重要的线索:在一个"祛魅的"时代中独立判断的前景。由于一些原因(我已经部分地讨论过),尼采在这一点上比密尔要远为悲观。他的悲观主义实际上感染了他之后的每一位主要的欧洲思想者,并且,它继续影响我们如何回应"哲人型公民身份"的观念。

在本章的导言部分,我说了在视角主义和诘问法之间的标准对立——尼采似乎支持这个对立——漫画式夸大了在这两种思的方法之间的真正关系。之所以说它一种漫画式夸大是因为它依靠一种过于简单的(并且理解错误

---

① Nietzsche, "The Problem of Socrates", *TI*, sec. 7. 参看, Nietzsche, *BGE*, sec. 190.
② Nietzsche, preface, *BGE*.
③ 柏拉图:《申辩》, 31a.

的）对两个术语的解释。只有当我们假设如下这两件事时，诘问法才构成视角主义的辩证对立面：第一，苏格拉底的方法实践的是一种严格限定的负面性，它清除困惑的**目的**是正向积极的（并且最终是单一的）道德真理；第二，视角主义是这样一种学说，它认为并没有真理这种东西、只有解释，并且因此，从认识论上来讲，任何特定的观点都和任何其他观点同样的好。如果尼采的观点是：没有任何视角能够宣称比任何其他视角在认识上有优先性，那么（这就假设）某种几乎是彻底的认知相对主义紧随其后诞生了。我已经在第一章中对第一组假设（关于诘问法）表明了我的疑虑。在此，我想要对第二组误解说几句。

如果这种标准观点能够讲得通的话，我们就必须假设尼采和他与之战斗的"教条主义者"一样，尼采认为存在着一个"真实的世界"，其结构或者特征由**真正的**知识来准确地再现。那么，尼采的立场和"教条主义的"哲学家的立场之间的区别就成了：后者认为某些这种再现的关系是可能的，而尼采并不这么认为。"世界"——自在实在（reality in itself）——永远超越了我们的把握，并且我们对它的再现甚至不具有基于我们认知能力结构的一种"客观性"（由于文化和语言的多变性）。

如上这种观点——作为康德《纯粹理性批判》立场的激进化——似乎是尼采在早期曾经持有的观点。[①] 但是，（正如 Clark，尼哈马斯以及其他一些人所指出的，[②]）尼采后来反对这种认知悲观主义所依赖的在实在与表象之间的区分（或者"物自体"与再现之间的区分）。一旦拒绝了这种区分，那么，一个观点仅仅是一种"单纯的（mere）"解释的看法，就随之被驳斥了，因为甚至对应"自在实在"的最抽象的可能性都不存在了。"自在实在"——未经解释、未经感知、优先于判断和语言——证明是由柏拉图所设置的"理型世界"的最后"柯尼斯堡式的"残余，证明是继续发挥着一种诱惑性（或许已经减弱的）魅力的词语迷恋。[③] 这并不意味着世界被揭示为是一种虚构，而是说我们谈论的、试图操控的、认识的以及感到与之疏离的

[①] 例如，可见 "On Truth and Lie in a Nonmoral Sense", in Friedrich Nietzsche, *Philosophy and Truth*, ed. and trans. Donald Breazeale (Atlantic Highlands, N. J.: Humanities Press, 1979), pp. 79–97.

[②] 见 Clark, "Perspectivism", *Nietzsche on Truth and Philosophy*, pp. 127–158; 与 Nehamas, *Nietzsche: Life as Literature*, chap. 2.

[③] 参见一个非常有名的章节 "How the Real World Became a Fable" in Nietzsche, *TI*.

世界是与它的表象和解释分不开的。从人类的角度来说，这些构成了实在。①

一旦隐藏在表象背后的"真实世界"的想法被作为形而上学的残余而否决，那么，某个给定的认知视角（比如说，基督教或者现代科学）仅仅是一种解释，这个想法也必须被放弃。一种视角可能从根本上简化这个世界（并且在那个意义上伪造它），但是正由于他人视角的存在，我们才能够意识到这种伪造。每一种认知视角作为视角来说都是有限的：它对各种表象的选择、突出强调、或者排除，都是由它服务的一套利益和生命的形式所决定的。在尼采看来，"视角"并不是像眼镜一样我们能够随意地戴上或者脱掉的。它们由于不同生命形式的各种要求而产生，并且既不能够随便地抛弃也不能够简单地合成。② 如果有这样一个假设：存在或者应该存在一种能将不同视角无缝完美联合起来的整合性观点，那么这一假设也是形而上学的残余，一种"毫无偏见之知识"的黑格尔式的版本。

但是，这种彻底地摆脱"真实"世界（以及它所担保的符合论真理观）束缚的视角难道不会造成一种根本上的相对主义吗？如果我们无法按照独立于视角之外的实体来评判特定的视角，也无法按照一种更为充分整合性视角来评判，那么，我们如何才能够对它做出判断呢？由于尼采显然相信某些视角要比其他的更好，回答这个问题就更为急迫了。而且，虽然他提出那著名的主张："非真理"是生命的境况，但是他也主张：某些确定的视角和价值是"错误、只是错误而已"。

显然，这里出现了混乱。不仅独立于视角的真理不存在，而且能够免于幻象和错误的视角也不存在——在如上这样的状况下，如何可能追求破除幻象的精神风气？

当尼采说类似"真理是对生命来说必要的错误"这样自相矛盾的话时；或者当他提出在"真"与"假"之间最终并不存在任何**本质**的对立，只有"各种不同程度的外观……或浅或深的阴影，以及外观的幻象"时，他试图去处理的就是这类问题。③ 从尼采的观点来看，一种视角通过简化实体而歪曲了实体，这一事实并不存在任何异议，因为这种简化是所有知识、所有"看"的本质。④ 让他将某一视角打上"错误、只是错误而已"的标签的最

---

① 特别可见 Nietzsche, *WP*, secs. 566–569.
② Nehamas, *Nietzsche: Life as Literature*, pp. 49, 52.
③ 所引的语句是对 Nietzsche, *WP*, sec. 493 和 BGE, sec. 34. 相关语句的转述。
④ Nietzsche, *BGE*, sec. 24.

第三章 弗雷德里希·尼采:道德、个人主义和政治

主要原因,是它自称居于所有解释之上,自称提供了对世界的未经掩饰的观点。像苏格拉底和密尔那样,尼采的出发点是信念或者观点总是会把自己固化为一种拥有特权的(并从而是不容置疑的)真理。观念的偶像化越是深信不疑,不可避免的"非真理"越有可能将自身转化成可避免的(可发现的或者可驳斥的)错误。尼采与苏格拉底和密尔分道扬镳之处就在于他坚决主张:**所有**的真理——甚至是最为必需的或者看起来不证自明的那些真理——都是这类固化进程的结果。如此看来,视角主义——即这种观点:所有的真理(甚至是那些物理学的真理;参见《超善恶》,sec. 14)都是构建世界的解释的一部分——并非作为对求真理意志或者求破除幻象意志的放弃,而是作为其自身逻辑的结果。通过消解所有如下类型的主张——宣称提供了一个超越了时间和机缘、不需要修订或者批判的整全性或者终极性真理,视角主义达成了它的目的。

这是否意味着尼采的视角主义在密尔的真理片面性观念中断之处继续走下去?在某种意义上,是的;但是在另一种意义上、在更为重要的意义上,不是。密尔认为任何特定的观点或者理论,一旦将自身作为定论,就会将自身转变为谎言。因为任何主题(比如说,道德)的真理都是复杂的和多面的,我们将会需要许多不同的观点、语词或者行为准则的例子以便于接近对这种真理的充分把握。固执于单一的道德语词或者准则〔无论是基督教或者异端的卓越德性(virtu)〕将会导致道德生活的单面向的意义,而且会导致人类本性和可能性的一种被矮化的观念。因此,对于密尔来说,占据核心重要位置的是一种开放的、道德真理的累加性概念。没有这一概念,道德进步的想法就变得既不可行又平庸(即这一想法:仅仅时光的流逝就足以令人类道德成熟)。

当然,尼采并不喜欢进步的想法,更不用说道德的进步了。"畜群"的崛起——卑下和毫无英雄气概的人的崛起——在他看来对人类正在随着时间的流逝而变得"更好"这一想法提供了最为重大的反面证据。① 但是,这并没有触及问题的关键,因为密尔也在为人类的"驯顺"感到惋惜。尼采那真正的激进主义并不是在于他对与他同时代人们的道德能量以及价值的贬低,而是在于拒斥任何认为综合性观点是事实上可能的看法。尼采的这一思想至少可以追溯到《不合时宜的沉思》,特别是在"论历史对生命的利与弊"

---

① Nietzsche, *GM*, essay 1, sec. 11.

(1874)中他对于历史主义的攻击。在那里,尼采猛烈抨击了与他同时代人们的软弱的折中主义,缺乏一种能够提供关于视角和等级的清晰的和受限制的视野。① 然而,更为深入的(并且有趣的)阐释是在《快乐的科学》中,在那里尼采写道:

> **我们的新"无限"**。——存在的视角论的特征已经扩展到了什么程度,或者事实上是否存在还有着除此之外的其他特征;如果没有解释,如果没有"意义",存在难道不会变成"无意义"吗;另一方面,是否所有的存在在本质上并不是主动地参与到**解释**之中——甚至最为勤奋的和最为正直本着良心的分析和理智的自我省察都无法确定;因为在此分析的过程中,人类理智无法避免从自身的视角、而且也**只能**在自身的这些视角之中来观看自身。我们不能够看清楚自己的角落:想要知道其他类型的理智和视角**可能**会是什么样子只能是一种无望的好奇;例如,是否某些存在可能能够经历到时光倒流,抑或交替的进退呢……但是,我认为在今天我们至少已经远离了这种可笑的骄横:颁布只有从我们自己的视角为出发点的法令,只有从这个视角出发的视角论才是被允许的。毋宁说,对我们来说世界已经再次变成为"无限",因为我们不能够排斥这种可能性:**世界可能包含着无限的解释**。巨大的颤栗再一次抓住了我们;可是,谁会想要马上去按照旧的方式将这只未知的世界怪兽再次神圣化呢?②

在这一段中,尼采进行了一个反康德的思想实验,这个实验表明我们的认知能力不能够按照自身的尺度来裁定;也不能够排除其他(非康德式的、非牛顿式的、非欧洲式的)构建世界的可能方式。我们"不能够走出自己的角落而观看"意味着:理解的视角化特征是不可消除和不可避免的。从许多不同视角构建的世界证明是一个"逐步向下解释"的世界。它的多样性既超越了任何"给定真理的片面性"这一密尔式想法所暗示的界限,也超越了"多面"真理这一同类观念所暗示的界限。尼采的"新无限"揭示了甚至密尔的真理观的狭隘性,密尔的真理观念默许了这一假设:片面的真理能够累加在一起,因为它们所代表的各种视角最终是可通约的。

---

① Nietzsche, "On the Utility and Liability of History for Life", p. 90.
② Nietzsche, *GS*, sec. 374.

第三章 弗雷德里希·尼采：道德、个人主义和政治

需要指出的是，尼采并不坚持认为在视角之间存在着任何**必然的**不可通约性。他的多元主义是流动变化的，不是客观化的。事实上，正如我们将在下文中看到的，尼采主张主体的优越性，主体能够"使用**各种各样**视角和情感性解释为认知服务"。① 然而，之前所引的段落有助于揭示建立于密尔意义上的人类可错性中的理性主义目的论。对于密尔来说，人类道德和认知发展有着一个目的，我们缓慢地但却明确地逐渐接近这个目的。对于尼采来说，正相反，世界是由解释构成的，这意味着世界最终摆脱了所有各种目的论。这是由视角主义和"新无限"所允诺的自由解放，是摆脱形而上学的安慰所获得的自由解放，它是如此彻底，以至于会导致一种存在的眩晕。②

在这样一个世界中，这种破除幻象的精神是为了什么意图服务的？如果破除幻象的进程并未引领我们更接近真理的话，为什么尼采要如此强烈地抓住理智诚实（"理智良心"）的德性不放？为什么我们不能（正如尼采喜欢说的）喜欢错误或幻象胜过负面的、破除幻象的或甚至是可怕的真理？

这些提问所引发的问题不仅涉及在尼采那里什么东西可以算作是破除幻象，而且涉及在破除幻象精神和康德称之为"成熟性"（Mündigkeit）③ 两者之间的关系问题。尼采无疑确信那些采用视角主义的视角的人比起许多"受限制的精灵"（正如他在《人性的、太人性的》一书中对那些人的称呼）是更为"成熟的"——更能够独立判断并且更少需要起安慰作用的幻象。"自由精灵"是理智诚实的化身，是道德教条主义和伪善的不共戴天的仇敌。按照尼采的说法，当所有那些之前被爱过的、被重视的以及顺从的东西突然间都变成了主观任意的和陌生疏离的时候，这种个体已经经验了"大解放"。④

这种对"在家中存在（习惯、安全）"的感觉——道德自满的根源，**而且通常被误认为是道德理想主义**——的打碎是通往成为完全自主的个体的第一步，这些人是自己德性的主人，而不是为德性所掌握。从自身和共同体中疏离，引发了一种孤独感，这种孤独感提供了一种从预先决定的目标和价值判断（"社群性的"自我的准备）中获得康复的可能。⑤ 这种疏离是把握

---

① Nietzsche, *GM*, essay 3, sec. 12.
② 见 Nietzsche, *WP*, sec. 12.
③ 见 Immanuel Kant, "An Answer to the Question: What Is Enlightenment?", in Kant, *Political Writings*, ed. Hans Reiss (New York: Cambridge University Press, 1971), pp. 54–60.
④ Nietzsche, preface, *HATH*, sec. 3.
⑤ Ibid., sec. 4.

"在每一个价值判断中的视角化因素"的基本前提条件。它不仅仅为质疑习俗和传统创造了必须的距离,也为从视角论的看和视角论的知中产生的"新无限"这个想法创造了必须的距离。

这种疏离化存在的**价值**(用密尔**的话说**)并不是在于对整个社会有任何直接效用。正如尼采不厌其烦地强调,求真理的意志——不惜一切代价求理智诚实的意志——在本质上是对于固定的判断和习俗的威胁,这些判断和习俗为文化提供基础。"自由精灵"利用了由视角主义所打开的视野以便于变成一个消解式理性的行家,他将无视苏格拉底式的哲学家和密尔式新真理的发现者所默认尊重的限制。如果不是由于"自由精灵"寻求孤独,不想介入公共或者政治权力的话,这种态度就可能被指控为严重不负责任了。

尼采在这个问题上是态度坚决的,但是并非出于对于多数人(他们需要最原初的幻象——以及最不复杂的道德确定性——来行事)的搞错对象的关心。他对于通常人们说的"自由思想"的轻蔑突出了他对于"自由精灵"的孤独性的坚持。在《超善恶》中,他对那些自封的自由思想者(Freidenker)嗤之以鼻,不是因为他们欠缺勇气或者甚至不正直,而是因为他们"没有孤独,没有他们自己的孤独"。① 思考所需要的不仅仅是由视角主义所打开的空间,而且是由从所有公共事务中抽身退隐而获得的**距离**。尼采通过一些方式让诘问法变得更为激进,最为突出的方式就是使用视角主义不仅对特定的道德信念提出质疑,而且对整个道德评价过程(包括"对对立价值的信仰"以及许多其他的偏见)提出质疑。他也通过如下主张来让诘问法变得更为激进:诘问法要从公共领域(希腊的市场或者密尔式的自由讨论的空间)中完全移除。对于尼采来说,唯一真正自由的思想是那些没有被偏见和日常需要所败坏的思想,这些思想没有因为参与某些事业而失去它们的对诚实的承诺。因此,自由精灵——真正自由的思想者——必须是"'孤独'的发过誓的、招人嫉妒的密友"。② 尼采将自己描绘为"最后一个反政治的德国人",并不是没有理由的。

这一从公共领域中抽身退隐延续了哲学先贤那最为传统的东西,柏拉图在《理想国》中的洞穴寓言是最为明显的例子。但是,尼采对自由精灵**不能**

---

① Nietzsche, *BGE*, sec. 44. 这种 Freidenker(自由思想者)的典型就是托马斯·曼(Thomas Mann)长篇小说《魔山(*The Magic Mountain*)》中的人物塞特姆布里尼(Settembrini)。

② Nietzsche, *BGE*, sec. 44.

第三章 弗雷德里希·尼采：道德、个人主义和政治

够成为"公民的一员"的强烈主张并不是为了某个**理想**，而是为了理智正直本身的缘故。就如同所有其他人类一样，自由精灵不能够让他自己完全免于幻象，以便于获得一个在这个世界之上的或者超越视角论的阿基米德支点（Archimedean point）。但是他能够做的是，通过一以贯之的视角"颠倒"，获得一个**相对的**破除幻象的立足点，从这一立足点出发看，那么当今许多不容置疑的假设就最终都变得既一目了然又可疑了。对形而上学真理的信仰的丧失打开了一条通往新形式客观性的道路，这种客观性出自于距离和"用更多的眼睛"看事物的能力：

> 恰恰就是因为我们寻求知识，让我们不要辜负了这种对习常视角和习常价值判断的果断颠倒，带着这些习常的视角和习常的价值判断，精神用明显的恶作剧和徒劳无功的方式对它自己表示了这么长时间的愤怒：要想有那么一次用这种方式去看到不同之处，**想要**去看到不同之处，是无法用微不足道的自律和理智为其未来的"客观性"所作的准备来达成的——"客观性"不能理解为"与利益无关的沉思"（这是一种毫无意义的荒谬说法），而是应该理解为能够控制和停止自己的赞成和反对，从而知道如何使用各种各样视角的和情感的解释为认知服务……我们愈是用**更多的**眼睛、不同的眼睛去观察同一个事物，我们关于这个事物的"观念"就会愈加完善，我们的"客观性"就会愈加完善。①

既然它对于多元视角和"控制人们的赞成与反对"的反教条主义能力表示了支持，这一段落可以顺理成章地充当自由主义的、怀疑式探究的信条。但是与密尔和苏格拉底不同，尼采坚持认为这种能力必然是十分罕见的，它造成的那种判断也一样都是十分罕见的。"独立是极少数人的事；它是强者的特权"；而其余的人则甚至从未开始"能够看清楚自己的角落"或者将自身脱离开自己出生的那个"角落"。② 为什么"颠倒视角"是如此困难呢，为什么实践由视角主义和"大解放"所实现的那种保持距离的和独立的判断是如此困难呢？

一种答案是习俗、传统和公认的意见的重负不仅是强大的而且实际上是压倒性的。尼采认为人类是那种通常在数量上和同一性上寻找慰藉的动物

---

① Nietzsche, *GM*, essay 3, sec. 12.
② Nietzsche, *BGE*, sec. 29；也可参见 sec. 41.

("高贵者"这个类型，按照其定义来说，就是此规则的例外)。在这方面，他并没有明显地远离苏格拉底或自由主义的道德心理学（尽管他在关于破除幻象的合适听众上得出了完全不同的结论）。但是，关于他为什么坚持认为自由精灵仅仅在那些最罕见的人中存在，还有着另一个更深层次的原因。这与产生于视角主义的洞见以及世界是"一个逐步向下解释的世界"这一想法相关。

亚瑟·丹托（Arthur Danto）观察到，从视角主义的立场来看，在"常识的"与"单纯的"解释之间的区别崩塌了。然而，即使我们对世界的（以及对道德价值和道德能力的）常识的观点从广义上来说是"虚构"，那也正如丹托所指出的，它是一种有用的和必要的虚构。[1] 套用尼采的话来说，它让生命的某一形式得以可能。然而，如果由此推断得出如下结论就不对了：行为的某种类型的价值（例如，利他行为）是在于它们的效用，或者特定文化的道德真理仅仅是那些对这个文化"有用的"东西。正如尼采在《道德的谱系》以及其他地方的研究所表明的：通常对文化整体具有有害影响的所有类型的可疑命题——关于道德心理、道德能力或者道德自身的本质（对相对立价值的信仰；在行为者和他的行为之间的严格区分；无论情景怎样，对某一类人来说的德性对所有人都是德性的想法）——都在当代的实践中保留着。为什么会是这样的情况呢？为什么过去的错误不能简单地被消除呢，并且为什么人类不能从他们失去活力的奴役状态中解放出来呢？

答案是：在一个仅仅只有由我们的道德的和认知的语词所创造的结构的世界中，消除"错误"是一种极其有问题的（并且有潜在危险的）尝试。正如特雷西·斯特朗（Tracy Strong）所写的，对于尼采来说，"语言连接一切，语言就是世界：**这种**语言、**这个**世界、**这些**人"。[2] 对我们关于这个世界的常识的理解做出贡献的道德范畴就是我们的肉身：它们让我们成为**我们所是**。[3] 如果作为"文化的医生"角色的哲学家试图通过对日常语言分析的治疗性使用来消解这些错误，他将会极度地失望。概念和范畴紧密结合，不仅构成了解释之网，而且构成了我们生活形式的现实实践。因此，如果人们想要去消除一组特定错误的或者令人讨厌的隐喻（例如，尼采在基督教对这个世界的解释中所察觉的那种隐喻），那并不是要为自身设定一个有限的、

---

[1] Danto, *Nietzsche as Philosopher*, p. 78.
[2] Strong, *Nietzsche and the Politics of Transfiguration*, p. 72.
[3] Ibid., p. 49.

第三章　弗雷德里希·尼采：道德、个人主义和政治

孤立的标靶，因为语言和世界是如此深深地纠缠在一起。事实上，要摆脱一组已成体系的隐喻，将会要求人在无意识使用它们的那种生命形式上做出改变。因此，"要逃离这个世界的牢笼，所有一切都必须得到更新"。①

这并不是说，由于"语言的牢房"，进步永远不会发生。也不是说，尼采将他自己的任务（和"未来的哲学家"的任务）设想为执行或者煽动这种对世界的彻底重建。尼采的立场比以上两种选项所允诺的更为复杂微妙。

按照尼采的说法，一种道德的"胜利"在很大程度上依赖于它能缩小视角并且让基本的假设和区分变成不容置疑的。② 这种缩小和伪造——通过语言来执行并且镌刻在语言之中——创造了并且保留了一种生命形式。进而言之，它对所有"精神的教育"都必不可少。③ 但是，当那种生命形式衰败并且成为"堕落的"之时会发生什么呢？在那时，某些确定的基本判断、概念和范畴不再能够如它们曾经所做的那样形成一个编织紧密的网络。它们变得可以被质疑并且（潜在地）可以被抛弃。正是自由精灵首先注意到这种状况，并且正是他们将这拆除的进程——以及文化转换的进程——向前推进：

> 随着他的精神之眼和洞察力的力量的不断增长，距离和围绕着人的空间好像也会不断增长：他的世界变得更为深远；总有新的星辰、总有新的奥秘和图像映入眼帘。可能精神的眼睛用其敏锐有洞察力和深思熟虑观看的所有事物都只不过是这精神的眼睛运用的一个偶然机缘罢了，是一件游戏般有趣的事，是小孩子和那些幼稚的人才会做的事情。或许这一天终将到来，那曾经造成了最多斗争和痛苦的最庄重严肃的概念——"上帝"和"罪"的概念——将会对我们来说不再那么重要，就如同在老人眼中的小孩子的玩具和小孩子的疼痛一样微不足道——而或许"老人"将会需要另一种玩具和另一种疼痛——仍然十足是个孩子，一个永远的孩子！④

---

① Strong, *Nietzsche and the Politics of Transfiguration*, p. 74. 正如斯特朗所指出的，正是因为这种对语言在连接世界中所起作用的"唯物主义的"理解，使得尼采拒绝了启蒙的/马克思主义者的意识改革模型。
② Nietzsche, *BGE*, sec. 188.
③ Ibid.
④ Ibid. , sec. 57.

这个段落表明了道德进步是如何可能的，但它以一种避开了启蒙的假设——直线或者渐进累积的破除幻象的过程，其目标是发现单一的（理性的）道德真理——的方式来完成。视角主义的一个首要的后果就是对我们的道德的和认知的语词的偶然性的高度意识。我们最为珍视的信仰——那些我们觉得对任何充分的道德概念来说都是最为核心的东西——从一种未来的视角来看，可能会显得既古怪离奇又无关紧要。比如，世俗化就表明：就为道德提供基础来说，对神圣性的信念是一个比原初所假设的远不必要的（并且远为模棱两可的）基础。更为晚近的历史则表明：为未沾染欲望和利益的道德提供理性基础的康德式观念有着相同的问题。确实，人们可以想象一个时代，在这个时代中关于为道德提供宗教的或者哲学的"基础"——超越时间和机缘的"基础"——的全部焦虑将会因人的成长而被去掉。（当然，道德观念的正当性证明与理性论证就是另一回事了。我们——或者尼采——几乎不可能想要将这些事情交付给人类的"童年时期"来完成。）

在尼采看来，自由精灵的任务之一就是提示偶然性在这些问题上影响的深度，同时不假装拥有正确的答案。[①] 人们对偶然性有了更好的意识就会对以下的假设的错误有更好的认识：自由精灵（不像我们一样）是从一个彻底破除了幻象的视角说话。他们可能擅于从许多不同的眼睛中、甚至（像尼采那样）擅于从颠倒的视角中观看事物。但是，如果他们已经真正地吸取了"新无限"的教育，那么他们将会认识到：无论他们在多大程度上成为了"时代的理想典范"的敌人，他们也不可避免的是他们时代和地点的孩童。进步只能够从一个给定的视角中、一个给定的成熟阶段中——在其中我们可能也会"成长"——才会看起来是进步。破除幻象总是相对的并且（因此）从未达到完成。在这个意义上，我们确实是"永远的"孩子。[②]

这表明了一种出乎意料的认识论上的谦卑，之所以出乎意料是因为这种谦卑竟然是来自于一位这样的思想家——他的"自传"包含着题为"我为什么如此聪明"和"我为什么写出了如此优秀的书"这样的章节。和苏格拉底一样，尼采知道人类的知识是建立于无知之上，并且知道人类的智慧从

---

① Nietzsche, *BGE*, sec. 41, 44.
② 参考理查德·罗蒂（Richard Rorty）在他的书 *Contingency, Irony, and Solidarity* (New York: Cambridge University Press), pp. 73-75 中对于"反讽主义者（ironist）"的描绘。

第三章 弗雷德里希·尼采：道德、个人主义和政治 185

承认无知开始。① 但是，这种苏格拉底式的谦卑并没有消除在自由的和"受限制"的精灵两者之间的鸿沟，在少数人和多数人之间的鸿沟。而且，就在此处，我们遇到了在苏格拉底和尼采两人之间不可简化的差异。苏格拉底为了他的公民同胞而追求破除幻象的精神。他试图去告诉他们：道德正直需要理智正直。相比之下，尼采追求破除幻象的精神是为了扩大在他自己（以及他的自由精灵同伴）与"时代的理想典范"之间的距离。虽然他并没有将对理智诚实的追求与道德正直分离，但是他肯定将对理智正直的追求从一个更大的"社会的"使命中分离出来。在这一点上，尼采式的"教育"为什么如此极端地与苏格拉底的模式相左？

这不是由于尼采将人性思考为目前彼此分离的两种类型——遵循着两种根本完全相对立道德的"高贵者"和"奴隶"。如果他是这么想的话，这将肯定能够解释他的想要置身于民众之外的渴望。但是在《超善恶》中，他明确地声明：当今，人们通常遇到的都是道德的混合与交互影响，即便在一个灵魂之中也是如此。② 诚然，存在着"较高的"和"较低的"个体，但是在两种不同的人类类型之间"保持距离的激情"已经在很大程度上被消除了。③ 然而，令人奇怪的是，为什么尼采的使命是如此断然地非公共性的，有关这一问题的答案（在很大程度上）可以在《道德的谱系》中找到。那么，这本书能够有助于解释为什么他将破除幻象的精神限制在最狭小的圈子中，以及解释他切断哲学与公民身份之间关联的理由吗？

正如其标题所表明的，《道德的谱系》关心的是家世传承的问题。我们之所以对道德价值的历史感兴趣，是因为它们通常作为自然地、理性地或者神圣地给定的，也就是说，恰恰没有通常字面意义的"**历史**"。比如，尼采将利他行动所假定的道德价值回溯到奴隶在道德上造反，就是为了突出强调这段被遗忘的历史。他既煞费苦心地描述这种新的、禁欲主义的道德所保留的和维系的生命形式，又尽心竭力地描述由其实践、概念和价值判断所形成

---

① 尼采对于"畜群"的轻蔑大多源于它欠缺苏格拉底的谦逊，他们自鸣得意地认为自己知道道德知识或者拥有道德的专门知识。参照《超善恶》："这就是我们的新见识。我们发现在欧洲所有重大的道德判断现在都一致了……显而易见，欧洲人现在都知道苏格拉底认为自己并不知道的东西，都知道那条著名的老蛇曾经答应教给人们的东西——如今人们'知道'什么是善、什么是恶。"（sec. 202）
② Nietzsche, *BGE*, sec. 260.
③ 因此，在《瞧，这个人》一书中，尼采将他自己描绘为既是**堕落者**又是贵族，作为"最高等级者和最低贱者"的混合体登上了"生活的阶梯"。此外，他将他在心理上的洞察力和颠倒视域的能力精确地追溯到这"双重的出身"。

的行动者的类型。之所以这一努力是一种"现代的历史",就是因为主体的原初历史在其现代果实中继续存活。千年自我折磨的结果就是当今那被动顺从的"畜群",有着"形式上的良心"(那些被设定成服从习俗、传统和权威的人)但缺乏理智良心(能对以上三种因素说不的人)的个体。

让《道德的谱系》的许多读者感到不安的是,尼采坚持认为:通过大多数已经被遗忘的(或者被压抑的)惩戒实践、刑罚和道德的自我折磨,人类已经被培育成为他们所是的那种畜群。但是,可能更令人们感到不安的是,他否认存在任何历史的逻辑能使这些古代实践的遗产被摆脱掉、被丢弃于历史的垃圾堆。正如德勒兹(Dleuze)和斯特朗所强调的,尼采使用谱系学来**反对**任何这类观点:历史中存在辩证法式的进步。① 因此,在某一个时代中渗透进入人类野兽的"良心不安"会遗留下来成为另一个时代"有责任感的个体"的心理基石,即使连对罪和罪恶感信仰的强度都反映了过去真正的犯罪。把这种观点用可能过于通俗的话来说就是:有其父必有其子。(现代)民主运动之所以是"基督教运动的后代子嗣",并不仅仅因为它们共享着某些平等主义的道德雄心,而是(更为根本地)因为它们背后的道德-心理结构是同样的。②

这就是为什么"完全自主的个体"——这个**最成熟的**果实——是如此罕见。正如尼采所设想的,自由和个性所需要的东西远远超过抵抗习俗和传统的重负的能力(苏格拉底和密尔的道德命令)。它们需要这样的力量:让灵魂中对大多数人仍然保持隐藏的那些层次——我们生存的未经质疑而接受的(并且不容置疑的)基础——**变得明确化和个性化**。为了克服尼采称之为"追求绝对物的意志",只有不断挖掘灵魂中无止境如此渴求的那个部分。只有这样,才有可能阻止欲求一个权威来服从("奴隶造反"的谱系遗产)并开始掌控自身。③ 只有这样,才有可能将"形式上的良心"的结构转变为基于理智正直的良心。④

---

① 见 Deleuze, "The Overman: Against the Dialectic", *Nietzsche and Philosophy*, pp. 156 - 164. Strong, *Friedrich Nietzsche and the Politics of Transfiguration*, pp. 29 - 30.
② 比照弗洛伊德的这个隐喻:他用一种类似于罗马城建造的方式,将心灵建立在"考古学的"地层之上。在其书 *Civilization and Its Discontents*, trans. James Strachey (New York: Norton, 1961), pp. 16 - 17.
③ Nietzsche, *GS*, sec. 347.
④ 在《朝霞》的序言中,尼采解释了他自己所说的良心与"长达千年的德国人的虔敬与正直"(sec. 4)两者之间的内在联系。换句话说,问题并不是要"战胜"良心,而是要让某些东西与众不同、更为独立、从中跳脱出来。

第三章　弗雷德里希·尼采：道德、个人主义和政治　　187

这一结果无法通过任何"良心提升"的练习、或者通过对过去的执迷盲信的简单否定来达成。它需要（正如之前《快乐的科学》290 节引文中所暗示的那样）一个漫长、艰难的对自身工作的过程。但是，对尼采来说，这种对自身工作有着一种终极的道德而非仅仅是审美的价值。① 虽然如下这种说法是正确的：与亚里士多德相对立，尼采并没有将性格的发展削减为道德层面，但他几乎从未将道德关切（广义地理解的）与对自我塑造的追求分裂开来。在《快乐的科学》中，当尼采问"你的良心在说什么？——你必须成为你自己"之时，他是在建议：在道德/理智正直和真正个性的达成之间有着最为密不可分的联系。②

换句话说，"给予人们的性格一种'风格'"这个命令并不意味着品味或者风格一致的标准已经变得独立于理智诚实的命令。毋宁说，两者是相辅相成的，激励我们与社会生活那好模仿的性格做永无休止的斗争，"目的"是达成一种迄今为止尚未实现的个性。③ 对自我**实现的**而非客观揭示的个体性的理想保持诚实，这一想法已经在"作为教育者的叔本华"得到了清楚的阐释。"那些不想要属于大众的一部分的人，只需要不再对他自己手下留情；让他跟随自己的良心，这良心向他喊道：'成为你自己！你现在所做的、所想的和所欲求的那些东西都不是你'。"④ 如果构成现代道德和政治的绝大部分的仍然是虚假谎言的泥潭，那么，陷入其中的风格一致就是毫无价值的。然而，一个人无法通过将自身视为一个审美的对象逃脱这个虚假谎言的泥潭；如果**那样**的话，他仅仅只是发明了一种新形式的审美意识形态。⑤

---

① 在此，我对亚历山大·尼哈马斯那迥然有别但有说服力的尼采解读提出异议。
② Nietzsche, *GS*, sec. 270. 在此，我倾向于选择尼哈马斯的译文而非考夫曼的译文，因为尼哈马斯的翻译更贴近于德文原文。见 Nehamas, *Nietzsche: Life as Literature*, p. 171.
③ 我之所以将"目的"两字加上引号是因为（正如尼哈马斯所强调的那样）尼采的自我塑造观念有着强烈的反目的论倾向。正如在亚里士多德那里，如果人们在年轻时没有形成自己的性格，那么在成年时他会更好的享用"在行动中德性"的果实。对于尼采来说，他将一种根本上的目的开放性和不确定性放入成为自主个体的计划之中，如此就在这一点上排除了所有自满的可能性。见 Nehamas, *Nietzsche: Life as Literature*, p. 189.
④ Nietzsche, "Schopenhauer as Educator," in *Unfashionable Observations*, p. 172.
⑤ 我并不想要指责尼哈马斯犯了这个错误（就如一些批评家曾经做的那样）。总的来说，尼哈马斯的研究对在尼采作品中和在生命中的道德和审美交织的状况是相当敏锐的。然而，他似乎希望夸大审美的面向（性格的塑形就好像文学人物的创造）以逃避新存在主义的指控。我个人的立场是，这过虑了。

无论多么突出强调下面这一点都不过分：对区分那些将自身作为真正的个体来进行塑造的人与不这样做的人，尼采没有任何先验的标准。出身、阶级、种族、宗教背景、性别：所有这一切都与之毫不相干（尽管尼采因为对女人、基督徒、犹太人和德国人恶语中伤而臭名昭著，这也是事实）。最终，这是一个能量的问题，一个人能够将多少能量放在为了理智和道德正直的事业中——放在为了将自身从围绕着他的虚伪谎言中脱离出来的事业中，这些虚伪谎言不断地以某些群体、信条、意识形态或者"所谓的"道德的名义侵占一个人的（潜在的）个体性。当然，那些能够在"成为他们自己"的意志中**确实**获得成功的人是少数；但是，这与自然的（或者说"社会建构的"）精英观念毫不相干。这项计划——将自己塑造为一个真正的个体——潜在地对每一个人开放。正如尼采在《人性的、太人性的》一书中所写的："**天才**。——在现代这种高度发展的人类中，每个人天生就获得了许多才能。每个人都有**与生俱来的才能**，但是只有少数人能够生来就有并且被培养出足够的坚韧、毅力和能量，以让他们中的任何一个人真正成为天才，即，**成为他所是之人**，这也就是说：在工作和行动中将天赋之才释放出来"。[①] 正如在密尔那里一样，活力或者能量是关键。它绝不保证会达成个体性，更不用说理智或者道德正直了。但是，和密尔一样，尼采认为：如果没有它，那这些特征**都不**可能得到培养。每一个特征（以它自己的方式）都是一种形式的能量。

退一步，我们可以认识到尼采给我们画的图画的奇怪之处有其道理。他的谱系学研究揭示了现代道德和心理结构的晦暗（并且毫无启发意义的）老根，但他的视角主义和审美的个人主义却对任何种类的决定论（无论是自然的或者是文化的决定论）都提出了尖锐的指责。正如尼采的许多其他方面一样，这不是前后不一致的证据，而是他对形而上学"相对立价值"的信仰表示拒绝的一个标志。他因（假定的）同时主张心理的/生物的决定论**与**主张更为激进化的康德自律观念而闻名，可他的真实立场却深藏在别处。正如他在《超善恶》中所写的，"'不自由的意志'是神话；在现实的生活中，只有**强**意志还是**弱**意志的问题。"[②] "强"正是因为"畜群服从的本能"是继承得最好的，并且只有那些有巨大的情感能量和自律的人才有可能部分地摆脱它。对于尼采来说，人的自由是自律和专注的个体能量的结果，即努力去让

---

① Nietzsche, *HATH*, sec. 263.
② Nietzsche, *BGE*, sec. 21.

自己不仅在风格上与众不同，而且在理智诚实和道德责任上（对个人的**所有行动负责任**）卓尔不群。所有其他的做法都是无意识的模仿。①

当然，问题是：尼采将理智正直和个性的达成看得如此重要，以至于他坚持认为要从公共领域中抽身退隐；他对于其公民同胞的"觉醒"毫不关心。实际上，对于尼采来说，值得骄傲的是他**没有**任何公民同胞，只在过去和（可能地）未来中拥有亲缘的精神。更值得骄傲的是他在道德、审美、文化和心理方面的判断是**他自己**的判断，——这是独一无二的一套天赋之才的充分发展，再加上一种无比精妙的"颠倒"视角的能力的果实。这一骄傲之情在《超善恶》关于"未来的哲学家"的讨论中彰显无遗：

> 这些即将到来的哲学家是"真理"的新朋友吗？很有可能，因为迄今为止所有的哲学家都热爱他们自己的真理。但他们肯定不会是教条主义者。如果他们的真理被认为是对每一个人的真理——这是迄今为止所有教条主义渴望的不为人知的愿望和不可告人的隐秘意义，那这必将触犯他们的骄傲，还有他们的品味。"我的判断是**我的**判断"：没有任何人能有权利说这是他的判断——一个未来的哲学家可能会对自己如是说。
>
> 人们必须摆脱想要与多数人一致的低下品味。当邻人发表对"善"的看法时，"善"就不再是善了。如何会有"共同的善"！这个词自相矛盾：任何能够成为共同的东西都毫无价值。最终，必须现在是如此而且一直都是如此：伟大之物留给伟大的人，深渊之物留给知识渊博之人，细腻和颤栗之物留给高雅之人，那么，简而言之，所有罕见之物留给罕见之人。②

就如同人们在尼采那里总是会读到的那样，人们可以将之解读为纯粹的精英主义。然而，这样做将会错失表层之下的哲学观点。正如在尼采那里经常发生的情况一样，尼采在这里是在提出一个反对康德的论证，即质疑康德式的观念：判断的力量基于与他人潜在的一致。③ 尼采所实践的视角主义可能会带来一种康德式的"扩展的心态"（能够"站在其他人的位置上思考"

---

① Nietzsche, "Expeditions", *TI*, sec. 38.
② Nietzsche, *BGE*, sec. 43.
③ 见 Hannah Arendt, "The Crisis in Culture" in Arendt, *Between Past and Future* (New York: Penguin, 1965), p. 220.

的能力),但是其判断的效力**并非**源于它在清除所有"主观性"因素方面获得成功,也不源于它能够产生普遍一致。① 正相反,对于尼采来说,一个判断的"客观性"反映了判断的个体带入这个判断过程的特定性格、距离和情感的范围。一个判断的"客观性"越大,它得出普遍一致的可能性就**越小**。对于尼采来说,如下观点几乎成为了一条原则:最为普遍接受的判断将跻身最虚假的判断之列。

这并不仅仅是一种热衷于叛逆的态度,也不仅仅是在审美上自以为高人一等者的态度——对这种人来说一种可普遍化的"品味判断"一定就是**低下**品味的判断。更为根本的是,这是一种道德-审美个人主义的立场,这种道德审美个人主义者将康德式的普遍化检测更多地看作是"常识"的偏见的指示器,而不是对片面利益和独特品性的可靠揭示器。尼采照例将他的立场用最为极端的说法表达出来。但是在我们对之不屑一顾之前,我们应该好好思考一下:如果不粗暴扭曲的话,苏格拉底的或者梭罗的良心的判断是否能够被简化为康德所提出的那种形式检测。"普遍化"的理由比不正直的理由更好,而且肯定比完全没有任何理由更好。然而,普遍化的理由往往是用哈贝马斯(Jürgen Habermas)所说的"交往理性"的外衣去掩盖广泛认同的偏见或观点。②

从一种尼采式的视角来看,普遍化的检测最多提供了进入判断的序幕,它的最佳适用对象是那些倾向于将自身利益或者最差劲的偏见误以为是"共同善"的人。换句话来说,它可以帮助训练那些不熟悉"客观性"判断的基本要点的人。它不能够完成个体判断的工作,也无法支持以下态度:不愿意对在特定时间和地点看起来可能是"充分理由"的那些东西持**反对**立场。

尽管在尼采的立场与苏格拉底或者梭罗的立场之间存在着相当广泛的共同之处,但我们必须明确它们的不同之处。对于苏格拉底和梭罗来说,本着良心的判断是作为独立、道德存在的个体的最高级别的能力。苏格拉底认为这种判断的道德优越性最终基于一种对理智正直的承诺。没有这一承诺,本着良心的判断很可能会蜕变成另一种形式的教条主义。

---

① 见 Kant, *Critique of Judgment*, trans. Werner S. Pluhar (Indianapolis: Hackett, 1987), sec. 40.
② 因此,有了黑格尔对于绝对命令的形式检测的著名批评。正如黑格尔指出的,这项检测的弱点在于:行动的基本原理的普遍性(致命地)取决于这一原理自身的**阐述方式**。

尼采让道德与理智正直之间的联系更为紧密。他认为，求理智正直的意志本身就是一种道德，这种道德否决了（或者应当否决）日常教条主义的道德，至少对那些有能力获得高度理智"纯净"的人是如此。因此，苏格拉底提出了一个新颖提议：真正的道德正直需要理智正直，而尼采主张一个更为激进的提议：值得追求的道德正直的唯一版本就是被理智诚实的精神风气所产生的那个。破除幻象的精神风气——"理智良心"的精神风气，与"受限制"精灵相对立的自由精灵的精神风气——是十足的道德，尽管这会伤害那些通常被误认为是道德的"伪善"。

破除幻象、正面肯定与政治

一个明显的反驳意见在此出现。如果可以批评苏格拉底的否弃型道德事实上是一种善的正向概念的派生物，那么对尼采的尝试——将理智良心与"非形式"的良心等同起来——当然也可以做出同样的批评。此外（批评者可能会补充到），事实上尼采从未满足于破除幻象。他的从未完成的"重估一切价值"的工作，正是要从其负面性或者破坏性工作终止之处继续前行。在"重估一切价值"中，他试图去做的就是为后虚无主义时代创造出新价值体系——"立法"。尼采绝不是要捍卫苏格拉底式的怀疑主义，他指出了一个后苏格拉底和后基督教的伦理世界，在这样一个世界中，理性和信仰的主张将让位于神话和艺术的价值创造力，艺术提升到近乎于宗教的地位。[1]

我认为类似这样的主张是夸大其词，但是它们确实指出了一个有趣的问题。尼采明确地将怀疑论视为一种虚弱无力的并且最终不堪一击的态度，而且煞费苦心将之与他自己的"用锤子从事哲学"区分开来。[2] 此外，他确实对德性有一个正向的（完全不同的）理想，他期望这一理想将会有助于日益衰落的欧洲文化之复兴。[3] 诚然。这可能是一个十分诱人的想法，我们不能

---

[1] 见 Leo Strauss, "Note on the Plan of *Beyond Good and Evil*", in *Studies in Platonic Political Philosophy* (Chicago: University of Chicago Press, 1983), pp. 174 – 191. 也可见 Dewiler, "Genealogy, Politics, and the Revaluation of all Values", in *Nietzsche and the Politics of Aristocratic Radicalism*, pp. 115 – 143.

[2] 特别可见 Nietzsche, *BGE*, secs. 208 – 210.

[3] 这是 Peter Berkowitz 的书 *Nietzsche: The Ethics of an Immoralist* 的主题。

简单地排除他的思想中的这些浪漫主义/末世论的方面,也不能这样来运用公共/私人之区分:将上述思想局限在个体的自我创造方面。① 于是,我们会面对这样一个问题:当一个像尼采这样的"反讽主义者"将政治放入文化中,使得对"私人的自我完善"(成为你自己)的追求看来卷入了重建公共领域这个更大的计划,并卷入到提供一个意义和价值等级的新**公共**源泉之中时,这意味着什么呢?

我在之前说过,尼采在公共与私人之间、政治与文化之间、制度与其"精神"之间有着一种相当清楚的(但常常是暗含的)区分。当他批评人类的"改善者"将一种正向的道德强加于他们的无辜受害者,或者当他称赞现代的政治制度和革新的"预防性"品质时,这种区分便在发挥作用。但是,尼采忽略这些区分正如他依赖这些区分的时候一样多。例如,他不时地将文化与政治的混为一谈,这造成人们在对他的政治态度进行描述时,有很大出入。因此,虽然认为尼采在其成熟的思想中将政治**等同于**文化(见《偶像的黄昏》,"德国人缺少什么",第 4 节)可能过于夸张,但是他确实将增加活力和个人主义的前景与一般文化的状况联系在一起。就其本身而言,这没有理由引起恐慌。密尔做了相同的事情,托克维尔也是一样。但是,尼采的关联比他们要更为深入,这与他对于欧洲文化状况的诊断相关,也与他对于在任何给定的社会中理想和信念所起作用的观念相关。

尼采的最早的并且最为持久的一个主题就是:每一个社会、每一种文化最终都建基于幻象的保护性温床之上。其基本的信念、实践和价值体系提供了必须的狭窄视角,这个狭窄视角使得文化或者社会能够在世界中引导自己并且能够在一个敌对的环境中行动。在"论历史对生命的利与弊"的一个著名段落中,尼采写道:

> 而这就是一个普遍法则:每一种生物只有在一个轮廓分明受限定的视域范围中才能成为健康的、强壮的和硕果累累的;如果它不能够在自己周围划定一个视域范围,并从而由于过于自私而无法将它自身的视角封闭在一个异己的视域范围中,那么它将会变得衰弱下去或者过早夭折。高兴、良心平安,欢快的事迹,对未来的信心——这一切,无论是

---

① 见 Richard Rorty, "Private Irony and Liberal Hope", in his *Contingency, Irony, and Solidarity*, pp. 73 – 95; Nehamas, "How One Becomes What One Is", *Nietzsche: Life as Literature*, pp. 170 – 199.

在个体那里还是在民族那里,都依赖于是否存在能分开清晰明朗的东西与晦暗模糊的东西的一条界线……①

在此,非真理不仅仅是生活的一种*境况*;它是健康生活的必要条件,无论对个体或者民族来说都是一样。尼采从未真正放弃这种心理学的/人类学的洞察力,无论他自己的哲学实践在多大程度上被相对立的命令(破除幻象的命令)所指导。用一种过于简单的表述来说就是:作为一个哲学家的尼采跟随的是广义上的苏格拉底,但是作为一位人类学家和文化分析师他基本上赞同伯里克利。祛魅(disenchantment)必须让位给以公民宗教或其他宗教的形式进行的复魅(re-enchantment),以免某个文化被一种对其他视角的混杂开放性所致命地削弱。如果位于其核心位置的个体或者文化想要茁壮成长的话,那么这种赖以为生的给定视野的狭窄化就不得不保持。

这个主题为尼采对苏格拉底的批判(从《悲剧的诞生》到《偶像的黄昏》)提供了背景。苏格拉底的理性主义如腐蚀性强酸一样作用于希腊人赖以为生的视域上,这一视域由悲剧、神话和习俗构成。事实上,尼采攻击苏格拉底并不是因为任何假定的**教条主义**(他对柏拉图提出这一指控),而是因为苏格拉底的理性主义是**消解性的**(在本书第一章中讨论的意义上)。由于柏拉图和基督教,苏格拉底的"求真理的意志"的破坏性影响变成了西方文化的一个核心特征——可能是决定性特征,并带来了这一结果:我们被迫去不断地寻找某些并不存在的东西(一个单一的、基础的、并且超越人类的道德真理)。基督教最初能够成功地使用求真理的意志以反对万物有灵论和异教,这一事实并不能阻止这个意志转向自身的一神论。基督教无法阻止"世界的祛魅",它对神话的攻击本身就强有力地推进了"世界的祛魅"。②一个真理接着一个真理被揭示为只不过是另一个神话,这一进程在对基督教神性的"真理"的揭穿中到达了顶峰。在这个意义上,基督教成为了它自己道德的牺牲品,成为了它自己真理崇拜的牺牲品。③

尼采认为,以真理为核心价值的文化的不可避免的结局就是虚无主义:

---

① Nietzsche, "On the Utility and Liability of History for Life", p. 90.
② 韦伯在其讲座"以科学为业"中以冷酷无情的一致性重拾这一主题(见本书第四章的讨论)。霍克海默(Horkheimer)和阿多诺(Adorno)在他们的《启蒙辩证法》第一篇("启蒙的概念")pp. 3-42 中明确地(有些晦涩地)探讨理性的"腐蚀性"特征。
③ Nietzsche, *WP*, sec. 1.

"最高的价值贬低自身。目标总是处于欠缺状态；对'为什么?'找不到答案"。① 在两千年之后，由基督教上帝观念所提供的万有引力核心得到了消解，落入了科学和世俗化的虎口之中。但是这两种"崭新的"真理都不能证明自己足够强大或者十足不同，以战胜伴随着"上帝死了"而来的重负和沮丧。一种接近于自杀的悲观主义情绪或者"佛教"随之而来，并且对各种麻醉药的要求日趋增加。

按照尼采的说法，能够阻止这种致命的"意志的软弱化"（这种滑入最大限度的堕落）的唯一办法就是一套崭新的、能让人重新恢复活力价值——用一个新"太阳"去取代已经燃烧殆尽的那个。因此，才有了"重估一切价值"的想法和哲学家作为"发号施令者和立法者"（他们提供了"人类要走向何方和为了什么"）的想法。正如我之前所说的，这些哲学家在字面的意义上不需要是政治家。然而，至关重要的是，他们的价值创造超越了自我的限度并且提供了一个意义的崭新**公共来源**，为文化提供了一个崭新的**方向**。

这是否让"未来的哲学家"成为了一群禁欲主义的僧侣？答案是否定的：尼采对帮助生病的"畜群"毫无兴趣。但是他**确实**对革新文化有兴趣，而且这个计划有着不确定的（indefinite）公共/政治维度。我之所以说"不确定"是因为尼采认为这个计划可以通过不同的方式、通过不同的（而且是不可预知的）渠道来完成。然而，它可以通过二十世纪的哲学王或者"统治的特权阶级"来得到完成的想法似乎是最为不合理的。如果少数人通过恢复古代政体、或者通过密谋实现古代政体的某种拙劣的现代版而成功地再次奴役多数人，那么这既没有克服无意义，也没有使人类得到提升。除此之外，人类不是螃蟹：他不能够倒着走。民主制度是会存留下去的。问题是如何能够赋予这些制度以某些被其消灭的更为"高贵的"价值。换句话来说，尼采提出的"创造价值"使得所谓高贵价值能够重新占领部分文化。这一重新占领远远超过了尼哈马斯和罗蒂在他们那影响甚广的解读中所歌颂的个人实验，却又远远低于施特劳斯及其追随者所害怕的文化和政治的集权主义融合。总之，它是令人抓狂地暧昧不明的和模糊不清的。

从我所提出的视角出发，无论暧昧不明还是模糊不清都不会让我们感到惊讶。毋宁说，令人吃惊的是尼采的自我背叛的广度。这位视角主义和"新

---

① Nietzsche, *WP*, sec. 2.

第三章 弗雷德里希·尼采：道德、个人主义和政治 195

无限"的支持者、最卓越的反教条主义者如何可能屈从于如下想法：我们最大的危险不是来自于幻象的固化或者将片面的真理当作大写的真理，而是来自于怀疑主义和理性的消解力量？如果不是有意自欺的话，尼采，那个自称自苏格拉底以来理智正直的最伟大典范的尼采，如何可能到头来竭力主张某些看起来明显是不正直的东西呢？

我以为，答案是尼采彻底地高估了"求真理的意志"作为一种破除幻象的命令在西方文化中所发挥的作用，并且彻底地低估了幻象在即便是最为世俗的文化中的繁殖和增生的程度。"上帝死了"根本就不曾扫除生存视域，广泛共享的目的感或意义感也并非文化达到最低限度的健康所必不可少的。然而，尼采似乎认为（正如现代的保守主义者和共同体主义者所做的那样）：我们主要的问题不是我们仍然相信得太深，而是我们"对什么都不会再深信"。① 正是因为这个原因，他严厉地批评了自由主义的怀疑论者，并且认为破除幻象必须服从于正面肯定和价值"创造"。

尽管像蒙田一样对人们顽固的道德愚蠢表示轻蔑并且几乎走向厌世，尼采最终却关心起人类在"祛魅的"时代中对意义的需要来了，这实在是令人惊讶。如果他确实像某些人描述的那样，明确指向在私人领域中追求个人自我完善，或者如果他忠实于《超善恶》156 节的格言的话，那么他确实没有任何自我背叛。在《超善恶》156 节中，尼采写道："疯狂在个体那里是少见的——但是在集体、政党、国家和时代那里，疯狂就是常规。"从这一思考看，尼采清晰地表述了一个根本上苏格拉底式的洞见：造成我们的最大灾难的不是"求真理的意志"，而是"求意义的意志"。哲学家必须成为公民，不是为了为其公民同胞提供"要走向何方和为了什么"，而是为了帮助他们看到这种对意义的**公共**要求不可避免会产生的伤害。

---

① 见本书第一章，第 61 页脚注②。然而，可参看尼采在《人性的、太人性的》一书中的观点："真理的伦理：比谎言更危险的真理之敌是深信不疑"（sec. 483）。

第四章 马克斯·韦伯：冲突、正直与政治幻象

任何人如果宣称"哲人型公民身份"在现代晚期中有重要性或者即便是相关性，都会发现马克斯·韦伯的杰出作品是无法逾越的障碍。这是因为韦伯在他对于理论的状况和现代社会形成的反思中，一方面揭穿了哲学理想的虚幻，另一方面揭穿了公民身份的虚幻。在他所置身的世界中，理性的地位已经遭受经验科学和尼采对康德《纯粹理性批判》的激进化的沉重打击。从而不再能够（真诚地）宣称自己是不同生活方式的裁判者，也无法宣称自己能够为如何生活和如何行动提供任何真正的指导。总之，它无法再扮演某种"超科学（super science）"的角色——用黑格尔的话来说，这种"超科学"的东西能够在一个巨大的、无所不包的叙事中综合认知的所有发现并提供历史的意义。

韦伯有一句著名的话："一个已经吞噬了知识之树果实的时代的命运是：它必须知道，我们不能够从对世界的分析的结果中得知世界的**意义**，无论分析的结果是多么的完善；毋宁说，这个时代必须自己去创造这个意义。"[1] 生命和宇宙的普遍观点永远不会是"日益增长的经验知识"的合法结果。在这方面，科学如哲学一样无能。鉴于形而上学和实证主义都过速发展，是时候认识到如下事实的不可避免性了："最高的理想"——作为"最强有力地推动我们的"因素——在时时处处都是"在与其他人的理想的斗争中形成自身的，其他人的理想之于他们就如同我们的理想之于我们一样是神圣的"。[2]

---

[1] Max Weber, "Objectivity' in Social Science" in Weber, *The Methodology of the Social Sciences*, ed. and trans. By Edward A. Shils and Henry A. Finch (New York: The Free Press, 1949), p. 57.

[2] Ibid.

公民身份的观念也是同样。如果在过去著作家和活动家可以合情合理地（良心平安地）援引公民身份就在于"参加判断和公共事务"这一著名的亚里士多德式定义，那么现在就不再是这样了。① 日益理性化的世界的发展或多或少挤压了此种公民身份的生存空间。取代它的是现代的、中央集权的民族国家的巨大科层结构，正常地运作这一结构并不需要德性高尚的公民，而是需要"训练有素的官僚群体"。② 即使在大众民主政治领域中也是如此，公民的角色充其量也就是"选举战场"中的一个小卒子罢了。

虽然韦伯对现代生活中的科层制倾向做出了慷慨激昂的批判，然而他认为政治的职业化和理性化的倾向是不可避免的。无法逃避的事实是："公民德性"或者"**民众**的教育"这类想法在一个以巨大政党"机器"和"理智上无产阶级化"的大众化为特征的政治世界中不会有任何益处。③ 慎思－商谈的理性（deliberative rationality）和公民德性日益成为稀缺和多余的商品，至少在议会民主的普通公民中间是这样。在这种体制之中，对权力的成功追求几乎完全依靠于"对大众情绪的利用"以及政治行动者调动私人追随者的能力——这些人的动机是自私自利的和"基本上庸俗的"。④

如此，由韦伯所描绘的知识和政治的世界几乎没有为哲学或者公民身份留下任何空间，更不用说"哲人型公民身份"了。当我们再将韦伯关于伦理和政治的"真实关系"的独特观点考虑在内的话，似乎就会有充足的理由将他——而非尼采——贴上真正"反苏格拉底"的标签。几乎在每一个问题上，韦伯的观点看起来都与苏格拉底的观点截然相反。

第一，韦伯反复强调：所有的政治都是冲突，并且政治以"特有的手段，即，以**暴力**为支撑的权力"来运行。⑤ 如果武力和强迫是现代国家的典型工具，那么政治行为就要么涉及的是武力威胁和武力使用（例如，法律的

---

① 亚里士多德：《政治学》，1275a22。
② 正如韦伯所写："在一个现代国家里，实际的统治者必然地并且不可避免地是科层制度，因为权力既非通过议会演说、也非通过君主告示来行使，而是通过日常的行政来行使"。Weber, "Parliament and Government in a Reconstructed Germany", in *Economy and Society*, ed. Guenther Roth and Claus Wittich (Berkeley: University of California Press, 1978), vol. 2, app. 2, p. 1393, 下引此书写为 *ES*。
③ Max Weber, "Politics as Vocation" in *From Max Weber: Essays in Sociology*, ed. and trans., with an introduction by H. H. Gerth and C. Wright Mills (New York: Oxford University Press, 1958), p. 113; 下引此书写为 *FMW*。
④ Ibid., pp. 107, 125.
⑤ Weber, "Parliament and Government", p. 1399; Weber, "Politics as a Vocation", p. 119.

第四章 马克斯·韦伯：冲突、正直与政治幻象

强制实施或者破坏罢工），要么涉及的是试图去获得国家对"合法暴力"的垄断权（这是选举和革命斗争的共同目标）。因此，政治行动者必须准备好接受"脏手"的道德重负。事实上，在韦伯的著名讲座《政治作为一种志业》中，他甚至已经将"政治责任感"重新定义为政治行动者对承担这一特殊的负担的理解和意愿。对于韦伯来说，有责任感的政治行动者不是那些在追求善好目的中试图**避免使用**暴力和不义手段的人，而是那些认识到暴力和不义手段在特定的情况之下绝对必要性，从而不害怕使用它们并且能够坦然承担行动后果的人。指导他的伦理命令不是"避免不义"，而是"做必须要做的事"。

第二，韦伯对**任何**意图将公共的和私人的需要合并起来、并对横跨不同"生活领域"的行为提供指导的精神都表示坚决反对。这并不是说，韦伯认为政治仅仅只是关于力量的并且因此与伦理没有任何关联（这是出使弥罗斯岛的雅典人的立场）。正相反，他认为政治必须作为相对自治的生活领域来理解，这个领域有着独特的手段、造成了独特的难题，并且，如果要**严肃**承担它"作为一种志业"的话，就需要有它特定的伦理。韦伯试图描绘政治所特有的伦理，众所周知这使他反对"终极目的伦理（ethic of ultimate ends）"的潜在的千禧年式冲动，并且导致他用强烈的怀疑眼光看待任何试图将绝对的（或者脱离具体语境的）道德应用到政治上的做法。苏格拉底的伦理（尤其是不能报复的学说）在他看来正是这样一种绝对道德——预示了对这个世界的一种危险的并且毫无男子气概的态度。

第三，可能与苏格拉底最为对立之处在于，韦伯对于普通公民的伦理地位缺乏关心，他几乎完全集中在**领袖及其所**需要的道德品格这一问题上。《政治作为一种志业》考察了以政治为"天职"是什么意思。这篇讲座牢牢聚焦在真正的政治领袖的特征和承诺上。事实上，将韦伯的讲座看作是马基雅维利的《君主论》的一个更新版本，并非完全说不过去。[1]

之所以将焦点集中在"领导的政治家（leading politicians）"身上，部分是源于韦伯对现代政治职业化和理性化的分析。在"权力既非通过议会演说、也非通过君主告示来行使，而是通过日常的行政来行使"的现代国家中，在政治上能够潜在超越科层制理性的狭隘限制的唯一意义来源就是"克

---

[1] 见 Harvey Goldman, *Politics, Death, and the Devil: Self and Power in Max Weber and Thomas Mann* (Berkeley: University of California Press, 1992), p. 163.

理斯玛型（charismatic）"领袖。① 鉴于公民远离现代权力的真正运作，韦伯将注意力转向一种"精神的贵族（spiritual aristocracy）"的可能性就不足为奇了，这种"精神的贵族"可能会凭借十足的意志强力和顽强的道德一致性而赋予现代政治"机器"超越其自身机械功能和复制之外的目的。② 不过，无论此种孤注一掷地聚焦于领导权的根源在哪里，它都与试图去创造更多能思考的公民的苏格拉底的努力格格不入。

这些在韦伯与苏格拉底之间的不同之处既是真实的也是深刻的。然而，它们并不能说明所有问题。因为虽然有着明显的不同之处，但也有着一些不那么明显但却并不失为真实的和深刻的延续性。这些延续性在如下方式中表现得十分明显：韦伯主张一种完全清醒的方法去处理政治领域的问题——这样才能够避免权力政治和对正义的革命追求的"亢奋陶醉（intoxications）"；以及，他使用一种"责任伦理（ethic of responsibility）"（*Verantwortungsethik*）以激发良心并且减缓政治行动者在其使用强力或者强迫时的脚步；以及，他对于在现代世界中理性的阐释和统治的分析，有助于让他的读者们从某些明显是启蒙式的（并且幼稚的）隐喻中醒悟过来。实际上，从这种视角来看，韦伯很可能与苏格拉底一样，都是西方政治思想传统中伟大的"使人觉醒者（disabusers）"。两个人都试图让我们觉醒，试图让我们清楚地看见事物，以及试图净化那些让我们对如下事实视而不见的意见：在政治的世界中，不义和统治无处不在。两个人都试图挑战使我们对我们的德性自鸣得意、对我们的政治自以为是的那些信念和渴望。然而，到头来，韦伯接受暴行作为在一个"祛魅的"时代中有意义政治的代价。

当我们比较韦伯和苏格拉底各自对道德和理智正直的要求的表述时，这样一种有限的（并且完全出人意料的）趋同一致浮上台面。可能除了尼采之外，很难在西方传统中找到一个思想家比韦伯更加重视这两种形式的正直了，对于韦伯来说，基于故意的自欺或者可避免的幻象的行为是最大的罪恶。因此，韦伯主张：在一个"祛魅的时代"中，需要有充满男子气概的理智和道德成熟度。对于"世界的祛魅"（*Entzauberung der Welt*）来说，人们的一般反应是急于复魅的冲动，甚至在世俗的知识分子中也是这样。比韦伯年轻的同代人——如，恩斯特·布洛赫（Ernst Bloch）与格奥尔格·卢卡奇

---

① Weber, "Parliament and Government", p. 1393.
② "精神贵族"这一说法源于 Max Weber, *The Protestant Ethic and the Spirit of Capitalism* (New York: Routledge, 1996), p. 121.

第四章　马克斯·韦伯：冲突、正直与政治幻象　　　201

（Georg Lukács）——所主张的末世论马克思主义是在这方面最为明显的例子。① （正如我们在下一章将会看到的，列奥·施特劳斯那"试探性地回归"到柏拉图和亚里士多德的"古典政治理性主义"，也是这种努力的代表；阿伦特将伯里克利的和苏格拉底的遗产进行最佳融合的尝试也是一样）。

　　这并不是说韦伯自己能够完全免于幻象，或者说能够完全免于追求信仰的意志。在阅读韦伯之时，我们最好牢记卡尔·雅斯贝尔斯（Karl Jaspers）的观察：韦伯"似乎作为彻头彻尾的相对主义者出现——然而，他是我们时代最狂热的信徒"。② 诚然，这样说是一种夸张，但是它突出了韦伯思想中的一个核心的和令人困惑的动态机制。如果正如韦伯所主张的那样，现代性就是这样一个时代——理性化的力量已经确定无疑地战胜了人类生活中意义和神秘的古老源泉，那么不可回避的问题就是：在一个祛魅的时代中，**什么**能够让生活充满意义。韦伯曾对那些"在一个无神和无先知的时代中"渴望新先知的人表示了轻蔑，也对那些无能于"像男人一样担当时代的命运"并且需要回到"古老教堂的怀抱"之中的人表示了轻蔑。③ 但是，他也对尼采在《查拉图斯特拉如是说》中所激烈抨击的那些"末人（lastman）"表示了轻蔑——这些人是平庸之人，现代晚期的布尔乔亚式的世俗主义者，这些人兴高采烈地并且毫无牺牲精神地支持进步和物质幸福的意识形态。④ 正是这种对其自身所属阶级在价值上的低要求深恶痛绝，导致韦伯过分看重托尔斯泰（Tolstoy）的神秘反现代主义立场——他认为托尔斯泰对现代生活所谓的"无意义"问题作出了精确表述。⑤

　　这种对现代生活的"无意义"——尼采将这种现象称为"虚无主义"——的关心，让韦伯适当限制了自己对苏格拉底的祛魅精神和他称之为理智正直的"平实责任"的认同。更精确地说，这一关心让他对这种责任的本质及其所支持的道德正直做出了一种独特的阐释。对于韦伯来说，理智正直的实践意味着有勇气去坚持不懈地澄清"自身的终极立场"。⑥ 然而，这

---

① 见 *Max Weber and His Contemporaries*, ed. Wolfgang J. Mommsen and Jürgen Osterhammel (London: Unwin Hyman, 1987)。
② Karl Jaspers, "Max Weber: A Commemorative Address", in Jaspers, *On Max Weber*, ed. John Dreijmanis (New York: Paragon House, 1989), p. 16.
③ Weber, "Science as a Vocation", *FMW*, p. 155.
④ Ibid., p. 143.
⑤ Ibid., p. 140.
⑥ Ibid., p. 155.

个苏格拉底式的指令并不消解任何特定的"终极"立场（例如，基督教、社会主义或者审美主义）的基础。① 在大体上接受尼采关于"上帝死了"（即，价值的核心性形而上学根源已经死亡）的主旨的文化意蕴之后，韦伯认为逃脱的途径在于通过许多"新神"——这些"新神"最近已经从他们的坟墓中爬出来——的斗争所创造的意义。"终极立场"的相互冲突——从基督教之价值等级结构的限制中解放出来的宗教的、政治的、科学的和文化的价值——将会在一个祛魅的世界中继续提供意义。

这并不是说，尽管他警告有必要保持"清醒"，韦伯还是为政治领域的全面"复魅"敞开了大门。然而，他令人奇怪地对在公共领域中的某一种形式的幻象表示接受，并且令人奇怪地对商议作为"澄清（clarification）"和祛魅的一种公共-政治程序表示毫无兴趣。对于苏格拉底和对于密尔来说，这是公共讨论的一种——如果不是**唯一**一种——基本功能。② 对于韦伯来说，公共讨论**仅仅只是**吵架：在大众政治领域中，商议不可避免地让位给煽动民众和宣传。韦伯会通过提醒我们现代选举政治的那些无助于教化的事实，为他对商议的"使人清明"功能的不关心进行辩护；正如他将会通过提醒我们在所有非意识形态政治背后的令人窒息的"官僚统治"，来为"为事业激情奉献"的精神进行辩护。这种不关心可能并不会那么引人注目，要不是韦伯在**其他的**（并非直接的政治性的）文本中将理智正直当作最高价值的话。

在下文中，我会梳理韦伯的道德责任和理智诚实概念之间的张力，以及它们在公共领域中所起作用。正如在之前的章节中一样，对这些概念的苏格拉底式阐释既提供了关键性标准，也提供了极为有价值的对比。我从省察韦伯的政治作为斗争这一想法开始，指出这一想法是如何在他对于政治和文化的反思过程中的许多地方清楚地表现出来的。然后，我将会转向思考韦伯那独特的竞争式多元主义（agonistic pluralism）概念，以及这一概念对于韦伯在"志业"讲座中尝试去重塑道德和理智正直观念的影响。最后两节详细地省察这些"祛魅的"阐述模式。与某些韦伯的批评家**相反**，我认为他对苏格拉底的概念，尽管有明显的（和主要的）区别，保留了某些重要的联接。在表面上，韦伯的工作揭露了类似于"哲人型公民身份"这种想法的虚假之

---

① Weber, "Science as a Vocation", *FMW*, p. 155.
② 当然，苏格拉底对公民大会的公共讨论持怀疑态度，韦伯对选举政治的商议潜力持类似的怀疑态度。见本书第一章。

处；然而，在更深的层次上，韦伯的工作设法去保持这一理想的某些至关重要因素的活力。

斗争的政治：权力国家（Machtstaat），议会民主与文化

在《新政治秩序下的德国议会与政府》（最初系 1917 年发表在《法兰克福日报》上的一系列文章）中，韦伯宣布"政治意味着冲突"。① 虽然韦伯在心中所想的冲突的类型（至少在这篇文本中）并不是指国家之间的冲突，但是他对于政治的冲突特征的强调既不是新鲜的也不是非典型性的。从他（在 1895 年就职演说）对德国下一代所面临的"永恒斗争"的预言，到他（在《政治作为一种志业》中）提出政治的"社会学的"定义：为了"分享权力、或者力求影响权力的分配的斗争——不是在国家之间就是在一个国家内部的各团体之间"，韦伯一以贯之地在嘲笑那样一些政治理想——它们对权力意志的现实性以及意识形态的和国家的差异的十足深度都视而不见。② 永久和平与非强迫性的社会和谐都不是现实的**政治**目标。之所以会有这些想法，是人们陷入了故意的自欺，并且忽略了这种斗争在一个以"科层制那无法阻挡的推进"为特征的世界中为保存自由所做的积极贡献。③

在政治领域中是正确的那些东西在文化领域中就更是如此了。在文化领域中，斗争也是主要的、不可避免的现实，因为不同的"价值领域"（艺术、道德、宗教、政治、科学和经济）创造了相冲突的义务和迥然有别的面对生活的态度。实际上，对于韦伯来说，现代是以"价值领域的离散瓦解"为特征的，是与由文艺复兴和宗教改革所导致的西方文化世俗化相对应的一个进程。这种离散瓦解的结果就是在不同的终极价值之间的冲突——曾被"基督教伦理的宏大道德狂热"压制了千年④——又一次浮上前台并且渗透到生活的各个层面之中。公民的、士兵的、商人的或者政治家的德性将不再以共同服从于天主教会的占统治地位的"终极价值"的方式整合在一起。一旦这个体制的文化霸权开始遭到质疑，一种新的"多神论"就会产生；当然，不是在宗教信仰领域中，而是在生活本身的领域中。正如韦伯在《科学

---

① Weber, "Parliament and Government", p. 1399.
② Weber, "Politics as a Vocation", p. 78.
③ Weber, "Parliament and Government", p. 1403.
④ Weber, "Science as a Vocation", p. 149.

作为一种志业》中所说的著名的一段话：

> 我们和古代人——当他们的世界尚未祛除诸神和精灵的迷魅之时——生活得别无二致，只是我们在一种不同的意义上生活。正如希腊人此时向阿佛洛狄忒献祭，彼时向阿波罗献祭，而且尤其是正如每个人都向自己的城邦神献祭，在今天我们仍是这样做的，只是人的举止已经被祛魅并且被剥离了其神秘的、并且内在真实的可塑性。主宰这些神祇及其斗争的，当然不是"科学"，而是命运。人们仅仅能够知道：对于这一秩序或者对于另一秩序而言，神性是什么；或者应该说，在这一或者在另一秩序中，神性是什么……今天，日常生活的常规挑战了宗教。许多昔日的旧神祇从坟墓中爬出来；他们被祛魅了并且因此采取了客观力量的形式。他们争夺着对我们的生活的控制权，并且再一次开始他们彼此之间永恒的斗争。①

作为现代人，我们的首要责任是去冷静地面对这一价值的多元化（以及作为其结果的生存的碎片化），而不是对重新发现一个崭新的、整体的终极文化权威的源泉抱有虚幻的希望。价值的多元化源自于生活的不同领域之间的"不可调和的冲突"，这种"不可调和的冲突"使得个体选择——和个体自由——得以出现。面对着如下相冲突的伦理要求：耶稣的山上训词（"左脸也转过来由他打"）和日常"有男子气概的"行为的准则（"抵抗恶行——否则你将为恶行的盛行负共同责任"），个体"必须自己决定，对他来说哪一个是神，哪一个是邪灵。而且这贯穿在生活的所有领域之中"。②

韦伯对不同国家的价值、国家内部的不同价值以及跨文化价值之间斗争的强调勾勒出一种唯意志论的形而上学，这种形而上学只能在他对于未来的恐惧的背景下才能够得到充分的理解。当韦伯在1917年轻蔑地回应左派"文人"的目标，概述了德国向社会主义转变的可能结果之时，这种恐惧得到了最为形象的清晰表述：

> 如果私人资本主义被消灭了，那将只剩下国家科层制的**单独**统治了。私人的和公共的科层制——它们现在并驾齐驱、潜在地彼此对立，

---

① Weber, "Science as a Vocation", pp. 148–149.
② Ibid., p. 148.

并因此在某种程度上彼此互相牵制——将会融合为单一的等级体系。这可能类似于古埃及的情况，但是它将会以更为理性化——因此也更加牢不可破——的形式出现。

一架无生命的机器就是精神的客体化。只有这样，才能够像在工厂中实际发生的那样，完整地提供权力以强制人们为它服务并支配他们的日常工作生活。客体化的理智也是有生命的机器——科层制组织，它有着受过训练技能的专门化、有着对管辖区域的区分、有着规章制度以及权威等级服从关系。与无生命的机器一起，科层制组织正在忙于建造庇护之囚，有朝一日人们将可能会被强迫居住其中，就如同古埃及的农奴一样无能为力。这很有可能会发生，**如果在他们的事务排序中，一种在技术意义上更好的管理被当作是终极的并且唯一的价值**，而这意味着：一种理性化的科层制管理及相应的福利，因为科层制能够比其他统治结构更好地完成这些，……有谁想要否认这样一种可能性正在未来的子宫中孕育？①

在一个将"技术上更优的行政管理"作为"终极的并且唯一的价值"的世界中，有着巨大反乌托邦潜能，这推动韦伯去寻找资源对抗这种无限制的社会理性化。这不是一个要颠倒西方文化的发展总方向的问题（对韦伯来说，这明显太过荒谬），而是要限制官僚在生活的特定领域中的统治的问题。民族国家、政治政党或者团体、以及文化价值，在它们相互斗争中都需要源于个人的忠诚，这打开了不同价值的潜在丰富源泉，并且开启了新的意义源泉。政治领域中的选择和斗争概念之所以对韦伯有极大的吸引力，正是因为它们表明了一种权力——在某种程度上，这种权力能够"制约并且有效地控制"科层制对全社会的"重大影响"。

在某种程度上，这解释了为什么斗争的观念在韦伯的政治和文化思想中扮演着极其重要的角色。这个观念对他的道德和理智正直观念产生的影响怎么说都不过分。那么，这样就更有理由去问问：是否他的斗争观念保持静止不变，表示一个关于生存的始终如一的原则；或者随着他的早期思想到成熟期思想的变化进程，这个观念是否也在逐步发展。答案是，两方面都有点正

---

① Weber, "Parliament and Government", p. 1402. 参见, Weber, "On the Situation of Constitutional Democracy in Russia" in Weber, *Political Writings* ed. Peter Lassman and Ronald Spiers（Cambridge：Cambridge University Press, 1994）, p. 68, 在此文中，韦伯谈到了"为新农奴提供铁笼", 这已经"在所有地方都准备好了。"

确——当我们将他在就职演说中的用法与在《新政治秩序下的德国议会与政府》中、以及在"志业"演说中的用法相比较时，这一点就会变得显而易见。我的观点是：随着韦伯从对国家之间关系的考量走向对战后德国的宪政形式的考量，以及最后走向对"祛魅的"世界中的价值冲突的考量，他对"政治作为斗争"这一想法的依赖是扩大了而非缩小了。

1895年《民族国家与经济政策》的演说展现了青年韦伯作为毫不掩饰的民族主义者和帝国主义者的一面。基于他之前的《德国东部易北河地区农业工人的境况》的调研成果之上，① 这篇演说表面上看讨论的是"在各民族之间为了生存而进行的经济斗争中，种族差异（就身体和心理层面而言）起到了什么样的作用"。② 韦伯用来作为例子的是在西普鲁士农业土地上的人口变化，在这片土地上德国农民和长工的人数都在日益减少，而波兰的农民和长工的人数却变得愈来愈多，对该地区的德国人特征造成了威胁。然而，这篇演说完全没有将自身限制在这项个案研究所提出的政策问题上。正相反，韦伯将他的案例作为对政治经济在促进民族利益中所发挥的作用进行公共反思的机会；作为对在与其他民族争夺权力的竞争中应当指导德国的那种理想类型进行公共反思的机会；作为对德国"新兴阶级"（资产阶级和工人）的相对政治成熟进行公共反思的机会。这篇演说是对德意志民族所面临的危险的一个警告；是对德国的"政治"阶级缺乏领袖能力的严厉谴责；而且，是对新一代人武装起来面对未来挑战的号召。

鉴于韦伯的议题的重要性，他用来作为演讲开篇的问题看起来几乎是微不足道的东西。他问他的听众们，更先进的民族（德国农民）在东部地区为了生存的经济斗争中却每况愈下，这一违反直觉的现象的原因是什么？西普鲁士的农业危机（这是贵族容克地主在面对不断增强的市场压力下为了维护他们的统治而进行的斗争）怎么会创造出一个"选择进程"——这个进程便宜了作为"劣等人"的波兰人？

韦伯的答案是以一种那个时代的社会达尔文主义式修辞所表述的，虽然它旨在指出一个与"自然"选择进程的通常理解背道而驰的现象。韦伯问，"为什么占据上风的是**波兰**农民？""是因为他们有较好的经济头脑还是更雄厚的资本来源？都不是，而是与这两者正相反。"③ 在西普鲁士，波兰农民

---

① 这篇文章最初于1892年发表在"社会政策学会（*Verein für Sozialpolitik*）"。
② Weber, "The Nation State Economic Policy", *Political Writings*, p. 2.
③ Ibid., p. 9.

第四章　马克斯·韦伯：冲突、正直与政治幻象　　207

对于最低层次的工作条件的更佳适应能力在于他"**最小化他自身要求**"的能力，在于让"物质和精神的需要"变得比其德国对手更少的能力，而德国人却依然有对自由的渴望。① 那么，对于西普鲁士状况而言，拥有无上权威的"选择进程"对"在种族上和文化上"更优秀者（他们不能够适应）**不利**，而对那些处在较低物质和道德发展阶段的人们**有利**。

　　虽然韦伯在他演说的第一部分中使用种族的和民族的概念会激怒现代人的情感，但是他从他的案例研究中引出的教训则更为令人不安。德国农民"为了日常经济生存而与一个劣等种族竞争，并在这一寂静无声且前景黯淡的斗争中每况愈下"，这一事实揭示了如下假设的虚假性："选择进程"总是偏向较为发达的或者先进的种族。但是它也指明了如下假设的虚假性：经济发展正在创造一个世界，在这个世界中国家和民族之间的竞争的根本原因会随着宣告和平与繁荣的国际经济秩序的建立而逐渐地消失。韦伯写道："单是无法让人轻松的人口问题的严重压力，就足以使我们无法成为幸福论者，让我们无法想象和平与幸福会在未来的子宫中孕育，让我们无法相信在这尘世生活中，除了**人与人之间残酷的斗争**之外还有什么其他方式能够创造出起码的活动空间"。②

　　匮乏——食物、工作和生存空间的匮乏——是潜藏于一个民族反对另一个民族的生存斗争背后的基本事实。按照青年韦伯的说法，这就是为什么政治经济学必须不仅要放弃"对幸福的乐观希望"，而且要放弃如下一想法：人道的恰当标准或者理想能够单独从对经济因素的考量中得到。韦伯主张，认为经济学能够或者应该能够分泌出"终极的"价值，乃是十足的"幻觉"："真相是，我们在我们学科的主题中所引入的那些理想并**不是**它所特有的，也不是由这门学问自身所产生出来的；毋宁说，它们是古已有之的人类理想的一般类型"。③ 这意味着政治经济学必须以它碰巧服务的特定人群的**特征**为轴心——这些人是它试图在"永恒的斗争中"促进其生存的。④ 经济政策必须认识这一事实："经济共同体的扩展只不过是各民族之间相互斗争的另一种形式，这种形式并没有使得各民族捍卫自身文化的斗争变得容易，而是让它变得更为**困难**，因为这种扩大的经济共同体在民族内部唤起对物质

---

① Weber, "The Nation State Economic Policy", *Political Writings*, p. 8, 10.
② Weber, "The Nation State Economic Policy", p. 14.
③ Ibid., p. 19.
④ Ibid., p. 15, 16.

利益的追求，让这些人与物质利益结盟**反对**民族未来。"① 换句话来说，政治经济学必须认识到政治的优先性。

这种民族之间竞争的利害攸关之处在哪里？答案是：并不仅仅只是获得市场、财富和下一代的"安乐（well-being）"。每一个民族都为自身的**生存**而进行斗争；然而，一个伟大的民族为特定社会经济政体所养育的"人类的素质"的提升而进行斗争。"我们并不想要在民众中培育安乐，而是要培育那些品格，那些我们将之作为构成了人类伟大之处和我们天性之高贵的品格"。② 如下想法是错误的：让一个民族的经济文化"尽可能的先进"会自动确保在追求**这个**目标中的成功，因为——正如波兰农民对抗德国农民的例子中所证实的——严格的经济选择进程通常有利于"较低级的"类型。

通过这种令人震惊地将政治经济学重塑为一种民族和文化为了影响人类未来的斗争中的助手，韦伯赋予"沉闷枯燥的科学"③一种准尼采式色调。为了让经济斗争有意义，它必须扮演权力斗争的角色，而权力斗争必须被视为理想之间的斗争。民族可以作为理想的载体；而商业、劳动和市场则不能。此外，经济上的成功最终取决于政治权力，因为正是政治权力（以咄咄逼人推动领土扩张的形式）打开了市场并且获得了原材料。但是，如果是这样的话，谁将会是民族的"政治目的意识"的承担者？哪个团体能够被信托去推进民族的"纯粹政治性的利益"？

带着这一问题，韦伯转向了他的演讲的最后一个并且（在很多方面来说）最具代表性的话题：德国上升阶级的相对政治成熟（Mündigkeit）。鉴于经济的发展并没有减弱而是加剧了民族之间的斗争，在德国哪一个阶级是在政治上成熟到足够获得领导权的呢？这些"占据主导地位的经济和政治阶层"中的哪一个能够把握本民族"经济上和政治权力上的长远利益"，并且既有能力又有纪律性去"将这些利益置于所有其他考量之上"？④ 容克们是在政治上精通、但在经济上日渐衰落的阶层：人们不能够相信他们会将民族的利益置于他们自身的利益之上（这一点通过他们对波兰工人的开放立场可以得到说明）。资产阶级能在容克们中断的地方继续前行吗？他们能够给德国提供一个 Machtstaat（权力国家）所需要的政治领导能力吗？

---

① Weber, "The Nation State Economic Policy", p. 16.
② Ibid., p. 15.
③ 对政治经济学的讽刺性称呼。——译者注
④ Weber, "The Nation State Economic Policy", p. 20.

第四章 马克斯·韦伯：冲突、正直与政治幻象

韦伯的答案是带着轻蔑的"不"。他将上一代的资产阶级描绘为政治上不成熟的一代，为政治判断和任何充分发展的权力本能的完全欠缺所困扰。德国的资产阶级在俾斯麦（Bismarck）的令人畏惧的阴影之下成长起来，他们发现自身被其"恺撒式"领袖剥夺了任何有意义的政治参与（和政治教育）的机会。此外，上一代资产阶级积极参与了自身的政治幼稚化，快乐地抛弃政治任务和责任，以便更好地享受俾斯麦政治所带来的德国统一和三十年和平的果实。老一代人由于"非政治的过去"的负担，因此（按照韦伯的说法）对政治欠缺任何"志业"感。出现了如下分裂的状况：在大的或者上层的资产阶级那里，他们渴望另一个作为保护者的俾斯麦出现；而在绝大部分小资产阶级那里，他们则陷入了下层中产阶级的"政治市侩主义"的泥坑中无法自拔，为殖民地的获得和帝王的好战修辞欢呼雀跃却对于所卷入的危险几乎毫无意识。韦伯认为，没有任何东西能够改变这种态度或者能够弥补"缺失了一百年的政治教育"。[①]

如果德国的资产阶级在政治上是不成熟的，那德国的工人阶级也很难表现得有所不同。这个阶级相对得到了良好组织，并且相对有能力在求权力的**经济**斗争中坚持自身，但，如上事实并没有改变基本**政治**状况。与英国或者法国的工人阶级不同，德国的工人阶级从未遇到过那种源于承受"世界强国地位对国内政治的反馈"的强制性政治教育。[②] 此外，在韦伯看来，他们的领袖们要比资产阶级更深地陷入了"政治市侩主义"中，只不过是"小有政治手腕的可怜虫"，他们装作是"（法国大革命）公民大会的精神后裔"，但其实他们完全没有"以政治领导权为志业的阶级所必须具备的强烈**权力本能**"。[③]

韦伯推断："对我们的境况造成**威胁**的是这一事实：资产阶级作为民族**权力-利益**的承担者似乎尚未成熟已先凋谢了，但同时没有迹象表明工人阶级已开始变得足够成熟而可以取代资产阶级。"[④] "处于**统治的**和处于**上升的**

[①] 对韦伯与其所在阶级之间关系的一个概述，见 Tracy Strong, "Weber and the Bourgeoisie", in *The Barbarism of Reason*: *Max Weber and the Twilight of Enlightenment*, ed. Asher Horowitz and Terry Maley (Toronto: University of Toronto Press, 1994). 一个更为传记体的描述，见 Arthur Mitzman, *The Iron Cage*: *An Historical Interpretation of Max Weber* (New York: Knopf, 1970), p. 15–163.

[②] Weber, "The Nation State and Economic Policy", p. 26.

[③] Ibid., pp. 25, 26.

[④] Ibid.

阶级的**政治**素质"，而非"被统治阶级的经济境况"（韦伯承认这种状况极为悲惨），才是关键的"社会-政治问题"。因此，"我们的社会-政治活动的目标并不是要让每一个人幸福，而是要达成民族的**社会统一**——这已经被现代经济发展弄得四分五裂，从而使民族为"应付未来的艰苦斗争"做好准备。① 由于没有任何阶级的臂膀在当前足够强大到能够担当"领导权的重任"，因而"政治教育这一艰巨的任务已不能再拖延"，这一点只有通过所有人意识到"没有任何比对我们民族进行**政治**教育做贡献更严肃的责任"来实现。② 只有达成坚固的政治成熟——这要避免求"幸福"的迷梦，并且消除认为"有可能用伦理理想取代政治理想"的错误信念——才能够让当前的德意志民族成为"更伟大时代的先驱者"。

青年韦伯对于他的就职演说所激起的争议感到十分开心。他极其满意地写道："我的观点的残酷无情已经引发了恐惧"。③ 他对"幸福主义"的自由民族主义的轻蔑是毫无歉意的，正如他对于政治优先性的坚持以及他将 Staatsraison（国家理性）作为"经济政策最终决定性的标准"一样。④ 但就职演说中最为令人震惊的东西并不是对现实政治的热情赞同，而是他使用斗争观念来支持一种超经济的理想政治学，这种政治学需要责任、忘我服务以及一种历史使命感。⑤ 这就是为什么即便在青年韦伯的思想中，政治成熟这个问题也占据如此显著地位的原因。最坏的命运就是把自己置于政治的后辈英雄的角色中——被其前辈们的丰功伟绩的阴影所笼罩。他的父辈们奇怪地（并且，在韦伯看来，可鄙地）安于这一角色。韦伯希望自己这一辈人有所不同，在民族和历史面前担当起自己的责任。摆脱作为英雄后辈的唯一出路就是成为"更伟大时代的先驱者"。政治成熟被韦伯独特地理解为**对理想负有责任感**，这样的成熟无法在上升阶级中找到，而是在上升的一代人中才能

---

① Weber, "The Nation State and Economic Policy", pp. 26 - 27.
② Ibid., p. 27.
③ Weber, quoted in introduction to *FMW*, p. 11.
④ Weber, "The Nation State and Economic Policy", p. 17.
⑤ 这并不是要否定如下事实：在德国历史至关重要的转折点上，就职演说作为一篇意识形态的说服教育文章的重要性。见 Wolf Mommsen, *Max Weber and German Politics*, 1890 -1920 (Chicago: University of Chicago Press, 1984), pp. 68 - 72. 莫姆森认为：韦伯的自由帝国主义修辞在 Friedrich Naumann（*Die Hilfe* 的编者）和 Hans Delbrück（*Preussische Jahrbücheer* 的编者）成为帝国主义事业支持者这一转变中起到了关键性作用。他们各自的杂志很快变成为自由帝国主义意识形态的喉舌，为帝国主义在德国成为"社会可接受的"做出了巨大贡献。

找到——至少青年韦伯让他的听众相信这一点。①

在弗雷堡就职演说②与《新政治秩序下的德国议会与政府》之间横亘着一个专横的父亲的死亡；一场迫使韦伯放弃教职的个人精神崩溃；一段很长的不活跃和康复时期，以及随之而来的狂热的科学高产期；当然，还有一场改变了整个世界以及德国在世界中地位的世界大战。那么，53岁韦伯所持的政治观点与30岁那咄咄逼人极富攻击性的自由民族主义者所持的观点有明显不同，对此我们不应该感到惊讶。然而，主题的连续性是惊人的。对德国"上升"阶级的政治成熟的强调；对需要普及政治教育的关注；以及坚持如下主张：政治既是**斗争**的必要过程又是**选择**的必要过程——这些构成了青年韦伯政治世界观的元素在他稍后的政治作品中都得到了充分的展现。然而，它们的内容都经历了重大的转变，因为战争的现实——以及德国统治阶级的谎言和愚蠢——让韦伯看到了，在国际领域中，权力国家的作用与其说是自我主张的机会或者理想的推进器，倒不如说更是一种负担。韦伯从未放弃他的民族主义，但是他逐渐地将重心放在国家内部而非国家之间的政治学上。在前者的领域中，有更充分回旋的空间和改革的真正机会存在。相反，国际政治领域表现为一个远为刻板僵化和无法穿透的权力逻辑。③

这种态度上的变化在1916年韦伯发表在《女性》杂志上的一篇短文中表现出来。《两种法则之间》是一篇对瑞士基督教和平主义者的回应，他们曾经攻击韦伯朋友德国女权主义者格特鲁德·鲍姆（Gertrud Bäume）的如下主张：战争让女人和公民面对不可避免相互冲突的责任。不出所料，韦伯通过在小的政治共同体（像瑞士这样）和**权力国家**（像德国这样）之间的鲜明对比来做出他的回应。前者已经抛弃了政治权力而因此能够自由培养那种韦伯称之为"简单的、资产阶级的公民德性和真正的民主"，而这"从未在任何大的**权力国家**中实现"。④ 另一方面，德国"矗立在历史面前有责任"

---

① 关于韦伯做出这些评论所在的文化时期（及其代际张力）的杰出重构，见 Lawrence Scaff "Epigones of a Great Age", in *Fleeing the Iron Cage: Culture, Politics, and Modernity in the Thought of Max Weber* (Berkeley: University of California Press, 1989), pp. 11–33.
② Freiburger Antrittsrede, 即《民族国家与经济政策》。——译者注
③ 这并不是要否定如下事实：成熟期的韦伯倾向于将所有"国内的"政治改革按照它们对德国在世界中所处权力地位的潜在贡献进行评价。然而，他带着某种宿命论的观点看待国际领域，但他从未真正用这种态度看待德国政治中发生的斗争。
④ Weber, "Between Two Laws", *Political Writings*, p. 76.

去帮助决定"未来文化的特征"。欧洲未来将会"毫无争议地在如下两种规则之间平分:一方面是俄国官僚统治下的规章制度,另一方面是说英语的'社会'的习俗传统",除非德国人能够"在这个历史问题的天平上投下自己的砝码"。①

然而,德国必须承担的斗争并不是一个随便就能把握的竞争机会,一旦把握了这个机会就能展现出哪一个民族最值得获得子孙后代的尊重。毋宁说,它是"对历史的一种被诅咒(承担)的责任和义务"。在一个**权力国家**的世界中,从这种责任中抽身退隐是不可能的,因为国家之间的权力平衡只能够**积极地**去维系。比如,德国**不得不**加入战争去援助奥地利。对瑞士的和平主义者来说,认为政治应该服从《新约》的道德教导是很容易的,因为他们已经从这种命运中得到了解脱,并且丝毫不懂"作为**权力国家**组织起来的民族所义不容辞的悲剧性历史责任"。② 后者(**权力国家**)别无他法,只能够选择去认识到支配着他们生存的"权力法则"并且按照它去行动。这些法则存在于鸿沟般的裂隙之中:在政治和伦理之间,在基督教的道德和世俗的、历史的责任之间。

这种宿命论在韦伯1917年著名文章《"道德中立"在社会学和经济学中的含义》的一个段落中也有回响。在讨论社会科学中"适应"概念的模糊性时,韦伯停下来写道:

> 冲突(Kampf)无法被排除在社会生活之外。一个人能够改变冲突的方式、对象甚至是基本方向和承担者,但是冲突却不能被消除。彼此相爱的人为了主观的价值而进行的内部斗争取代了彼此敌对的人为了外部对象而进行的外部斗争;以及与此相关,内部的控制(以情爱的或者仁爱的奉献为形式)取代了外部的强迫。或者,冲突可以采用在个体自身的精神中主观冲突的形式。冲突总是会出现,并且当它最不受注意时——也就是说,当它采取漠不关心、或自满被动、或自我欺瞒的形式时,或者在它表现为"选择"时——它的影响常常是最大的。"和平"只不过是冲突形式的一种改变,或者是冲突的对手改变了、或者是冲突的对象改变了、或者最终,是选择的机会改变了。③

---

① Weber, "Between Two Laws", *Political Writings*, p. 75, 76.
② Ibid.
③ Weber, "The Meaning of 'Ethical Neutrality' in Sociology and Economics", in *The Methodology of the Social Sciences*, pp. 26 - 27.

第四章 马克斯·韦伯：冲突、正直与政治幻象

冲突——在民族之间、社会群体之间、个体之间和在个体自身内部的冲动之间的冲突——的根深蒂固的本性不仅仅要求我们放弃掉国际合作或者社会和谐的美梦，而且（这看起来）也要求我们放弃掉任何一丝**民主的**希望。但是，与他的学生卡尔·施米特（Carl Schmitt）不同，韦伯并没有因此得出关于国内政治本性的霍布斯式道德。他并没有坚持主张一个无所不能的"恺撒式"领袖的必要性，而是在战后德国成为了一个议会民主制的坚定支持者。这种立场转变的原因是复杂的，但是因为他认识到在一个大众民主国家中，非暴力的政治斗争（以议会政党竞争的形式）可以既为自由服务，又为政治教育服务。在《新政治秩序下的德国议会与政府》中，韦伯得出了一个教训，这与马基雅维利的《君主论》和《论李维》所提出的观点有相似之处，即，虽然彼此冲突的国家间关系可能受严格的权力逻辑所支配，但是在一个"自由的共和国"内部的冲突确实能够成为"自由的事业"。①

然而，与马基雅维利的《论李维》不同，《新政治秩序下的德国议会与政府》并没有将问题集中于从政治上调解不同社会阶级之间的冲突，以此作为"良法和制度"的潜在源泉。反而，它将问题集中于：现代国家的科层制现实与相对立的对于政治判断和领导能力的要求，这两者之间存在着张力。正如韦伯所写的，如果"在现代国家中，真正的统治者必然地并且不可避免地是科层制"，而且如果"科层化那无法阻挡的推进"也包含了现代政党，将它们转变成为职业化的机构，那么我们转向何处才能够获得对专门**政治**才能的培养呢？强大和独立的政治行动者在何处才能够塑造成形，这些政治行动者能够"制约并有效控制这个（科层制的）社会阶层的巨大影响"吗？② 韦伯的答案很简单，只有在一个通过普选选出的议会之中才有可能；这是一个行使真正权力的议会，而非仅仅只是作为政府部门的"橡皮图章"。

这听起来好像韦伯唯一关心的是强大议会领袖们的塑造和选择，因为（在他看来）政治家是"对抗科层制统治的"唯一有效的"抗衡力量"。③ 确实，这是韦伯对议会政治承诺的一个极端重要的维度。但是，如下看法就是误入歧途了：韦伯对一个强大议会的偏爱仅仅是单纯工具性的，是不顾一切地寻找那种能够抗衡令人窒息的（政治上灾难性的）行政官僚统治的力量

---

① 见 Machiavelli, *Discourses on the First Ten Books of Titus Livy*, bk. 1, chap. 4.
② Weber, "Parliament and Government", p. 1403.
③ Ibid., p. 1417.

的结果。① 我认为,我们最好跟随沃尔夫冈·莫姆森(Wolfgang Mommsen)的建议,并将韦伯对于一个强大议会——一个有真正权力的议会——的要求看作是他对如下更广泛承诺的一部分:民主化和促进维护自由的政治斗争。②

确实,韦伯并不认为普通公民对这种斗争能够做出多少贡献,或者会发现自己的生活被政治体制的更大民主化所剧烈地改变。众所周知,韦伯认为民主仅仅只是现代世界所特有的几种统治形式(Herrschaft)之一。③ 如果认为民主制作为政府的一种形式能克服统治者与被统治者之间的差别,那就不过是自我欺骗罢了。对于大众民主政治最好的描述是:它是一种统治的形式,在这种统治形式中领袖们是自由选举产生的。④ 然而,这种统治形式也能够为个体保存最大限度的自由,并且不仅对精英的政治教育而且能够对整个民族的政治教育作出贡献(至少在其议会形式之下),这对后俾斯麦时期德国的幼稚化的政治文化来说,也算是一个不小的成就了。

对政治教育的强调明显贯穿了《新政治秩序下的德国议会与政府》全篇。正如韦伯22年前在就职演说中所做的那样,他在政治教育与政治斗争两者之间构建了紧密的联系。他对于现代民主政治的现实的清醒观察——在现代民主政治中,政党的积极分子被对于工作和额外待遇的追求所激励,而大众被利益和**怨恨**所激励——导致他避开将政治作为一种公民的"品格教育"的古典观点,这一观点虽然有启发意义但是缺乏时代相关性。⑤ 更为令人惊讶的是,这让他对更为节制的密尔式主张——政治参与对在普通公民中培养"扩大的"判断能力有帮助——也持怀疑态度,尽管他(至少在形式上)坚持认为,政治参与"是发展政治判断的前提条件"。⑥

参与式"民众教育"的重要性的降低源于现代选举政治的本质——现代选举政治让普通公民的作用大大减弱。韦伯写道:"即使在有着非常民主的章程的大众政党中,投票人和大多数普通政党成员不能够(或者在形式上不能够)参与到决定方案的起草和候选人的选择中,因为就其本质来说,类似

---

① 见 Peter Breiner 在其书 *Max Weber and Democratic Politics*(Ithaca: Cornell University Press, 1996), p. 164 中的论述。
② 见 Wolfgang Mommsen, *The Political and Social Theory of Max Weber* (Chicago: University of Chicago Press, 1996), pp. 32 – 35.
③ 见 Weber, *ES*, vol. 1, p. 292.
④ Mommsen, *The Political and Social Theory of Max Weber*, p. 32.
⑤ 见 Weber, "Politics as a Vocation", pp. 103, 125.
⑥ Weber, "Parliament and Government", p. 1392.

这样的政党会发展出一种带薪官僚制度。"结果就是,"投票人仅仅在如下程度上施加影响:方案和候选人是按照他们接受选民支持的几率来选择的"。[1]在大多数情况下,普通公民是"完全不活跃的",或多或少成为了宣传工作、煽动民众的言论、以及韦伯称之为"对大众情感的利用"的被动标靶。[2]

那么,"政治教育"在哪里发生、又如何发生呢? 韦伯的双重答案故意忽视了平等主义"文人"的自命不凡以及令他鄙视的"街头民主"。对普通公民来说,由一个强有力的议会制度来提供的政治教育并**不**在于任何直接政治参与的机会(除了投票之外),而是在于议会辩论和质询的**公共**特征。这比其他任何东西都更能将"由政治家统治"与"由官僚统治"区分开来,对于后者来说,几乎每个国内政策问题都被归入"行政秘密"的范畴中。英国人的相对政治成熟则在于受到了这样一个议会的统治,这个议会不是一个无能批评的机关(如同魏玛的议会那样),而是一个在科层制之上的真正拥有权力的管理机构,其工作委员会系统不仅是为了培养有能力的政治领袖,而且也在为确保"行政的公开"服务。在韦伯看来,后者正是对"领导者们和被领导们的政治教育"的一个前提条件。

即使有着强有力的议会监督和公开性原则,现实情况仍然是:统治的日常事务与"民众的意志"根本没有什么关系。在此,正如在其他地方一样,韦伯对议会民主的分析带着明显的"祛魅的"敏感性。正如他在写给学生罗伯托·米歇尔斯(Roberto Michels)的信中所说过的一句著名的话,"类似'民意'和人民的真正意志这样的概念对我来说并不存在。它们是虚构之物"。[3] 现代国家的残酷现实是,"真正的统治者必然的并且不可避免的是科层制",科层制要为"行政的例行公事"负责任。[4] 公民仅仅只是"那些被科层制所统治的人",虽然现代议会"主要是那些被科层制手段统治的人的代表机构"。[5] 从由科层制统治而建立起来的 Obrigkeitsstaat(威权国家)中逃脱,仅仅只能依靠这样一个源泉,它强大到足以训练并且选择拥有非凡才能和意志的政治行动者,从而能够让政党和国家的机构屈从于他们自身的目

---

[1] Weber, "Parliament and Government", p. 1396.
[2] Weber, "Politics as a Vocation", p. 107.
[3] 韦伯在1908年8月4日写给米歇尔斯的信;转引自 Mommsen, *Political and Social Theory of Max Weber*, p. 31.
[4] Weber, "Parliament and Government", p. 1393.
[5] Ibid., pp. 1395, 1407.

的:"政治家(而非'民众')必须成为对抗科层制统治的抗衡力量。"①

这个源泉是什么?换句话来说,真正的"政治家"(与那些科层制官僚相对)从哪里来?他们来自于只有在议会或者代议制民主中才能找到的斗争和选择的政治过程。正是在争夺政党领导权和在选举战场上获得胜利的斗争中,正是在一个强有力议会的工作委员会中与其他政治行动者的竞争时,政治教育的最重要的形式——领袖的教育——出现了。

议会而非政府部门是**政治**人才的恰当的"招募基地":"对于现代的政治家而言,真正的角斗场是在公众面前的议会冲突和政党竞争;无论是科层制的官僚晋升的竞争,还是任何其他的竞争都不能够提供同等价值的替代品"。② 韦伯强烈地意识到政治行动者所需要的修辞和煽动民众的才能一直以来都受到"专家知识"拥护者的公开谴责。从柏拉图到近代对"党争"的技术统治者批评,都启用了这样的区分:一方面是政治修辞(按照《高尔吉亚》的说法,仅仅只是一种"说服的技巧"),另一方面是有关统治的更为专业性的知识(所谓的王者技艺,或者 basilike politik)。韦伯对于在**这**场辩论中他应该站在什么位置上,表达得一清二楚。民主化进程与煽动民众言辞的日益重要齐头并进:除了"意志品质",政治行动者的煽动民众演讲力量是"最具决定性的"。③

韦伯对"饱受诟病的'煽动民众的技艺'"的辩护是毫无悔意的——但是这也是有限制的。虽然它是"选举战场"上一把必要的武器,但是它也能够导致"惊人的误用"。④ 然而,如果人们想要有伯里克利的话,那就必须甘愿冒着出现克里昂的危险。⑤ 问题的实质是:现代政治在很大程度上是"写出和说出的**言辞**"的问题。⑥ 议会民主的出现让演讲成为进行"政治战斗"和造成大众跟随的主要手段。但是,虽然韦伯强调类似这种"克理斯玛型权威"在与科层制权威的斗争中的重要性,可他也谨慎地强调发生在议会自身**内部**的训练和斗争的重要性。"基于无知的煽动民众"只可能通过在强

---

① Weber, "Parliament and Government", p. 1417.
② Ibid., p. 1414.
③ Weber, "Politics as a Vocation", p. 107; "Parliament and Government", pp. 1449–1450.
④ Weber, "Parliament and Government", p. 1450.
⑤ Thucydides, *History*, bk. 3, para. 37–41. 幸好,雅典人(尽管他们没有一刻空闲时间)犹豫了一下并且将这个命令取消了。令人吃惊的是,韦伯提醒《政治作为一种志业》的听众:第一个背上煽动民众者这一骂名的人不是克里昂而是伯里克利。(p. 96)
⑥ Weber, "Parliament and Government", p. 1420.

第四章　马克斯·韦伯：冲突、正直与政治幻象　　217

大的（即，政治上强有力的）议会委员会工作中受到教育的政治家来克服。① 韦伯**最不会做的**事情就是鼓励那些"文人"和政治业余者的不负责任的和无知的修辞。格莱斯顿（Gladstone），而非罗伯斯庇尔（Robespierre）或列宁（Lenin），是他的"克理斯玛型"议会煽动民众者的模范。②

这就是为什么韦伯坚持主张发生在议会**内部**的权力斗争至少与"选举的战场"上的领袖选择一样重要。在一个"发挥作用"的议会中，

> 每一次冲突……不仅涉及在实质性问题上的斗争，而且也涉及为个人权力而进行的斗争。只要议会足够强大，君主通常就会将政府委托给明显多数派的代言人，那么，各政党的权力斗争将会是为了这个最高的行政职位的竞争。这场战斗由那样一些人来进行，那些人具有十足政治权力本能和高度发展的政治领袖品质，并因此有机会接掌这个最高的职位；为了在议会外政党的存活，以及与之密切关联的无数理想的和（部分地）物质性的利益，都要求能干的领袖得到那个最高的职位。只有在这样的情况之下，那些拥有政治气质和才能的人才有动力去参加这种竞争性选择。③

这段文字带领我们看到了韦伯将政治斗争作为在现代世界中增强自由的主要工具这一观念的核心特征。韦伯对于激励大众的政治激情毫无兴趣，这一点从他致力于对于领袖的招募以及他那对于准无政府主义的"街头民主"的不予理会就可以看得出来。在他看来，大众的政治激情不可避免会被**怨恨**和对这样或那样的战利品的欲望所污染。④ 因此，真正的政治行动不是（如阿伦特可能会主张的那样）普通公民"一起行动，一致行动"的问题。毋宁说，人类的首创力和自由能力是由这样的政治领袖所最佳代表的，这些政治领袖能够造成一大批有序的跟随群众去追求明确的、得到煽动性阐述的目标。

韦伯版本的竞争政治学——这是他与"圣徒科层制（Saint Bureaucratius）"和威权国家进行战斗的整体策略的一部分——明显是很容易招致批评的。最切中要害的指控是他将核心集中于领导权、煽动民众的言辞和克理斯玛型领袖上，而这些对普通德国人的"政治教育"毫无裨益并且为——尽管

---

① Weber, "Parliament and Government", p. 1420.
② Weber, "Politics as a Vocation", p. 106; 参见 "Parliament and Government", p. 1459.
③ Weber, "Parliament and Government", p. 1409.
④ Weber, "Political as a Vocation", p. 125.

是无意地——法西斯独裁铺平了道路。① 然而，（马后炮地）说"增强民主商议"是"应对民主制对于领袖的依赖的危险性的唯一解决办法"，因为它"迫使雄心勃勃的领袖们之间的竞争只能服务于提供有益的公共建议"——这就有点太过轻松简单了。②

我们必须铭记在心的是：韦伯的指导性的关切实际上是如何"启动"德国的政治教育进程。他认为，这最好能够通过政治上的"斗争和选择"的进程来得以实现，这一进程培养了真正的政治才能，并且为在整个民族中"独立思想"和判断的发展做出了贡献（尽管只是代议制机构的增强）。③ 他认为将政治商议和决策制定扩展到"民众"的激进民主计划是一个乌托邦式的幻想，这一事实不应该让我们忽视他的"政治作为斗争进程"观念中的基本要点。韦伯认为，一种竞争的议会政治学会对在德国塑造出敢于承担责任的政治领袖和一种前所未有的政党有所帮助。换句话来说，这种斗争的制度化将会产生出"制约并有效控制"官僚统治的权力，有助于在现代国家中保留些许"个人主义"自由。④

韦伯的竞争政治学的制度安排平息了一些由于他对代议制政府的商议（密尔式的或者"苏格拉底式的"）功能的极度弱化所引发的疑虑。在《新政治秩序下的德国议会与政府》中，他对于权力制衡的理解，也令人欣慰地接近于指导美国立国者的孟德斯鸠式概念——尽管，他强调一个强大国家的必要性。然而，当我们从政治家以及政党的斗争转向互相冲突的价值之间的斗争时——即，韦伯的坚定的价值多元主义——我们发现许多旧有的疑虑都回来了。因为，正是在他的"新多神论"观念中，他对一个被斗争所撕裂的世界的悲剧性理解的伦理后果变得最为显著。并且，正是在此，他看轻商议的功用——不是就达成一致而言，而是就澄清和破除幻象而言——，就似乎太过极端了。

总的来讲，可以说：韦伯的斗争观念从民族之间为了存活和权力的一种准霍布斯式竞争（就职演说），演进到政治斗争作为领袖选举的一种**手段**的工具性概念（《新政治秩序下的德国议会与政府》），（最终）演进到不同终

---

① 见哈贝马斯在 1964 年海德堡会议上对于马克斯·韦伯的评论，载于 *Max Weber and Sociology Today*, ed. Otto Stammer (New York: Oxford University Press, 1971), p. 66.
② Breiner, *Max Weber and Democratic Politics*, p. 164.
③ Weber, "Parliament and Government", pp. 1391 – 1392.
④ Weber, "Parliament and Government", p. 1403.

第四章 马克斯·韦伯：冲突、正直与政治幻象　　219

极价值之间根本不可调和——没有任何终极价值能在世界结构中找到基础——这一更为"悲剧性"的观念。和尼采一样，正是在对于价值冲突的反思中韦伯发现了一个领域，这个领域就其本质来说就是反抗科层制（"形式的"）理性的拉平化要求。因为终极价值相互冲突，工具理性（"铁笼"）不断扩张的暴政势必会与人类的选择和承诺这一根深蒂固的事实相碰撞。但是**这一**事实似乎使得终极价值的整个领域永远超越了任何理性的裁决。因此，对韦伯的道德多元主义的指控是：这是某种程度上的"决断主义（decisionist）"——密尔的则不是。①

在我看来，这种批评已经通过我在本章第四节中所讨论的一些原因而被颠覆了。在此只要注意到：我们在韦伯那里找到的东西并不是一种基于形式理性单一维度概念的主观价值哲学，而是一种道德多元主义的"客观"形式，这种道德多元主义表现为对其自身的独特挑战。②（正如哈贝马斯所认为的那样）科学、道德和艺术的现代价值领域以不同的方式提出了有效性主张（validity claims），有效性主张服从于每一个领域适用于自身的论证合理性的广义形式——如上这一事实无助于改变更深层次的、更为顽固的真相：价值可以是而且确实是冲突的。没有任何论证合理性的理论或者实践能够告诉我们，比如说，在事关法律或者社会政策的问题上，什么时候平等应该胜过自由，更不用说告诉我们如何去在不同的世界观之间做判定了。当然，我们希望在这些问题上能有论证和充分的理由。然而在许多情况下（如果不是在绝大多数情况下的话），有理性的人们在即便存在"更佳论证的力量"的领域中，仍然会存在分歧。③

---

① 见 Jürgen Habermas, "Reason and the Rationalization of Society", *The Theory of Communicative Action*, trans. Thomas McCarthy (Boston: Beacon Press, 1984), 1: 247–254.
② 列奥·施特劳斯也做出了这种指控。见他的书 *Natural Right and History* (Chicago: University of Chicago Press, 1953), p. 44. 关于在道德多元主义的主观与客观形式之间的区分，见 Charles Larmore, "Pluralism and Reasonable Disagreement", in his book *The Morals of Modernity* (New York: Cambridge University Press, 1996), pp. 154–158.
③ 正是在这一点上，哈贝马斯那来源于交往行为自身结构的伦理方案与同为自由主义者的其他学者——例如罗尔斯或者（更为激进的）伯林——关于道德争执的政治后果的考量出现了最为显著的分歧。哈贝马斯并没有坚持在一个多元化的政治社会中存在道德一致性的可能；然而，他确实坚持在"更佳论证的力量"出现的那些地方——事实上，在"实践性商谈（practical discourses）"中——有能够达成一致的可能性（在理想的论证条件下）。见 Jürgen Haberrmas, "Discourse Ethics: Notes on a Program of Philosophical Justification", in his *Moral Consciousness and Communicative Action*, trans. Christian Lenhardt and Shierry Weber Nicholson (Cambridge: MIT Press, 1990), pp. 43–115.

然而，哈贝马斯的如下说法是对的：韦伯想要让事实与价值之间的区分本体论化。① 这使他过早地放弃了政治和道德论证，并且使他忽略了这种论证可能促进的破除幻象的作用。这在"志业"讲座中展现得最为明显。正如之前所述，在这些讲座中韦伯将价值领域的分离作为现代生活的最典型的特征。但是，他也将早前时代的价值和谐特征作为一种文化上的特定**幻象**，我们现在仍然挣扎着想要摆脱这种幻象的掌控。面对一个价值碎片化的世界，诱惑就是去寻找信仰式整合力量的替代品。对于现代人来说，最有可能的候选者一直就是科学（在其较为不谦虚的时刻），它承诺去根除悲剧性的冲突之源并且发现社会和政治和谐的基础。② 这就是为什么在《科学作为一种志业》中，韦伯的标靶并不是信仰的自命不凡（这已经被严重动摇了，如果不是被摧毁的话），而是科学——Wissenschaft——以及其教师的自命不凡。为了应对青年的渴望，科学教师允许自己作为一个新权威被竖立起来，这个新权威能够回答关于价值和生活准则这些终极问题。

因此，韦伯讲座的很大一部分是致力于打碎这些自命不凡，展现出"科学的价值"远不如某些科学的"忠实信徒"所想象的那样宏伟。③ 科学可能曾经承诺过能够打开通往"真正存在"、"真正艺术"、"真正本质"和"真正幸福"的道路，但是它无法再做出这样的承诺了。托尔斯泰是正确的，科学无法提供如下问题的答案："我们应该做什么，以及我们应该如何生活？"按照韦伯的说法，现在仅存的问题是"在什么意义上科学'无法'提供答案，以及科学是否能够对那些正确提出问题的人有点用处"。④

科学（德语词 Wissenschaft 的含义包括了自然的和文化的科学）在如下意义上无法提供答案，即它不能够证明它生产的那种知识的终极价值：它仅仅只能假设自身的价值。按照韦伯的说法，物理学、化学和天文学"预设作为不证自明的东西是：把握宇宙事件的终极法则是有价值的，只要科学能够解释它们"，正如现代医学预设了：生命的维持（几乎）永远是值得向往的，而法理学预设了：某些法律规则事实上是有约束力的。⑤ 在每一个例子

---

① 施特劳斯也做出了这种指控，见其书 *Natural Right and History*, p. 40, 而且谢尔顿·沃林（Sheldon Wolin）在他的文章中也做出了这种指控，见 "Max Weber: Legitimation, Method, and the Politics of Theory" in *The Barbarism of Reason*, pp. 298 – 299.
② 这种倾向很难被根除。在社会生物学的形式中，它在很多方面一如既往的强大。
③ 见 Weber, "Science as a Vocation", pp. 140 – 143.
④ Ibid., p. 143.
⑤ Ibid., p. 144.

之中,知识的对象的**价值**——自然现象的、人类身体的、或者法律规则的价值——是而且必定是由各个特定科学所**假定的**。

如果科学不能够说明**为什么**它提供的知识对人类来说是或者应该是有生存论上的价值,那么它代表各种党派意见对政治和道德问题进行干预,就是一文不值的。那些无能于证明自己对人类生活的意义的基础的知识,更加不能在相互冲突的价值或者世界观之间做出决断。在《普罗泰戈拉》中,由柏拉图的苏格拉底所追求的"尺度的技艺"很明显在专门化的科学中是根本无法找到的。专门化的科学并不包含任何能够将价值或者生活方式进行等级区分的标准,甚至也不包含任何能够为其自身的活动提供令人信服证明的标准。① "'科学上的'辩护之所以在原则上是无意义的就是因为世界的不同价值领域处在彼此不可调和的冲突之中"。② 专门化的科学远远没有为信仰或者一种价值排序的"本质"理由[哲学家曾将之称为"正当理由(right reason)"]提供一个替代品,它仅仅提供了工具来帮助我们认识到预先给定的但基本上是未经省察的目标。

当我们将韦伯对于 Wissenschaft 无力解答生存上最重要问题的激烈主张与他对于"古老教会"之虔敬的完全蔑视结合到一起时,我们似乎已经拥有了必须回到哲学(作为一种对终极事物的研究)的所有要素。但韦伯否定自身和他的听众有可能拥有这样的哲学。他对于将理性作为某种独立于权力和利益的理性主义观念,有着强烈的怀疑。虽然哲学家在传统上将理性视为要么是超验的、要么是目的论的术语(即,作为在生存的平面之上并且与利益无关,或者作为揭示了根本性的人类目的——这些利益盲目摸索趋向的那个目的),但是韦伯(和尼采一样)将西方理性主义视为一种追求权力的文化斗争的特定产物。③

这并不是说,韦伯犯下了庸俗尼采式的罪:相信西方理性主义的极端此世根源决定了它的发展和终极本质,也不是说他认为(正如某些福柯的信徒所做的那样)理性主义只不过是一种为了掩盖权力关系的意识形态话语。人们几乎无法在读了《宗教社会学文集》的"前言"之后还怀疑韦伯有如下坚定信念:无论其文化发展的进程是多么特殊,西方理性主义是一种具有普

---

① 见 Strauss, *Nature Right and History*, p. 48; Wolin, "Max Weber", p. 291.
② Weber, "Science as a Vocation", p. 147.
③ 在权力和理性问题上对韦伯/尼采的关系的一个不错的总结,参见 Mark Warren, "Nietzsche and Weber: Then Does Reason Become Power?", in *The Barborism of Reason*, ed. Horowirz and Maley, esp. pp. 76 – 78.

遍意义的现象。① 毋宁说，如下说法更为贴近：韦伯（还是和尼采一样）认为哲学的自命不凡——自以为能够提供一种对互相冲突的价值的公正无私的评估——源自未能充分发展的理智良心。哲学这种计划之所以貌似合理，仅仅只是因为人们还保留了一种超越时间和机缘的超验理性的幻象而已。"一个已经吞噬了知识之树果实的时代的命运"应该知道得更多了。

正是这种深层意义上的理性的"不纯洁的"本性，再加上价值如何在同一文化内部和跨文化之间相互冲突这一极为具体的历史感，这些都让韦伯如此强烈地坚持主张：价值之间的冲突是无法根除的。结果表明，理性无能于让不同的德性和价值体系归结为一个公分母——任何有效"衡量"的前设（正如柏拉图认识到的那样）。一旦西方理性主义认识到其自身的偶然性根源以及未经省察的前设——特别是一元论的假设：即价值必须是可以共通度量的，因为对于人类应该如何生活，只可能有一个正确的答案，——那么，提供一种伦理上的"尺度的科学"的计划就必须被放弃。②

因此，在其形而上学式自命不凡被剥夺之后，理性就一方面被分解为专门化的科学的具体内容；另一方面被分解为法律、政府和经济的形式化结构。这使得韦伯——过早地——得出如下结论：世界理性化的最终结果是目的理性（purposive rationality）的胜利，目的理性的基本功能不是批判性的而是工具性的。理性——以科学与日益不偏不倚的（和平等主义的）规范和准则为形式——成了一个工具，这个工具既能够组织这个世界，也能够增强力量，但是这个工具完全依赖于它提供方向、意义和正当理由的价值"假定"。失去了能够进行全面道德评估的理性的权威，"终极价值"的领域便呈现出一种永无止境的和无可调和的斗争的面目。我们注定要在它们中间选择；并没有普世的、逻辑上不可否认的"价值事实"——据说人类理性是唯一能够揭示这样的事实的。正如韦伯在《科学作为一种志业》中的一个著名的段落中所写的那样，"只要生活仍然是内在的，并且按照自身规则得到解释，它只能了解到诸神彼此之间永不停息的斗争。或者，直截了当地说：对生活的终极可能态度是不可调和的，因此它们之间的斗争不可能达成一个最终定论。于是，做出决断性选择是必须的"。③

正是这种选择中的过度激情气氛，以及理性的整全式或形而上学式观念

---

① 见 Max Weber's, introduction to *The Protestant Ethic*, pp. 13–31. 也可参见哈贝马斯的讨论载于 *The Theory of Communicative Action*, I: 157–185.

② Plato, *Protagoras*, 356d–358a.

③ Weber, "Science as a Vocation", p. 152.

第四章 马克斯·韦伯：冲突、正直与政治幻象

的"祛魅"，使韦伯看到了哲学的局限性。因为我们一举一动所在的道德领域是如此拥挤不堪和冲突不断，（传统意义上的）哲学仅仅只能够表现为一种自欺，或者表现为正在进行的斗争中的另一种武器。在这方面，韦伯对苏格拉底所"发现"的"诘问法"概念的简短描述尤其能说明问题：作为"一种向某些人施加逻辑的压力的便利手段"，逼迫他人承认"或者是他自己一无所知，或者是这一个和任何其他东西都不是真理、不是**永恒的真理**"。① 它暴露出一种哲学的音盲，它无视苏格拉底诘问法的破除幻象、澄清说明的使命。韦伯认为苏格拉底当然是在从事一种基础主义的工程。苏格拉底的理性的消解特征——其批判性、负面性维度——他就完全看不到了。

鉴于韦伯在我们的传统中的主要形象是一个"祛魅"的先知，这就不禁让人觉得奇怪了。我们如何来解释呢？是什么让韦伯将苏格拉底的辩证法简化为一种在为伦理行为提供新基础的战斗中的逻辑武器？

我认为，就像很多受到尼采（和马克思）影响的人一样，韦伯将哲学看作是某种形式的柏拉图主义，至少在它渴求某种比知识论更多的东西时。② 这让他认为苏格拉底的哲学活动不是作为一种以推翻"主宰性习俗及其众多自愿服从者"为目标的激进追问质疑的形式，而是作为科学的一种幼稚的和令人困惑不解的形式，它以生产出什么是德性与我们应该如何生活的最终确定**答案**为目标。但是，还有另一个原因，这个原因将带领我们进入韦伯对西方理性化的整个进程的矛盾心态的核心。

韦伯对于尼采关于西方文化的内在虚无主义动力机制的叙事持接受态度，这使得他将理性通常看做对意义具有腐蚀性和破坏性。③ 结果，和尼采一样，他倾向于用一种特别冷峻严酷的眼光看待怀疑主义和强消解性的理性（尽管，也是和尼采一样，他本人践行了一种持续不断的去神秘化工作）。鉴于科学和科层制理性在对世界不断祛魅，韦伯觉得我们应该对能够减缓这种"无法阻挡的"趋势的任何生命维度都心存感激。因此，他对政治的互相冲

---

① Weber, "Science as a Vocation", p. 141.
② 受到了尼采影响的最典型例子就是：马丁·海德格尔（Martin Heidegger）对西方哲学在历史之上的重构——后设历史（metahistory）。见 "The End of Philosophy and the Task for Thinking", in Heidegger, *Basic Writings*, ed. David Farrell Krell（New York：Harper and Row, 1977），p. 372 – 392. 然而，与韦伯不同，海德格尔特别将苏格拉底排除在"哲学"——作为一种形而上学式"关于基础的科学"——这一范畴之外。对于海德格尔来说，苏格拉底仍然是"西方最为纯粹的**思想者**"，他致力于彻底地质疑。
③ 见 Webber, "Science as a Vocation", pp. 139 – 143，随着"科学"的祛魅以及信仰的缓慢死亡，对世界的分析将会揭示它的意义。

突方面十分强调,以作为一种对其不可避免的职业化和理性化的回应。出于类似的原因,他强调"上帝死了"如何为"斗争中的诸神"注入新的活力,这些神代表了人类生活的不同价值领域。被基督教的"宏大道德狂热"所压抑的价值冲突再次复燃,这意味着人类自由和生存选择的领域的扩大。

那么,"上帝死了"并没有让我们去自由地"创造"价值,或者系统地复活有着更为高贵过去的那些价值;然而,它的确增强了我们对于自己所处身的道德领域之复杂性的认识,揭示了那些不可避免的张力和选择。价值多元主义意味着生存选择(至少对有些人来说)的激增,即便是在科层制理性之"铁笼"的限制之内。比什么都更重要的是,价值冲突的事实让韦伯认为:价值冲突确实有可能在面对冰冷和(在他看来)黯淡的未来时保存更多"个人自由"的"残余"。[1] 然而,价值的领域只有在"斗争中的诸神"自身不会成为科层制理性——及其对"技术上更优行政管理"的崇拜——的暴政的牺牲品时,才有可能保存这个希望。

韦伯认为抵抗理性化那"不可抗拒的"推进的唯一办法就是坚持主张:"终极"价值的领域(在某些重要的意义上)超出了理性的祛魅的、内容-破坏性的力量的魔掌。而在此,我们看到了韦伯将苏格拉底的哲学活动轻蔑地鉴定为柏拉图主义的更深层次原因。要想认识另一种非教条主义的哲学化形式——其关键力量决不靠形而上学的立场,那就必须要强化为韦伯所憎恶的意义-破坏性的"理智主义",而且恰恰要在最重要的领域中:在对不同终极价值做自由决断的领域中。

从韦伯的立场来看:在现代晚期,苏格拉底的消解性理性在最好的情况下也只是多余的,而在最坏的情况下则是特洛伊木马,只会进一步破坏有意义的决断和行动的最后一个完整领域。这个领域已经被不断开拓殖民地的工具理性(Zweckrationalität)完全吞噬。在韦伯看来,无论这些相互冲突的价值多元化会显得多么"非理性",也并不需要通过在哲学上削弱多元化以加速这一进程。因此,哲学只应该如其所是地作为"幻魅"的过去的一种"幻象"。

《政治作为一种志业》中的政治、伦理与道德正直

在韦伯的作品中,对"无意义"的恐惧决定了斗争观念的最终的重要价

---

[1] Weber, "Parliament and Government", p. 1403.

值。在"志业"讲座中,它也构成了他复兴和世俗化加尔文主义的天职(Beruf)观念的那著名而有些曲折的尝试的基础。

在韦伯看来,新型的科层制秩序覆盖了现代生活的全部并且构造出一种温顺、服从的个体来实现自身的功能。德国那特有的政治-历史发展所孕育的被动性和不成熟性被日益理性化的世界的要求所加剧,这使得专门化和符合常规成为经济安全和稳定身份地位的前提条件。这个被行政管理统治的世界造成了秩序人(Ordnungsmensche)的剧增,这些人渴望通过遵从权威获得一种稳定感。这些"齿轮人"最不可能表现的就是各种形式的斗争(无论是民族、党派还是价值之间的斗争)所必须的竞争态度。如果要在不断推进的庇护之囚面前维系人类行动的意义和自由的话,那只有靠通过为一项事业服务而自我规训——即,通过天职的世俗化版本——而获得力量的个体。

此种个体是如何被创造的或者被"培育"的这一主题在韦伯的后期作品中占据了日益核心的地位。我们已经看到了他如何希望议会政治能够为真正政治家的选择提供一种机制。在"志业"讲座中,重心从创造这种机制所必须的制度改革问题转到这种具有强力个体的**性格**塑造方式上。这一重心的改变将韦伯放置于与柏拉图、亚里士多德和马基雅维利这样的政治思想家相同的位置上。就像柏拉图和亚里士多德一样,韦伯关心的是如何去培养一种"精神的贵族",这种"精神的贵族"将会作为比自己更大事业的无私的工具。①但是,和马基雅维利一样,他更为关心的是什么有助于行动、能量和力量而非什么有助于正当。这不是说他在对潜在领袖的感性特征的态度上也是马基雅维利式的——绝非如此。韦伯要求一定程度的禁欲主义的自我牺牲和克己忘我,这些会被马基雅维利式政治行动者视为如假包换的基督教徒的品质。

怎么解释韦伯坚持主张在力量与克己忘我之间的联系呢?为什么形成真正领袖和政治行动者的规训必须是**禁欲性的**?答案与韦伯关于斗争的准形而上学观念相关,而且与他对产生于科层制的"秩序人"的"败坏"的认识相关。

正如我之前所指出的那样,韦伯的多元主义是一种客观的——但也是客观化的——类型。在相互冲突的目的之间完全没有调解的可能;也不能主张真理是多面性的并且需要视角的灵活流动。对于韦伯来说,真理在生活这个伟大的问题中是斗争的工具,而**不能**"控制自己的赞成和反对"以及看到多

---

① 韦伯使用的术语"精神的贵族"参照了清教的"圣徒"。见 *The Protestant Ethic*, p. 121.

面性。具有力量的个体必须学会如何成为一个为了他的"事业"而自我牺牲的勇士，必须学会如何成为这样一个行动者：他的服务精神让他随时准备进行一种精神上的战斗。① 只有通过为一项事业的斗争，自我才能够超越其卑下本性并且把他的生命（和他的死亡）奉献给那个理想。② 政治是这种自律规训、即勇士/仆人式规训的**一个**（容易败坏的）领域。为了服务于一项事业，真正的政治家不断地并且无私地为了他的理想而**战斗**。只有在经过相当时间习惯于禁欲主义自律的严酷要求，习惯于为一项事业不断无私奉献之后，他才能够被训练成为胜任之人。这种禁欲主义的奉献不仅将真正的政治家从那些科层制官僚中区分出来，而且从那些仅仅为了自身利益的"权力政治家"中区分出来。

成为"一项事业的战士"这一观念（至少从表面上来说）是明显地而且强烈地反苏格拉底的。韦伯将他的"志业"概念建基于类似这种准军事的献身精神之上，引起了许多疑虑。确实，正如哈维·戈德曼（Harvey Goldman）所指出的那样，韦伯的竞争式自由主义通常走向最大化的不自由（更不用说是反哲学的），这不难从拥有相互冲突世界观的禁欲主义信徒们的永无止境的斗争中看出端倪。③ 如果再加上韦伯那骨子里的并且从未否认的民族主义，我们似乎就看到了一个真正的反苏格拉底者，而且是比尼采更为令人信服的。

韦伯的敌人是科层制的惰性、资产阶级的利己主义以及统治阶级的"权力本能"的衰退。他想要激发领袖和人民参加民族和文化之间的伟大斗争；他想要尽可能地摆脱掉理性化的令人窒息的魔掌并且抵制由资本主义所引发的经济力量的霸权。他求助于带着宗教的和军人色彩的天职观念，以创造一批新的政治精英，他们能够从科层制的平庸化与经济决定论中拯救政治，并且为民族的生活重新恢复意义。④ 因此，让人们慢下来以及让他们多思考，并不是他关心的头等大事。

这是对韦伯的动机的一个说明。在很多方面，它都是有说服力的。然而，韦伯对于"天职"观念的强烈兴趣还有着另外一套原因。在"志业"

---

① Goldman, *Politics*, *Death*, *and the Devil*, p. 55.
② 参照 J. G. A. Pocock, *The Machiavellian Moment* (Princeton：Princeton University Press, 1975), p. 201.
③ Goldman, *Politics*, *Death*, *and the Devil*, p. 84.
④ 戈德曼在他那极富争议的研究中做出了这一描述。

第四章　马克斯·韦伯：冲突、正直与政治幻象　　　227

讲座中，我们不仅遇到了韦伯的这一处方：从政治家和学生中创造出"具有强力"的行动者。我们也遇到了他的另一尝试：为现代晚期重新定义道德和理智正直的观念。正如我之前所指出的那样，这些是苏格拉底的公民身份理想赖以建基的观念。韦伯对复兴**这个**理想并没有什么兴趣。然而，他对于道德和理智正直观念的重新阐释却会让那些想要复兴这个理想的人永远感到有兴趣。因为，正是在这一重新阐释中，我们能够看到"世界的祛魅"对苏格拉底的公民身份带来的希望——与风险。

《政治作为一种志业》阐明了一种适合于**政治**行动者的道德正直概念。但是，它也为韦伯的大部分学生听众提供了在大众政治的时代中政治生涯的本质和限制的概况。事实上，这篇讲座用了超过四分之三的篇幅来彻底阐明欧洲和美国出现的政治理性化、职业化和大众化的历史/社会叙事。只有在他已经迫使听众们了解了现代政治的基本现实的那些令人不快的事实之后，韦伯才在他的讲座的最后部分转向考量从政能提供什么"内在满足感"的问题，以及如下这个更为重要的问题："那些走上仕途人生的人，应该预先具备的个人条件"是什么？①

其实，不妨将讲座的这个部分作为一种扩展练习来解读，这一扩展练习强迫理想主义的年轻人——被1918年的巴伐利亚革命的激情所激发的年轻人——看到政治最为没有吸引力的一面，完全被剥去了通常遮掩权力运作本质的美妙词语的伪装。韦伯强调的是国家作为基于武力的"强制性联合体"，强调**暴力**作为政治的典型**手段**，强调职业化，官僚制度（一方面）和大众政党（另一方面）的兴起；以及最后，强调随着一种新型的平民大众民主（plebiscitarian）"而来的理智和道德的"无产阶级化"。所有这些强调构成了一场长时间的冷水浴，以便让那些年轻人从他们的肤浅和（从韦伯的视角来看）道德上有所欠缺的理想主义中醒悟过来。因为只有通过这种破除幻象，年轻人才能够"如其实际所是的那样去衡量这个世界"，年轻人才能够足够成熟和足够坚强地去体验政治志业的"最深层次的意义"。②

正如韦伯所描述的那样，政治是一个肮脏的、暴力的、竞争的并且——只有少数除外——令人堕落的游戏，不仅让失败者而且让胜利者的灵魂毁灭。他在讲座一开始就告诉聚会的学生们：他的演讲"将肯定会在很多方面

---

① Weber, "Politics as a Vocation", p. 114.
② Ibid., p. 114.

令你们失望"。① 最为令人失望的莫过于认识到：没有任何信念或者事业（无论它们如何纯洁或者成功）能够让政治学的内容、材料转化成为某种有教育意义的东西。人们总是一再碰到权力竞争、对政党"机器"的需求以及追随者大众"失去灵魂"的事实。② 因此，韦伯贯穿演讲始终强调典型的政治行动者（或辅助者）的动机、手段和利益，并不时对"跟随者"的本性加以评论。在大多数情况下，前者"依赖政治而活"，将政治行动和政党的策略操纵看作是获得个人财富增长、影响力的扩展或者提高社会地位的大好机会。相似的，大多数政党的跟随者期望从其领袖在"选举战场"上的胜利中获得某种形式的"个人补偿"。③ 总之，在政治领域中少有——微乎其微——对德性的显示。在这个领域，如同在其他地方一样，作为激励的推动力通常是个人所得或者派系利益，无论政党将自身展示在什么样的意识形态面具伪装之下。④

不过，尽管如此，我想要指出的是：韦伯的讲座称不上是一种马克思式的或者尼采式的"揭露"。讲座"令人失望"，并非因为它揭示了隐藏在意识形态姿态背后真正起作用的利益，而是因为它以那样一种直言不讳的方式说出了政治行动的结构局限性。政治行动的空间很少会表现得如此受限制，政治舞台就更为受限了。一旦想要成为政治行动者的人将政治"机器"的本质和策略、党"老大（boss）"的作用、以及从中挑选出"职业政治家"的工作（法律、新闻业）本身的可疑性和边缘性考虑在内的话，那么他决定到别的领域去实现理想主义，就情有可原了。此外，这些外在的限制虽然要为犬儒主义或者许多大有希望的个体的毁灭负责任，却根本无法与政治行动本身的反讽所强加的负担相比，后者指的是这一事实："政治行动的最终结果有时——不，甚至是常常——与其原先的意图完全无法吻合，并且甚至是自相矛盾。"⑤ 总的来说，现代政治的阻碍和反讽彻底质疑政治行动者能够运用任何自由。韦伯用了无数方式将政治斗争说成是一种令人堕落和几近徒劳无功的事情。

---

① Weber, "Politics as a Vocation", p. 77.
② Ibid., p. 113.
③ Ibid., p. 103.
④ 因此，韦伯特意将听众们的注意力引向在革命的、共产主义政治和更为日常的政治形式之间的一致性，我们可以从中学到的是：政治斗争总是倾向于突出利己主义，甚至是当所讨论的这种政治形式否认利己主义的观念时。
⑤ Weber, "Politics as a Vocation", p. 117.

第四章 马克斯·韦伯：冲突、正直与政治幻象　　229

可是，《政治作为一种志业》的如下主张是出了名的：它肯定在科层制、大众政治时代中有政治领导权的可能性，以及由此而来的自由可能性。这种主张之所以是**可能的**就是因为韦伯认为平民大众式民主将很快地取代议会民主，因此会在西方政治中复兴煽动民众者的重要性。这种主张之所以是**必须的**，就是因为如果没有韦伯称之为"内在受到召唤的"领袖，政治会降解为行政专制的虚无主义——"派系集团"通过"机器"进行的统治。当韦伯提出"只有在伴有'机器'的领袖民主与无领袖的民主（即，**没有天职使命感**的职业政治家的统治）两者之间做出选择"时，他是在宣称：只有唯一一条路能让现代政治成为一个有意义的、自由行动的领域。① 这条路就是克理斯玛型领袖的权力行使——他能够将为一项事业的激情奉献与一种同样强烈的"客观责任"感结合起来。

这样，韦伯那长篇大论的、"令人失望"的开场白就将政治不可避免的职业化与公民（实际上仅仅只是政党成员）的日益边缘化的角色摆在一起。有责任感的政治行动确实还**存在着**空间，但是，按照韦伯的说法，只有在政治领域的最高层级中才能够发现它。② 于是，韦伯对于自由政治行动的讨论从对公民的德性（政治思想中共和传统的重心）的探寻转移到对政治领袖的优秀德性或者性格的研究上。韦伯问道："什么样的人才有资格将手放在历史车轮的舵柄上？"③ 正如之前所指出的那样，这是柏拉图和修昔底德、马基雅维利和尼采的问题。这**不是**苏格拉底的问题，也不是自由主义的问题。韦伯（作为表面上的自由主义者）复活了对于领袖的灵魂和优秀德性的关心，正是因为公民的灵魂是——而且必定是——道德败坏的，而且因为**规章程序**促进了程序化和服从而非正义。所以，领袖的品格成为**道德**正直能发挥作用的一个政治领域。对于韦伯来说，只有通过这唯一的渠道，政治的活动——作为斗争和统治——才可能至少在部分上成为高贵的。

韦伯对于追求政治作为一种志业的"内在"条件的讨论是通过按照这一标准来区分不同类型的领袖开始的。以政治为"天职"就是要拥有一种特定的并且稀有的道德正直，即对目标的内在一致性和坚定性——这些是大多数"领导的"政治家们缺乏的东西。按照韦伯的说法，后者一般可以分成两类：被政治所陶醉的"空想亢奋"型知识分子，和仅仅陶醉于自身、为自身的利

---

① Weber, "Politics as a Vocation", p. 113.
② 正如韦伯所说，盲目服从是为了"领袖的指导"所必须付出的代价。Ibid.
③ Ibid., p. 115.

益而追求权力的"权力政治家"。① 被韦伯称之为"政治的两项致命之罪"——缺乏客观性和没有责任感——都根植于这些人性的、太人性的虚荣和兴奋之中。**只有那些能够将激情与对行动后果的强烈个人责任感结合起来的领袖才会有内在的力量和道德正直去抵御大众政治和国际竞争的令人堕落的现实。**

那么，在"领导的"政治家的内在构成中最为重要的因素就是激情，韦伯将这种激情与"空想亢奋"和（无疑令人快乐的）权力感两者小心翼翼地区分开来。激情是"内在受到召唤的"领袖的道德正直的核心，但这必须是客观意义上的激情，是对一项'事业'的激情奉献、对作为自己主人的神或者精灵的激情奉献"。②

这是一种奇怪的说法，我们需要停下来对它思考一下。在《政治作为一种志业》中，韦伯特意地强烈谴责了学生理想主义者的不成熟、知识分子的"空想亢奋"、以及权力政治家的自我中心。政治理想主义和为了自身利益的权力追求都受到了自我放纵之罪的污染，都受到了通过正义的行动或者权力的积累来扩张自身这一愿望的污染。只有通过践行一种自我塑造的禁欲主义形式、只有通过坚守一套能够让一个人不是成为他的事业的主人而是**仆人**的自律，那些珍视道德正直的政治行动者才可以摆脱这些诱惑。这就是对于韦伯来说"拥有**天职**"的意义：为事业激情奉献表现为天职的代理人将他自身塑造成某个职业或理想的**工具**。

在《新教伦理与资本主义精神》中，韦伯展现了清教徒是如何开创出一套关于生活准则的系统的理性化形式，以便于更好地证明：他们已经被"召唤"在**此**世中做上帝的工作，并且因此他们属于少数的"选民"。③ 在《政治作为一种志业》中，韦伯世俗化了这种积极的、禁欲主义的自我控制，坚持主张只有持续不断地朝向目标或者事业，以及控制人们（政治）生活的"神"或者"精灵"，才能够给政治行动者的能量带来方法、忠诚和正直。④ 自相矛盾的是，在一个例行化世界的背景之下，政治行动者的自由和正直要

---

① Weber, "Politics as a Vocation", pp. 115 – 116.
② Ibid., p. 115.
③ Weber, *The Protestant Ethnic*, pp. 113 – 119.
④ 见戈德曼对这个问题的讨论，载于 *Politics, Death, and the Devil*, pp. 178 – 184. 也可参见 Jeffrey Alexander 的文章 "The Dialectic of Individuation and Domination: Weber's Rationalization Theory and Beyond", in *Max Weber: Rationality and Modernity*, ed. Sam Whimster and Scott Lash (London: Allen and Unwin, 1987), pp. 185 – 206.

通过一种有意的自我客观化来得到保存。真正有责任感的政治行动者能够保持"对事物和人的距离",这一距离首先包括自我疏离和与自身保持距离。①但是,对韦伯来说就如同对清教徒来说一样,正是这种自我疏离与自我否弃的规训,才有助于形成一种真正拥有力量的自我。

就像柏拉图在《理想国》中所做的那样,韦伯强调要对真正的领袖进行"灵魂的严格驯化"。而且,就像柏拉图一样,他坚持主张:这种驯化只有在为某些比我们自身更大的事物的服务中通过禁欲主义自律来达成。然而,对于祛魅时代的先知来说,这个"某些比我们自身更大的事物"明显不可能是"至善"。正如韦伯在他的历史/社会学序言中所充分明确阐述的那样,政治的世界是洞穴的世界,人不可能逃离这个洞穴。因此,虽然禁欲主义的自律能够给予自身以力量,让他能够为加入斗争——斗争**就是政治**——做好准备,但是并不能够产生灵魂的"转向"(柏拉图的 periagoge)或者上升。因此,对于韦伯来说,要通过为一项此世当中的"事业"的献身,而非对另一世界的"真理"的献身来让灵魂被驯化,并使得性格得以形成。对于**有责任感的**政治家来说,事业成为了一以贯之性格的存在论先验原则,成为了能够阻止他"[仅仅]成为一个行动者"的重心。② 一个人所服务的"神"或"精灵"为他在这个世界中的行为提供了基础,为人的行动的统一性、意义性和一致性提供了井然有序的基础。③ 正如韦伯所说的:

> 如果行动要有内在的力量,那为一项事业服务就是不可或缺的。为这项事业服务的政治家追求权力并且使用权力,而这项事业究竟是什么,则是一个**信仰**的问题。政治家可能为了民族的、全人类的、社会的、伦理的、文化的、此世的或者宗教的目的服务。政治家可能为"进步"——无论何种意义上的——的强烈的信念所左右或者他可能冷静地不接受这种信念。他可能声称要为了某一"理念"服务,抑或在原则上反对这一"理念",他可能想要为了日常生活的外在目标服务。然而,**某种形式的信仰必须始终存在**。否则,如下表述无疑是绝对正确的:甚至外部看来是最强大的政治成就,也必然逃不掉人之毫无意义这一诅咒。④

---

① Weber, "Politics as a Vocation", p. 115.
② Ibid., p. 116.
③ 参照 Weber, *The Protestant Ethnic*, pp. 118–119.
④ Weber, "Politics as a Vocation", p. 117(着重之处为本书作者所加)。

当且仅当行动与某一事业相关之时,"领导的"政治行动者的行动才能够拥有意义。能够成功"实施某人的意志"(韦伯在《经济与社会》中对权力的定义),并不是标准。实际上,在无私奉献缺席的情况下,无论政治行动者是如何技艺精湛或者如何有领袖魅力,这种成功是不可避免被败坏的。在这种意义上,韦伯可以被看作是重申了修昔底德对伯里克利和阿尔基比亚德所作的著名对比中所体现出来的教诲。伯里克利的言辞与行动受雅典的伟大之星的指引,而非为了自己。然而,阿尔基比亚德的言辞和行动仅仅为了他自己服务。"人之毫无意义"就是如阿尔基比亚德一样的政治行动者,这样的人缺乏任何"实质性目的"。[1] 与尼采的看法**相反**,这种行动者不能达到风格的一致性、整体性,不能达到品行的深度和(实际上的)真正力量。换句话来说,他无法达到道德的正直。他注定仅仅只是一个"行动者"。

韦伯对于"为一项事业无私的服务"有着极其严苛的并且始终如一的强调,这一强调是他对于"政治作为一项事业的精神风气"的思考以及对于政治行动在他所说的"人类行为总结构"中的思考的序幕,后者包括了他那著名的尝试:通过在"终极目的伦理"(Gesinnungsethik)与"责任伦理"(Verantwortungsethik)两者之间的对比,来确定伦理对政治的**真正的**(与想象的相对立)关系。在转向到这一讨论——以及对推动它的道德绝对主义的所有形式的激烈批判——之前,我想要指出的是:在道德正直的韦伯式概念与苏格拉底式概念之间已经出现了根本的分歧,他们各自破除幻象的方案之间也是一样。

在《申辩》中,苏格拉底针对败坏青年这一指控做出辩护的方式是把自己对交叉询问持之以恒的践行说成是他应当为阿波罗神付出的一项服务。据说阿波罗在德尔菲的女祭司在回答苏格拉底的朋友凯瑞丰的问询时,派遣给苏格拉底一项任务。于是,人们会将苏格拉底的哲学/政治活动视为一种信仰或者虔敬的表达,其克己禁欲与男子气的奉献形式与韦伯的表达颇为相似。苏格拉底对于他自己提出的修辞性问题——是否对"从事招来杀身之祸的这一系列行动"而感到后悔——的回应,引用了阿基里斯对于死亡的蔑视以及自我一致和道德正直要比生命本身**更有价值**这一事实:"雅典人,事情的真相就是这样。在一个人需要承担他自己责任的地方,无论是因为这样看起来对他最好还是要去服从对他下达的命令,我认为他必定会坚持下去并直面危险,不会把死亡或者任何别的东西看得比耻辱更重。"(28d)苏格拉底

---

[1] Weber, "Politics as a Vocation", p. 116.

第四章　马克斯·韦伯：冲突、正直与政治幻象　　　233

继续说：他在战场上能坚守自己的岗位，此时如果放弃神指派给他的任务——过哲人的生活、省察自己和他人的这一**任务**，那岂不是一种"太令人震惊的前后不一致"了吗（28e）？苏格拉底既然将"寻找和追问"表述为一种"对于神的命令的服从"、一种让他"无暇顾及城邦政治事务和自己家中事务"的专职工作（23c），他也就拒绝了以放弃爱智之学为条件的无罪判决的可能性，他说："我更服从神的话而不是你们的；只要我还有一口气，只要我还能干，我将永远不会停止践行爱智之学，劝诫你们并且向每一个我遇到的人阐明真相。"（29d）

在此，在苏格拉底对他哲学责任的本质以及他对于这一责任的赤诚奉献的阐述中，我们**似乎**能够获得一种与韦伯关于天职的想法正相对应的道德正直观念。自我一致、对自己承诺的坚定不移、为自己的天职而献身——所有这些都在《申辩》的苏格拉底辩护中给出了一种令人印象深刻的表达。甚至苏格拉底的"虔敬"——它初看起来与作为"宗教上音盲的"韦伯相去甚远——也能与一种围绕着承诺（它最终基于信仰）组织起来的禁欲的、理性化的生活行为相适应。理性省察的生活——这种生活以净化他人的未经深思的意见为目标——最终似乎基于一种不可避免的教条性承诺。正是基于这样一种信仰，苏格拉底愿意投入他的生命，"这就是我的立场，我必须这么做"。

然而，虔敬的苏格拉底这一形象是个误会，至少如果我们理解"虔敬"这个词的通常意义的话。① 因为虽然在《政治作为一种志业》中的道德正直概念在结构上依赖于**某种**信仰，但苏格拉底的道德正直则实际上并非如此。正如我在第一章中所论述的那样，苏格拉底的道德正直是基于他对于避免不义的迫切渴望而非要履行某种积极义务（对于神、对于哲学、对于德性或者善好生活）的迫切渴望。他的哲学活动是为了让其公民同胞们认识到：关于德性、幸福和个人作为公民的责任的公认信念是由政治所产生的大多数道德

---

① 见格里高利·伏拉斯托斯在其书 Socrates: Ironist and Moral Philosopher 第6章中的思考，见 Socrates: Ironist and Moral Philosopher （Ithaca: Cornell University Press, 1911），pp. 157 – 178. 正如伏拉斯托斯所认为的，虔敬对于苏格拉底来说意味着"做神的工作来让人类受益——如苏格拉底的那种神所代表的、为这个神服务所想要做的那些工作"（p. 176）。苏格拉底的"那种神"是这样一位神，通过他所有的魔力都被清除了；而且，他无能于影响苏格拉底试图去引发的道德的自我省察。因此，他是要求帮助者的一位神。因此，"虔敬"对于苏格拉底来说意味着仅仅服从值得服从的那种神性，即，拒绝让迷信统治宗教信仰，并且拒绝关于道德的健康在于何者的信徒的观念。正如伏拉斯托斯那言简意赅的表述，这是一个虔敬的"革命性"概念，这个概念不能够通过传统的虔敬观念来认识，因为传统的虔敬观念是它主要的攻击目标。

恐怖的一个主要来源。所以，虽然苏格拉底在《申辩》中说到试图让这样一个城邦——"因其智慧和力量成为世界上最伟大并且最著名的城邦"（29e）——的公民去关心"（他们的）灵魂（们）的完善"①，但是更好的表述可以在《高尔吉亚》篇中找到：他想要他们"对（他们的）灵魂关心"。在苏格拉底的意义上，关心某人的灵魂并不是要从此世抽身退隐——**他**自己显然就没有——而是要让生存的道德核心远离公民身份和群体的身份认同的那些未经沉思的主张，它们是（非犬儒主义的）政治不义的主要来源。在苏格拉底的意义上，"关心自己的灵魂"是要去意识到，积极的、民主的公民身份的生活——得到伯里克利赞赏的生活——会持续不断地生产出无数的道德妥协和不义冲动。

此种"对灵魂关心"会遭受到两种相关联的反对意见。第一种反对意见是卡利克勒的观点（在《高尔吉亚》中）：严格避免不义只对于孩童和毫无男子气概的哲学家来说是可能的，他们逃避作为公民和在公共领域中的人的责任，结果是，他们"对自己城邦的法律一无所知，并且从未见识过男人的性格"。第二种反对意见是一种阿伦特的观点：如此将重心放在对灵魂的关心上，实际上构成了一种自私或者利己主义。阿伦特认为，苏格拉底的道德绝对主义更多地关心保持自身的道德纯净，而不是关心保护公共世界或者抵抗迫在眉睫的邪恶威胁。

卡利克勒的主张是：从政治生活的立场出发，始终如一的避免不义"既是可笑的又是无男子气概的"，这一主张预见了所有政治"现实主义者"——包括韦伯——的观点。阿伦特的反驳则更为有意思，而且它指出了一种我们在韦伯和马基雅维利那里能够找到的想法，即，有一种**特定于政治的伦理**，至少在政治的世界中，这种伦理比苏格拉底的否弃型道德更为合情合理——并且最终是更为道德的。

韦伯和马基雅维利主张，公共领域和私人领域并不是在道德上同质的领域。如果认为它们是同质领域的话，就会屈从于理性主义或者神学的谬论，即，存在着**单一**的道德原则，这一原则能够跨越不同的生活领域普世适用，这一原则既能够在公共领域中又能够在私人领域中指导我们的行为，成了能压倒每一个领域的独特风格（和反讽性）的唯一原则。在《政治作为一种

---

① 我引用的文字来自特里德尼克（Tredennick）翻译的《申辩》，载于 Plato, *Collected Dialogues*, ed. Edith Hamilton and Huntington Cairns (Princeton: Princeton University Press, 1982)。

志业》中，韦伯批判性攻击的正是这种假设。他问："真是这样吗，世界上有任何伦理能够为性爱关系、商业关系、家庭关系和行政关系建立同样内容的戒律？……对于在政治上的伦理要求来说，政治运作的特殊手段——即，以**暴力**为支撑的权力——难道毫无影响？"①

在此，韦伯的观点是：**任何**否定生活领域多元化、适合于每个领域的行为模式的多元化的伦理学，都是危险的并且在道德上是不负责任的幻想。这种单一的伦理促成某种自利行为（对灵魂或者"纯洁意向之圣火"的关心）在人类行为总体结构中占据了霸权的、但却最终是不正当的中心地位。不仅从"公共事务"（the res publica）的立场来看，而且从人类自由的立场来看，结果都是毁灭性的。如果人们想要不辜负自身作为一个政治行动者的责任，同时保留一种可以追求**个人**道德和德性的框架的话，那么人们就是在公共和私人的德性之间、政治和非政治的行为准则之间假定一种连贯性。

因此，虽然说《政治作为一种志业》是韦伯对《君主论》的重写，可能是一个略嫌有误导的说法，但是至少在某一种意义上这么说是绝对正确的。跟随马基雅维利，韦伯质疑了由西方理性主义传统和"基督教伦理的宏大道德狂热"所假定的在政治与伦理之间的过于简单的关系。理性主义/基督教的传统似乎仅仅提供了两种选择：或者伦理和政治"彼此完全无关"，或者"政治行为的伦理与其他行为的伦理一致"。② 当然，正是马基雅维利的伟大原创性：他觉察到了在这一对看似详尽全面选择之中暗藏着我们（用以赛亚·伯林的话说）称之为"一神论的"歪曲，并且提出了一种独特的专门政治伦理的可能性。这种伦理体现在公民共和精神中，这种精神赋予《论李维》一书以生命，在这本书中爱国主义的德性、公共精神和对自由强烈的爱被推崇并被置于在基督教普世主义、温顺和顺从天命的德性之上。正如以赛亚·伯林提醒我们的那样，马基雅维利的价值或许不是基督教的，但是"它们都是道德价值"。③ 它们不仅仅是策略性的（作为保存政体的手段）价值，而是**终极性**的价值。

像马基雅维利那样，但是以更为强烈的自我意识的方式，韦伯突出了这种伦理与政治关系中的互不相容的二分法的错误之处。他通过强调多种生活领域和统治它们的多元行为准则这一不能简化的事实来达成上述目的。从这

---

① Weber, "Politics as a Vocation", pp. 118–119.
② Weber, "Politics as a Vocation", p. 118.
③ Isaiah Berlin, *Against the Current*, p. 56.

种多元化的立场来看,道德绝对主义和没有原则的实用主义是同等不负责任的,因为它们都没有充分注意到如下事实:政治的典型**手段**——可以说,它的媒介——是"以暴力为支撑的权力"。一旦认识到这一事实并且给予其足够的重视,政治领域所特有的各种伦理可能性、困境和悖论就出现了。在一个以暴力为支撑的权力作为特征(高于其他一切特征)的生活领域中,政治行动者的道德正直并不在于能够避免不义,而毋宁说是,**仅仅只在于能够严格避免多余的暴力**。①

有责任感的政治领袖践行了一种严格的"暴力经济学",这种看法并不是马基雅维利和韦伯之间唯一的关联。两个人都同样热衷于指出:拿出一种支配日常生活的行动准则并且将之应用在政治领域会引起灾难性政治和道德后果。比如,在《君主论》的第15-18章中有着一段著名的讨论,马基雅维利证明了慷慨、仁慈和诚实这些**私人领域的**德性——当它们未经修改和限制就推广到公共领域中时——是如何转化成为危险的恶的。高贵的慷慨滋生了怨恨,仁慈被解释为脆弱(这导致了阴谋和派系的暴力冲突),而在君主对待不正直的政治行动者时,诚实将国家置于危险境地。

我们能够在《政治作为一种志业》中找到颇为类似的讨论。当慈善、非暴力和诚实这些德性刻板地应用在政治领域中时,韦伯对这些德性提出了质疑。② 他的观点并非简单的是:这些德性的支持者并没有给予他们的行为准则的**后果**足够的关注(这个在国家战败并寻找有罪政党的背景下已经是足够糟糕的事了)。更为重要的是,他的观点是,当这些德性拘泥于最大可能的严谨性和一致性时,其道德实质就消解了;这种严谨性让它们明显无法应用到政治领域中的行为管理上。

韦伯的靶子是和平主义者、社会主义者和工会主义者对"福音的绝对伦理"的选择性启用。他说,这种伦理"不是一部出租车,可以召之即来,随意上下;它要么全有,要么全无"。③ 因此,从山上训词的视角来看,"战斗在哪里都是战斗",而一个人的**道德**责任是把左脸转过去:不要报复。按照韦伯的说法,如果要使这样一种伦理拥有尊严,就必须有人毫无例外地坚守它。一个人必须"在每一件事情上都像圣徒一样;至少在心志上,一个人必

---

① 在这方面,见谢尔顿·沃林关于马基雅维利思想中类似想法的讨论。载于下书第7章,Politics and Vision (Boston: Little, Brown, 1960), pp. 220–228.
② Weber, "Politics as a Vocation", pp. 119–120.
③ Ibid., p. 119.

须活得像耶稣基督、使徒、圣方济各他们一样。**惟有如此**，这种伦理才具有意义并且表达出一种尊严；否则就不会有意义和尊严可言"。① 只有**完全的**一致性才能够给予这种伦理一种英雄维度，使其提升到伪善或者自我堕落之上。那么，从韦伯的视角来看，苏格拉底成为了一位英雄不仅仅在于（在《克里同》中）提出了不可报复的原则，而且在于饮下了毒芹汁，即，在于面对死亡时仍然保持一致性。

对于韦伯来说，"福音的绝对伦理"的核心是不可报复的原则，并且正是因为这一点让这种伦理无法适用于政治世界中："如果说本着出世的爱之伦理要说：'不能使用武力抵抗邪恶之人'；那对于政治家来说，相反的命题才适用：'**汝应当**使用武力抵抗邪恶之人'，否则你要为邪恶之人胜出负有责任。"② 从韦伯的立场来看，任何参加政治斗争的人——无论是反对资本家、普鲁士容克或者革命的社会主义者——都是参加战斗，并且参加与某些被视作**恶**的事物的战斗。③ 此外，在战斗中的获胜者总是通过让他的对手付出代价来行使自己的权利，因为权力是有限的商品。因此，要想让耶稣基督或者苏格拉底的绝对伦理有意义——拥有内在的力量和意义——它就**必须**指向一种远离竞争（竞争**就是**政治）的抽身退隐。（正如我们已经看到的那样，苏格拉底不会完全不同意这一点；然而，他仍然找到了一种方式去履行他的公民责任和避免不义。）④ 那些选择参与竞争中的人们必须心甘情愿"成为他们事业的战士"。否则，他们将会无法达到韦伯要求那些有责任感的政治家要达到的那种程度的一致性和道德严肃性。他们将无法不辜负"政治作为一项'**事业**'的精神风气"。⑤

在此可以看到韦伯如何汲取了苏格拉底的如下想法：道德正直包含了对于某人承诺的一致性和坚定不移。如果有什么不同的话，那就是在这一点上韦伯甚至要比苏格拉底更为坚定。然而，也有引人注目的差异，这源自于他与马基雅维利共有的多元主义，以及在一个领域中是德性的在另一个领域中并不必然是德性的信念。最终，公共领域中的人的德性（正如卡利克勒所主张的）与哲学家的或者圣徒的那些德性完全不同：一个要战斗，一个则不

---

① Weber, "Politics as a Vocation", p. 119.
② Ibid.
③ 在这方面，见戈德曼关于奇怪的"基督徒"的富于启发的讨论，在他的书 *Politics, Death, and the Devil*, pp. 76-78 中将韦伯所特有的"多神论"进行了妖魔化。
④ 见本书第一章。
⑤ Weber, "Politics as a Vocation", p. 117.

要。因此，任何勇于回应政治的"天职"召唤的人首先不得不搞清楚对**政治**行动者来说道德正直所采取的形式。否则为一项事业献身将会与为了自身的纯洁的追求相混淆。韦伯坚持主张，这种混淆是对公共领域中的道德正直的最大威胁，因为它导致了一种并非真正意义上的"天职"的禁欲主义。它不是赋予人以力量或者促进一个面向世界的积极行动者的态势，而是要求行为服从于**消解人自身的力量**的要求：要不惜一切代价坚持道德的纯洁性。呼应马基雅维利，韦伯坚持主张人们必须决定哪一个他们爱得更多：国家还是灵魂。① 除非政治行动者明确了**这个**问题的答案，否则他将会只能获得道德正直的一种退化杂种的形式。

这将带领我们到达韦伯关于道德正直在政治领域中意味着什么这一论证的核心。韦伯的有些令人吃惊的命题是：绝对主义者（或者私人）伦理所要求的那种**一致性**与职业政治家或者领袖所要求的那种一致性有着质的不同。后者必须敏锐地意识到政治行动的反讽，即这一事实：善好的目标通常通过道德上可疑的手段来达成。他也需要对政治行动的**代价**（包括灾难与不义）保持敏感。然而，他必须愿意去使用这样的手段并付出这样的代价；否则，他就辜负了他的志业加诸其身上的责任。苏格拉底的道德一致性——避免不义以便保证"干净的手"——对他来说根本不是一种选项。这种"为一项事业献身"也不是主张"纯洁意向之圣火"必须永不被熄灭。② （后一种态度，韦伯称之为"终极目的伦理"的态度，可以在所有的活动中找到——政治的、宗教的、社会的，这种态度是对其行动方案的短期和长期结果的抽象分离。）

那么，政治行动者的道德正直不能够通过他的意向的纯洁性来得到证明，也不能够通过对政治的手段的过于挑剔的关心来得到证明。它只能够通过推动行动的"内在的力量和一致性"来证明，这种方式从苏格拉底的道德正直或者"终极目的伦理"的立场来看，似乎既极其容易陷入不义之中，也极其容易陷入不可饶恕的妥协之中。鉴于政治的标志性手段的本质：以暴力为支撑的权力，成熟的政治家认识到在政治领域中行动**不能够**与道德罪恶感分离。他的道德正直在于愿意去承担这种负担，愿意去为政治行动的**代价**——政治行动**不可避免**的不义维度——承担**个人**责任。韦伯向那些认为自己意向的善良或者自己成功的荣耀能够让他们免除这种罪的人发出了严厉的

---

① Weber, "Politics as a Vocation", p. 126.
② Ibid., p. 121.

第四章　马克斯·韦伯：冲突、正直与政治幻象　　239

警告。成为一个头脑清晰的政治行动者一定要"爱国家比爱灵魂更多"，因为甚至最为有责任感的政治行动——对于"以暴力为支撑的权力"的最为少的使用——也是会让灵魂受到污染的。引用韦伯的话来说，"任何要通过政治行动来争求、以暴力手段来运作、并且遵循责任伦理的事情都会危害到'灵魂的救赎'"。①

那么，正直所牵涉的东西要比"为一项事业献身"更多。在一个道德模棱两可的世界中，这种献身可能成为行动的指路明灯，但除非与对行动后果的强烈责任感结合起来——换句话来说，除非它与高度的道德不安相伴随——否则它不可能依靠自身产生出道德正直。② 这就是为什么在他讲座的结尾处，韦伯坚持说在"终极目的伦理"与"责任伦理"之间的对比，并非如其初看起来那样是一道深不可测的鸿沟：

现在，如果拥有"终极目的伦理"世界观的政治家突然一起出现，并一致通过座右铭："这个世界是愚蠢而卑贱的，我不是"，"对后果应负什么责任，与我无关；要负责任的是其他人——是那些我为之服务的人的事，是那些我要去清除他们的愚蠢和卑贱的人的事"，那么，我要坦白地说：我首先想要询问支撑这种终极目的伦理的内在姿态的程度。我的印象是：我碰到的十中有九都是大言炎炎之辈，他们没有完全认识到**他们所承担的责任是什么**，而只是用浪漫主义的感觉来**让他们自己感到亢奋**。从人性的角度来看，这种观点既不能让我感兴趣，也不能让我深受感动。然而，真正能让我深深感动的是：当一个**成熟的人**——无论年纪大小——意识到他行为的后果的责任，并且**真正全心全意地感受到这种责任**。那么，他就是在遵循一种责任伦理来行动，并且他就到达了可以说出如下话语的那个地步："这就是我的立场；我必须这么做"。这是一些真正具有人性并且能够让人感动的东西。只要是精神尚未死亡，我们每一个人都有可能在某个时刻处身于那样的立场中。如果这一点是正确的，那么终极目的伦理和责任伦理就不是绝对对立的，而是互补的：只有两种伦理和谐共生才构成了一个真正的人——一个拥有"为了

---

① Weber, "Politics as a Vocation", p. 126.
② 参照麦克·沃尔泽的相关讨论, "Political Action: The Problem of Dirty Hands", *Philosophy and Public Affairs*, 2, no. 2. (1972).

政治而生的天职"的人。①

韦伯主张作为"终极目的伦理"特征的激情必须（在某种程度上）被约束，套上"责任伦理"特有的成熟"分寸感"和现实主义的轭。如何恰当评估这一主张是有讲究的，否则我们就会落入某些对韦伯较为严厉的批评者的陷阱，这些批评者认为韦伯只是为激情而促进激情并且为承诺而促进承诺。② 这样的解读并不是毫无根据的，正如之前对于韦伯的意义和斗争的政治学分析所阐明的。③ 但是，它们确实忽略了、或者极大贬低了"责任伦理"在将成熟的人"为一项事业服务"与仅仅是亢奋或狂热区分开中所起的作用。④ 韦伯的适合政治行动者的正直观念可能对于培养疏远与斗争的态度毫无作用——事实上，恰恰能起到相反的作用——但是它确实不是在为激情而促进激情。人们必须牢记：在《政治作为一种志业》中，他的首要关切是要**抑制**狂热，而非鼓动狂热。这让他不仅与青年尼采的活力论（vitalism）区分开来，而且与近年来在政治理论中拥有许多支持者的"竞争政治学（agonistic politics）"区分开来。⑤

在韦伯的解释中真正缺席的**是**对于破除幻象的道德用法的一以贯之强调。长久的、破除幻象的准备性工作并没有导致对领袖和事业的怀疑性解释，而是导致了这样一种主张：为事业献身是道德正直的前提条件。到头来，对于韦伯来说，**某种**不容置疑的献身是所有有意义的（并且道德上有责任感的）政治的前提条件。他之所以采用多神论的语言是因为（就像康德一样）他想限制理性以便为信仰留下地盘，信仰已经从基督教道德普世主义的专制和一般宗教的限制中得到了解放。韦伯的英雄式的政治行动者是"冷静清醒的"而非"亢奋陶醉的"，是克己忘我的而非自我膨胀的，而且他依然是他的事业的一个积极仆人，对他来说，对他的信仰（对自由主义、民主主

---

① Weber, "Politics as a Vocation", p. 127（着重之处为本书作者所加）。
② 见 Goldman, Politics, Death, and the Devil, pp. 66, 78.
③ 见本章第二部分。
④ 例如，施特劳斯轻蔑地表述道："我们不用把这已经过时的对于责任和清醒的主张看得太过认真，这是一种对一致性的前后不一致的关切，这是一种对于理性的非理性的赞美。"见 Strauss, National Right and History, p. 47.
⑤ 见 "Democratizing the Agon: On the Agonistic Tendency in Recent Political Theory", 载于我的书 Politics, Philosophy, Terror（Princeton: Princeton University Press, 1999），pp. 107 – 127.

义、社会主义等等的信仰)的质疑如同在"天职"中勤奋工作的清教徒质疑自己的信仰一样,都是不可想象的。将英雄式的政治行动者与不那么政治性的行动者区分开来的,不是更高程度的理智正直或者"良心",而是对于"伦理悖论"的充分意识,任何认识到"世界的伦理非理性"以及目的**有时可以**证明手段的正当性的人们来说,都可能遇上这种"伦理悖论"。他对于"事业"的承诺帮助他勇敢担当这样的重担,并且推动他最初选择了政治这一充满风险的志业。

《政治作为一种志业》以攻击政治的**幻象**和政治理想主义——特别是革命社会主义与自利权力政治的幻象——开篇。然而,其最终效应却是在神圣化一些十分古老的幻象。其中最主要的一个就是韦伯的如下信仰:领袖的性格不仅能够让通常肮脏的职业变得高贵,而且也能够救赎政治权力必须使用的"邪恶手段"。在对其事业的一心一意奉献的支撑下,韦伯式的领袖接受了政治权力的沉重道德负担,从未试图欺骗自身说无罪的统治是可能的。正是头脑清晰地接受了如下事实:(用施特劳斯的话来说)"执行政治行动不可能不伴随道德罪恶感",它使得有责任感的政治行动者变得与众不同,具备了一种通常在政治领域中无人知晓的道德激情。

问题是:韦伯对于那些认识到自身"脏手"的政治行动者的道德激情的强调很容易会被误解为是让那些拥有足够男子气概能够"不顾一切"行动的人去行动的召唤——也就是说,不顾政治行动将会对他们的灵魂以及对其他人的身体和灵魂产生什么影响。因为,韦伯关注"邪恶的手段"和政治行动的可怕责任感,并非是为了让人们慢下来。毋宁说,他的目标是要召唤"精神的贵族",这种"精神的贵族"将不会因为在追求"善好目的"中使用"坏手段"而立刻被败坏。"领导的政治家"将不会带着干净的手去死,但是,作为一个将"责任伦理"内在化的人,他的不义将永远比道德化领导人即政治理想主义者的不义要更少——这大体上就是韦伯所主张的。

我们必须询问这种伦理是否足以平衡韦伯的如下命令:通过加入作为政治的斗争,带着激情奉献精神去为一项事业服务。从根本上讲,我认为答案必然是"不"。关键的问题倒不在于施特劳斯和戈德曼的看法,即韦伯鼓励潜在的领袖要拥有激情却几乎不顾理性,促使他们效仿"军队在黑夜里盲目混战"。[①] 韦伯对于政治理想主义和权力政治学的批判在道德上值得称赞,

---

① 典出马修·阿诺德(Matthew Arnold)的诗作《多佛海滩(Dover Beach)》的最后一句。——译者注

并不会被此观点所削弱,而是会被一种伦理所削弱——这种伦理最终十分尊重行动和马基雅维利式"必要性"的主张。

当然,韦伯并非毫无原则的单纯权宜之计或者明智的支持者。但是,他也没有回避敦促那些自诩拥有为政治而生的"天职"感的人"去做必须要做的事情"。虽然他敦促那些不可避免必然是不义的行动,但是他主张要限制不义的后果。确实,对于韦伯来说,行动的"内在力量"绝不可能在行动者的意向中找到,甚至也不可能在他的行动的后果中找到,而是在他的**性格和能力**中找到,他必须能够经受住权力和理想所滋生的腐败。因此"精神上的强健者"——并且只有他们——能够使用政治的"邪恶手段"而不会毁灭他们自身。只有他们才有为了政治而生的"天职"。①

这种对于性格的相信,对于通过"天职"的自律规训形成一种新的"精神贵族"的可能性的相信,是位于韦伯的政治领导权概念的核心上的瑕疵,并且(实际上)是位于他关于政治特定的志业伦理观的核心上的瑕疵。问题并不是在于**所有**的政治行动者都是"人性的、太人性的"。毋宁说,是在于他认为关于性格或者"正直"以某种方式减少了不义的诱人想法,他似乎认为高贵者或者克己忘我者的不义行动从某种程度上说是在道德上合理的,而纯粹的权力政治家或者幼稚的理想主义者的那些不义行动则是在道德上不合理的。这种谎言在西方政治思想中源远流长并且有着显赫的历史,从柏拉图和亚里士多德到尼采和韦伯,而且甚至拥有许多现代的支持者——这一谎言有时被称之为"政治家的技艺(statesmanship)"。但是,由一位伯里克利或者一位林肯所犯下的道德暴行仍然是道德暴行,无论发布命令的人的性格——和道德激情——是什么。至少,尼采是足够诚实能够看到这一点的人,并且是足够诚实能够反驳"不安良心"——对判断、命令和行动的悲剧性重负的体验——可以在某种程度上改变根本性事实这一想法的人。

韦伯有一种准柏拉图的(并且极端非苏格拉底的)信仰:一种新贵族式性格能够改变应受谴责的政治行动的性质,这种信仰当然是在他那非批判的、对最大的幻象——民族——的激情奉献的阴影笼罩之下。它也处在这样一种阴影的笼罩之下:他早期认为帝国主义作为一种意识形态在实现"德国

---

① Weber, "Politics as a Vocation", p. 128. 为了对韦伯公平,人们必须要记住:转向"有责任感"的"领导的政治家"主要是在科层制形式的统治下对于个人责任的抹除的回应。见 John Patrick Diggins, *Max Weber: Politics and the Spirit of Tragedy*(New York: Basic Books, 1996), p. 208.

社会的最根本的自由化"方面有用。① 对于"有责任感的"领袖、民族意志以及帝国主义的自我肯定的信仰,三方面沉瀣一气成为一种"理智的牺牲"——几乎与宗教信条所要求做出的牺牲一样巨大。至少,从政治上来说韦伯的祛魅——他的求祛魅的意志——并没有走得足够深入:它不能够与苏格拉底的负面精神的深度相匹敌。他那曲折的政治伦理未达到由苏格拉底的否弃型道德所代表的责任感的水平。

《科学作为一种志业》中的理智正直与祛魅精神

也许,《政治作为一种志业》最令人失望的方面是:韦伯愿意接受普通公民的"理智上的无产阶级化"的事实。为了韦伯想要的那种克里斯玛型的领袖能够存在,大众"必须对他盲目服从"。韦伯冷冰冰地描述道,这"不过是接受领袖领导所要付出的代价"。② 这里确实存在着真理,但它最多只是告诉了我们领导权的类型。没有任何东西能比放弃承诺在普通公民中培养某种程度的独立判断更为反苏格拉底的了——实际上,更为反自由主义的了。然而,权威和统治的概念在韦伯式的社会科学中是如此突出,以致这一承诺只能被看成是一场白日梦。因此,韦伯可能会对在现代晚期中出现各种"新'贵族们'和'权威们'"感到恐惧,但是他的最终的回应也只是将一个权威的"好的"形式(克里斯玛型的)并列放在另一个"坏的"形式(科层制的)旁边。

只有当我们将目光转向他在《政治作为一种志业》前一年所做的讲座时,我们才会看到韦伯摆出一种不同的、反权威主义的路向,尽管这一路向被限定在教育和科学领域中。就像后一篇讲座的姊妹篇,《科学作为一种志业》是对继承了本质上排他的并且严苛的天职的人的演讲,这一天职就是科学。③ 就像后一篇讲座一样,《科学作为一种志业》强调对于所承担任务的无私奉献:通过日益专门化的(和迅速过时的)学术工作来拓展知识的边界。与《政治作为一种志业》的不同之处在于,《科学作为一种志业》并没

---

① Mommsen, *The Political and Social Theory of Max Weber*, p. 28.
② Weber, "Politics as a Vocation", p. 113.
③ Wissenschaft 一词在国内一些译本中也翻译为"学术"。但是读者仔细体会,将发现在韦伯的思想体系中,还是翻译为"科学"更好。"天职"原文为 calling。有"召唤"的意思。——译者注

有对这种"天职"进行过多的描绘,而是将重心放在科学的"忠实信徒"的自我约束的品质上,这些"忠实信徒"必须遵循事实并且不能欲求成为学院平台上的先知。韦伯以理智正直之名来推动这种自我约束。这可能**看起来**会将科学和教育与任何**道德**任务分离开来——这是实证主义的社会科学家和他们的批评者(例如施特劳斯和哈贝马斯)中间十分流行的一种对韦伯的解读。然而,《科学作为一种志业》的目标是要向我们表明,一种"破除幻象的"科学仍然能够通过展现一种最终是苏格拉底的和反权威主义的功能来"为道德力量服务"。不幸的是,韦伯并没有将这一信息延伸到他对于政治的和政治行动者的道德正直的思考中。

韦伯以考量在德国和美国的科学志业的"外部条件"方面作为他的讲座的开篇,在这两个国家中,搞学问的"天职"的未来能够看得到一些轮廓。在经过一段令人沮丧的但又准确无误的对于任何开始学界生涯所面临的危险性的描述之后,他转向了"以科学为**内在**天职"意味着什么这个问题。韦伯断然告诉他的学生听众们,"科学已经进入了一个空前专业化的时代,并且这种情形将永远持续下去"。结果,只有"严格意义上的专家"才能够有希望达到某种"真正的完善":"在今天,真正确定的和优秀的成就无不属于专业化的成就。"① 这并不意味着,知识的进步是自动的或者单纯只是技术性的。正相反,即使是要去做出哪怕一点贡献的话,专家必须带着"激情奉献"精神去开展他的日益狭隘的工作。

韦伯之所以要强调科学的纯粹劳作性和失望感,是因为他想要让他的听众们从以下这个错误想法中清醒过来,即这种工作是——或者应该是——表达一个人"内在自我"或者培养一个人的"个性"的手段:"在科学的领域内,只有完全献身于所承担任务的人才拥有'个性'。"一个人必须是其研究领域的仆人,而不是"主人"。就像伟大的艺术家一样,伟大的学者献身于他们的工作。他们除了为它服务之外就没有什么别的了。② 与歌德(和尼采)想的**正相反**,让自己的生活成为一件艺术品,就必然会摧毁工作本身的质量。最终,存在着工作而且仅只存在着工作。除非人们能够承担这样做所必然要求的异乎寻常的承诺和克己忘我,否则人们"还不如远离科学"。

方法上的克己忘我与浪漫主义的自我表达两者之间的这种对立是韦伯的

---

① Weber, "Science as a Vocation", pp. 134–135.
② Ibid., p. 136.

让人们醒悟策略的第一步。第二步是在一个"祛魅的"时代中,对于科学的目标和权威性作出彻底限制。韦伯通过提出科学进步的价值或者**意义**问题来完成这一步。在将这种进步描述为"已经持续了数千年的理智化进程的一个部分,并且是最为重要的一个部分"之后,韦伯询问这一进程最终是否会有"任何超越纯粹实用层面和技术层面的意义存在?"① 通过援引托尔斯泰的主张:对于现代的文明人来说,进步使得死亡——并且,因此使得生命——成为了一件无意义的事情,他以最生硬的形式提出了这一问题。韦伯问,人们应该采取什么立场呢?是什么让"科学的志业"在"人类的整体生命中"获得意义?它仅仅只是我们掌握世界和我们自身的一件工具吗?

任何评估"科学的价值"的尝试都必须从承认科学对我们的祖先意味着什么与**对我们**意味着什么这两者之间的"巨大反差"开始。在此,韦伯着手进行一项激动人心的概述:在西方历史中,科学对最伟大的时代来说意味着什么。他简要地描绘了历史上驱动对真理进行科学探索的那些能量。对于柏拉图和希腊人来说,科学〔episteme(知识)〕承诺有能力把握正义、善与美的真正存在。这似乎"为认识并且教导人们在生活中如何正当地行动,并且最为重要的是,作为国家的公民如何行动"开辟了道路。② 对于文艺复兴来说,并且特别是对于像莱昂纳多·达芬奇这样的艺术家/研究者来说,科学实验似乎提供了一条通往真正艺术的道路,并且"对他们来说,那意味着通往真正**自然**的道路"③。对于那些生活在新教改革影响之下的人,科学研究通过揭示上帝的创造物的隐藏结构来展现超越性的上帝的目的。科学似乎展现了通往上帝之路。最终,对于启蒙运动和十九世纪来说(直至并包括韦伯的父辈们),科学似乎提供了通往人类幸福、进步和人类繁荣的道路。

和尼采一样,韦伯对这些在文化上特定幻象中的每一个的批判都是毁灭性的。实际上,仅仅只是复述这些道德的、形而上学的和目的论的要求就足以让我们相信:科学不再能够承担由我们的前辈加诸之上的意义的重担。那么,问题就是:一旦这些"先前的幻象"(科学作为通往真正存在、真正自然、真正上帝和真正幸福的道路)都被驱散之后,科学的志业又有什么样的意义呢?韦伯引用了托尔斯泰的回答以让这一问题变得尖锐并澄清关键之所在:"科学是无意义的,因为它对我们的问题、那在我们看来唯一重要的问

---

① Weber, "Science as a Vocation", pp. 138–139.
② Ibid., p. 141.
③ Ibid., p. 142.

题:'我们应该做什么,以及我们应该如何生活?',它无法提供答案"。① 专门的科学,剥去了早先的期望和自命不凡之后,仅仅只有技术上的和专业上的意义;除此之外,似乎并不**拥有**任何意义。

正如我在本章第二部分所指出的,韦伯对托尔斯泰的结论是持肯定态度的,但是有一个值得注意的限定条件:"科学并不能够给出这个问题的答案,这是毫无争议的事实。尚待讨论的问题仅仅只是,**在什么意义上,科学'无法'提供答案**,以及科学是否能够对那些正确提出问题的人有点作用。"② 这句评论要求我们进一步了解托尔斯泰的表述。尽管这个表述在表面上与苏格拉底有共鸣(见《高尔吉亚》,500c),但是托尔斯泰的问题是用这样一种方式来构成的:将**意义**等同于**权威**。科学之所以证明是无意义的,并不是因为它问了错误的问题,而是因为它无能为我们应该如何生活的问题提供一种权威性的**答案**。对于神秘主义者托尔斯泰来说,这一事实足以去谴责科学作为伪装成道德权威的骗子。对于韦伯来说,正相反,这恰恰意味着作为当代求真意志的科学精神在一个祛魅的时代中是有意义的。

在什么意义上科学"无法"提供答案,以及如何才能对那些"能够正确提出问题的人"还是有点用处呢?**如果**我们认识到并不存在"毫无前设"的科学这样的东西;而且,**如果**我们认识到每一种专门的科学只能够**假设**而绝不能**证明**它所提供的那种知识的价值,**那么我们就不得不承认**:科学——在医学中**假设**延长生命的价值,或者在法理学中**假设**具有约束力的法律规则的价值——遗留下了根本性的**问题**从未被问及。这一根本性的问题并不是"我们该如何生活?",而是"为什么我们应该知道那些专门化的科学教导给我们的东西?"因为科学或者科学的特定分支是基于一套关于其主题(无论这些主题是宇宙法则或者审美对象)之**价值**的未经明说的价值判断,所以科学永远也无法提供一个关于它对于"人类行为的整体"的真正毫无偏见的说明。③ 科学甚至不能够真诚地质疑它是否**作出**了**贡献**,或者是否(从一个不同的视角来看)其价值假设是错误的或者令人败坏的,而非正确的与令人高尚的。

然而,科学界(笼统而言)一直有这样的倾向,即认为一个人的专业性确实能够针对"根本性的"问题说出一些东西(无论如何间接)。当然,在

---

① Weber, "Science as a Vocation", p. 143.
② Weber, "Science as a Vocation", p. 143. (着重之处为本书作者所加)
③ 本段是对于韦伯 143 - 145 页论证逻辑的一个概述。

第四章 马克斯·韦伯：冲突、正直与政治幻象

托尔斯泰的问题中体现的对权威性答案的渴望是许多学生和普通民众都能够感受到的渴望。韦伯认为，科学家和学者都太过乐于去回应这种需要了，将自身作为先知提供给年轻人和未受教育的人。这样造成的状况与公元前5世纪苏格拉底在雅典城邦中遇到的智者和修辞学家类似：年轻人需要关于如何生活和如何行动的问题的答案，于是就有许多"专家"环伺周围愿意提供给他们。

当然，不同的是：苏格拉底能够使用哲学的负面形式来反对这些假冒的权威，实际上，是普遍反对那些正面的和未经论证的权威。两千年之后，哲学本身表现为不再可信了，表现为一种假装能够从一个在*此世*冲突之上的阿基米德点做判断的伪科学。哲学的自我贬损（以教条式形而上学和基础主义的形式）打开了通往另一个自诩的权威的门：经验主义的、专门化的科学。因此，在《科学作为一种志业》中，韦伯将相当大的道德能量投入到指出科学是什么与科学不是什么，以及如果科学想要保持理智诚实的话，那它能够做什么与不能够做什么。如果科学的教师和从业者想要维持最起码的理智正直，那他们就必须放弃由他们的巨大成就与社会威望所激励的阿基米德式的自以为是（以及现实主义者的自欺）。需要一种严谨的、自愿担当的认识论谦逊。科学家、学者和教师首先必须要做的，就是抵制替代神父、先知或者教条主义哲学家的诱惑。

这就是为什么韦伯如此强调自我克制作为最优秀的教师/学者的德性。正是因为所有科学/学术的客观性都是一个脆弱的、构建而成的东西，取决于一系列方法论上的预防措施和学者的自我否定，所以韦伯反复地强调：需要有自我克制，并且看到在学术与煽动民众或者游说辩护之间存在着无法逾越的鸿沟。在韦伯看来，如果无能于看到这一鸿沟并且采取相应的行动，那么就会让科学或者学术在一个因为相对不成熟而残缺的政治文化中变成又一种权威主义的力量。**这一点**，而非任何关于完全价值中立的社会科学的实证主义幻想，才是潜藏在如下声明背后的动因：

> 采取现实的政治立场是一回事，而分析政治结构和政党立场是另一回事。当在关于民主的政治集会上发言时，一个人大可不必隐藏个人立场；实际上，清楚地表达以及表明自己的立场是他无法逃避的责任。人们在这种集会上使用的语词并非科学分析的手段，而是作为拉票和赢得他人支持的手段。它们不是犁头，为了锄松沉思性思想的泥土；它们是利剑，为了与敌人斗争的利剑：这些语词就是武器。然而，在讲座中或

者在教室里用这样的方式使用这些语词就是一种令人愤慨的行为。①

在坚持主张采取"现实的政治立场"与"分析政治结构和政党立场"两者之间存在着巨大差异中,韦伯就重划了苏格拉底在《高尔吉亚》中所作的在修辞学和哲学、劝说性言辞(peithein)与辩证法(dialegesthai)之间的区分。他重划这一区分不是为了要从"科学"的领域中移除最后一丝道德关切,而是要在一个祛魅的世界中保存学术与道德的(与政治对立的)力量之间的关系。对于韦伯来说,正如对康德来说一样,最重要的事情是:让他的听众明白"有勇气发挥其自身的理智"。② 这是无法做到的,如果学者不诚实地在听众面前将自身树立为先知或者煽动民众者,而这些听众不会"对先知和煽动民众者"反驳说,"到大街上去,向世人公开说出你的话",也就是说,在他人能够批评你的地方说话。③

但是,韦伯所宣传的这种严格的自我克制如何能够真正地"为道德力量服务"?如果教师应该仅只追求"用他的知识为学生服务"而不去刺激煽动和教导灌输,这难道不会让他的听众的"终极价值"无法被某种批判性检审所触动吗?那么,学习不就成了一种完全工具性的事物,就像是从杂货商那里买东西一样?(这就是韦伯在他的讲座中引用的学习"交易"这一"美国式"概念。)④

对于这一反驳意见我们可以做出如下回答:韦伯的理智正直确实十分苛刻,完全可以接受这种严格工具性的理解而反对教师是要向学生出售"世界观或者行为准则"的观念。但是,韦伯的概念比起这种看似"请勿触碰"的态度来说,是远为苏格拉底式的。这可以在他的如下主张中看到:"一个有用的教师的最重要的任务就是要教导他的学生去认识'不舒服'的事实——我的意思的是对他们自己政党的观点来说的不舒服的事实。对每一个政党的观点来说都存在着极端不舒服的事实,对于我个人的观点来说不舒服的事实也不比别人的少。"⑤ 科学/学术可能并不能够在相互竞争的意识形态之间做出判决,但是它肯定能够影响这些观点被持有的方式。它能够给人们

---

① Weber, "Science as a Vocation", p. 145.
② Immanuel Kant, *Political Writings*, ed. Hans Reiss (New York: Cambridge University Press, 1970), p. 54.
③ Weber, "Science as a Vocation", p. 146.
④ Ibid., p. 149.
⑤ Ibid., p. 147.

打上对如下想法的预防针：某个信念或者一套信仰是全知的，或者是不存在不一致的情况。通过强迫他的听众坦白承认这种"不舒服的事实"，韦伯式学者让学生正视所有政党的/信仰的立场都有无法消除的抽象性。由于它打碎了所有这些观点的教条主义泡沫，这种看似谦和的学术训练就构成了一种"道德成就"。

值得注意的是：韦伯对价值多元主义和"斗争中的诸神"的重点讨论是紧跟着这种广义上的苏格拉底观点而来的。教师和学者已经养成习惯用他们各自的学科为各种不同事业辩护。然而，在韦伯看来，"'科学的'辩护在原则上是无意义的，因为世界的不同价值领域处于彼此之间无法调和的冲突中"。① 我们可以将《科学作为一种志业》解读为韦伯意图提醒他的同辈学者们注意关于现代晚期的这一特定的"不舒服的事实"。因为科学（和哲学差不多）占据了一个阿基米德点，如果它要保持对自身的真实，那么它必须从直接参与"斗争中的诸神"的战斗中抽身退隐。韦伯问，在法国文化与德国文化比较各自价值高低时，"科学地"做出决断意味着什么呢？或者"科学地反驳"山上训词意味着什么呢？在这些领域中科学的无能无力对所有那些持有最低限度理智正直的人都是一清二楚的。关于这些问题，"个人必须自己决定，对他来说，哪一个是神，哪一个是邪灵"。② 没有任何"权威"能够诚实地强占个人判断的空间。

韦伯的论证的这两条线索让我们可以看清楚人们通常对他做出的"决断主义（decisionism）"的指控最终是如何离题万里的。因为韦伯想要通过主张"不舒服的事实"和"科学的辩护"的不可能性与如下观念作斗争：存在着"基督教伦理的宏大理性主义"的某种替代品，这种替代品能够裁决或者能够充当棘手的政治和道德冲突的裁判员。在《科学作为一种志业》中，韦伯的对手并不是合理的论证本身，而是不容置疑的信条的或者教师的**虚假权威性**。

这个方面在韦伯列举的科学/学术能够对广义上的"实践生活"所作的贡献中表现得最为清楚。第一，它对于"外部对象"和"人类活动"的计算和支配方面有贡献。第二，它对于思想的工具和方法有贡献。第三，在这些完全实用主义的考量之外，科学能够帮助学生获得"清明（clarity）"。韦伯用"清明"这个词意指尽可能充分地意识到追求特定的道德或者政治立场

---

① Weber, "Science as a Vocation", p. 147.

② Ibid., p. 148.

所需要的手段以及可能造成的后果。按照韦伯的说法，科学/学术必须强迫听众面对以下两难境地："**如果**你采取了如此这般的一种立场，那么，按照科学的经验，你就不得不使用如此这般的**手段**以便于去在实践中践行你的信念。然而，这些手段可能是你认为必须拒绝使用的。那么你必须在目的和不可避免的手段两者之间做出选择。是否目的能够为手段提供'合法性'证明？或者反之，不能？教师能够让你面对这种选择的必要性。但他无法做得更多，只要他想要保持作为一个教师的身份而不是成为一个煽动民众者。"[1]

乍看起来，这似乎是学术对"实践生活"能做出的贡献的一个明显缺乏男子气概的理解，而这个理解并没有为苏格拉底的问题——"什么样的生活才是值得过的生活"（《高尔吉亚》，500c）——留下任何空间。但真是这样吗？韦伯并没有过多叙述遵循这种努力似乎能够得到什么，也没有过多叙述从他称之为教师的"最重要的任务"——即强迫学生认识到"不舒服的事实"——当中似乎能够得到什么。然而，总的来看，这些努力以一种最为苏格拉底的方式"为道德力量服务"。通过让学生面对手段和结果的问题——再加上各种"不舒服的事实"，理智诚实的学者起到了让人觉醒的作用。"不舒服的事实"质疑了特定的信条或意识形态所自诩的恰当性，而手段和结果存在着问题的主张有助于消解它所建基其上的抽象性。简而言之，"理智诚实的"教师的工作既不是宣教也不是强行灌输大写的理性——或者他自己特定的科学或者政治——明显要求的东西给别人。反而，像苏格拉底一样，他是去**净化**。

当然，通过韦伯的"教师"来追求的这种净化并非如在苏格拉底的对话中所做的那样极具攻击性，韦伯也没有将这项任务放在他讲座的首要的与核心的地位。然而，"澄清"的实践——引出某种道德-真实立场的不一致、张力或者代价——事实上是一种苏格拉底式的实践，带有一种典型苏格拉底式的目标：强迫学生为他的立场和行为给出一个交代。科学所追求的"澄清"就在于显示：

> 就其涵义而言，某种实践立场如何可以内在一致地、从而正直地，从这种或者那种终极性世界观立场推导出来。也许它仅只源自于某一个这样的基本立场，或者可能源自于好几个这样的基本立场，但是它不可

---

[1] Weber, "Science as a Vocation", p. 151.

第四章 马克斯·韦伯：冲突、正直与政治幻象

能源自于这些或者那些其他的立场。形象地说，当你决定去坚持这个立场的时候，你就选择了为这个神服务，同时你就冒犯了其他的神。而如果你忠实于自己的话，那么你将必然走向一个在主观上讲得通的最终结论……如果我们能胜任我们的追求的话（这一点在此必须预设在先），我们就能够强迫个人，或者至少我们能够帮助他，让他**对自己行为的终极意义给出一个交代**。在我看来，这甚至对每个人的个人生活来说，都并不是一件无关紧要的小事。再一次，我想要说，如果一位教师成功做到了这一点：他便是在为"道德"力量而服务；他就已经完成了这一职责：启人清明并且唤醒责任感。[1]

通过强迫理智上和道德上的懒人认识到他们立场中的张力、代价和不一致，"道德力量"得到了服务；通过揭示大多数——如果不是所有的话——道德-政治选择的悲剧本质，"道德力量"得到了服务。如果《政治作为一种志业》强调的是政治行动者那不可避免要诉诸"道德上可疑的手段"而背负道德重担的话，那么《科学作为一种志业》强调的是任何表面上无需代价的综合或者价值和谐之幻象本质。一个人无法在不违背个人自由的条件下成为社会平等的捍卫者，正如一个人无法在不违背民主的平等原则的条件下成为无限自由的捍卫者。[2] 在道德-政治生活那充满张力的领域中处处都是这样，在这个领域中相互冲突的价值都在向人们要求热诚的忠诚，但都没有任何办法能够简单地排出先后秩序。

那么，对一个人行为的终极意义"给出一个交代"，意味着对于遵循一种特定立场所带来的那种张力与道德丧失的认识。这种认识越是彻底和诚实，如下可能性也就越大：学生或者普通人将不得不重新考虑他们对于自身的"终极世界观立场"的承诺。也许他们愿意去做出政治承诺所蕴涵的价值牺牲，也许他们痛苦地认识到：他们同时忠于两个或者更多的"斗争中的诸神"。如果是这样，那么他们的正直将无法通过任何线性的一致性来衡量，

---

[1] Weber, "Science as a Vocation", pp. 151–152.
[2] 如此简单的例子可能会让某些读者感到吃惊。然而，请考量一下亚历山大·赫尔岑（Alexander Herzen）这样一个在西方社会主义历史中的罕见人物。他既相信个人自由也相信更大的社会平等，不过他（与远为教条的马克思不同）也足够诚实地认识到对于后者的追求将会牵涉许多他所珍视的东西的牺牲。然而他却依然忠诚于在俄罗斯发生的革命性社会变革事业。见以赛亚·伯林对于赫尔岑的介绍，*My Past and Thoughts*, trans. Constance Garnett (Berkeley: University of California Press, 1999), p. xl.

而是通过在由此引发的张力中生活、行动和思想的能力来衡量。

但是，在此出现了一个明显的反对意见。即使一个人承认这种"澄清"的道德重要性，韦伯对科学的严格限制难道不会造成这样一种终极的影响：即，对这个满是相互冲突价值的世界，确认一种竞争的关系？而且，这难道不正意味着：科学帮助学生们去成为"他自己事业的战士"，更少关心净化意见却更多关心将一致性和自律带给那些通常是模糊的和不成熟的承诺？这就是哈维·戈德曼对《科学作为一种志业》的解读。按照戈德曼的解读，韦伯最主要关心的并不是使人觉醒或者需要给出一个交代，而是要证明：科学的真正天职在于教导"诸神之**争**的现实以及参加战斗的需要"。①

韦伯在他的讲座的结尾说的话明显可以确认这种解读。在总结他对于科学权威的限制这一主要观点时，韦伯回到了托尔斯泰的问题上，乍看起来，他给出一个令人担忧的回答：

> 在今天，科学是一种以专门化学科组织起来的"志业"，为自我澄清和相互关联的事实的知识服务。科学并不是那些分发神圣价值观和启示的预言家或者先知的恩典，也不是对圣人和哲人关于宇宙意义的沉思的参与。毫无疑问，这是我们历史性处境的无可逃避的境况。只要我们忠实于自身，我们就不能够摆脱它。而如果重新对你提出托尔斯泰的问题：由于科学无能于回答这一问题，那谁能够回答这个问题："我们应该做什么，以及我们应该如何生活？"或者，用今晚在这里使用的词语来说："我们应该为斗争中的诸神中的哪一位服务？或者，我们应该为一位完全不同的神服务，而他又是谁呢？"那么，一个人可以说：只有先知或者救世主才能够给出答案。②

我们似乎距离海德格尔那令人绝望的观察——"只有一位神能救赎我们"——仅只一步之遥，而且我们似乎距离这一言之凿凿的结论——韦伯是一个失败的神学家——仅只一步之遥。韦伯似乎被迫限制理性以为信仰和（因此获得的）意义留下地盘。这与在《政治作为一种志业》中对于克理斯玛型领袖的拯救力量的强调相得益彰。

---

① Goldman, *Politics, Death, and the Devil*, p. 79. 参照施特劳斯在 *Natural Right and History*, pp. 72–73 中对于"澄清"的评论。

② Weber, "Science as a Vocation", p. 153.

第四章 马克斯·韦伯：冲突、正直与政治幻象

但是紧跟着这一段，韦伯告知他的听众，"我们年轻一代所渴求的先知并不存在"，我们注定要生活在"没有神、没有先知的时代"中。① 我认为这意味着：宗教的、科学的和政治的意识形态都无法对托尔斯泰的问题给出真正的答案（多少人渴望获得它啊）。实际上，在一个以"世界的祛魅"为首要特征的时代中，创造这样一种意义的**公共源泉**以填补虚空的尝试只能导致创造出一个怪物——与在艺术上荒谬的"审美不朽主义"所创造的怪物类似。② 在此，就如同在他作品中许多其他地方一样，反预言的韦伯被证明是能够做出预言的，它后来果然在法西斯和国家社会主义的媚俗审美主义那里应验了。

在《科学作为一种志业》中，韦伯称之为"理智正直的平实责任"高于其他所有价值。由此产生的精神既不是严格的价值中立性，也不是公正无私的学问。毋宁说，这是一种祛魅的精神，一种消解式理性的精神，这种精神的终极影响就是削弱所有信条、传统和意识形态。正如韦伯在他的讲座中所强调的，正是科学的发展（这种"特别的非宗教性力量"）体现了这种延续了两千年的辩证法。韦伯的尝试——让德国学生认识到他们渴求的先知在学院中是无法找到的，事实上无论在任何地方都是无法找到的——是一种对祛魅进程的自觉延续。**没有任何一个人拥有德国年轻人所渴望获得的那种知识，这种知识能够回答他们应该为哪一个神或者精灵服务**。我认为，这是一种产生于祛魅精神的负面性智慧。这也是苏格拉底的智慧。作为一个学者——即，"理智正直的平实责任"的拥护者——韦伯的精神就是苏格拉底的精神，因为祛魅和负面性是相辅相成的。③

当然，通过主张在教师与领袖之间、科学工作与政治演说之间的差异，韦伯打开了这样一种可能性：每一个人可以盲目地选择他自身的神与精灵。在讲演中的有些地方他似乎建议：真正的领袖甚至是先知可能会潜藏在其他地方，在大学的演讲厅之外的地方。但是，尽管他有时这么说，《科学作为一种志业》中占主导地位的感觉是：这种人绝不可能存在，除非以最为低劣的形式存在。再多的自作姿态也都不能隐藏这一事实："理性化和理智化"

---

① Weber, "Science as a Vocation", p. 153.
② Ibid., p. 155.
③ 有一种对《科学作为一种志业》的完全不同的解读，这种解读将韦伯的讲座看作是对于尼采和在那个时代德国年轻人中深受欢迎的庸俗尼采主义的一个回应，见下书第 5 章, Robert Eden, *Political Leadership and Nihilism* (Gainesville: University Presses of Florida, 1983), pp. 134–173.

已经永久地改变了信仰的图景及其与**公共**价值的关系。而尽管"许多昔日的旧神祇从坟墓中爬出来",采取了客观的形式来统治我们的生活,但是他们是被祛魅的这一事实意味着:他们不再能够成为一种非反思的、抹除自我的信仰。

那么,一个人必须选择他自己的神和精灵,同时知道两者都欠缺神圣性。在"志业"讲座中,如果韦伯通常听起来似乎愿意为意义和自由的增强付出任何代价的话,那么他的理智正直表明:对救赎——对信仰、对**公共意义**——的需要是我们最危险的要求,是不成熟的标志、是不诚实的标志,或者两者都是。

韦伯通过引用以东守夜人的颂歌(源于旧约《以赛亚书》)作为对"许多在今天徘徊守望新先知和新救世主出现的人"的警告来结束《科学作为一种志业》。这段颂歌是这样的:"有人声从西珥呼问我,守夜人,黑夜还有多久才过去呢?守夜人回答,黎明已经到来,黑夜尚未离去;如果汝等要问,就问你们吧:回去,再来"。韦伯告诉他的听众,"听这段话的民族已经询问并且等待了两千多年,而当我们认识到其命运之时我们就会被动摇。从这里我们想要吸取一个教训:只是渴望和等待,注定一无所获,我们应该做出不同的行动"。[①] 理智清醒者的任务就是要去"开始行动并且满足当今的需要,无论在人类关系上还是在我们的志业中"。对韦伯来说,如果不这样做就是自我欺骗和自我毁灭。

公民身份、领袖与政治幻象

韦伯的言辞是针对在特定(并且是创伤性)历史时刻的特定听众的——在这个历史时刻,德国民族主义的自命不凡已经走向破灭。而这时人们对于新的预言的需求、对于新的意义和价值排序的公共源泉的需求是压倒一切的东西。对于这一可理解的渴望,韦伯给出了一个坚定并毫不妥协的"不"。但是,如果说《科学作为一种志业》尝试让德国年轻人从对先知的需求和对那样一个时代的怀旧——在公共领域中闪亮照耀着"终极的和最为崇高的价值"的时代——中觉醒的话,那么《政治作为一种志业》则对世界有限复魅的前景抱持着希望。理智诚实的教师与在学院平台上的煽动民众者之间的

[①] Weber, "Science as a Vocation", p. 156.

不屑对比让位于对在"选举战场"上"有责任感的"煽动民众者的肯定。后者是一个高贵灵魂,这个高贵灵魂——就像尼采的禁欲主义僧侣一样——因为领导(必然品质低劣的)大众而冒着堕落的危险。韦伯相信,正是因为高贵灵魂的"为事业激情奉献"将会把他从仅仅成为民众的"谄媚者"的耻辱命运中拯救出来——苏格拉底将雅典民主巅峰时期的政治领导人们都放在这一命运之下,伯里克利也包括在内。

正是在这个问题上——斗争在意义和自由的产生中所起的作用——我们遇到了对韦伯的讲座进行"苏格拉底的"解读的限度。与施特劳斯**相反**,这一限度与如下区分毫不相关:相信可以作为**真正**政治家技艺的基础的正面的道德知识的哲学家与拒绝"价值事实"这一范畴的社会科学家。毋宁说,这种区分的真正核心是祛魅的策略不同:一个是对领袖就不祛魅了(韦伯),另一个则恰恰把领导人包含在其主要的祛魅标靶中(苏格拉底)。诚然,《高尔吉亚》可以被解读为苏格拉底对"王者技艺(royal art)"这种寡头政治的观念有所承诺的证据。正如我在本书第一章中所提出的,最好将之解读一种为对平民大众式民主及其"恺撒式"领袖的病态状况的批判,一种由一位忠诚的然而反讽的宪政民主派所做出的批判。(即《克里同》的苏格拉底,他喜欢雅典的**法律**胜过其他城邦)。

如果我们将苏格拉底在《克里同》中对民主宪政的承诺与我们在《高尔吉亚》和《申辩》中发现的否弃型德性结合起来的话,我们就获得了一个与自由主义的道德核心彼此和谐的立场。但是,和梭罗一样,苏格拉底知道民主宪政并不能阻挡人干不义之事;民主的自然倾向与其他体制的城邦是一样的:在公民中间促进顺从与在国外促进不义(如果不是也在国内促进不义的话)。民主宪政不能任由自身来运作,也无法支持那些自以为身居"最好的政治体制"中的人们的自满。为了最低限度的道德,民主需要更多在道德上独立的公民,他们的终极忠诚并非指向自己的城邦或者民族,而是指向"对他们自己灵魂的关心"——指向避免不义而非对于正面的(即地方性的或者狭隘的)道德的肯定。《高尔吉亚》对伯里克利式民主的激烈批评提醒我们:雅典即便在最有英雄气概的时代,在关于最重要的事情上,也是道德上盲目的。苏格拉底自我指派的任务就是要去提醒其公民同胞这些事情,提醒他们**每一种**政体都可能倾向于施行不义和犯下罪行。

以这条标准来衡量,韦伯在"志业"讲座中所留下的遗产无法达标。距离就职演说的好斗调子已经恍如隔世,《政治作为一种志业》反映出韦伯对于民主和有限政府的单纯工具性的承诺,这一承诺取决于这种体制为煽动民众的领袖所创造的空间。在《政治作为一种志业》中韦伯的柏拉图式自我欺骗是：大众政治可能是能够"变得高贵的"，但要通过英雄的性格（和道德激情）或者其领袖来给予深度和道德尊严，而非通过其公民的觉醒。像柏拉图的哲学王一样，韦伯的精神贵族下降到大众政治的洞穴中——嫉妒和**怨恨**的洞穴——为了天职的召唤而甘冒牺牲自身高贵性的危险。①

苏格拉底的洞见是：没有任何领袖是一位"道德专家"——伯里克利不是，林肯（Lincoln）不是，丘吉尔（Churchill）也不是，这样的道德专家拥有实践智慧（phronesis），能将明智（prudence）提升到崭新的和英雄般的道德顶点。民主的领袖们通常甚至要比他们的追随者更为胆小懦弱。因此，在政治方面的道德推动力（避免不义的推动力）仅只可能来源于"下面"，来源于普通公民，他们是"在精神上最无产阶级化的大众"的一部分——韦伯，像他前面的柏拉图和尼采一样，将他们作为嫉妒和**怨恨**的生物而忽视掉。正如密尔所指出的那样，这一推动力只有在如下情况发生时才会出现：当这些公民中的某些人被"牛虻"在道德上唤醒时，而非被为自己的信仰而劳作和服务的政治先知（一位"克理斯玛型领袖"）所鼓动催眠时。

在韦伯最好的时候——在《科学作为一种志业》中和在《政治作为一种志业》对于绝对（终极）目的伦理的批判中——韦伯认识到了伴随所有未经省察的信念的虔敬残酷性。在韦伯最差的时候，他（就像马基雅维利一样）证明政治领袖盘算过的残酷作为较小之恶具有正当性。当他试图用"为事业激情奉献"和政治行动者的道德痛苦这样的理想主义理由来使马基雅维利式"必要性"变得高贵时，他的错误便无异于雪上加霜了。在此，清明被自欺所代替，祛魅被有意的幻象所替代，清醒被沉醉的一种特别危险形式所替代——即，沉迷于那些为事业而奋战的忧郁的政治领导人们。

正如本章的第一部分所叙述的那样，韦伯不清醒的那一面源自他那几近形而上学式的信念：对于社会政治斗争具有创造能量和意义的力量的相信。这种信念在理论的想象力方面保持着强大的影响，二十世纪的竞争论者［从卡尔·施米特到尚塔尔·墨菲（Chantal Mouffe）］的作品都展示了这一点。当代的竞争论者倾向于支持民众竞争而非精英的或国家的竞争，但是这并没有造成根本上的改变。到头来，"事业"那能够让力量再生的神话又回来了，

---

① Weber, "Politics as a Vocation", p. 128.

而且随之而来的是从未意料到的残酷,这是无论多少志业责任感都无法改变和消除的。被所有人遗忘的是密尔式的教训:价值、意见和"事业"的竞争性斗争的真正受惠者是这样的个体,他能在一定程度上远离斗争本身并因此认识到所有各方的偏见——和相对不义。

第五章　汉娜·阿伦特与列奥·施特劳斯：公民身份 vs. 哲学

有责任感的政治家是一位英雄——"在英雄这个词的清醒的意义上"，韦伯的如上描述反映了他在一个日益例行化（routinized）的世界中对于目的、能量和意义的源泉的追求。与尼采不同的是，韦伯并没有将精力花费在让我们（或者至少我们中的某些人）能够再次成为希腊人这一幻象之上。然而，与尼采相同的是，韦伯将禁欲主义和求真理的意志作为资本主义的、科学的文化的两大基石——置身于这样一种文化中，日常生活理性化几乎没有给个体留下回旋的余地。对于韦伯来说，出路并非尼采式的对异端或者文艺复兴 virtu（卓越德性）的复活，而是"天职"的自律，这将会创造出一种精英：既具有强力却又有责任感的政治领袖。在克服重重阻碍中，这些个体将大众政治的能量引向真正的民族国家的目标。通过这样的方式，现代政治便可以在某种程度上变得高贵，成为意义的源泉而非虚弱的源泉。

对于许多读者来说，韦伯的克己忘我的领袖看起来只不过是柏拉图的哲学王的一个隐晦的回声，哲学王同样形成了一种品格的贵族，被教育去无私地为共同善服务。之所以说这个回声是隐晦的，乃是因为韦伯避开了诉诸哲学智慧，认为将对于权力的运用掩盖在超验真理外衣之下，乃是一种不诚实。韦伯的"领导的政治家"可能是一位禁欲主义者，但他是**此世**的禁欲主义者。通过极具男子气概的克己忘我的能力、通过为现实政治世界中的理想进行**服务**的能力，他为事业的激情奉献就得到了放大。这种服务不能由"目的"伦理所特有的那种不计后果的热情（或者道德纯粹主义）所驱动。毋宁说，这种服务必须遵照对后果的**个人责任感**这一严苛准则。这就意味着要避开所有形式的末世论和自我-亢奋，并且要自律去承担起这"费力又缓慢的钻透硬木板的工作"。

韦伯的现代政治的视野是严苛的和斯多亚式的，尤其是与革命的社会主义的解放性希望和 19 世纪自由主义对于进步的信仰相比较时,更显得是如此。不过,在这一视野中,政治行动成为**潜在的**有意义的和高贵的——尽管只对少数人来说是这样。哲学和公民身份已经被驱逐出这个视野之外,前者是因为它那令人无法忍受的对于普世智慧("毫无偏见的知识")的自命不凡,后者是因为它依赖于那些完全无法在大众政治世界中维系的(人民)德性。在去除了哲学智慧和共和主义公民身份这些"幻象"之后,韦伯致力于将有责任感的领袖作为在现代性的黯淡政治前景中的最后一丝希望之光。其他的一切——从"不可剥夺的权利"到"人民的意志"——都是有意的自我欺骗,都被看作是韦伯的祛魅精神所断然禁止的那种可避免的幻象。因此,虽然韦伯承认有限政府对保留越来越小的自由空间来说有着必不可少的作用,但是他认为有限政府并没有任何形而上学的或者甚至是强大规范性的基础。

当转向汉娜·阿伦特和列奥·施特劳斯之时,我们会对如下事实感到震惊:他们的政治理论在多大程度上是对于由韦伯所描绘的有限可能性的回应。用一些初步的、略嫌简单的表述来说明这个问题:阿伦特和施特劳斯两个人都在与韦伯的现代政治被严格约束的视野以及他的政治权力现实主义观点作斗争——阿伦特以公民理想[bios politikos(政治生活)]之名,施特劳斯以哲学与哲人生活之名。为反抗韦伯的"祛魅"视野,德国魏玛那兴奋躁动的理智氛围的这两个产物都论证广义的传统理想之复兴。[①] 他们提供了关于公民生活与哲人生活的栩栩如生的美好描绘,以提醒我们那些被遗忘的和压抑的可能性——这些可能性能够帮助我们从韦伯所描绘的政治的、道德的和哲学的死胡同中逃离出来。

尽管他们都站在与韦伯对立的立场上,但是阿伦特和施特劳斯却几乎毫无关于政治、哲学或者两者关系的共同想法。从现代自由派理论的立场出发,他们可能看起来很像(对希腊心存敬畏,再加上对大部分现代政治持悲观的看法),但从他们自身的方式来看,两人实际上天差地别。在《人的境

---

① 我仅仅指的是 bios politikos(政治生活)和 bios theoretikos(沉思生活)两种理想类型。当然,阿伦特和施特劳斯很难说是通常意义上的"传统主义者",而且他们两个人都为阐明如下这个问题贡献了良多的思想和笔墨:为什么在当前时代中让传统理想类型"复兴"也必然需要对它们进行重新创造。关于这一点,可参见阿伦特下书的前言部分 *Between Past and Modern* (New York: Penguin, 1968), pp. 3 – 15,此外也可参见同一本书中她的文章《传统与现代》。正如我下文将要论证的那样,"传统的断裂"这一主题是两个人所共有的。

况》（1958）中，阿伦特表现为一位希腊人那种参与式政治的最重要的现代支持者，这一理想她在《论革命》（1963）中做了修改但从未放弃。在这两部作品中，她都将公共领域作为人类自由的优先领地，一种实实在在的自由在各式各样平等之人的政治演说、辩论和行动中得到展现。①

另一方面，施特劳斯转向了柏拉图和亚里士多德的古典政治理性主义传统，以便于与他认为的由韦伯式社会科学和由尼采与海德格尔的哲学历史主义所引发的相对主义做斗争。但是，他对"自然正义"标准的回归也是针对洞穴假象，即针对民主时代的平等主义偏见的。如此一来，阿伦特与源自民主雅典的意见政治结盟，而施特劳斯则与希腊哲人对大众统治的批判结盟。如果（少许）漫画化地描述他们的立场的话，则阿伦特可以说扮演了卡利克勒的角色（当然，要除去卡利克勒对于不义的超人的赞赏），而施特劳斯则扮演了**柏拉图的**苏格拉底的角色。一个将公民的生活作为最为有价值的生活来进行辩护，而另一个则将对理智的追求作为人类尊严的真正源泉。

在用这些简化形式描述了阿伦特与施特劳斯两人之间的对立之后，我们必须退一步想想。无论对哪位理论家细读过，人们都将会发现他们对公民身份与哲学之间是否存在这么僵硬明显的对立暗藏质疑。尽管他们各自的承诺不一样，但是阿伦特和施特劳斯两人都偏好"哲人－公民"这一想法。毫不奇怪的是，他们是在对苏格拉底的沉思中最接近这一想法的。

在本章中，我会发掘阿伦特和施特劳斯的"苏格拉底的"维度，展现出它如何复杂化了我们对两位思想家所代表立场的感受。首先，我会从阿伦特和施特劳斯对于苏格拉底的描绘中引出"哲人－公民"这一想法。随后，我将会揭示他们如何（以及为什么）要远离"政治的"苏格拉底之观念带给他们作品的复杂性。他们的退却很能说明问题。这表明了一定程度的盲目性和一定程度的丧失勇气，可鉴于阿伦特和施特劳斯渴望去挑战我们时代的**意见**，丧失勇气更显得不同寻常了。

按照我在本书研究中一直讲述的这个故事，阿伦特之退却到公民共和主义和施特劳斯之退却到哲学精英主义，都反映出现代理论想象力的更为广泛

---

① 当然，虽然这两部著作的核心关注点都是公共领域和政治行动的本质，但是它们有着明显的差异。《论革命》着重于现代的政治行动，特别是着重于一种新形式政府的革命性创建中所展现出的初创性行动。《论革命》与《人的境况》的主要差异之处并非因为阿伦特放弃了城邦的模型，而是因为她将焦点如此坚决地集中于通过人的承诺（promising）和约定（agreement）让新的公共领域的宪政得以可能。这是一种崭新的并且明显现代的现象，这是一种希腊人并不知道的现象。

的失败。这是未能明确阐释公民身份的真正批判性观念的失败,这种公民身份并非建基于在道德上可疑的共同价值或者绝对真理的基础之上,而是建基于怀疑主义、理智诚实和尽力避免不义的意志之上。① 这一失败的先驱是密尔将信仰错放在专门化的"政治技艺"的贡献中,尼采对于自己的个人主义的背叛,以及韦伯那悲剧性的绝望,使得它显得更为令人痛心并且——至少从我们的视角来看——更为令人遗憾。

阿伦特:哲学与政治

如下这个观点是平淡无奇的:阿伦特关于本真政治的观念是以希腊城邦——尤其是以民主雅典——为典范来塑造的。在荷马与修昔底德那里,以及在索福克勒斯和亚里士多德那里,阿伦特找到了她所需要的材料,她用这些材料提醒现代读者们:曾经存在着这样一个时代,在那个时代中,参与公共事务尤其是参与政治事务是一件让生活过得有价值的事情。对于阿伦特来说,希腊人曾经以无与伦比的清晰性认识到的——而我们已经遗忘了——就是:向他人发表演说的能力以及与他人一起行动的能力是如何将真正**人类的**生活与动物和野蛮人的生活区分开来。② 然而,只要人类尚未共有一个公共自由的空间——与家庭领域中的劳动节奏和必需品相区别,那么这些能力就一直无法得到实现。对于希腊人来说,花费在家庭领域之黑暗中的生活——女人、孩子或者奴隶的生活——并不是完全的人类生活,因为它从未了解到在与他人的共同言辞和行为中、在公共领域的"亮光"中所表现出来的自由。③

《人的境况》一书中最为令人惊奇的想法恰恰就是:"过没有言辞和行动的生活的人……简直就是对这个世界来说的死人;这种生活之所以不再是一种人类生活就是因为它不再与人生活在一起。"④ 之所以提出这一主张,

---

① 当然,这一特殊或此或彼观念的缘起可以回溯到柏拉图的《普罗泰戈拉》。
② 例如,见亚里士多德《政治学》,1253a7;参见 Arendt, *The Human Condition* (Chicago: University of Chicago Press, 1958), p. 176, 下引此书写为 *HC*。
③ Arendt, *HC*, p. 176. 对这种立场的一个批判性观点,见 Hauke Brunkhorst, "Equality and Elitism in Hannah Arendt", in *The Cambridge Companion to Hannah Arendt*, ed. Dana Villa (Cambridge: Cambridge University Press, 2000).
④ Ibid.

第五章　汉娜·阿伦特与列奥·施特劳斯：公民身份 vs. 哲学

阿伦特并不是要提出现代社群主义者的观点，他们强调共同价值的重要性以及对较少自我中心和较多关联性文化的要求。毋宁说，她是在坚持希腊人的观念：人类自由只有在一种人为建立的政治平等领域中才能够实现，在这个领域中个体能够发表言辞并且能够为其公民同胞所认可。[①] 基于此种理解，完整的人性仅仅限于那些政治共同体的成员，即拥有政治权利的**公民**。丧失了政治成员身份意味着一个人丧失了在公共领域中行动和出现的幸福。而且，这也意味着一个人丧失了作为自由和平等的存在被认识的机会，这个自由和平等的存在对共有的公共世界拥有一种独特的视角。总之，这意味着一个人丧失了完整的人类实在性。

即使我们承认：确实存在着某些状况，在这些状况下公民身份可能是自由和平等的**唯一**至关重要的因素，可是阿伦特的主张——公民身份为我们独特的人类能力提供了出口——仍然给大多数现代读者留下了一种不切实际的印象。像亚里士多德一样，阿伦特的工作似乎是在这样一种幻象中进行的：存在着而且必然存在着一种或多或少关于"善好"生活的自然等级秩序，这种等级秩序从置身于生产和消费这种相对无意义的生活（在底层），向上升到献身于哲学或者政治这种显然更为有价值的生活（在顶层）。[②] 由于它假定了（可以说是一种先验的假定）一位修鞋匠的生活比哲人或者政治行动者的生活拥有更少价值和尊严，这种存在于不同 bioi（生命）或者不同生活方式之间的等级秩序观就与自由主义的多元主义和平等主义原则相冲突。

如果要为阿伦特进行辩护，我们可以说：她求助于传统的等级秩序并非以"自然"的名义，而是为了与她所认为的现代性的主流趋势作斗争。从市场经济的出现到我们自身置身其中的全球资本主义时代，现代思想家已经在他们对技术和劳动生产力的赞赏中团结一致，也在他们对于"非生产性的"活动[③]——如哲学和政治——的蔑视中团结一致。在《人的境况》所展现的人类活动的等级秩序中，阿伦特将重点放在现代是如何**颠倒了**积极生活的传

---

① 见 Hannah Arendt, *On Revolution* (New York: Penguin, 1968), pp. 32 – 33；下引此书写为 *OR*。
② 见亚里士多德《尼各马可伦理学》，第十卷；参见 Arendt, *HC*，特别是第 3、5 章。
③ 这个常常被引用的句子，见 Adam Smith, *The Wealth of Nations* (New York: Random House, 1994), p. 315. 在《人的境况》中，阿伦特援引亚当·斯密（Adam Smith）和卡尔·马克思作为对现代性进行思考的**那些**思想者，他们"颠倒"了构成 *vita activa*（行动的生活）（或者可称之为"积极生活"）的那些活动——劳动（labor）、工作（work）、行动（action）——的等级秩序。

统秩序，将劳动放在顶层（凭借其生产力的德性），并且将行动（action）——共同言谈和行动——放在底层。换句话来说，真正关键性的，并不是对"人所拥有的最好生活"的精英主义的（和反多元的）坚持，而是对（日益败坏的）公共领域及其中的最适合的活动进行系统的价值重估。因为只有当我们开始对前提假设——那些潜藏于我们自身之中的、大部分隐而不显的人类活动的等级秩序——有所意识的时候，我们才会对其他可能的排序保持开放。而且，只有当我们认识到政治行动不仅仅是负担或者干扰的时候，我们才会质疑公共领域仅仅只是生产和市场的支撑机制这一想法。

自我展示性的言辞（revelatory speech）和原创性行动（initiatory action）是人的能力，阿伦特最想要做的事情就是将它们从现代的昏睡状态中拯救出来。她之所以转向了城邦的公共领域，就是因为它提供了这些能力处于全盛时期的栩栩如生的图景。雅典民主对于她来说最具吸引力之处在于：它（前所未有地）实现了言辞和劝说的政治——在平等公民之间进行竞争性辩论、商议以及意见交换的政治。就像密尔在他对格罗特的《希腊史》一书的评论中所说的那样，阿伦特强调雅典**民众**在参与公民大会进行政治辩论和决策决断时所表现出的那十足的能量、理智以及能言善辩。所以，城邦的公共领域并不仅仅提供了远离自然必要性（natural necessity）与家庭的重复性工作的避难所，它也提供了一个领域，在其中每一个公民都有机会通过在公共言辞和行为中表现其政治的理智和判断来"证明他自己是最好的"。这种竞争的公民身份——一种公共精神与个体竞争性的独特且多样的混合——是雅典民主的真正标志。而伯里克利在其墓前演说中所提倡的以及阿伦特贯穿《人的境况》一书所歌颂的，正是这种混合。

按照阿伦特的说法，一种对话和意见交换的政治要比发展普通公民潜在的道德和理智能力（而在密尔看来，其最重要的功用在此）的作用更大。它也使得真正的**个体**（individuality）得以可能。因为只有通过在公共舞台上出现，在作为观众的同胞面前出现，我们才能够获得一个切实感觉得到的公共自我与一个能够被辨认出的身份。**假定**个人的独特性是一回事（正如我们现代人习惯去做的那样），可是，以一种现世的和自律的方式去表明它，就是另一回事了。只有通过在"公共领域的亮光中"个体与其公民同胞交流彼此的意见和一贯的视角，这才能够得以实现。

通过采取这一立场，阿伦特对自由主义的和浪漫主义的个人主义的那些先入之见提出了挑战。自我塑造并不仅仅是一个培养个人的怪异性或者表达个人的内在心理深度的问题。毋宁说，这是一个在公共领域中发生的、在作为观众的我们同胞面前发生的高度戏剧化活动。正是这样的观众——我们自己的公民同胞——对政治行动者的言辞和行为做出判断，从而为他那独一无二的（公共）身份的实现提供了必要途径。① 如果这个判断不被反讽性地看待——对政治行动者的努力与奋斗的否定，那么政治行动者所采纳的公众形象就必须表现出对目标的一以贯之和坚定性。政治行动者必须努力确保他的言辞和行为确实表明了那些激励他们的原则（例如，荣誉、荣耀或者对平等的热爱）。②

那么，公共-政治的自我是一个表演性的自我；并且，按照阿伦特的说法，这个表演性的自我是一个**真正**的自我——至少当表演发生在共同的表象空间之中并且不是蓄意的欺骗行为（如莎士比亚笔下的人物理查德三世那样）之时。只有在公共的"表象的空间"中，自我才确实能够超越这个充斥着激情、冲动和身体要求的不成熟世界。正是基于这个原因，阿伦特认为政治行动——在公共领域中行动和说话——**揭示了**主体，以一种与其他人类活动无可比拟的方式表明了他自身"独一无二的特性"。③

这是有利于政治行动并且（实际上）有利于公民生活的一个突出主张，但是阿伦特并没有满足于此。除了揭示主体的独一无二身份之外，政治行动——共同言谈和行动——也揭示了为特定公民群体所共有的**世界**。正是通过谈论公众关心的那些问题才使得"世界"——通常被视为我们日常实践的理所当然的背景——"被点亮"并且被赋予了意义。④ 这种通过话语来照亮的方式仅只发生在公民是真正多元化和多样化的那些地方；也就是说，仅只发生在对共同世界有着多样化视角的那些地方。阿伦特为了自己的目的而自由地改写了尼采的视角主义，即并非用单一的"客观"真理而是用多样化的

---

① 我在"戏剧性与公共领域"这一章中论述了公共领域的自我塑造问题，见我的书 *Politics, Philosophy, Terror: Essays on the Thought of Hannah Arendt* (Princeton: Princeton University Press, 1999), pp. 128 – 154.
② 阿伦特对激励自由政治行动的那些"原则"的讨论，参见她的文章"What Is Freedom?", in Arendt, *Between Past and Future*, pp. 152 – 153；下引此书写为 *BPF*。她对于在公共自我创造中面具的作用与 personae（人物、角色）的讨论，见 Arendt, *OR*, pp. 106 – 108.
③ Arendt, *HC*, pp. 179 – 180.
④ 这个概念得益于海德格尔在《存在与时间》中的立场，见我在下书第四章中的讨论，*Arendt and Heidegger: The Fate of the Political* (Princeton: Princeton University Press, 1996), pp. 113 – 143.

视角来规定公共世界的实在性。在《人的境况》的一个著名段落中,她写道:

> 公共领域的实在性依赖于无数的视角和各个方面的同时在场,在其中,一个共同世界呈现自身,并且,这个共同的世界无法设计出任何共同的尺度或者标尺。因为尽管共同世界是所有人共同的汇集之处,但是那些在场的人在其中有着不同的位置(location),并且一个人的位置不可能与另一个人的位置一致,就好像两个物体不可能占据相同的位置一样。被他人看到或者被他人听到从如下这一事实中获得它们的意义:每一个人都从不同的立场来看和听。这就是公共生活的意义,与此相比,最丰富的和最令人满意的家庭生活也只能够提供个人自身立场(及其相关方面和视角)的延伸和复制……事物被许多人从不同角度观看却不改变事物的身份,如此一来,聚集在事物周围的人们知道自己从绝对的差异性中看到了同一性,只有在这样一种状况之下,世界的实在性才能够真正地和可靠地呈现出来。①

如果没有政治言辞和行动——没有表达在意见和劝说性言辞中介中的人类多元化的公共表现形式,世界就会"黯淡下来",进入家庭的单色阴影之下。

与在她之前的密尔、尼采和韦伯一样,阿伦特对"大众社会那非自然的因循一致"表示了恐惧——但却是因为明显不同的原因。她所恐惧的并不是(或者并不仅仅是)一种驯服的"秩序化的人"的出现,而是"共同世界的毁灭"。当公民的生活被一种日益孤立化、单子化的"常人(mass man)"所替代的时候,共同世界以及真正的人类多元性的前提条件就消失了。在本属于独一无二的公共自我和多样的、彼此相互照亮的视角的那些地方,我们发现了"囚禁在他们自身单一经验的主观性中,即使同样的经验被复制了无数次,也无法改变其单一性"的人类大众。"当共同世界仅通过某一方面被看到,而共同世界仅只被允许以一种视角显示自身时",共同世界的终结就到来了。②

这种表述可能会诱使我们说:阿伦特转用了(出自托克维尔和密尔的)

---

① Arendt, *HC*, p. 57. 参 p. 199.
② Ibid., p. 58.

自由主义社会学来阐明一种耳熟能详的公民共和主义观点，即，积极公民身份的生活是最好的生活，以及由于大众社会的到来和无差别的公众意见的统治，我们现代人濒临于永远失去这种可能性。然而，此种表述可能太过轻率了，因为它忽略了赋予阿伦特政治思想生命力的更深层次的存在论和美学承诺。积极的公民身份是很重要的，但并不是因为它能够使得人们拥有德性或者保持了人们的德性（如亚里士多德、马基雅维利和卢梭认为的那样）。积极的公民身份之所以重要，是因为它为那些否则将会受制于自然必要性并受困于生产和消费的节奏的人保留了一个自由的领域。但是，这种自由领域的保留仅仅只是开始。一个强健的公共领域——在其中言辞是为了照亮而非掩盖（如意识形态、宣传或者广告）——简直可以说是人类的另一种（更为完整的）实在性。这种存在于言辞和行动中、也存在于对上一代人的言辞和行为的记忆中的实在，产生了无限的意义和解释。正是这种实在性使得伟大言辞和行为照亮世界，并使其成为了美的事物。

　　在对于伟大言辞和行为的实在性－提升力的关注中，阿伦特接近了——甚至达到了危险的边缘——伯里克利在墓前演说中的立场。就像伯里克利一样（并且在某个时刻也像尼采一样），她想要将本真的政治看作是一种文化形式。[①] 那么，我们不应该对如下事实感到奇怪：每当她想要强调在公共－精神（共同的言谈和行动）与人文文化或者文明的维系两者之间的联系时，她就会引用伯里克利的言辞（由修昔底德所提供）。

　　这些联系在她的文章《文化的危机》中最为明显，在这篇文章中她将希腊和罗马文化的现世的、持久的品质与在我们社会中文化的短命无常（不过是有一件消费品而已）进行对比。为了让公共领域成为比谋生和再生产的保护伞更为重要的东西，如下这种**心态**必须得到展现：公民必须以那种通常对待艺术作品的关心来对待 res publica（字面上的含义为"公共事务"）。这种关心——阿伦特称之为"对世界的关心"——来自于欣赏相对永恒的公共领域是如何为自由和意义保留了一个人为创造的空间，使得人类生存能够超越生命过程的重复循环。阿伦特发现这种关心被伯里克利对雅典精神的阐释所完美把握，她将这种精神阐释如下："我们在政治判断的限度内爱美；并且，

---

① 关于这一点，可见 Margaret Canovan 的文章 "Politics as Culture: Hannah Arendt and the Public Realm", *History of Political Thought* 6, no. 3 (1985), 617–642.

我们热爱哲学,却不曾沾染异邦人的阴柔恶习"。①

对于阿伦特来说,这是公共-精神审美主义的信条,这一信条与伯里克利的如下洞见保持一致:在雅典"每一个个体不仅仅只是关心自己的事务,而且也关心城邦的事务……一个不关心政治的人,我们不说他是一个关心个人事务的人,而说他根本没有事务"。② 这种公共-精神与对纯粹美的欣赏内在关联——公共领域(作为一个让"伟大言辞和行为"得到彰显的领域)使美得以可能,如上事实在伯里克利对其公民同胞的最后吁求中表达得最为清楚:他想要让他们尊重雅典并且"爱上"雅典之美。这种把城邦作为艺术作品的爱与欣赏将会坚定他们最终牺牲的决心。在这一吁求中,爱国主义和一种男子气概的审美主义毫不费力地结合在一起。③

对于伯里克利来说,城邦的伟大与城邦的美是不可分割的。因此,关于公民身份的真正测验是一个人在多大程度上关心城邦之美——城邦的荣耀、展现或者"闪光之处",以及一个人在多大程度上渴望通过自己的言辞、行为和牺牲为城邦增添光彩。在《人的境况》一书的许多段落中,阿伦特对于这种伯里克利的立场都表示了支持,其中最为引人瞩目的可能就是她的如下主张:伟大——不是成功或者失败、正义或者不正义——是评判本真政治行动的**唯一**标准。如同伯里克利一样,她看待公共生活时似乎将审美标准提升到道德标准之上。当阿伦特解释说:行动"只能够以伟大这个标准进行评判,因为,行动从其本性来说就是要突破普遍接受的标准并达到出类拔萃的标准",我们的猜测便得到了进一步的证实。④

阿伦特强调行动之英雄式的或者戏剧性的特征,这导致阿伦特的批评者一再指出,在她的政治理论中,竞争的和协商的维度两者之间存在着张力;

---

① Arendt, "The Crisis in Culture", in *BPF*, p. 214. Rex Waner 对这句话的英文翻译为:"Our love of what is beautiful does not lead to extravagance; our love of things of the mind does not make us soft(我们对于美丽事物的爱并不会让我们变得放纵;我们对精神事物的爱并不会让我们变得软弱)". Thucydides, *History of the Peloponnesian War* (New York: Penguin, 1972), 40.

② Thucydides, *History*, 40.

③ 见本书第一章伯里克利的"审美的不朽主义"中的相关讨论,也可以参见我的文章"Arendt and Socrates", *Revue Internationale de Philosophie*, no. 206 (June 1999), 241 - 257.

④ Arendt, *HC*, p. 205.

而且，他们提出了如下建议：我们应该放弃前者蕴含的行动的"表现（expressive）"模式，而支持后者蕴含的行动的"交往（communicative）"模式。① 在这一批评中包含着一些真理，但是它却错失了至关重要的一点。对于阿伦特来说，几乎所有真正的政治行动都是在公民意义上的平等人之间的言辞交往，并且她严格地将如此理解的行动与暴力、强迫、强力和武力区分开来。② 我们不要被《人的境况》的荷马式修辞误导了，（对她来说）典范的政治行动并不在于一位阿基里斯的非凡英雄功绩，甚至也不在于一位伯里克利的非凡实践智慧。毋宁说，作为典范的政治行动可以在多种多样的平等人之间的讨论和商议中找到。这一表述既适用于《人的境况》一书中她关于"希腊人的"行动理论，也适用于《论革命》中她对于现代革命传统的思考。两者之间主要的差异（正如我们在下文中将会看到的那样）更多是强调的重点的问题，而非实质性差异。

请牢记这一点：当阿伦特引用修昔底德所转述的演说作为政治言辞之典范时，与引用参加美国宪法的起草和批准的讨论作为政治言辞之典范时，我们认为这两者之间并不涉及任何**概念上**的混淆。在她着重于政治行动的商议维度与着重于公共领域的戏剧性（或者审美化）理解这两者之间，也并不存在一种**必然的**张力。正如之前引述的《人的境况》的那个段落所证明的那样，阿伦特巧妙地改造了尼采的视角主义以适应公共领域的需要，用它来展现人类的多元化是如何支持一个共有的公共世界的实在性。商议和意见的交换不仅是实现某一目的之手段；它们不仅仅服务于产生"理性意志"或者一致同意的目的。对阿伦特来说，更为重要的是：这些活动保存了人类的多元化并且拓展了公共实在领域，描绘出公共-政治问题的多面性并且揭示出一种开放式的、潜在无限的丰富性。阿伦特坚持公共领域——这个"表象的空间"——具有潜在之美，这事实上是她那系统化努力的一部分：从根深蒂固的哲学贬低中拯救意见。③ 她思想的这两个方面——戏剧化的和商议的维度，表象和意见——不是相对立的而是交汇在一起的。④

然而，即便阿伦特在《人的境况》中将重心放在讨论和商议上而不只是

---

① 例如，可参见 Seyla Benhabib, *The Reluctant Modernism of Hannah Arendt* (Thousand Oaks, Ca.: Sage, 1996), pp. 123 – 130. Maurizio Passerin d'Entrèves, *The Political Philosophy of Hannah Arendt* (New York: Routledge, 1994), pp. 83 – 85.
② 关于这些区分，可见她的文章 "On Violence", in Arendt, *CR*, pp. 143 – 146.
③ Arendt, *HC*, p. 229.
④ 见我的文章"戏剧性与公共领域"。

在"伟大的行为"上,问题仍然存在。首先,无论对促进深思还是培养良心来说,一种讨论和争论的竞争政治其实相对帮助甚少(尽管密尔对雅典公民大会作为一种公共学习制度做出了理想化描述)。① 这种政治的目标并不是让人们慢下来而是让人们加快速度——让人们的能量投入到讨论、斗争和决断的连续进程中。在这一点上,雅典民主那浮士德式的活力可以作为一个明确的警示。雅典大众民主与——由公民大会的讨论所激发的——竞争性能量几乎没有为反思政治行动的目的以及从道德的角度质疑对伟大和荣誉的追求留下任何时间。民主和帝国于是变得密不可分。② 其次,竞争性能量的培育可能会造成共同体从内部分裂,因为它在城邦的**政治**领域中鼓励了喜好竞争的个人主义。同样,雅典民主的历史提供了关于**此种**倾向的充分证明,阿尔基比亚德的巨大野心以及他的敌人强烈的嫉妒情绪都证明了这一点。③

阿伦特并非不清楚这些问题。实际上,可以将《论革命》解读为避免竞争的个人主义过度化的一种尝试。《人的境况》将"个体化(individualizing)"行动作为重心,与之相比《论革命》则发掘了较为"联合化(associational)"的政治行动形式,包括(但并不限于此):当构建政府的新形式或者创造新的政治社会时,普通公民之间做出的相互承诺和协定。在《论革命》中,阿伦特的主要例子——五月花公约、美国国父们的争论、在巴黎公社中和在1905与1917年的俄国革命中以及1918-1919年的德国革命中的军人和工人委员会这一自治组织——揭示了即便是最初创的和自发性的政治行动(在事实上)也总是如何成为了人们"一起行动、一致行动"。此外,她强调说:美国革命对**公共**幸福和自由的追求在建国与(公民共和传统的)有责任感的公民身份观念两者之间建立了强有力的关联。在这个模式中,对于公共世界的关心并非体现在对于伟大或者荣誉的追求中,而是体现在在对公共事务所需要的"演说和决策,雄辩和实务,思考和劝说"的关心中。④

---

① Mill, review of Grote's *History of Greece*, in Mill, *Collected Works* vol. 11, p. 324.
② 参见下书第7章, Munn, *The School of History*: *Athens in the Age of Socrates* (Berkeley: University of California Press, 2000), pp. 175 - 194. 马克·穆恩(Mark Munn)与皮特·尤本(*The Tragedy of Political Theory*: *The Road Not Taken* [Princeton: Princeton University Press, 1990])两人都指出悲剧的公共演出如何成为了雅典人政治实践的一面批判性的镜子。然而,这一事实并未有损于我的主要观点:竞争的或者商议的公共氛围的本质是限制(而非主张)道德反思。
③ 雅典民主前景与阿尔基比亚德对于个人伟大的追求之间的关联已经到达了异常紧密的程度,见穆恩的书 *The School of History* 第4-7章。
④ Arendt, *OR*, p. 229.

《论革命》转向政治行动的较为联合化形式，这诱使人们倾向于认为：阿伦特放弃了她那强"希腊的"行动观念，转而支持一种更强调公民－友爱的共和主义模式。但是即便确实如此——即便《论革命》可以有效的作为公共－精神与"审美的不朽主义"之间沟通的桥梁，根本性的问题仍然存在，简而言之就是：政治行动的更为"团结的"或者联合化的模式（正如我们在《论革命》中找到的那样）是扩大了还是缩小了哲人型公民身份的空间？

我认为，甚至是最为宽容的《论革命》解读也必须承认：阿伦特转向较少异国情调的公民共和主义并无助于增强哲人型公民身份的前景。实际上，在《论革命》中阿伦特明确主张：自由（如果它意味着什么的话）必定意味着成为一名"政府的参与者"的能力，这一主张使得（适度疏离的）哲人型批评者成为了一位**不负责任的**公民。当"政府的参与者"被设定为决定谁是与谁不是**有责任感**公民的唯一标准时，卡利克勒对苏格拉底的判断就成立了。① 这不仅适用于以"一起行动、一致行动"为核心的政治行动理念，同样也适用于自我表现的竞争政治学。②

对哲人型公民身份的适度疏离特征失去耐心，也支配了阿伦特对十八世纪的"公共幸福（public happiness）"观念的讨论。阿伦特不同意将美国建国作为（本质上）有限政府的创建这个标准的自由主义解读，转而强调美国宪法所创造的新的权力制度是如何提供了一个崭新的"自由之家园"，并且如何使得对**公共**幸福——由作为"政府的参与者"而来的幸福——的追求得以可能。③ 出于分享公共权力的渴望、而非想要获得保护以避免公共权力的影响，正是这一动机驱使美国的国父们踏出了他们所走出的那一步，并且驱使他们创造出一种新的政府形式——在这种政府形式中，权力平衡权力。对他们来说，"在行动中被看到的权利"以及"交谈的幸福、立法的幸福、处理事务的幸福、劝说与被劝说的幸福"是居于首位的，优先于对个体权利的保证。④

---

① 柏拉图：《高尔吉亚》，485b。
② 见 Jeremy Waldron, "Arendt's Constitutional Politics", in *The Cambridge Companion to Hannah Arendt*, pp. 201–219. 沃尔德伦（Waldron）认为在阿伦特的"希腊"模型与《论革命》的"制度政治学"有着本质性差异。诚然，这一主张很有道理；然而，人们可能会怀疑：这一差异是否如沃尔德伦所期望的那样有如此重大的意义，特别是站在哲人型公民身份的立场来说。
③ 见阿伦特《论革命》第四章。
④ Arendt, *OR*, pp. 130–131.

这种**公共**自由的明确优先感很快就失去了。国父们最初对**政治**自由和对公共权力分享的强调（《宪法》的内容）几乎立即让位给对**公民**自由的强调（《权利法案》）。① 政治参与式自由让位于**避免**政治侵害的自由，并且在《独立宣言》中由杰斐逊（Jefferson）的简略说法（"生命、自由和对幸福的追求"）所隐含的模糊性最终被数代贫困的欧洲移民所引入的以消费为核心的幸福观念所消除。②

《论革命》的大部分篇幅都致力于追溯对公共自由和参与式公民身份这一对孪生理想的戏剧性偏离。就如同大部分来自于公民共和传统的叙事一样，这是一个逐渐**败坏**的故事，这个故事的焦点集中在"革命精神的失去"与利己主义、物质享乐主义和盲目顺从主义的日益高涨。总之，这些发展使由美国宪法所创造的新颖政治权力制度转变为经济或者社会领域的单纯工具，概括来说就是，用一种实际上的寡头政治来代替自治。③

尽管我们赞同这个故事的大纲有强大的诱惑力，但是我们必需承认的是：阿伦特提出的选择过于僵硬对立了，即，**或者**重申对积极的公民身份和联合政治行动力量的承诺，或者将我们作为国家的雇员和单纯客户的身份致命地固定下来。在她看来，我们的文化已经完全私人化了，以至于公民身份的复兴和"对公共自由的爱好"乃是**最为**至关重要的规划。由于哲人型公民身份往往对任何求助于公民德性（无论其形式多么新奇）的态势持怀疑态度，故而它明显无助于阿伦特那试图恢复现代革命传统的"失落宝藏"的尝试。人们甚至可能会认为：从《论革命》的视角来看，"疏离的"公民身份（无论何种类型）恰恰就是有待解决的问题。我们所需要的是公民参与、团结、"一起行动"。

这一信息让阿伦特成为了一位对社群主义者、参与式（或者"激进的"）民主主义者来说极具吸引力的思想家，并且吸引了"新社会运动（new social movement）"（女权主义、同性恋权利、生态学等等）的支持者，他们所有人都发现她对于积极行动者与公民身份的团结维度的强调很合自己的口味。然而，阿伦特是一位如此独立的和独特的思想家，以至于她不会满足于成为一个使公民共和传统得到更新的"联合主义者（associationist）"。事实上，虽然她的主要计划是要在同代人心中重建政治、政治行动和公民生

---

① Arendt, *OR*, p. 135.
② Ibid., p. 136 – 139.
③ Ibid., p. 269.

活的尊严,但是她的次要计划就是要强调独立判断在公共领域中的重要性。在六十年代开始的各种文章中、以及在死后出版的《康德政治哲学讲稿(Lectures on Kant's Political Philosophy)》与《心智生活(The Life of the Mind)》的第一卷中,她就已经开始承担起后一项计划的研究了。然而,在早于《人的境况》四年的一篇文章中,这项计划就已经得到了极其明显的预示。①

《哲学与政治》包含了阿伦特关于哲人型公民身份的本质和可能性的一些最具启发性的思想。阿伦特以一种极其高明的和令人惊奇的方式将焦点集中在苏格拉底的哲学-政治活动的特征上,可是苏格拉底的哲学-政治活动在柏拉图手中却变成了一种权威主义的(与反政治的)活动,以上两者形成了鲜明地对比。在这篇文章中,她在调和哲学与公民身份方面做得实在太成功了,不过这并不比她试图表达的关于政治领域的特征的不安更重要,即:在政治领域中只有"内在的"批判(immanent criticism)被允许。在政治领域中哲学没有位置。

阿伦特以一个影响深远的而且(对某些人来说)令人震惊的陈述作为《哲学与政治》的开篇:"哲学与政治之间的鸿沟历史性地开端于对苏格拉底的审判和定罪,这一事件成为了政治思想历史的转折点,正如同对耶稣的审判及定罪成为了宗教历史的转折点一样。"② 按照阿伦特的说法,苏格拉底的死亡让柏拉图对城邦生活感到绝望,并且让柏拉图怀疑劝说作为言辞的一种形式的有效性。苏格拉底曾试图劝说其公民同胞:对于败坏雅典青年的罪名,他是无罪的——结果无济于事。苏格拉底曾试图将大众作为他在市场上的对话者,但他的辩证法在此成了修辞术的一种非正统的(和贫乏的)形式。他的真理沦落为不过是众多意见之一。

雅典人把他们中最有智慧的人和最为正义的人定了罪,这让柏拉图在修辞术和辩证法之间以及在意见和真理之间设置了强有力的并且不容变通的对立。按照阿伦特的说法,柏拉图从苏格拉底的审判中得到的教训是:在修辞术与意见的民主式优先权被推翻之前、在被哲学言辞和绝对真理的权威性取代之前,无论哲学还是正义都不可能是安全的。哲人完全不是心不在焉的"无用之辈",哲人是(日渐无望地败坏中的)城邦的最后的、最大的希望。因为只有哲人能够找到超越意见通往真理的道路、能够找到超越具体情境的

---

① 这篇文章最初形成了她在圣母大学所作的题为"法国大革命后的思想与行动问题(The Problem of Thought and Action after the French Revolution)"系列讲座的一部分。
② Arendt, "Philosophy and Politics", p. 73.

善理式。① 只有哲人才能够创造一个对哲学来说是安全的城邦，在这个共同体中，那些关心永恒的思想者将不再是那些更有公民-精神的大众的轻蔑对象。

阿伦特对柏拉图所提议的解决方案的描绘——用"真理的僭政"来补救意见为核心的政治（这种方案将苏格拉底送入了坟墓）——的不足，可能过于粗线条了。但是，如果说她夸大了柏拉图观念中真理与意见之间、辩证法与修辞术之间、以及哲学与政治之间的对立，那么这样做一定有充分的理由。她想要突出柏拉图的哲学理念（源于苏格拉底的审判与死亡的创伤）与苏格拉底的哲学**行动**之间的差异。因为如果说柏拉图支持哲学的特权以**反对**意见的政治学，那么（在阿伦特看来）苏格拉底试图向其公民同胞们展示，哲学如何能够对改革这一意见的政治学提供帮助，通过让这一意见的政治学更具真理性而使它更好。

但是，如下这种说法是什么意思：（正如阿伦特所说的）对于苏格拉底来说，真理不是意见的对立面，辩证法（*dialegesthai*）不是修辞术和劝说性言辞（*peithein*）的对立面？由于柏拉图的《高尔吉亚》和《理想国》的十足观念性力量，我们已经将这些对立视为理所当然的了——以至于事物可能会是另一种样子的建议，听起来就像是自相矛盾的。在接受了柏拉图和基督教的教导之后，我们认为：存在着一个真理和许多（大部分是虚假的）意见。然而，按照阿伦特的说法，苏格拉底对事物的看法完全不同。他并不将**意见**作为谬误，而是作为"**在我看来意味着**（*dokei moi*）什么的言辞中所做出的表述"：

> 这一假设［为苏格拉底及其公民同胞共有的假设］就是：按照个人在世界中的不同位置，世界向每一个人敞开了不同的面貌；而世界的"同一性"，其共同性（*koinon*，正如希腊人所说的，"对所有人来说共同的"）或者"客观性"（正如我们从现代哲学的主体的立场上来看可能会说的）则是基于这一事实：同一个世界为每一个人敞开，以及这一事实：尽管在这个世界中人们以及他们的位置之间有差异——并因而他们的 *doxai*（意见）有差异——但是，"你和我都是人"。②

---

① 当然，这是柏拉图《理想国》的基本主题。
② Arendt, "Philosophy and Politics", p. 80.

当然,这个"世界"是城邦的公共领域,是"表象的领域",这是由多种多样的视角所构建的领域。因此,某种**意见**的**真理性**并不取决于它是否能符合"毫无偏见之知识"。毋宁说,它取决于个体在面对其公民同胞的立场和意见时能够在何种程度上建立起他自己的立场、他自己的**意见**。这需要的并不仅仅是在公共舞台上"共同的言谈和行动",而且需要全神贯注于对自己的视角和他人各种视角——各种意见——进行全面阐释的努力上。只有当竞争性的斗争已经暂时停止,并且,公民们(免除了公共事务那惯常的巨大压力)能够自由地对某些事情深入而充分地讨论之时,这种努力才有可能会发生。只有"朋友般的"讨论——其目标既不是获得胜利也不是做出决断——才能够让个体公民把握其公民同胞的意见并(从而)把握其公民同胞"在共同世界中的立场"。此外,它让个体能够对他**自己的**意见及意见中特定的真理有充分的意识。①

和密尔一样,阿伦特认为:这种阐释的努力很难达成。即便在健谈的、民主的雅典,它也要通过"牛虻"的刺激和巧妙引导才能够达成。而"牛虻"就是苏格拉底被选定的角色:唤醒其公民同胞,引导他们努力参与到对**他们自己的**视角、对**他们自己的**真理的充分阐述中去。按照阿伦特的说法,苏格拉底试图借助诘问法来改进个体公民的"对世界的敞开性"——其特殊性、内在一致性、以及与他人立场的关联性。因此,他的目标不是意见的毁灭或者超越,而是一次**改善**一个观点。这在阿伦特那令人瞩目的表述中就是:

> 苏格拉底试图通过接生每一个公民同胞自身的真理来让整个城邦更有真理性。做这件事情的方法就是 dialegesthai(辩证法)——对某些事情深入而充分地讨论,但是这种辩证法**并不是**通过毁灭 doxa(意见)以产生真理,正相反,是要揭示出意见本身的真理性。那么,哲人所扮演的角色并不是城邦的统治者,而是城邦的"牛虻";不是要将哲学的真理告知公民们,而是要让公民们更为正直。与柏拉图的差异性是决定性的:与其说苏格拉底想要教导公民,倒不如说他想要改善他们的 doxai(意见),这就构成了**他本人也参与其中的**政治生活。②

---

① Arendt,"Philosophy and Politics",p. 81.
② Arendt,"Philosophy and Politics",p. 81. (着重之处为本书作者所加)

但是，即便苏格拉底是哲人-公民而非胸怀抱负的哲人-王者，如下问题仍然存在：鉴于民主雅典的竞争政治学，**这种**目标如何能够达到？在这样一个地方——个体公民之间进行持续不断的竞争以展现谁是"所有人中最优秀的"，似乎很少有机会以阿伦特所描绘的那种方式"对某些事情深入而充分地讨论"。但是，（按照她的说法）这恰恰是苏格拉底的动力。他看见了"激烈的并且持续不断的所有人反对所有人的竞争"所造成的毁灭——既是对城邦的毁灭，也是对真理的毁灭。因此，他在市场上的那些谈话并不仅仅是以接生特定的真理为目标，而是有着更大的目标——"与雅典公民交朋友"。①《哲学与政治》中的苏格拉底将在市场和其他地方进行的"朋友之间的对话"作为公民大会的竞争性辩论的补充。在这些地方，在一个间接的政治空间中，辩证法的主张和所思量的话题胜过了那些竞赛和竞争的主张。（阿伦特否定了尼采的观点：辩证法仅仅只是竞争冲突的一种新形式。）对**此种类型对话**的培养有助于将公民的注意力集中在那些他们共有的东西上，集中在如下事实之上：他们的那些个体的和政治的差异被某种共同拥有的东西所调和。如此理解的话，与修辞术不同，辩证法允诺了公民友谊［亚里士多德的 philia（友爱）］的出现；并且，随着公民友谊的出现，辩证法也允诺了一种激烈竞争政治领域所迫切需要的共同体意识的出现。

阿伦特刻画了一个这样的苏格拉底：一个通过"在朋友之间对话"的手段来促进共同体意识的苏格拉底，这与我在本书第一章中所勾勒的道德个人主义者截然不同。同样的，她将苏格拉底的质疑（socratic questioning）解读为"帮助他人生出他们自己的想法，而无论这种想法是什么"，这一解读弥合了真理与意见之间的鸿沟——但是，这却是以剥夺诘问法的大部分批判性力量为代价的。她的"会接生术的"苏格拉底——他本质上是一位他人思想的"助产士"——可能会给我们留下一种哲人-治疗师的印象，因为他的目标是要去引导出个体视角的特定真理，并在不同的群体成员之间建立一种对话式的友谊纽带。

然而，苏格拉底的计划不能够简化为通过对话和公民友谊来缓和竞争精神。这一点是阿伦特清楚认识到的，因为她对独处、思考、良心和公民身份之间的关系进行了非凡的讨论（这些构成了《哲学与政治》的核心）。我们或许不能指责她仅仅把苏格拉底想象为伯里克利式政治的一个协助者，即仅

---

① Arendt, "Philosophy and Politics", p. 82.

第五章 汉娜·阿伦特与列奥·施特劳斯：公民身份 vs. 哲学

仅是在帮助消除伯里克利式政治的霍布斯式过度之处。这一点，只要我们仔细考量她的全部作品中一段无出其右的讨论就可以明白。

在对苏格拉底的如下主张（在《高尔吉亚》中）——"与整个世界不一致要好过与自己不一致"——做出评论时，阿伦特指出：自相矛盾的可能性取决于如下事实，当我们进行思考时，我们每一个人都是"身兼双重角色（two-in-one）"。苏格拉底的准则教导我们：道德正直是基于自我一致或者自洽，即，基于在我与我自身之间的内在对话之中确保一种根本的和谐一致。阿伦特对此的解释是：一个人越是有思的内在对话的经验（不要与单纯的意识流相混淆），一个人就越是可能体验到自相矛盾是某种痛苦的东西、是某种与我们的自我概念相冲突的东西，并从而激发良心的声音。[1]

然而，按照阿伦特的说法，苏格拉底的原则也教导给我们一个更为深奥的和更为悖论式的教训。沉思的独处——我们与自身独处——能够为我们提供最基本的并且（从很多方面来说）最为重要的关于人类多元化、伦理关系以及（甚至）朋友关系本身的理解。每一个个体与他的在思想中的伙伴所建立的关系，成为了他与他人建立的那种关系的基础。用阿伦特的话来说就是，"只有那些有过与自己进行交谈的经验的人才能够成为朋友，才能够获得另一个自我"。[2] 苏格拉底所教导的东西是：唯一值得拥有的公民友谊是基于特定个体与在思想中的自己相处的能力。那么，*Philia*（友爱）不是共同体的功能（尽管它可能会有益于创造共同体）；毋宁说，它是植根于我们的沉思性独处的能力中。[3] 思——与自己在一起——让我们既在伦理上也在形而上学上为世界的多元化做好准备；思也为那些不仅是信条式准则内在化的良心提供了基础。独处——这"在苏格拉底之前和之后都被认为是哲人所独有的特权和职业**习性**"——于是成为"城邦良好运作的必要条件，与由法律强制执行的行为规则和对惩罚的恐惧相比，它是城邦良好运作的更好保障"。[4]

因此，阿伦特在《哲学与政治》中对苏格拉底的计划的描述是以创建**本着良心的**、沉思的公民的为核心的。换句话来说，苏格拉底的目标并不仅仅

---

[1] Arendt, "Philosophy and Politics", p. 87.
[2] Ibid., p. 85.
[3] 值得注意的是，阿伦特（政治思想家）会这么说，而哲学家斯图尔特·罕布什尔（Stuart Hampshire）则采取了相对立的进路，将理智德性解读为社会实践的内在化。见他的书 *Justice as Conflict* (Princeton: Princeton University Press, 1999).
[4] Arendt, "Philosophy and Politics", p. 89.

是通过培养一种对话性共同体意识来缓和竞争的个人主义,而是要培养一种以**沉思**为标志的个人主义——一种出自独处能力的个人主义。反过来,这种反思的个人主义将会为某种公民友谊提供基础,这种公民友谊与现代社群主义者和德性理论家所推进的公民友谊完全不同。在《哲学与政治》中,阿伦特的激进建议是:按照苏格拉底的说法,思的经验是良心的真正基础,并且这——而不是别的什么东西——是**本真的**公民身份的基础。

在此,我们远离了亚里士多德。但是,我们也远离了阿伦特在她已发表的作品中所通常采取的那种立场。她的代表性立场是伯里克利式的或者公民共和主义的;这种立场会质疑独处和所有形式的个人主义——浪漫主义的、自我中心的、或者哲学的,这些个人主义可能会让我们的注意力偏离公共领域并且削弱公民的生活。因此,阿伦特在她 1970 年的文章《论公民的不服从》中所做的事情就不足为奇了:她将苏格拉底的良心观念作为一种"利己主义"的形式进行攻击,因为这个良心更关心维持个体的灵魂纯净,却不关心履行世俗的承诺和责任。[①] 回到她在《论革命》中那种令人熟悉的公民共和主义者的论调,她谴责苏格拉底和梭罗将当代的公民不服从引入歧途,让他们以为他们的抗议在性质上并非政治的,而是本质上伦理的或者宗教的。读过了这些段落,我们就会了解为什么《哲学与政治》在阿伦特思想中是一个如此独特的时刻。只有在这里,她愿意这么严肃地持有这种道德个体主义的主张,并且愿意将它们不是看作为人类政治的敌人而是朋友。只有在这里,她将苏格拉底不仅仅表现为一个伟大的**思想者**而且表现为一个伟大的**公民**。最后,只有在这里,她展现出在哲学与政治之间真正的(即使只是暂时的)和解的可能性。

通过 1971 年的文章《思与道德思量》,《哲学与政治》在阿伦特全部作品中所占据的独特地位得到了进一步的凸显。虽然这篇文章进一步发展了许多与《哲学与政治》相同的主题,但是这篇文章包含了在强调重心方面重要的——并且是显著的——转变。焦点又一次集中在思、道德和政治之间的关系上,并且处于核心的人物又一次是苏格拉底。然而,《思与道德思量》中的苏格拉底不再是《哲学与政治》中所勾勒出来的那个形象。他仍然是"公民的一员",但是他的道德-政治影响是间接的、有限的、并且(如阿

---

① Arendt, "Civil Disobedience" in Arendt, *Crises of the Republic* (New York: Harcourt, Brace, Jovanovich, 1972), pp. 63 - 64.

伦特所描述的那样）是更为模棱两可的。

阿伦特在文章开篇就告诉我们：思有可能能够"限制"人们作恶，这一想法得益于她对浅薄和无思的阿道夫·艾希曼在耶路撒冷的审判所做出的观察。做出骇人听闻恶行的人并非恶魔，而只是一个人，一个大体上被他碰巧置身其中的任何情境（或者是纳粹的科层制，或者是因反人类罪而受审）的"语言规则"所定义的人。他的适应不同情境所要求的规则的能力——接受"那些曾经被视为他的责任的东西现在被称为罪行"的能力——表明行动和事件的所有独立视角的缺失，即便行动和事件的后果是令人恐惧的。阿伦特写道，"这种思的完全缺乏引起了我的兴趣"。

> 不只在缺失"不良动机（base motives）"（如法律对它的称呼）的情况下，而且在根本毫无动机（无任何特定的利益或者意愿的推动）的情况下，恶行——不仅是疏忽之罪（sin of omission），而且是明知故犯之罪（sin of commission）——可能存在吗？邪恶——无论我们可能会如何定义它，这意味着"决意成为恶人"——难道**不是**恶行的必要条件吗？我们的判断能力——区分对错的能力、区分美丑的能力——是取决于我们思的能力吗？无能于思与我们通常称之为良心的灾难性失灵是同时发生的吗？不得不问的问题是：思的活动本身，省察和反思无论任何发生的事情的习惯……这种活动拥有那种能"限制"人们恶行的性质吗？[1]

"能抑或无能于思"与"恶的难题"之间是否存在内在关联，这一问题让阿伦特去重新思量——在《哲学与政治》十六年之后——苏格拉底哲学活动的道德和政治意义。

当然，思以某种方式"限制"人们作恶，这一想法是西方哲学传统的最为珍贵的真理之一。然而，一般说来，这个传统将思的道德功效限定在修习哲学的少数人身上，或者限定在理性的能力上——这种理性能力能够为行为准则提供一种据说是毋庸置疑的基础。然而，如果思要是有阿伦特所渴望的那种预防的（并且在道德上有益的）效果的话，那么它就必须是一种对所有人都开放的活动，而非仅仅只是对哲学精英开放。此外，它必须被剥离掉那种能够提供知识或者一种直接可用的实践智慧的自命不凡。这种自命不凡是

---

[1] Arendt, "Thinking and Moral Considerations", *Social Research* 51, no. 1–2 (Spring-Summer 1984), 8.

建基于思与认知的混为一谈之上,并且恢复了柏拉图的假设——思与实践理性是一种"专家知识"。

正是由于这样一些原因,阿伦特并没有求助于那些传统的"职业"思想家,而是求助于苏格拉底——"他认为自己既不属于多数也不属于少数……;他既不渴望成为城邦的统治者,也不声称自己知道如何提升和照顾公民的灵魂;他既不相信人类能够拥有智慧,也不嫉妒诸神拥有神圣智慧——如果他们应当拥有的话;因此,他从未试图去建立一个能够被教导和被学习的学说"。① 这个苏格拉底——既不是教师也不是"有智慧的人"——能够充当阿伦特的思想者/公民的模范,因为除了那些"每一个公民应该做的和有权利去说的"东西之外,他什么都不做并且什么都不说。② 虽然阿伦特并没有明确说明每一个公民"应该做的"和"有权利去说的"东西**是什么**,但可以肯定地说,她认为自己去思考与自己做判断是每一个公民的权利和责任。

然而,当我们转向阿伦特对苏格拉底哲学活动的描述之时,她赋予他的"模范"地位就开始有问题了。毕竟,这位特殊的雅典人在与其公民同胞相遇时做了一些非同寻常的事情。诚然,他并没有教导他们德性,也不能说他教导他们如何去思考。毋宁说,他将他们从其精神和道德沉睡状态中**唤醒**;将他们的未经省察的先入之见**净化**;用他自己对那些通常认为理所当然的问题的困惑将他们**麻痹**。他是——用《申辩》、《智术师》和《美诺》中的著名比喻来说——牛虻、助产士和"电鳐"或刺鱼。③

之前,我们曾经遇到过这些比喻。在《思与道德思量》中,阿伦特强调每一个形象是如何把捉到苏格拉底对人们产生影响的一个时刻或者一个方面。但是,使得她在这篇文章中的讨论特别值得注意的东西是:她如何表现他的整体影响。之前,她强调苏格拉底作为一位对话培养者——在那些拥有着不同"对世界的敞开性"的人们中间培养对话的可能性。现在这不再是她所强调的了。在《思与道德思量》中,作为牛虻的苏格拉底仍然在"唤醒"其公民同胞,但**并不是号召他们去**全面阐明自己的意见。现在,觉醒仅仅与思想相一致、仅仅与"省察问题"相一致。苏格拉底仍然在为他人的思想接生。然而,他是通过履行传统希腊助产士的功能来完成这项工作的,即"决

---

① Arendt, "Thinking and Moral Considerations", *Social Research* 51, no. 1 - 2 (Spring - Summer 1984), p. 17.
② Ibid., pp. 17 - 18.
③ Ibid., pp. 22 - 23.

定一个孩子（特定的思想和意见）要么值得活下去，要么（用苏格拉底式的语言来说）只是怀孕者必须净化清除掉的一个'未受精的卵'"。① 如果要比较在《思与道德思量》中的苏格拉底与《哲学与政治》中看似较为温和的苏格拉底之间的差别，那么阿伦特对苏格拉底如何完成这项工作的描述（在本书第一章引用过）是值得再次引用的：

> 看看苏格拉底的对话，在苏格拉底的对话者中没有任何一个人产生的思想不是"未受精的卵"。他（苏格拉底）所做的毋宁说是柏拉图（当然想着苏格拉底）所说的智者所为：他**净化了**人们的"意见"，即，清除了那些未经省察的先入之见；这些先入之见会阻碍思考，因为它让我们在我们不仅不知道而且也无法知道的地方错以为知道。正如柏拉图说的那样，苏格拉底这是在帮助他们去除自身中坏的部分即意见，但是并未同时让他们变好或给他们以真理。②

即便考虑到如下事实：在此处，她对于"意见"的使用与她通常的用法（指一种理性的能力而非单纯偏见或者先入之见）③ 不同，这对于阿伦特来说也是一个非同寻常的反转。当然，她并没有违背自己对于——与绝对真理的（权威）政治学相对立的——（民主的）意见政治学的支持。然而，她在构成了希腊/阿伦特式对话政治学的辩论和协商的框架下彻底重塑了苏格拉底的角色。苏格拉底不再通过引出意见中的具体真理来改善意见；毋宁说，他使用诘问法来揭示它们的不足。他使用交叉询问来**消解**那些对他的对话者来说似乎是稳固可靠的东西，而不提供任何东西——甚至一种"主观"的真理——取而代之。

阿伦特对第三个比喻的阐释凸显了这种令人惊奇的向"负面性"苏格拉底的转向：苏格拉底作为一种"刺鱼"，这"刺鱼"通过质疑（questioning）——制造困惑以动摇确定性——来**麻痹**他的对话者。正如阿伦特所指出的，苏格拉底的影响就像是"电鳐"这一想法似乎与他是起唤醒作用的"牛虻"的看法背道而驰。但是这种对立仅仅只是表面上的，因为思考的

---

① Arendt, "Thinking and Moral Considerations", *Social Research* 51, no. 1-2 (Spring-Summer 1984), p. 23.
② Ibid. 关于柏拉图的引证见 *Sophis*, 258.
③ 阿伦特对这个词的典型用法，见 *On Revolution*, p. 227.

"麻痹"作用与未经省察意见的"沉睡"颇为不同。后者完全可以与积极生活相调和（并且，实际上，甚至可能是其前提条件），但是前者却让行动停止以便于个体能量可以被重新定向到剧烈的智性（mental）活动中去。一个人必须停下他正在做的事情以便于思考，苏格拉底所善于接生引导的东西正是这种"停下来并思考"。因此，思的经验从外部来看表现为所有行动的停止，而从内部来看则是被经验为思之"风"或者"风暴"，作为"活着的最高状态"。①

"思考的麻痹作用"还有着另外一种性质。一旦唤醒，"思之风"将会消解言辞——概念、句子、定义、学说——已经"固化在思想中的"那些东西。此外，正是这同一种思的活动永不安分地消解掉之前得到了证明的东西。就像是珀涅罗珀（Penelope）在她的织机上所做的事情，不断地拆解掉自己的成果并再一次重新开始。② 换句话来说，思自身在本质上是负面性的或者消解性的：它选取那些固化在语言中的概念或者意义并将它们"解冻"，在那些曾经是确定性和公认的意义所占据的地方留下困惑。因此，正如阿伦特所指出的，思"不可避免地——对所有已确立标准、价值、善与恶的尺度，简而言之，对在道德和伦理中我们所论及的那些习俗和行为规则——有破坏性、消解性的影响"。③

从这个角度来看，阿伦特在《思与道德思量》中所描述的苏格拉底的质疑不仅仅让人们慢下来。它还有着更深一层的模棱两可的影响：质疑实践的和道德的行为的基础。当思的困惑被不惜一切代价避免不义的承诺所限定时，这种"危险的并且无结果的事业"就不会产生任何"非道德主义者"的结论。然而，正如阿伦特所指出的那样：像阿尔基比亚德和克里底亚这样的被牛虻所"唤醒"的人接受了苏格拉底的省察的"无结果"，并将其转变为负面的结果。他们的理由是，"如果我们无法定义什么是虔敬，那就让我们不虔敬吧"——一个与苏格拉底的意图直接相反的结论，不过却是完全符合逻辑的。④

阿伦特写道："思对于所有的信条都构成了威胁，而其自身并不产生任何新的信条。"⑤ 看起来，这既是思的长处也是短处。长处在于：它削弱了

---

① Arendt, "Think and Moral Consideration", pp. 23–24.
② Ibid., p. 24.
③ Ibid.
④ Arendt, "Think and Moral Consideration", p. 25.
⑤ Ibid., p. 26.

教条主义并或多或少让如下行为悬置——将一般规则自动应用在日常生活的行为中。短处在于：迄今为止，只有少数人（如苏格拉底那样的人）能够对由思所提出的那些问题保持开放状态、不需要答案。从根本上说，德性**是**被定义的，或者"新价值"是通过颠倒旧价值而被生产出来的。在阿伦特看来，这就是尼采"颠倒"柏拉图所作的事情，或者马克思将黑格尔"头足倒置"所作的事情。① 这种思的"负面的结果"注定会被人"以同样无思的、惯例的方式，如旧价值一般昏睡地运用；一旦它们被应用到人类事务的领域中，就好像是它们从未进入过思的进程一样"。② 只要如此多的哲学思考的宗旨是促使下一步的思考变得不必要，那么无思就有可能成为思想的"结果"。如果某些基础——无论是在大写的自然、大写的历史、权力意志或者存在的裂隙——能够被发现，那么可能由思所引发的困惑（与麻痹）将会消失。或者，这大概正是如马克思和尼采这样的哲学革命者所期望的。

在大多数时间和地点大部分人的因循守旧中，能看到内在于这种"革命性的"颠倒中的无思的非哲学的对应物。就像苏格拉底一样（并且就像密尔和尼采一样），阿伦特认为：我们的自然趋向性就是去固守既定的行为准则。这一倾向让我们免于迷失方向和虚无主义，但是它也让我们在道德上和理智上易受伤害（以密尔在《论自由》中所描述的那种方式）。那些作为"上手之物（ready-to-hand）"的规则和教义问答的形式优先于对它们的道德内容的"鲜活领会"。结果——在危机或者剧变时期——就是：许多人将会接受他们先前所珍视的价值的颠倒，只要这一颠倒是以一种新的行为准则的形式来体现的。实际上，正如阿伦特总结的那样，

> 越是固守旧规则的人，就越是渴望去接受新规则：这种颠倒会在特定的情况下很容易发生——这确实表明，当它们发生时，每个人都处于沉睡之中。本世纪就已经在这样的问题上给我们提供了一些经验：极权统治者是多么轻易地将西方道德的基本命令颠倒了——就希特勒统治下的德国而言，是"不可杀人"，就斯大林统治下的苏联而言，是"不可作假证陷害人"。③

---

① Ibid., p. 25. 对此的进一步阐释，见 Arendt, "Tradition and the Modern Age" in Arendt, *Between Past and Future*, pp. 17–40.
② Arendt, "Thinking and Moral Considerations", p. 26.
③ Arendt, "Thinking and Moral Considerations", p. 27.

艾希曼作为那些以这种方式盲目崇拜形式而非内容的人的典范，将道德简化为规则和法律的结构本身。因此，虽然思考涉及道德-政治问题时可能是危险的，但不思考——平庸的无思，日常生活的教条主义——明显是更为危险的。

在她论证过程中的这一点上，阿伦特似乎把自己逼上了绝境。她想要坚持思有着有益的道德影响，但是她太过诚实，无法假装思的主张与日常道德或者行为的主张会恰好一致。思将日常道德或者行为的那些主张降低为只是困惑之一。思诱使那些没有苏格拉底的自我控制的人得出负面的结论，诱使他们将社会礼仪作为非自然的或者偶然任意的东西而摒弃掉。① 然而，社会礼仪本身似乎建立在最不稳固的基础之上，它在危机的时刻随时有可能被抛弃掉——不带一丝悔意或者理解的愿望。当我们想到"纯粹的"思——那种并**不**达成任何确定结论的思，那种由苏格拉底所践行的思——并不提供可用的实践智慧，它并不告诉我们如何去行动或者判断之时，如上困境只能被更加深化。简而言之，阿伦特在《思与道德思量》中关于思所不得不说的每一件事情似乎都表明了其政治的和道德的无关性，如果不是实际上有害的话。

然而，按照阿伦特的说法，苏格拉底的计划——以及思本身——确实有着道德功效，尽管只是有限的一种。怎么会这样呢？一个破坏性的并且徒然无功的活动，一个每一次都是重新开始的活动，如何能够让其参与者更倾向于避免不义并且避免成为恶的同谋呢？难道如下说法不是更接近于真理吗：它仅仅鼓励了从世界中抽身退隐和公民的**不负责任**——而这是阿伦特作为一个政治思想家和公共知识分子终其一生都在强烈谴责的东西？

阿伦特对这个难题的回应让她回到了《哲学与政治》的论域。正如之前的这篇文章一样，在《思与道德思量》中她主张：思——在我与自我之间的对话——创造了一种无法逃避的内在声音，一个只要我们与自身独处时就会听到的在思中的伙伴。这个声音——我们的良心——对那些与自我的意义相冲突的行为说"不"，这一自我的意义由沉思性的"与自己的对话"所创造。阿伦特提出，良心并不是"在人中的上帝的声音"、lumen naturale（自然之光），或者像康德的实践理性那样的东西。② 毋宁说，这是那些对思想有经验的人——那些与他们的思的伙伴成为朋友的人——总是能够听到的声音。

---

① 卡利克勒是前一种理解的代言人，而色拉叙马霍斯（Thrasymachus）是后一种理解的代言人。
② Arendt, "Thinking and Moral Consideration", p. 35.

但是，那些无论是由于不断的分心还是由于避免独处而对思的对话相对不熟悉的人，当他们在言辞或者行动上与他们自身相冲突时，就不会感觉到任何不舒服。他们的"良心"充其量只是由教义规范的内在化构成。

阿伦特的良心——一种生于思自身的**世俗**良心，一种由苏格拉底所发现的良心形式——可能听起来像是思想家和哲人的独有特权，但是她坚称并非如此。"思——就其非认知的、非专门化的意义而言，作为人类生活的一种自然要求，作为在意识中被给定差异性的实体化（我们的"内在"多样性）——不是少数人的特权，而是一种每一个人都始终具有的能力……"① 良心就产生于这种意识的"身兼双重角色"，在思的对话（我与自我的对话）中有其最为充分展开的形式。"良心的声音"表达了一种内在的不和谐，当我颠覆了我与我自己已经建立的理解与一致时，这种不和谐就产生出来了。阿伦特认为，所有这些——实际上，世俗良心的基本原则——都已经蕴涵在《高尔吉亚》中的苏格拉底的陈述中了："我想这样会更好一些：我的七弦琴的声音与别人不同、不一致，我奏出的任何和音都与多数人的七弦琴奏出的不同、正相反；而不是我，作为**一个人**，走调了并且**自相矛盾**。"（《高尔吉亚》，482c）

然而，与《哲学与政治》中相比，阿伦特在《思与道德思量》中使用这个表述的方式有着明显的不同。在较早的文章中援引苏格拉底这一陈述是作为我们内在多样性的证据，这是与世界的外在多样性相关联的。② 思与良心帮助我们去认识和接受我们自己。（从政治的观点来看）更为重要的是，它们为我们与公民同胞之间的友谊做好了准备。沉思的独处在此表现为一种本真的与他人共在（being-with-others）的基础。③ 然而，在《思与道德思量》中，公民之间的友谊——以及在我们内在与外在的多样性之间煞费苦心建立的关系——退出了这幅图画。当阿伦特在后面一篇文章中援引苏格拉底的道德正直原则时，所有专门的**政治**含义都被去除了。它仅仅作为对本着良心的个体的一种**伦理**命令（本着良心的个体很可能是非公民、或者并没有特别地参与到他或者她的社会的政治生活中的人）。它与政治世界的关联仅仅凭借在思与良心之间、在我们那永不安分的、"破坏性的"内在对话（它消解了所有确定性）与对自我和世界说"不"的能力之间，建立密切联系来

---

① Arendt, "Thinking and Moral Consideration", p. 35.
② Arendt, "Philosophy and Politics", p. 88.
③ 很明显受到了海德格尔的《存在于时间》的影响。

达成。

但是，甚至这种联系也是间接的和依情境而定的。良心——就阿伦特对这个词的而言——可能是思的"副作用"，但是思本身"仍然是对整个社会来说的一项边缘性事务，**除非在紧急情况下**"。① 她心中所想的是一种极端情境——像纳粹在德国崛起或者斯大林在俄国崛起那样，在这种情境中，"世界上遍布无政府状态"并且"每个人都无思地被其他人所做的和信奉的东西裹挟而去……"② 只有到了这个时候，思的负面的、净化的元素才真正地迎来属于自己的时刻，成为"隐含政治的"——因为它开始破坏"价值、学说、理论甚至信念"。

在阿伦特看来，这种净化并不是思想者在"紧急"情况下在他人身上实践某种东西，而是在集体幻象和否定的迷雾中创造属于个人自己的思的空间的前提条件；换句话来说，是为道德和政治**判断**创造空间的前提条件。思通过其净化效果**解放了**判断的能力。按照阿伦特的说法，判断是评判特殊事物（事件、行动等等）的能力，"在它们逐渐变成为能够被其他习惯和原则所替换的习惯之前，不能够将它们归纳入那些能够被教导和学习的一般原则之下"。③ 思与判断是有区别的，但又是密不可分的。正如阿伦特在《思与道德思量》一文的最后一段中所提出的，

> 评判特殊事物的能力……说出"这是错的"、"这是美的"等等的能力，如上这种能力不同于思的能力。思处理的是不可见者，处理的是不在场之物的再现；判断则总是关注特殊事物和手头之物。但是，两者用一种类似于意识和良心相互联系的方式相关联。如果思——无声对话的"身兼双重角色"——在我们的同一性中实现了差异性（作为在意

---

① Arendt, "Thinking and Moral Consideration", p.36（着重之处为本书作者所加）。
② Ibid.
③ Ibid. 人们可能会想起阿伦特之前在文章《意识形态与恐怖》中对于意识形态的"思"所作的描述，这篇文章成为她的后期作品《极权主义的起源》的最后一章。她将意识形态的神经中枢定位于逻辑的暴政（the tyranny of logicality），即，如下主张：所有判断被降解为这一简单的进程——将各种不同的特殊事物归纳到一些不断援引的普遍原则之下。因此，世界历史可以被归纳到阶级斗争的观念之下（马克思主义），或者被归纳到种族之间为了统治权的达尔文式斗争之下（国家社会主义）。**所有**事实都被强迫去适合这一高度弹性的模式，而这正是极权主义者利用意识形态的虚构这一他们的特权做的事情。

识中被给定的),并由此产生了良心作为其副产品,那么,判断——思的解放效果的副产品——实现了思,让它显现在现象的世界中,在现象的世界中我从未一人独处并且总是太过烦忙而无能于思。思之风的表现形式并不是知识;而是区分对与错、判别美与丑的能力。而这在罕见的紧急时刻的确有可能阻止大灾难,至少对我来说的确如此。①

那么,在大多数情况下,思仍然是独自一人的事,只有当居于统治地位的"共同意识(common sense)"已经成为巨大可怕的和庞大僵化的东西的时候才在政治上"表现"自身。或许,"政治上"这个词在这一语境中显得过于强烈了,因为阿伦特主张:思阻止"大灾难"的能力局限于防止个体成为国家-支持的恶的同谋——多数人对此甚至毫无察觉。

正如阿伦特在《思与道德思量》中所说的那样,苏格拉底的诘问法的净化品质是思自身的内在特征。但是,思能够做的事情并不是让一种新型的、破除幻象的公民身份形式得以可能,这种公民身份致力于揭露编织进入几乎所有形式的爱国主义或者道德"共同意识"中的不道德。毋宁说,思创造了一种个体,这种个体实践着与日常的**意见**(doxai)保持距离的技艺;思创造了一种个体,这种个体喜欢与自己的内在对话的和谐,更胜于由政治参与的热情或者社会生活的消遣所提供的成功与幸福(以及自我-丧失)。

那么,《思与道德思量》的教导并不是哲人型**公民身份**是可能的或者甚至是可欲求的,而是独处的思能够阻止**任何**个体成为恶的同谋,只要这个个体对他的思的伙伴足够关心,并且愿意抽身退隐以便于与之保持良好的关系。在"紧急的情况下",这种本着良心的拒绝参与、拒绝卷入当然是**一种持异议的行动**。虽然它可能并不如苏格拉底的行动那样具有戏剧性,然而它仍然是**间接政治的**:"当每个人都无思地被其他人所做的和信奉的东西裹挟而去时,那些能思者就从隐藏状态凸显出来,因为他们对同流合污的拒绝是引人注目的,并且因此**变成为一种行动**"。② 然而,这种政治的品质(可以说)是偶然的。它仅仅发生在那些地方,在那里,公民身份的理念和实践受到沉重损害以至于**反公民身份**——拒绝承认公众的要求——在某种程度上成了比公民身份的实践更具本真性的政治了。重复一下,阿伦特认为这样的情况是罕见的。

---

① Arendt, "Thinking and Moral Considerations", p. 37.
② Ibid., p. 36. (着重之处为本书作者所加)

我们如何看待存在于阿伦特思想中的这一对苏格拉底的解读的摇摆、这一在哲人型公民身份问题上的曲折进路呢？在 1954 年的文章中她尝试去调和哲学与政治，这是由对于竞争的个人主义带来的道德和政治影响的罕见焦虑引发的。这种焦虑——在《人的境况》中并没有发现这种焦虑的丝毫踪迹——引导她转向作为公共领域的哲人 - 调解人的苏格拉底，他尝试将竞争性能量转变为充分阐释某人意见的努力。假如（在后期作品中）她不再一心要将哲学作为意见领域的仇敌，她可能早就会承认：她描述的视角化的公共世界不仅仅依赖于不同公民的**多样性**，而且依赖于牛虻的努力——他们能够引出个体意见中的特定真理。如伯里克利和密尔（在他对格罗特的书评中）一样，阿伦特在《人的境况》中暗示说：这种清晰阐释的努力完全是由公民自身提供的；她在《哲学与政治》中对这种强烈的视角主义完全由公共领域自身所产生的可能性，表达了疑虑。虽然她选择不在自己公开发表的作品中强调（或者甚至是记录）这些疑虑，但它们的蛛丝马迹还是留存下来。例如，看看她在 1965 年文章《真理与政治》中关于政治思想本质的一个著名段落中所说的：

> 政治的思考是代表性的。通过从不同的视角出发思量一个给定的问题，通过让那些不在眼前之人的立场展现在我的心中，我形成了一个意见；也就是说，我代表他们。这一代表的过程并不是盲目地采用站在其他立场上的人的实际观点，并因此从一个不同的视角看待这个世界的问题；这既不是一个移情的问题——好像我试图成为别人或者像别人一样，也不是看哪边人多就加入哪边的问题，而是即便站在实际上我不认同的立场上，我仍然能够作为我自己存在和思考。当我思考一个给定的问题时，我越是能够在我的心中展现出更多人的立场，我就越是能够更好地想象：如果站在他们的位置，我会如何感受和思考，我的代表性的思（representative thinking）的能力就会更强并且我最后的结论、我的意见就会越是有效。[①]

这是（在《道德的谱系》中）尼采如下洞见的阿伦特版本："我们愈是让更多的眼睛、不同的眼睛去观察同一个事物，我们关于这个事物的'观

---

① Arendt, "Truth and Politics" in *Between Past and Future*, p. 241.

念'就会愈加的完善,我们的'客观性'就会愈加的完善。"① 但是,正如阿伦特在上述段落中所建议的,如果这种视角主义要成为思的**方法**的话,那就必须在代表他人的立场方面坚持不懈并专注全力(这种努力与当今如此流行的关于理解的移情观念截然不同)。《哲学与政治》的建议是:哲学通过培养"代表性的思"所必需的心智习惯来为政治服务。与修辞术不同,辩证法鼓励想象的流动性(mobility)(并且愿意去排除个人自身的偏见),这是真正的**政治的**思所需要的。

然而,为了让这种情况得以实现——即为了让哲人为代表性思考在普通公民中的发展做贡献,某些前提条件必须得到满足。如果在意识形态占据统治地位,或者公众意见发生同质化的那些地方——这实际上将视角的范围拉平化、让所有人从差不多相同的立场来看,那么代表性的思就不会发生。在第一种情况中——阿伦特在《极权主义的起源》中提到的那种情况——当某一视角在公共演说和"真理"方面占据了垄断地位的时候,公共领域就进入黑暗之中了。在第二种情况中——在《人的境况》的结尾处提到的那种情况——公共领域是"被照亮的",但是投向它的光已经变得明显错误。阿伦特承认,海德格尔的如下论述在某些时间和地点深入到了问题的核心:"一种听起来反常的说法:公众的光让一切都变得晦暗不明。"② 她似乎认为,西方正在进入这样一个时期:"劳动社会"的兴起和对大部分日常生活的强制私人化。③ 即使是在那些公共生活是强健有活力的地方,如在民主的雅典城邦中,"代表性的思"也并非是理所当然的事情。雅典人需要苏格拉底——需要哲学——去培养一种真正的意见政治(doxastic politic)所需要的智性习惯。

但是,这将**我们**置于何地?如果《哲学与政治》的苏格拉底强调的是竞争政治学的缺陷,而出现在《思与道德思量》中的苏格拉底表明了在"在紧急情况下"思的道德作用,那么很难看出这两个形象如何与**我们的**境况发生直接关联。只有当我们强调(跟随《论自由》的密尔):社会生活的本质就是要暗中产生出未经质疑而盲目接受的(并且似乎不容置疑的)意见的统

---

① Nietzsche,"*On the Genealogy of Morals*" and "*Ecce Hommo*", trans. Walter Kaufmann (New York: Vintage, 1989), essay 3, sec. 12.
② Hannah Arendt, preface to *Men in Dark Times* (New York: Harcourt, Brace & World, 1968), p. ix.
③ 例如,参见 Arendt, *HC*, p. 58.

治时，我们才能够有办法将阿伦特的苏格拉底与当前的问题联系起来。一旦我们踏出了这密尔式的一步，那么我们就会看到：在《思与道德思量》中对苏格拉底的思的分析能够应用到比阿伦特愿意允许的更广阔的情境中去。在公认的观念和无思的单调意识形态的碎片所构成的领域中（大部分的政治演说和新闻），苏格拉底的思的消解、净化作用为独立判断创造了空间。尽管不是为了达成与他人一致这个目标，但是它也培养了"代表性的思"所需要的那种理智的流动性。这种流动性的最为重要的效果并非清除私人的和特殊的东西（那些想要在代表性的思与康德的道德判断概念两者之间画等号的评论者强调这个方面），而是创造了独立判断所必需的距离。① "代表性的思"并不包含为伦理或者政治提供一种"决断程序"的提纲。它确切包含的东西是为那些愿意自己做出判断的人提供一种思想方法的提纲。②

然而，尽管对于苏格拉底这样的人物极为敬佩，阿伦特仍然在她的政治理论中倾向于低估习俗、传统与公认的意见的下拉力。为什么会这样？为什么她对于公众意见的危险性不敏感（除了最为紧急的情况之外）？

答案与她想要从一种绝对的大写真理（无论有着哲学的还是宗教的起源）的强制性力量中保留意见领域的渴望相关。阿伦特认为——当然，在我看来——西方关于政治的哲学和宗教思想的绝大部分是旨在清除（或者至少从根本上限制）人的多元化所创造的意见的多样性。③ 但是，她那强烈的反柏拉图主义倾向让她夸大了意见领域面对**外部**威胁的脆弱性，并且让她忽略了那些从其内部产生的威胁。教条主义气质并不局限于哲学或者宗教领域中，无论它在这两个领域中表现得多么令人吃惊。由于人的教条主义倾向以及在思想与行为上好模仿的习性，意见领域本身（如果像通常那样让它自行其是的话）是对于真理多面性的一个巨大威胁。因此，需要无休止的消解，需要苏格拉底式的批判事业，这一事业的目标并不是真理的获得，而是抵抗由什么是对和什么是错的社会主流观点所鼓励的视角狭隘性（和道德惰性）。

这是苏格拉底的计划的一个方面，密尔对这个方面认识得最为清晰。虽

---

① 论距离对判断的重要性，见 Arendt, *Lectures on Kant's Political Philosophy* (Chicago: University of Chicago Press, 1982), pp. 54 – 55.
② 在这一点上，对阿伦特的批判性解读，见 George Kateb, "The Judgment of Arendt" *Revue Internationale de Philosophie*, no. 208 (June 1999), 133 – 154.
③ 在这一点上，关于阿伦特如何解读传统的分析，见我在下书中的讨论 *Arendt and Heidegger*, pp. 86 – 87.

然阿伦特偶尔会接近密尔的表述（论代表性的思的段落是一个好的榜样），但她的总体倾向性是对于"共同意识"的关心远远超过了具备她这样批判能力的思想家本应该达到的程度。她想要保留对现实的"共同体意识"，因为她将之作为任何强健的政治学和公民责任的最终基础。这并不是说：最终，阿伦特将一种视角置于所有其他视角之上，以及她对于人类多元化和意见多样性的强调仅仅只是表面上的或者是一个谎言。正相反，"共同意识"对她来说既是意见多元化的前提条件也是其结果，既是其起源也是其目标。正是那种共有一个世界的感觉使得不同的视角能够认识到彼此作为对同一事物的各种视角。

然而，从一种外在于她的政治理论的立场来看，阿伦特对共同意识——the sensus communis——的重要性的沉思也发挥了一定的理论功能，这类似于青年尼采对如下观念的强调：为适应和保留"健康的"文化或者生活形式而要求一种不容置疑的视野。① 正如她在《康德政治哲学讲稿》中所说的，"一个人总是作为共同体的一员做出判断，受到自己的 sensus communis（共同意识）所指引"。② "共同意识"在此表现为道德和政治判断的非根基性基础，其作用在于让一个视角成为一种视角，让一种意见不只是一种偏见，并且让一个判断成为潜在"普遍的"，即，由作为裁判者的公民同胞们所共有，他们被他的言辞和理性所说服。

阿伦特围绕着意见的视角交换所勾勒出的视域——她坚持先前存在的道德世界的必然优先性——提出了我们在大多数"解释学的"社会科学和哲学中可以找到的同样的方法论-认识论观点。判断的活动有着一个不可简化的和不可避免的解释维度，这一解释维度依托共有的意义和实践。然而，如同青年尼采和现代的社群主义者一样，阿伦特赋予了这个貌似合理的观点一个强有力的规范性引申。在其最宽泛的意义上，她相信健康的政治必须要与**这个共同体**、**这个文化**、**这个"世界"**紧密关联。因此，她的苏格拉底（与密尔的不同）不是异端，他也不可能被解读为新的道德世界的创造者。毋宁

---

① 见我在本书第三章中的相关讨论。
② Arendt, *Lectures on Kant's Political Philosophy*, p. 75. 诚然，阿伦特是在注解康德。她紧接着写道："但是说到底，一个人通过作为人而存在的这个单纯事实就成为世界共同体的一员；这是一个人的'世界性存在'"。这种对康德式普世主义的首肯并不会分散我们对如下事实的注意力：前面那句话完美捕捉了阿伦特自己对于判断与"共同体感（communitysense）"之间关系的感受，这种关系在康德讲稿将道德和政治判断作为**品味**的判断的解读中得到了明确表达。

说，他是"公民的一员",一个帮助他人去全面阐释他们的**意见**并且(如果情况确实需要的话)帮助他们"停下来并思考"的人。他勾勒出已经刻入特定的道德-政治世界中的丰富多元化,但是他并没有**相对化**那个世界或者对其最为根本的假设提出质疑。在这个方面,阿伦特——再一次像青年尼采一样——恐惧"求真理的意志"的消解性效果对意见和政治行动的世界产生影响。因此,"作为典范的思想者"(苏格拉底)必须首先被恢复为一个公民,以免他的质疑导致非政治的或者"虚无主义的"结果。

总之,阿伦特更多地致力于保存迈克尔·伊格纳季耶夫(Michael Ignatieff)所说的"公民身份的神话",而非致力于促进道德和理智正直(苏格拉底的计划)。[1] 这并不是说她反对这些德性,或者是说她是一个道德和理智不诚实或者自欺的无知无觉的促进者。毋宁说,尽管她对于现代政治恶(即,恶作为政策)的本质和根源有着深刻洞见,但她对于一种本真的**公共实存领域**的持续活力的忧虑让她限定了"哲人-公民"的作用。为了努力从哲学传统的攻击中(一方面)和现代性的巨大压力下(另一方面)保留本真的意见领域,她将"净化的"苏格拉底的政治相关性限定在"当所有东西都被裹挟而去"的"紧急情况下"。事实上,如果确曾有过思想与行动、哲学与公民身份的短暂和解状态的话,那么这也不可能在持异议哲人的开放性质疑中找到,而只能够在那位思想者——那位试图促进共同体和个体公民的意见的"诞生"的思想者——的过于友好的诘问法中找到。

施特劳斯:柏拉图,苏格拉底,抑或亚里士多德?

阿伦特(经由苏格拉底)步入哲人型公民身份这一难题中,思想精彩,出人意表。然而,这只是她主要的理论工作——将政治行动和公民身份从哲学的(和文化的)贬低中拯救出来——的一次**迂回**。大体而言,阿伦特的成熟期理论工作强调在哲学与政治、*vita contemplative*(沉思生活)与 *vita activa*(行动生活)之间的**冲突**。在《哲学与政治》中,她提出了如下问题:这一冲突的根源究竟是历史的和偶然的——苏格拉底的定罪和死亡的结果,还是在某种程度上植根于行动自身的性质?虽然她并没有低估苏格拉底的审判和

---

[1] 见 Michael Ignatieff, "The Myth of Citizenship", in *Theorizing Citizenship*, ed. R. Beiner (Albany: State University of New York Press, 1995), pp. 53–78.

死亡的影响,但是她倾向于后一种观点。行动的生活——*bios politikos*(政治生活)——是一个人在公共领域中、在表象的世界中、在其公民同胞中的生活。它是一种献身于公民责任、献身于政治行动和判断的生活。相反地,献身于思想或者沉思的生活既是从世界抽身退隐也是行动的停滞。只有这样,思想的内在对话才能够实现;只有这样,对存在的纯粹惊奇——引发哲学的激情——才能够被经验到。①

转向施特劳斯,人们一开始都会对如下事实感到印象深刻:关于哲学与政治之间冲突的**原因**,他与阿伦特有着一致的看法。对施特劳斯来说,哲学的思需要从表象的世界中抽身退隐;它本质上是沉思试图去把握整全的本质。② 沉思活动与政治领域中对荣誉或者伟大的积极追求(伯里克利式观念)截然对立,这种观念从未脱离政治体的习俗世界,这种观念本身从未关注"不可见的东西"——而这是哲人的问题"什么是?"的恰当对象。对于施特劳斯来说,在古希腊思想中 *physis* 与 *nomos*(自然与律法/习俗)之间的张力反映出了如下根本性的对立:阿伦特称之为公民对此世不朽(通过言辞和行为来达成)的渴望与哲人对永恒经验(这种经验"仅只能够发生在人类事务的领域之外和人的多元性之外")的渴望之间的对立。③

但是,如果说阿伦特在《人的境况》中的分析所强调的是:哲人对永恒的关心是"一种内在的自相矛盾并且与追求不朽的生活(公民的生活)相冲突",那么,施特劳斯在"洞穴"的世界与哲人对智慧的追求这两者之间规定了一种连续性。在他看来,哲学的谋划并不是一种消解的或者否定意见的,而是(用《理想国》第 7 卷柏拉图的隐喻来说)从意见**上升到**那些"自然的"和不只是传统的东西。正如施特劳斯所说的那样,"甚至苏格拉底也不得不走从律法到自然的道路,从律法(*nomos*)上升到自然"。④ 苏格拉底的辩证法无非就是促成从"常识"的上升。⑤

然而,说苏格拉底必然从"常识"**开端**是一回事(正如施特劳斯所做

---

① 见 Arendt, "Philosophy and Politics", pp. 96 - 103.
② Leo Strauss, "On Aristotle's Politics", *The City and Man* (Chicago: University of Chicago Press, 1964), pp. 20 - 21, 下引此书写为 *CM*.
③ Arendt, *HC*, p. 20. 关于 physis/nomos 区分的引入, 见 Leo Strauss, "Natural Right and the Historical Approach" in *Natural Right and History* (Chicago: University of Chicago Press, 1953), 下引此书写为 *NRH*.
④ Strauss, "On Aristotle's Politics", pp. 20, 29.
⑤ Ibid.

的那样），而说他的任务是如助产术式地梳理出某一特定**意见**的真理就是另一回事了。阿伦特在《哲学与政治》中的阐释与施特劳斯关于古典政治哲学和政治哲学本身的目标概念正相对立。对施特劳斯来说，问题的关键是超越多元化和相冲突的意见领域，辩证地上升到全面的立场——远离处于情境中公民的"在我看来"的立场。在《自然正义与历史》对苏格拉底的哲学和辩证法的描述中，施特劳斯写道：

> 因此，哲学就在于从意见上升到知识或者真理，就在于一种可以说是由意见所指导的上升运动。当苏格拉底将哲学称为"辩证法"时，他心中主要所想的就是这一上升运动。辩证法是对话或者友好地争论的艺术。导向真理的友爱争论之所以成为可能的或者必须的，是由如下事实所造成的：关于事物是什么或者非常重要的一组事物是什么的意见是彼此对立的。认识到这一对立，人们就被迫要超于意见之外去寻求人们关心的事物（正义、虔敬、智慧、德性）之本质的前后一致的观点。这种前后一致的观点让彼此对立意见的相对真理变得可见；这种前后一致的观点证明是综合的或者总体的观点。因此，意见就被看成是真理的碎片，纯粹真理的被污染了的碎片。①

由此来说，**意见**严格说来没有被"摧毁"，但是很明显的是：它们的多元化这一事实将它们的价值限定为只是作为哲人的原始材料。对于施特劳斯来说，苏格拉底的目标是要从多（意见）上升到一（真理），同时要意识到人类知识的有限性。没有什么比这更远离阿伦特的苏格拉底了，他——作为"公民的一员"——将**意见的改善**（一次改善一个意见）作为自己的目标。

施特劳斯对于苏格拉底的计划的描述在他的文章《什么是政治哲学?》（1954 - 1955）对政治哲学的本质和目标的论述中有所回响。在这篇文章的开头，我们能够找到最为柏拉图式的施特劳斯：他提供的政治哲学观念几乎完全是按照知识（episteme）与意见之间的区分来建构的。哲学被定义为"对普世智慧的追求、对整全知识的追求"。**政治**哲学——施特劳斯主张这一学科是由苏格拉底建立的——是真正哲学的一个"分支"。因此，在一个著名的段落中，施特劳斯写道：

---

① Strauss, "Classic Natural Right", p. 124.

那么，政治哲学是这样一种尝试：用关于政治事物本性的知识来替代关于政治事物本性的意见。政治事物从其本性来看受制于赞成与反对，选择与拒绝，赞美与责备。政治事物的本质不是中立，而是对人们的服从、忠诚、决定或者判断提出要求。如果一个人没有依照善与恶、正义与不正义的标准来严肃地对待他们那或直白或含蓄的要求，即，如果没有依照善和正义的标准来衡量他们的要求，那么这个人就没有将这些要求作为它们的本质所是、作为政治事物来理解。**要做出明智的判断，一个人就必须知道正确的标准**。如果政治哲学想要正确对待其主题，那就必须努力去获取关于这些标准的真正知识。政治哲学是一种尝试，旨在真正了解政治事物的本性（nature）、以及正义的或者好的政治秩序。①

那么，政治哲学是"有意识的、一以贯之地并且坚持不懈地用关于政治基本原则的知识来替代关于政治基本原则的意见"。② 这个关于政治哲学的定义就将苏格拉底的立场同化为柏拉图的立场了，并且这（明显）是由如下要求所驱动：存在着理性地判决政治生活的基本问题和争议（什么是最好的政治制度？谁应当统治？）的**某种**方式。正如古典作家对政治哲人的构想那样，政治哲人并不是公民的治疗师而是"立法者的教师"。对于施特劳斯来说更为重要的是，政治哲人因其拥有的关于政治事物的知识而将自己置于判断的优先地位："最优秀的裁判就是政治哲人。他试图去解决那些既无比重要又不断出现的政治争论。"③ 政治哲人之所以适合于这一任务，是因为只有他——而不是政治家、"政治思想者"，或者知识分子——才既不是某一党派的支持者，也不会受到"此时此地"的局限。④ 他对于"什么是"这个问题的探究引导他获得善好生活与善好社会的知识。这使得他能够以一种全面的、而非片面的或者党派化方式处理施特劳斯称之为关于共同的善的"本质上存在争议的"意义。⑤

---

① Strauss, "*What Is Political Philosophy?*" and Other Studies (Chicago: University of Chicago Press, 1988), pp. 11 – 12. （着重之处为本书作者所加）；下引此书写为 *WIPP*。然而，可参照施特劳斯在 *NRH*, p. 162 中所做出的阐释。我在本章稍后部分会讨论这一对比。
② Strauss, "What Is Political Philosophy?", *WIPP*, p. 12.
③ Strauss, "On Classical Political Philosophy", in *WIPP*, p. 84, 81.
④ Strauss, "What Is Political Philosophy?", *WIPP*, p. 15 – 16.
⑤ Ibid., p. 17.

施特劳斯的政治哲学概念明显受到了尼采在《权力意志》中对欧洲虚无主义分析的影响。像尼采一样，施特劳斯强调西方如何变得"对其目标不确定"并且陷入了相对主义。① 但是，他的政治哲学的概念也是——并且更为直接的是——对于韦伯的价值多元主义和海德格尔的基础存在论（fundamental ontology）的历史主义的回应。韦伯并不认为理性能够通过揭示价值的自然等级找到价值冲突的解决办法，这一拒绝引发了施特劳斯的最为好辩的和言辞过激的文章。② 将《自然正义与历史》中这些有时具有误导性的修辞放在一边，施特劳斯并没有教条地主张：理性确实**能够**解决这样的冲突。③ 他的主要意图是要去质疑如下"教条"：（鉴于价值、善、和"终极承诺"的多元化，）理性无能于帮助我们在政治、哲学或者艺术（或者，就此而言，民族主义、社会主义或者自由主义）的"斗争中的诸神"之间进行排序或者选择。同样的，他对于历史主义——特别是海德格尔的"激进历史主义"——的批判是因为：他将历史主义视作对善好社会这一问题的拒斥，并且历史主义主张关于善好社会这一问题的所有答案都是受到历史条件制约的。（实际上，这个问题本身被看作是一种特别的天命派遣的结果。）④ 因此，施特劳斯将韦伯对一种支配性的、具有裁判作用的理性观念的蔑视与海

---

① Strauss, "Introduction", *CM*, p. 3; 参照 Nietzsche, *The Will to Power*, bk. 1, sec. 2. 当然，施特劳斯并不赞同尼采的**为什么最高价值**"自我贬值"的说法，也不同意尼采的如下感觉：唯一的出路就是去创造一个崭新的、基督教之后的、后理性主义的价值。正相反，对于施特劳斯来说，丧失目的和目标的虚无主义的解决办法是回到尼采的伟大敌人（苏格拉底和柏拉图）的被遗忘的智慧。尼采/施特劳斯之间的关联，参见 Lawrence Lampert, *Leo Strauss and Friedrich Nietzsche*（Chicago: University of Chicago Press, 1997）.

② 见 "Natural Right and the Distinction Between Facts and Values", *NRH*, 也可参见 "What Is Political Philosophy?", 在此文中，施特劳斯说，韦伯"假定了所有［原文如此］价值冲突的不可解决，因为他的灵魂渴求这样一个宇宙，在其中失败——作为强烈的罪恶（伴着更为强烈的信仰）的私生子……——是人类高贵性的标志"（p. 23）。

③ 然而，在他的"教化"模式中，他经常假装并非如此。例如，可见 *NRH*, p. 29, 在其中，他做出如下表述来反驳历史主义：作为一种学说，它"取决于对根本之谜的可解决性的否定"（p. 29）。相反，自然正义学说"主张正义的根本原则是（从原则上来说）人作为人来说可以通达的"（p. 28）。如此理解的话，自然正义远离了苏格拉底的认识论谦逊并且声称拥有最根本事物的**智慧**。

④ Strauss, "What Is Political Philosophy?", pp. 26 – 27. 参照 Strauss, "Natural Right and the Historical Approach", pp. 26 – 32.

德格尔对诸如高贵与低贱区分这样的"永恒之物"的蔑视相对应。施特劳斯提出，正是这种蔑视直接导致海德格尔在1933年加入国家社会主义。①

我们必须理解：正是在**这样的**背景之下，施特劳斯开始了"必然地、以及试探性地或者实验性地"回归由古典政治哲学所打开的可能性。② "社会科学实证主义"（韦伯）和历史主义（海德格尔）都否认如下这种上升是可能达成的：存在着走出意见的"洞穴"或者历史的"世界观"的道路。③ 两者都被施特劳斯看作是日渐蔓延的虚无主义（尼采分析得出的）的症状，两者都支持如下这一假设："人无法根据整全、根据他的起源或者他的终结来理解他自己"。④ 最近由理查德·罗蒂和雅克·德里达（Jacques Derrida）所大力宣传的"哲学的终结"对于施特劳斯来说已经为韦伯和海德格尔充分意识到了（并且充分表达了）。施特劳斯的回应表面上是支持哲学的传统雄心：*sub specie aeternitatis*（用永恒的眼睛）看事物，从习俗上升到自然从而获得对整全的全面把握。（这就是《自然正义与历史》的书名的修辞意旨，将"自然正义"作为哲学追问的唯一目标。）我想要强调的是：这一回应并非源自任何单纯的对古人的怀旧之情，也不是源自一种错误的信念——古人掌握了对当代政治问题的答案。⑤ 毋宁说，它必须被看作是对（历史决定论/相对主义）时代的精神的一种有意识的反叛。

施特劳斯的建议是：我们与当下的虚无主义进行战斗，要靠复兴理性的（对所有意图和目的来说）形而上学观念，这一建议与我一直说的"祛魅的精神（ethos of disenchantment）"是激烈冲突的。显而易见，他对历史主义的"教条"的回应是教条地主张由柏拉图和亚里士多德所试图建立的"自然秩序（natural order）"是存在的，并且教条地主张我们（用他们的文本和权威性武装起来的我们）能够再次发现它。在时间和机缘之外潜存着"自然正义"之坚实却又难以确定的基础。这样，也只有这样，才能够让我们对我们

---

① Strauss, "What Is Political Philosophy?", p. 27.
② Strauss, "Introduction", *CM*, p. 11.
③ Strauss, "Natural Right and the Historical Approach", p. 12.
④ Leo Strauss, "An Introduction to Heideggerian Existentialism", in Strauss, *The Rebirth of Classical Political Rationalism*, ed. Thomas L. Pangle (Chicago: University of Chicago Press, 1989), p. 37；下引此书写为 *RCPR*。
⑤ 参照 Strauss, "Introduction", *CM*："我们没有理由期望对古典政治哲学的全新理解将会为今天的使用提供方法"（p. 11）。

的目标重获信心。对于施特劳斯来说，只有哲学的理性——以希腊理性主义的面貌出现——能够从那个（持续不断地侵蚀实质理性的）"求真理的意志"的破坏性影响中拯救我们。①

这与阿伦特的诊断和处方形成了鲜明的反差。对于阿伦特来说，由世俗化所带来的现代"权威性危机"已经产生了广泛的影响，其影响尤其是对如下传统的西方假设提出了根本的质疑：政治的合法性是——或者可能是——某种先验根源（自然的抑或神圣的）的作用。② 由于"求真理意志"的消解性逻辑，形而上学理性的领域最终将自身封闭起来，本质与实存的区分已经不再有意义了。在《心智生活》导言中解释尼采的著名格言"上帝死了"时，阿伦特写道：对我们来说"走向终结的东西是在感觉与超感觉之间的基本区分，再加上这样一个（至少与巴门尼德一样古老的）看法：那些无法给予到感官上的东西——上帝、或者存在、或者第一原理和第一因［archai（本源）］、或者理式——是比能够显现出来的那些东西更为真实的、更具真理性的、更为有意义的东西，这些东西不仅仅在感官知觉之外，而且在感官的世界之上。'死了'的东西不仅仅是这种'永恒真理'的具体对象，而且也是这些区分本身"。③

阿伦特继续描述这一由作为形而上学和哲学（传统意义上的）的死亡所带来的**机会**："它让我们能够用新的眼睛——一种摆脱了任何传统的重负、不受任何传统控制的眼睛——看待过去……"④ 这种机遇感呼应了她大约 20 年前（在 1954 年）在美国政治科学协会的讲演中对海德格尔为政治学研究所做的贡献的赞赏。阿伦特对他的历史性（Geschichtlichkeit）概念表示赞赏，因为这个概念让海德格尔拒斥了柏拉图式/黑格尔式的假设：theoria（静观沉思）占据了把握整全的立足点位置；阿伦特指出了这一概念对哲学

---

① 正如《自然正义与历史》第三章中所表明的，并不是说施特劳斯完全否认了理性（无论是苏格拉底式还是其他形式）的"消解"特征。哲学的本质就是要去削弱传统的、祖先的、本地化的那些东西——简而言之，要去消解传统生活形式的道德视野。然而，施特劳斯想要阻止理性成为它自己的靶子，想要阻止理性经历"启蒙辩证法"，"启蒙的辩证法"将实质理性的主张揭示为毫无根据。他显然想要提出一些毋庸置疑的理性"发现"——至少对"多数人"来说。（见我在本章临近结束部分的讨论）

② 见 Hannah Arendt, "What Is Authority?" in Arendt, *Between Past and Future*, 特别是 pp. 104 – 115.

③ Hannah Arendt, introduction to *The Life of the Mind*（New York：Harcourt Brace Jovanovich, 1977), p. 10.

④ Ibid. 参照 Strauss, "Introduction", *CM*, p. 9.

以及（最终）对政治学研究来说的革命性内涵。因为有了这一概念，"哲人就无法再自称为'有智慧的人'和知道属人城邦的可朽坏事务的永恒标准的人"，这一声称曾经让哲人（与公民不同）成为"最接近**绝对者**（the Absolute）"的人。①

确实，有了海德格尔，哲学能够理所当然地宣称已经"抛下了所有绝对者的傲慢"。人类事务的领域不再表现为一个适合于哲学的理解和统治的对象——而对从柏拉图到马克思的那个传统来说，这个领域曾经就是那样。按照阿伦特的说法，海德格尔的"拒绝自称为有智慧的人"在原则上开辟了"根据**在政治领域自身**的基本人类经验对整个政治领域进行重新审视的道路，并且隐含地需要植根于完全不同类型的人类经验的概念和判断"。②

当然，从施特劳斯的立场来看，海德格尔的历史性无助于回归基本的政治问题和现象；毋宁说，它要为（在施特劳斯那令人震惊的想象中）在人类事务的洞穴之下建造"人造洞穴（artificial pit）"负责任。像其他的较不激进的形式那样，海德格尔的历史主义通过否定"基本问题的永恒性"让"人类思想的自然视域"陷入遗忘状态。③"试探性地"和"实验性地"回归古典政治思想，作为恢复这种"自然视域"（政治联合体自身的世界、对政治生活的常识洞见的世界）的手段来说，是必须的。不是海德格尔而是古典政治哲人让我们回到"事物本身"。④ 回到洞穴、回到政治事物的共同意识理解的世界是上升到真理所必须的序曲。按照施特劳斯的说法，共同意识经验的世界——"权威性意见"的世界——能够作为这一上升的基础，因为它（与科学的或者历史的知识不同）反映了对整全的"自然的阐释"，尽管是一种以阴影的、碎片的方式。⑤

阿伦特和施特劳斯在回应海德格尔的挑衅中表现出了巨大的差异，这似

---

① Hannah Arendt, "The Concern for Politics in Recent European Philosophy", in Arendt, *Essay in Understanding*, 1930–1954, ed. Jerome Kohn (New York: Harcourt Brace, 1944), pp. 432–433.
② Ibid.
③ Strauss, "On Collingwood's Philosophy of History", quoted by Jürgen Gebhardt in "Leo Strauss: The Quest for Truth", in *Hannah Arendt and Leo Strauss: German Emigrés and American Political Thought After World War* II, ed. Peter G. Kielmansegg, Horst Mewes, and Elisabeth Glaser-Schmidt (New York: Cambridge University Press, 1995), p. 100.
④ Strauss, "Introduction", *CM*, pp. 11–12.
⑤ Strauss, "Classic Natural Right", p. 124.

乎在两位思想者之间创造了一条巨大的鸿沟。一方面，我们有阿伦特，她作为公共领域的现象学家，谨防诉诸超政治的基础或者绝对者，迫切希望抛弃掉那个她视为扭曲性的哲学立足点；另一方面，我们有施特劳斯，他不屈不挠地渴望去重启有关"属人的事务"的哲学智慧的可能性。从阿伦特的视角来看，施特劳斯对"真正的标准"的追求是毫无助益的，仅只表现为一种在最坏的柏拉图主义的意义上的权威主义。它试图将绝对性强加到人类事务的领域，以便于更好地在政治生活中减少人类多元化和意见多样性的作用。在她看来，这就是柏拉图在《理想国》中将理式从"最为闪耀的、最美的东西"转变为政治领域的"尺度"背后的动机，并且（实际上）也是将政治力量奠基在某种超越政治的和所谓绝对的东西之上的每一种尝试——哲学的、宗教的或者意识形态的尝试——背后的动机。虽然施特劳斯可能会回应说，他对《理想国》中柏拉图的"理式"的解释，明确质疑了这些"理式"旨在为人类事务领域提供普遍适用的标准的假设（施特劳斯认为，将"理式"解释为独立自存的形而上学确定物，是"不可思议的……甚至可以说是幻想的"①），但是权威主义的指控仍然保留了一定的合理性。尽管施特劳斯有着如下亚里士多德式的坚持：在政治领域中，政治事物的"共同意识"理解的重要性，以及明智（prudence）（实践智慧，*phronesis*）的优先性要高于理论科学，但对他的权威主义指控无疑是有道理的。②

正如阿伦特在她 1956 年的文章《什么是权威？》中所主张的那样，亚里士多德对于柏拉图的理式的放弃并不能够让他自己的政治哲学摆脱"权威主义"，正如他的政治哲学以年龄的"自然的"等级为中心，以便按照世代的分界线将表面上平等的公民们分开——分开为教育者和受教育者，统治者

---

① Strauss, *CM*, pp. 119 – 120; "Classic Natural Right", pp. 122 – 123. 见托马斯·潘戈（Thomas Pangle）在下书《导言》中对施特劳斯的"理式新解"的评论, Leo Strauss, *Studies in Platonic Political Philosophy* (Chicago: University of Chicago Press, 1983), pp. 2 – 5. 其中，强调了施特劳斯对如下看法的怀疑：柏拉图的理式是"独立自存的，存在于与人类存在世界完全不同的地方"(p. 119), 潘戈认为：施特劳斯仍然认真地看待理式，"由于它成为了设想我们关于事物本质的经验的一种可靠的方式"。如此看来，理式的学说仅仅是由苏格拉底的"什么是？"问题所假定的"类特征"逻辑的延伸。它将苏格拉底辩证法的尝试表达为"从大多数本地化的和暂时的特殊性提升到它们的普遍性和持久性（超越历史的，尽管并不必然是永恒的）的类特征……"(p. 3)。参照阿伦特在下文中对于理式的解读 "What Is Authority?" in Arendt, *BPF*, pp. 104 – 115.

② 见 Strauss, "The Crisis of Modern Natural Right", *NRH*, pp. 295 – 323.

第五章 汉娜·阿伦特与列奥·施特劳斯：公民身份 vs. 哲学   301

和被统治者。① 这一"教育"的隐喻——在阿伦特看来既是反民主的也是反政治的——居于施特劳斯自己关于政治哲学、政治家的技艺（statesmanship）和得到正确理解的政治的核心位置，即，政治可以理解为一种由不同类型的政治制度以不同的方式开展的一种"德性的教育"。② 对于施特劳斯来说（与阿伦特正相反），苏格拉底显然是**教师**，而不是"公民－哲人"，③ 并且他是一位懂得首要的政治教训的教师，即，哲人必须针对不同**类型**的人用不同的方式说话。④ 此外，施特劳斯的苏格拉底（一个非常柏拉图的苏格拉底）仅仅"与那些不寻常的人交谈，与那些在某些方面是精英的人交谈……"⑤ 哲学的智慧——针对其听众进行合适的包装——为"绅士（gentleman）的"德性教育做出贡献。接下来，绅士将会为那些几乎无可救药的自私的民众维系一种合适的公民德性。⑥

施特劳斯强烈主张：哲人的德性与"绅士"的德性有着质的差别，并且高于"绅士"的德性。同样地，他主张绅士的德性与普通公民的（单纯政

---

① Arendt, "What Is Authority", pp. 116 – 120.
② Strauss, "What Is Political Philosophy?" p. 34. 在此，施特劳斯用占主导地位的某种特定的性格类型来定义"政治制度（regime）"（例如，民主的、贵族的、僭主的）并且将古典政治哲学表述为对最好的政治制度的追求——已经被现代人放弃的一种追求。最为重要的是，政治社会是德性或者性格的"学校"，这一观念在《自由教育和责任》中，"Liberal Education and Responsibility", in Strauss, *Liberalism Ancient and Modern* (Chicago: University of Chicago Press, 1995), pp. 20 – 21（下引此书写为 *LAM*），以及在《城邦与人》讨论亚里士多德和柏拉图的部分中（见，特别是，pp. 25 – 27, 33 – 34, 38 – 41）已经阐释得非常明显了。也可见 Strauss, "Classic Natural Right", pp. 153 – 156.
③ Strauss, *NRH*, pp. 139, 150 – 154.
④ Strauss, *NRH*, pp. 152; *CM*, p. 51.
⑤ Strauss, "The Problem of Socrates", p. 154; "Liberal Education and Responsibility", pp. 6 – 7; *Studies in Platonic Political Philosophy*, p. 47; "On Plato's Republic", pp. 53 – 54. 施特劳斯将苏格拉底在《申辩》中的陈述——他与每一个人交谈，无论阶级、性别或者社会地位——看作是一种明显的对民众施展的修辞策略，这一策略运用在因"败坏青年"的罪名而受审的背景下。见"On Plato's Republic", p. 57. 与伏拉斯托斯的立场（见本书第一章）截然不同。
⑥ Strauss, "The Problem of Socrates", p. 163. 关于公民德性与**真正的**（哲人的）德性两者之间的关系，见 *RCPR*, p. 133; 也可参见 *CM*, pp. 25 – 28, 与 "Classic Natural Right", pp. 138 – 143. 关于绅士的德性与"低贱者"的德性两者之间的关系，见 "Liberal Education and Responsibility", pp. 11 – 14, 16.

治上的）德性不在同一个层级上。① 这让他强调（他称之为）"在哲学和城邦之间存在着一种根本的不平衡"，并且让他宣称"哲人与非哲人不可能真正共同商议"。② 当我们将这种对平等主义公共领域的可能性的否定与他的如下主张结合起来时——"政治生活从超越政治生活的东西（无论是哲学、信仰，或者还是自然正义）中获得它的高贵性"，我们似乎就拥有了我们需要的所有证据去宣判施特劳斯是一位阿伦特意义上的"权威主义者"。并不存在"哲人-公民"，因为哲人（作为爱智慧的人）居于城邦之上（即使要依靠它）；并且"公民"——无论是上层阶级还是下层阶级——都封闭在一种有限的、特殊主义的（但是政治上必须的）道德视域中。结果变成，哲学要求"多数人"成为善好的并从不质疑的爱国者，以便"少数人"能够继续追求 vita contemplativa（沉思生活）。从这一柏拉图的模式看，可能发生的最坏事情就是："多数人"感染了消解式理性的精神，因为这将会导致高贵与卑贱、高等级与低等级的"自然"秩序的翻转。③

十足诡异的是，我们似乎回到了青年尼采的主张：道德神话的保护性视域作为"健康的"文化或者政治社会的必要条件。无论如何，这就是史蒂芬·霍尔姆斯（Stephen Holmes）在他那"赶尽杀绝的（take-no-prisoners）"批判中如何解读施特劳斯的。④ 施特劳斯主张哲人生活作为**唯一**善好的生活（唯一"依照自然的生活"），但是却为宗教的神秘、爱国主义和传统辩护，以便于让非哲学的大众变得温顺、平静并且能够接受社会等级制和文化的排外本质——所有这些都是对智慧追求的必要条件。⑤ 按照霍尔姆斯的说法，甚至"自然法（natural law）"概念（**不要**与古典等级制的"自然正义"概念混淆）也不过是一种强加于多数人身上的"善意的神话"罢了，

----

① Strauss, "Liberal Education an Responsibility", pp. 13 – 14. 也可见 "Classic Natural Right", pp. 149 – 151 中对于"公民道德"的讨论，这一讨论表明了：如果想要他们完成城邦对他们要求的责任（如军事上的自我牺牲）的话，大众为什么必须被喂以"高贵的谎言"这一精心准备的食物。
② Strauss, "Liberal Education and Responsibility", pp. 14. 见罗纳德·贝纳尔（Ronald Beiner）在下文中的讨论 "Hannah Arendt and Leo Strauss: The Uncommenced Dialogue", *Political Theory* 18, no. 2 (1990): 247 – 249.
③ 施特劳斯认为**现代**政治哲学及开展的实践恰恰正是这样一种翻转。见《自然正义与历史》第5与6章。
④ Stephen Holmes, "Strauss: Truths for Philosophers alone", in Holmes, *The Anatomy of Antiliberalism* (Cambridge, Mass.: Harvard University Press, 1993), pp. 61 – 87.
⑤ Ibid., pp. 68 – 71.

第五章　汉娜·阿伦特与列奥·施特劳斯：公民身份 vs. 哲学　　303

以便于让政治社会对哲学来说变得安全。

　　但是，我认为，在这个柏拉图的/尼采的外表下还有另一个施特劳斯，一个并不这么教条的（即，真正地更为苏格拉底的）施特劳斯。这是怀疑的施特劳斯，他主张：真正的哲学需要苏格拉底的自我意识：知道自己不知道；即，"人类智慧就是自知无知"；不存在整全的知识，只有关于部分的片面性知识；因此，不存在"对意见领域的毫无限制的超越，甚至对最有智慧的人而言也是如此"。① 这个施特劳斯并不将哲学作为基础主义的一种形式，而是将哲学作为对**所有**形式的权威的最激烈的挑战。② "发现自然"可能是哲学的任务，但是自然（至少在道德和政治事务中）证明不过是一种"范导性理想"，它象征的不是现成可用的尺度或者标准，而是象征避免将道德等同于习俗的愿望——（说实话）大多数历史主义显然会促成这种等同。③

　　这个施特劳斯可以被看作是所有教条主义的敌人、是所有将自身建基在据说对真理的牢固占有之上的道德－政治立场的敌人。施特劳斯自己将这种确定性等同于"政治理想主义（political idealism）"，即，等同于那样一种活动：想要将理论用作政治事件、社会改革或者社会转型的蓝图。与伯克（Burke）、欧克肖特（Oakeshott）和阿伦特一样，施特劳斯想要提醒我们在理论和实践之间建立一种"技术的"关联的危险性。④ 与他们不一样，施特劳斯认为，对从抽象的理论前设中推理出正义的政治行动的最有力警告，乃是柏拉图的《理想国》。《理想国》的论证恰恰就是设计来让我们认识到：一个完全正义的政体既是不可能的也是不可求的；因此，它将我们从"我们

---

① Strauss, *CM*, p. 20. 参照"What Is Political Philosophy?", p. 11. 见史蒂芬 B·史密斯（Steven B. Smith）的富于启发性的文章"Destruktion or Recovery? Leo Strauss's Critique of Heidegger", *Review of Metaphysics* 51, no. 2（1997）：345－377. 史密斯为我称之为"怀疑的"施特劳斯提供了一个强有力的论证。
② 见 Strauss, "Crisis of Modern Natural Right", pp. 270, 278. 参照"Liberal Education and Responsibility", p. 14.
③ 见 Strauss, "Crisis of Modern Natural Right", pp. 284－285, 在此, 施特劳斯对这样一种可能性（确实极有可能）发出警告："自然－正义的教师"可能会将自然正义等同于"他自己的社会所珍视的那些正义观念"。参照此书导言部分那明显更为"虔敬"的陈述（尤其是第5页）："现代对自然正义的拒斥导致了虚无主义——不，它就等同于虚无主义"。关于历史主义的将道德降低为地方性习俗的倾向性, 见 *WIPP*, p. 71.
④ 关于这一点, 见 *NRH*, pp. 294－311 部分中对伯克的讨论。

现在称之为政治理想主义的魅惑中"解放出来。①

通过既反对习俗主义又反对激进行动"理论主义",施特劳斯的思想为判断打开了空间——他认为这个空间被历史主义、"理想主义(idealist)"的或意识形态的思考所威胁。他的担忧类似于我们在阿伦特那里发现的担忧:判断已经变得愈发"不假思索"了,只是对于社会规范和传统习俗的自动反映,对于惯例的无思的应用。与阿伦特一样,施特劳斯转向苏格拉底(至少在部分上)以重新赢回判断的特有自主权。在这一点上,他们的主要差异并不在于他们的目标,而是在于他们各自对作为一种独立能力的判断产生主要威胁的诊断有所不同。对于阿伦特来说,最主要的威胁来源于将道德简化为规则和单纯的习俗惯例;对于施特劳斯来说,危险在于道德准则的历史主义相对化。从更宽广的视角上来看,阿伦特与施特劳斯都不认为与规则化道德、或者(实际上)与非批判的爱国主义建立一种无思的联系会有任何好处。如果在三十年代他们作为德裔犹太人的经验教给他们任何东西的话,那无疑就是对"我的身份及其责任"的道德保持某种程度的怀疑。②(这一怀疑是否足够深入是另一个问题,它与施特劳斯的例子尤为相关。)

思——无论是在阿伦特的意义上苏格拉底的思,或者还是在施特劳斯的意义上哲学的思——对于判断的解放来说都是绝对必要的。但是,正如阿伦特和施特劳斯都强调的,思在性质上是消解的:苏格拉底的对话是"悖论无解式"的,并且导致不存在任何坚实的基础。③ 施特劳斯与阿伦特的本质性差异在于:他们对这种思在**公共**领域中的政治效应有着不同的态度。对阿伦特来说,苏格拉底的思的潜在虚无主义后果被"停下来并思考"的价值所补偿,这种"停下来并思考"就让道德判断和结论的日常推断暂时"中断"。对于施特劳斯来说,情况更为危险。除了对普通人的思的**能力**持常见的怀疑态度外,他还担心,如果暴露在消解性(或者无休止的批判的)理性中,常人可能会得出不好的结论。发生在市场上的思(这当然对每一个人都开放)将会对那些人造成败坏的作用——那些人性格中没有足够的德性去抵

---

① Strauss, *CM*, p. 127; "The Problem of Socrates", pp. 160, 162.
② 人们可能会说:施特劳斯最为反常的部分就是他似乎支持这种道德的柏拉图式版本。见 *CM*, pp. 94 – 96.
③ 应当指出的是,施特劳斯有一种令人遗憾的倾向性:他暗示这种开放式的结论是苏格拉底的"反讽"在发挥作用,将之解读为对那些不如苏格拉底的人掩饰他的智慧。见 *CM*, pp. 51 – 53.

御由苏格拉底的负面性所导致的方向迷失。

看起来,这就是施特劳斯对于阿伦特的尝试——通过苏格拉底这个人物达成哲学与政治部分的和谐的尝试——的主要回应。他之所以偏爱《理想国》和《高尔吉亚》中的苏格拉底而非《申辩》的哲人－公民,就是源自这种担心。他对于哲学与诗歌和修辞之间关系的强烈关心反映出他的如下确信:哲学的洞见不可能从公民的**意见**中引出真理,倒是有可能将公民的意见变成为非真理的最为危险的形式。在这一点上,如下说法并非夸张:阿伦特的苏格拉底——《哲学与政治》的苏格拉底——的前景让他充满恐惧。让大众哲学化的尝试毫无益处:这计划本身就是一种自相矛盾的说法。判断必须(从历史主义/相对主义的**意见**中)得到解放;但是,就普通公民来说,没有人"引导"可万万不行。在此,施特劳斯不仅站在阿伦特的对立面,而且站在康德的对立面。他对于多数人的不信任让他将独立判断的前景局限在少数人身上,而对多数人来说则希望给他们一种更具教化意味的(并不一定更具真理性的)意见。① 因此,虽然施特劳斯的思与哲学的观念有着强烈的苏格拉底的维度,但是他对政治和公民身份之本质的看法依然是一个坚定的柏拉图主义者。民众,就其本质来说,是对"哲学的魅力"免疫的野兽。②

这是否意味着"怀疑的"或者苏格拉底式的施特劳斯被柏拉图式的施特劳斯所遮蔽,相信由古典哲学家所揭示的一套永恒的道德标准?答案是"是"也是"否"。之所以说"是",是因为施特劳斯(和青年尼采一样)恐惧"苏格拉底主义"可能对文化整体并且特别是对大众道德产生腐蚀性的影响。之所以说"否",是因为施特劳斯事实上远离了他的修辞似乎会鼓励的那种道德客观主义(和哲学的统治)。一旦哲学成功地从洞穴"上升"到普遍性,其"发现"的绝大部分与城邦和公民的生活其实无关。就其本质来说,"最好的政治制度"不能够在生成变化的领域中实现,而且也不应该进

---

① Strauss, "The Problem of Socrates", p. 171; *CM*, pp. 54 – 55; "Introduction", *NRH*, pp. 1 – 2; "Liberal Education an Responsibility", pp. 16 – 17. 见霍尔姆斯在下书中的讨论 *Anatomy of Antiliberalism*, pp. 63 – 66. 参照 Arendt, *Lectures on Kant's Political Philosophy*, pp. 35 – 36.

② Strauss, "Classic Natural Right", p. 143; "On Aristotle's Politics", p. 37. 参照柏拉图:《理想国》, 493b – 494a。

行任何在这个方向上的尝试。① 在哲学与城邦之间的"根本的不平衡"所指的并不仅仅是哲学与公民身份之间作为生活方式差异的张力,而且是哲学生活所揭示的**那种智慧**,这种智慧更多是生存性的而非道德性的,这种智慧将"最好的政治制度"——古典政治哲学所寻找的对象——揭示为某种不切实际的幻想(至少从任何现实可行的政治学的观点来看)。**存在着**最好的生活方式(即,哲人的生活方式),但是,"正义的城邦"仅仅只是他的独立自足的、有节制的灵魂的镜像罢了,并且,因此它在**这个**世界中是不可能实现的。②

那么,施特劳斯远非一个热衷于将普世的(并且所谓"自然的")标准强加到政治领域中的哲学权威主义者。这一点通过他违反直觉地将《理想国》解读为对政治理想主义的一种批判已经证明了。这一点也可以通过《自然正义与历史》中的一个段落得到证明,在那个段落中施特劳斯〔在讨论阿奎那(Aquinas)的和阿维洛伊(Averroës)对亚里士多德式自然正义的解释时,〕强调"自然正义"的**易变性**,甚至将会把所有"正确的"行动看作视情境而定的。他令人吃惊地总结出包含在古典"自然正义"教导中的智慧(易变的、易受环境影响的)。施特劳斯写道,"存在着一种普遍有效的目的(或者生活方式)的等级制,但是并不存在普遍有效的行动的准则"。③ 行动的最大范围(在给定的环境条件下考量)取决于情况的紧急程度、审慎的思量以及对"恶的创造力"的想象力。这些都优先于政治行动者的"什么是高贵"的知识。我们能够通过"高贵行动"的"鼓舞人心"的品质将这些因素整合在一起,但是一个巨大的并且最终无法逾越的鸿沟依然存在:"我们的责任是尽我们所能的让最为紧急的或者最为需要的事情成为最高

---

① 见 Strauss, "The Problem of Socrates", p. 161. 参照柏拉图:《理想国》,592b。在这一点上,施特劳斯提出了如下主张:"自然正义"的哲学知识在它被应用到政治领域之前都需要被大众同意所"稀释"("Classic Natural Right", p. 152)。如上主张明显对这一状况轻描淡写了。

② Strauss, "On Plato's Republic", p. 127. 在此处,施特劳斯是指柏拉图《理想国》中的"正义的城邦",他将这个城邦描绘为"不可能的"和"反自然的"。然而,他提出这样一个观点:"最好的政治制度"是"按照自然原则的"并且"在这个世界上可能的",尽管"可能性极低"("Classic Natural Right", p. 139)。我认为,一旦将施特劳斯的关于后者可行性的各种不同限定条件都考虑在内的话,此处暗含的区分——在完善的正义城邦和"最好的政治制度"之间的区分——最终从实践政治的视角来看差别不大。

③ Strauss, "Classic Natural Right", p. 162.

等级的行动。而我们所能够期待的最大限度的行动努力必然因人而异。**唯一普遍有效的标准就是目的的等级制**。这一标准对我们评判个体的、群体的、行动的、制度的高贵性等级来说足够了。但是，它并不足以指导我们的行动"。①

换句话来说，没有任何行动在本质上是正义或者不正义的，也并不存在任何足以在变幻莫测的政治领域中指导我们行动的任何规则（日常道德或者共同礼仪的那些规则当然不是）。简而言之，没有道德事实，只有各种不同的解释（最好由拥有"政治家"性格的人来做出解释）。② "目的的等级制"——让我们能够（按照它们的高贵或卑贱）的标准阐明个体和 bioi（生命）的"等级秩序"——事实上是唯一真正"根据自然而决定的正义"。所有其他东西——无论政治的或者道德的——都是明智（实践智慧）的问题。

带着这种对"自然正义"的政治含义的解读，施特劳斯结束了为判断创造一个空间的工作，这个判断的空间同时太大和太小：太大是因为它将所有事情都放入其中待价而沽，完全没有在其中加入苏格拉底的抑或密尔的概念上的那种道德限制；太小是因为它将独立判断的活动限制在所谓实践智慧大师手中。

施特劳斯关于永恒绝对 vs. 历史视域，真理 vs. 意见的修辞掩盖了这一点，这是他的真正的或者"隐微的/秘传的（esoteric）"教导。然而，正如之前引述的段落所表明的那样，他经常忍不住要把他的秘密泄露出来，甚至是泄露给他的非精英读者。他对**我们这个时代的平等主义意见观的怀疑**导致他支持柏拉图和亚里士多德的古典观点，即，存在着而且必然存在着行动和生活的自然等级——哲学家在最上层、"绅士"稍低、大众在最底层。然而，

---

① Ibid.，p. 163（着重之处为本书作者所加）。非常感谢乔治·凯特布提醒我这段话的重要性。

② 施特劳斯的辩护者们无疑会说：施特劳斯仅仅是在质疑托马斯式自然法在某些（非同寻常的）情境下——在那些武力和欺骗是必需的情境下——缺乏灵活性。他并不是在赞同将武力和欺骗作为"标准操作流程"（正如马基雅维利可能会认为的那样）。见"Classic Natural Right"，p. 160，在其中，他提到了那些要求改变"自然正义的通常有效规则"的"极端的情境"，并且他主张：政治家"在亚里士多德的意义上……勉为其难地偏离通常作为正义的那些东西"。但是，施特劳斯从例外状况走向广泛的普遍状况，即，"存在着普遍有效的目的等级制，但是却并不存在普遍有效的行动规则"（以上两句话均引自 p. 162）。甚至在恰好合适的情境中，施特劳斯的基本立场（如柏拉图在《政治家》中的立场或者卡尔·施米特的立场一样）仍然贬低由宪法和通常的道德所强加的限制，并且给予"政治家"巨大的、几乎毫无限制的特权。

就施特劳斯而言，其最为令人烦恼不安的特点并不是他使用了"自然正义"来论证不平等以及为特殊主义做有限的辩护。毋宁说，正是他让如此多自由主义的道德前设（例如，对个人的道德能力的尊重）遭受到了腐蚀性的攻击，同时却认定谁如果对古典"自然正义"的等级学说提出类似的怀疑，就必须被视为是品味低俗的。①

如果施特劳斯确实是贯彻了他承诺的话——"试探性地"和"实验性地"回归古典，那么，这或许是可以被原谅的。这种回归将能够帮助我们退后一步从整体上观看构成了自由主义道德世界的 *doxai*（意见），并且让我们能够在一个更为清晰的轮廓中观看那个世界——无论好坏。但是，施特劳斯的"回归"中最终并不存在任何试探性的或者实验性的东西。他本质上是一个寻找秘密的人，他认为自己已经揭示了隐藏的真理——较高等级在较低等级之上的正义性、智慧在同意之上的正义性，而这些东西是现代平等主义一直努力掩饰的。与苏格拉底不同，施特劳斯并不是一只"牛虻"，这只"牛虻"想要将我们唤醒，让我们看清楚在许多我们视为理所当然的行动中所包含的不义。正相反，施特劳斯想要多数人保留在道德沉睡状态之中，条件反射式地忠诚于神或者国家。② 换句话来说，他想要将得到启蒙的人和从不可避免的幻象中逃脱的人限定到尽可能最少的数量上，那些人的性格和节制（moderation）之天赋让他们成为质疑式生活的合适候选人。对于其他人而言，大体上毫无异议的依靠权威是（或者应该是）生活的常态。这样一来，理智正直实际上断绝了与道德正直的联系，至少当它仅仅关涉**民众**的政治德性时确实如此。结果是，"我的地位及与此地位相应的责任"的这类道德对大众来说就基本上足够好了。③

到头来，在施特劳斯的作品中赫然耸立的古典人物并不是苏格拉底，甚

---

① 施特劳斯对古典派为什么不是平等主义者的总结，参见"Classic Natural Right"，pp. 134 - 135. 因为施特劳斯完全接受了柏拉图和亚里士多德的至善论（perfectionism），以及他们的如下观点："并非所有人天生就适合朝向完善前进"，毫无疑问，他并不认为构成现代自由主义基础的基于权利的个人主义学说有任何**内在固有的**（intrinsic）道德价值。考虑到如上情况，他在许多不同地方支持这个"政治制度"作为最好的或者最有实践意义的政治制度则另当别论。

② 因此，在《自由教育与责任》中——这篇文章在很多方面对韦伯的"志业"讲座做出回应——施特劳斯说，"我们现在的困境似乎是由人民的宗教教育的衰败与人民代表的自由教育的衰败所造成的"（*LAM*, p. 18.）

③ 然而，这似乎不过是施特劳斯从柏拉图的学说（《理想国》）中接受的又一个观点。

第五章 汉娜·阿伦特与列奥·施特劳斯：公民身份 vs. 哲学

至也不是柏拉图，而是亚里士多德。因为正是亚里士多德提供给施特劳斯一个等级化展开的"自然"整全的概念，以及不同"类型"的人能够达到德性的不同等级这一观念——较低等级的人达到较不完善或者较不真实的等级。① 并且，正是亚里士多德提出了如下建议：较好类型的政体将从真正的公民身份以及"判断与权力"的参与资格中排除那些"banausic（工匠的）"职业（例如经商和手工技艺）的人。② 最后，正是亚里士多德提供给施特劳斯如下想法：政治社会首要的是一所德性的"学校"，它的任务并不是贯彻"纯粹的"正义（按照柏拉图的《理想国》的方式），而是要反复灌输信念、规范和通常做法——这些东西支撑着任何等级制。③ 多数人必须学会服从"绅士"的智慧和判断，服从那些在公共/政治事务领域中有经验的人。在施特劳斯看来，公共道德和政治稳定性都处于危险之中。因此，他对于这样一种政治制度情有独钟，在这种政治制度中"贵族阶层（the gentry）"（或者这个阶层在现代的对等阶层）拥有最大可能的影响力。

很难想象一个与我在第一章中所描绘的苏格拉底的公民身份理想更为格格不入的概念了。在第一章中，我认为苏格拉底的想法——理智正直是道德正直的核心——有能力彻底地改变我们对于"好的公民身份"是或者应当是什么的看法，从而使其远离至今仍然继续统治我们传统的公民共和主义概念。阿伦特通过强调苏格拉底在市场上所践行的思的"消解"特征让我们注意到这一苏格拉底的修订。然而，她限定了这种思的政治相关性，仅仅只有在"紧急情况下"才能够依靠它。施特劳斯可以说走得更远。尽管他提出了一个更为哲人化的公民身份，到头来，他的最大的能量都投入在保持哲学与公民身份的彼此分离和彼此区分上了。

我认为，他之所以这样做有两个主要的原因。第一，施特劳斯想要保护"最好的生活"免受非哲人的误解（和怨恨）。（在这一点上，他完全同意阿伦特关于苏格拉底的审判对西方哲学传统的意义的描述。）第二，他并不想要干预对维持一个"温和适度的"政体来说必须的公民德性和道德德性的持续灌输，这政体能够大致合理地被视为致力于"高贵的"而非卑贱的目的。因此，他对于自由民主制——以及，尤其是对它的公民身份概念——的挑战是奇怪的缩小的。除了吁求更为贵族式的"自由教育（liberal education）"

---

① Strauss, "On Aristotle's Politics", p. 38.
② 见亚里士多德：《政治学》，1277b33。
③ Strauss, "On Aristotle's Politics", pp. 45–47.

(为了精英)之外，该体制的其他一切都不必改动。① 实际上，当涉及公民身份的时候，施特劳斯满足于依靠那些陈腐的招数：公民德性、自我牺牲精神的必要性，以及让公众关注性格塑形的必要性。② 他对于这个话题的相对漠视可以通过如下事实得到解释：虽然意识到公民身份在现实世界中的重要性，但他只是无法足够认真对待（民主的）公民生活。与阿伦特正相反的是，施特劳斯并不将公民生活作为一种完全的或者"人类特有的"活动。③ 事实上，从古典政治理性主义的观点来看，"如果一个人仅仅只是正义的或者道德的而不是一个哲人的话，那这个人就是一个残缺不全的人"。④

人们可以将这句话解读为隐含地认可苏格拉底的如下主张，即，道德正直需要理智正直：只有当道德正直和理智正直在一起时，我们才能够真正成为一个非-"残缺不全的"人，并且拥有一种值得尊重的公民身份形式。但是，施特劳斯并没有将公民生活——"单纯政治的或者庸俗的德性"的领域——作为践行理智正直的合适领域。施特劳斯认为，像霍布斯这样的现代政治哲学家的最大错误在于：在哲学与人民之间规定了内在的和谐，并且相信祛魅的策略能够导致更大的政治稳定性。正相反，在多数人中破除幻象仅仅可能导致新的（并且通常是更为危险的）教条的形成。"政治家的技艺"对于施特劳斯来说具有更大的吸引力，但是，即便这种"政治家的技艺"最终也只是达到目的的手段。⑤ 政治所拥有的任何尊严都来自于某种比自身"更高等级"的东西，某种"超越政治的"东西。对于多数人来说，公民的生活或者道德的生活可能貌似是"有德性的生活"。但是，对少数人来说——对那些有**真正**德性的人来说——"有德性的生活"仅只可能是哲人的生活、心智的生活、理智（understanding）的生活。⑥

施特劳斯主张哲人生活的绝对优越性的原因仍然有些晦暗不明。我们可以将这种偏好解读为他对于古典作品的权威性的尊重，或者解读为他那毫无掩饰的——并且广受谴责的——精英主义的表达。然而，让这一混合变得更为复杂化的乃是：在一个"祛魅的"世界中对理想的寻找，以及对后奥斯维

---

① Strauss, "Liberal Education and Responsibility", p. 5.
② 例如，见他在"Modern Natural Right", p. 187 中对于霍布斯"降低"德性标准所作的批判。
③ 见 Strauss, "On Aristotle's Politics", p. 27.
④ Strauss, "Classic Natural Right", p. 151.
⑤ 见下面这个部分的讨论 Strauss, "On Aristotle's Politics", p. 28 – 29.
⑥ Strauss, "What is Political Philosophy?", p. 35.

第五章　汉娜·阿伦特与列奥·施特劳斯：公民身份 vs. 哲学　　311

辛的神义论的要求。我们可以看到，后一方面——哲学的救赎性力量——出现在他的文章《什么是自由教育》的一个奇怪的伤感段落中：

> 除了内在于这种活动（研读古典作品）中的慰藉之外，我们无法得到其他的慰藉……这种活动的经验完全独立于我们理解的那些东西主要是令人愉快的还是令人不愉快的、是美的还是丑的。这种活动让我们认识到，如果理解要存在的话，那么所有的恶在某种意义上都是必需的。这种活动使得我们能够以**上帝之城**的好公民的精神来接受所有降临到我们头上的并让我们心碎的恶。通过意识到人类心智的尊严，我们认识到人的尊严的真正基础，以及与此相关的世界的善……它是人的家，因为它是人的心智的家。①

让我们与有死凡人生涯和解的并不是城邦——"人类的自由行为和活生生言辞的空间"，而是哲学的智慧。② 对于那些能够找到他们自己的离开洞穴的路到达对整全的理解的少数人来说，哲学有着拯救存在的力量。我认为，正是这种关于哲学之生存论意义的几乎是无需论证的信念，指引着施特劳斯的整个事业。这解释了他对于等级制的热爱、他对于"公民道德"的傲慢轻视，以及他为什么不愿意承认理智正直对于"单纯政治的"德性稍微具有一定的影响。③ 多数人需要洞穴来达成自己与现实的和解；少数人需要哲学。

那么，我们就回到了施特劳斯的如下主张：在哲学与城邦之间存在着一种"根本的不平衡"。这种不平衡并非源自行动与思（作为两种不同活动）之间的现象学差异（阿伦特的看法），而是源自如下事实：（正如施特劳斯所提出的那样）"城邦作为一个整体以一种独特的对理性的顽抗为特征"。苏格拉底的审判和死亡的永恒教训是：**民众**几乎完全对理性说服免疫。这一点是柏拉图和亚里士多德都认识到的，并且将之作为他们的政治哲学的核心。在与**民众**打交道时，说服是不够的：法律不得不求助于祖传的意见、神话甚至是公民神学的支持。④ 说服的局限性表明：在政治事务中，强迫、神

---

① Strauss, "Liberal Education and Responsibility", p. 8.
② 见 Arendt, *On Revolution*, p. 281.
③ Strauss, "Classic Natural Right", p. 149.
④ Strauss, "On Aristotle's Politics", p. 22.

话、习惯和习俗是不可或缺的。

那么，理智正直是一种严苛的德性——对于**民众**来说过于严苛了。因此，多数人应当继续持守（传统的）幻象——甚至应该鼓励他们进入这些幻象。在施特劳斯看来，现代的想法——存在着或者可能存在着"在哲学与人民之间的和谐"——是一种荒谬的假设，它一方面生产出无尽的痛苦，另一方面生产出了"富裕生活"的平庸。① 不管启蒙的意图是什么，教条必然会胜出。唯一的问题就是它将会是**什么样的教条**。它会是习俗和传统的确定性吗——这受到了它们所在社会中更为温和适度的并受过更多教育的理性（"绅士"）的潜移默化的影响，或者，它会是一种破坏性的"教条主义"（"doctrinaire-ism"）吗——它源自摧毁"迷信"并且仅只诉诸人们理性的尝试？

无论答案是什么，我们都将看到为什么怀疑的或者"苏格拉底式的"施特劳斯不可避免地会让位给柏拉图式的或者亚里士多德式的施特劳斯。这并不是要让非哲学的大众温顺和平静的问题（如霍尔姆斯所认为的那样），而是承认理性对话和说服的限度的问题。像尼采一样，施特劳斯将人思考为最杰出的教条主义动物。并且，像尼采一样，他认为完全自主的个体——"自治的和高于道德的"个体——是极少数的例外。这意味着：诉诸理性——对信条式道德的克服——当面向错误的听众时，将会一直失败。

对于哲人来说，即，对于那些能够战胜教条主义性情的精神来说，理智的和道德的正直能够被联系在一起。但是，推动绝多数人的"追求无限确定性的意志"将每次对理性的诉诸——或者对理性的每次批判——都转变为一种新的教条。② 没有什么比这更能够解释哲人的与公民的道路的分歧。在对这种分歧的回应中，施特劳斯的修辞策略是做出如下暗示：哲人的道路不是通向不确定性，而是通向智慧和永恒的绝对性：通向关于"正确标准"的"真正知识"。③ 作为一位修辞学者，他提供给非哲人（包括"绅士"在内的一类人）的，是他们时时处处都在渴望的东西，即，一种让道德的某些概念、德性的某些概念表现得不容置疑的方式。总之，施特劳斯提供给他们的

---

① Strauss, "On Aristotle's Politics", p. 39.
② 在展现每一种对"教条主义形而上学"的批判是如何将自身转变为新的教条方面，施特劳斯是一位大师。尤其可参见《自然正义与历史》的 1 - 2 章。
③ Strauss, "What Is Political Philosophy?", p. 12. 参照 Strauss, "Introduction", NRH, pp. 1 - 2.

理性不是作为消解性力量的理性，而是作为为德性的特定阐释打上"自然"印记的**权威性**。通过这样的方式，非哲人的困惑得到了平息，并且"社会的忠诚成员"可以免受现代那据说无处不在的怀疑主义的影响。①

人们可以将阿伦特和施特劳斯解读为提供了关于哲人型公民身份的本质和特征的有价值的线索。理想地看，他们应当是建议我们在苏格拉底式的公民身份（阿伦特）与关于政治的哲学式、怀疑的或者严苛的视角（施特劳斯）之间进行选择。然而，问题是：他们都将哲学与政治之间的"战争"——源自苏格拉底的审判和定罪——看得如此严肃以至于不得不拿起武器站在对立的立场上。这样一来，他们最终削弱了他们所共有的（但通常仅仅只是暗含的）建议，即，哲学与政治之间的张力产生了一种新的公民身份类型：这是一种为"理智良心"保留核心地位的公民身份；一方面，坚决反对爱国主义的空洞誓言，另一方面，坚决反对大众物质主义的狭隘自我利益。他们最终提供的令人失望的和不满的选择，还是传统的那个，即，在 *bios politikos*（政治生活）的令人分心的世界性（worldliness）与 *bios theoretikos*（沉思生活）的独处式抽身退隐之间选择。

为什么会造成这一退却，为什么他们不能超越从传统那继承的范畴？我并不认为这只是单纯不诚实的问题或者甚至是出自党派偏见的盲目性。阿伦特和施特劳斯两个人都与科层制的时代这一韦伯式的图景作斗争，这一图景几乎没有为公民身份或者哲学留下任何空间。他们热切地进行着哲学和政治之间的"战争"，然而这一斗争在现代世界中（显然）已经变得无关紧要了。尽管从相对立的方向出发，他们的努力却在如下方面取得了成果：即，提醒我们政治力量不仅仅是某人意志的执行；提醒我们政治行动不仅仅是达到目的的手段；提醒我们判断并不仅仅是从一个规则或者绝对者出发的演绎推理；提醒我们"理论与实践的统一"是危险的并且常常被误解了的理想，很有可能产生道德恐怖。阿伦特抨击现代人对行动的"工具论（instrumental）"理解，就像施特劳斯抨击实证主义社会科学和政治理想主义一样，为行动和道德判断在这个世界——在这个世界中，技术官僚的意识形态和制度化组织形式明显让这两种活动变得多余——当中揭示出一个空间。阿伦特和施特劳斯所提出的理想可能有些古老陈旧，但是只要人类仍然是作为行动和

---

① Strauss, "Introduction", *NRH*, p. 6.

思的存在，那么这些东西就将会有重大的意义。

此外，我们不应该低估人类确实可能具有施特劳斯称之为"从根本上分裂的本性"。正如我在第一章中所提到的那样，先去假设在遥远的过去思与行动之间存在着原初的和谐，然后提出我们要以某种方式去恢复这种原初的和谐，这是毫无意义的（并且很可能是错误的）。提出苏格拉底这个人物体现了这种原初的和谐，并且提出在哲学与政治之间的"战争"仅仅只是误解和互相猜疑的结果，而这两者能通过个体本着正直的行动来得到消除，这更是毫无意义的。思与行动——心智的生活和公民的生活——**确实是**在张力之中，如果不是一种必然的、无休止的和致命的冲突的话。在两者之间可能存在的任何和解在本性上必然是偶然发生的并且是个体的。阿伦特和施特劳斯都尽力让我们不要忘记这一张力，我们应当将他们看作是通过对理智诚实的事业做出贡献来为我们服务。

然而，当我们认真看待他们关于人类活动领域的完善论阐释时，要称赞阿伦特和施特劳斯变得越发困难了。阿伦特和施特劳斯都相信：事实上，存在着一种"最好的生活"，它在本质上高于其他活动的类型和其他的生活方式。对于阿伦特来说，那是公民的生活——参加到公共领域的共同言辞和共同行动中；对于施特劳斯来说，那是哲人的生活——实现从意见到知识或者智慧的提升。这两种等级体系（足够讽刺的是，它们都来源于亚里士多德）代表了一种自觉地与现代自由主义社会——在这个社会中，消费主义和物质利益至上的个人主义占主导地位——的"共同意识"的决裂。

这种挑战居于统治地位的精神风貌的渴望，本身是完全合理的。问题在于阿伦特和施特劳斯无法欣赏成为现代社会特征的道德多元主义，只能将道德多元主义看作是一种反转的（或者扭曲的）等级制，它代表着对获得善好的（或者全面的人类的）生活的障碍。因此，虽然阿伦特强调人类的多元性和意见的差异性，但是她心存焦虑地坚持主张一个共有的公共领域——和一种共有的"共同意识"——作为它们的正确的视域和参照物。因此，施特劳斯攻击他在韦伯和以赛亚·伯林那里发现的"相对主义"，但是他不愿意（或者不能够）看见他们的根本观点，即：价值冲突和道德争执构成了我们作为现代人和道德存在者的一部分。[①] 结果，他不得不主张，在现代存在着一种全面的、价值排序的理性在纯粹**逻辑上的可能性**，这种理性能够消除相

---

① 见施特劳斯在《自然正义与历史》第 2 章中对于韦伯的批评，以及他在 RCPR, pp. 13 – 18 "相对主义"一节中对于伯林的批评。

互冲突的**表象**。他否认约翰·罗尔斯（John Rawls）称之为在至善或者最好生活的不同观点之间存在的"不可调和的潜在冲突的绝对深度"，这使得他对于卓越和高贵的呼求听起来有些空洞。①

由于阿伦特和施特劳斯都未能充分探索在现代社会中道德争执的深刻性，这多少会影响我们对于他们在超越韦伯方面所做的尝试的评价。鉴于他们两人都没有认真对待道德多元主义（甚至没有认真对待存在于一个特定政治社会**内部**的多元主义），我们不得不指出在他们思想中有一个本质缺陷。就像青年尼采一样，阿伦特和施特劳斯太过倾向于将政治社会视为一个独立自足的道德世界——封闭在一种涵盖一切的视域中。② 结果就是：一方面，将道德生活等同于占主导地位的精神风貌或者群体；另一方面，使个人良心和理智正直边缘化。这一倾向在阿伦特那里得到了明确的展现：她将思和个人良心的政治重要性限定在"紧急情况下"，即当相对同质化的道德世界被败坏掉或者被颠倒之际（如纳粹德国的例子）。这一倾向在施特劳斯那里也得到了明确的展现：他将道德疑惑和怀疑的力量限制在哲学精英中——这些哲学精英在他们自身中追求理智诚实，同时支持大众道德文化的形而上学的/宗教的维度（正如，为了大众的教化和社会的稳定需要如此多的"高贵的谎言"）。

尽管阿伦特和施特劳斯赞美竞争式或者哲学式个人主义，但是他们在自己思想的核心之处都不愿意对个体的道德和理性能力表示尊重。这是因为他们两个人都并不真正地愿意认真对待道德分歧，即，将之作为所有现代关于公民身份讨论的基本框架。在"多元化"被牢牢地刻入"共有的公共世界"的"共同意识"时，或者，在哲学将其主要责任当作重建一种等级秩序来消除价值冲突而非阐明这些价值冲突时，政治哲学便无法严肃地参与到现代性的道德世界中来。

这是一个这样的世界，在其中对于什么构成了真正公民的或者道德的德性这个问题有**许多**互相冲突的答案；此外，这是一个这样的世界，在其中任何关键**性**的替代观点都将表现为专断的和教条的，只要它假装对某一特定的价值尺度进行选择（并作出解释）的责任在于其他地方而不在于个人自身。

---

① John Rawls, *Political Liberalism* (New York: Columbia University Press, 1993), pp. xxiv - xxv.
② 例如，见施特劳斯在"What Is Political Philosophy?", p. 34 中对于"政治制度"的想法。

毋庸勉强，苏格拉底就可以被看作是在西方哲学传统中主张这种"存在主义的"观点的第一人。阿伦特和施特劳斯的"苏格拉底主义"却模糊了这一点，鼓励我们以 sensus communis（共同意识）或者价值的"自然"等级秩序这样的方式作为道德上和政治上的向导，故而他们弱化了每一个个体在这个"祛魅的"时代中所要承担的道德任务的重要性和严肃性。韦伯可能对现代晚期的公民身份和道德论证的前景是太过于悲观了，但是他对这种时常被遗忘的苏格拉底的教训的坚持却完全是正确的。

结　语

　　阿伦特和施特劳斯回归到哲学 vs. 政治这个**传统主题**上，他们的回归掩盖了在《苏格拉底的申辩》中所包含的最激进的建议：**每个人**潜在地都能够过能思的公民的生活。当然，阿伦特和施特劳斯对于埋葬这一理想并不负有任何责任。西方哲学传统两千年来一直支持柏拉图在哲人与公民之间做的区分，将这一**张力**提升到了本体论差异的地位。在这同一时期出现的少许几个自由共和国家和民主国家中，公民们普遍更喜欢神和国家的真理而不喜欢较多怀疑的或者批判的成员身份形式。

　　在今天，正如过去一样，"好公民"这一表述有着根本上地反苏格拉底的涵义。"好公民"这个词让人们想起完全投入成员身份的义务中的那些人，通过他们发现自己正好处身其中的共同体或者制度来定义自身。"好公民"将自身的能量用于忠诚地为他们的同伴、教会、学校和政治机构服务。这些群体和组织所追求的目的和使用的手段有时在道德上是可疑的，但是这很少（如果曾有过的话）引起他们的注意。在大多数情况下，"好公民"忠诚地履行他们的义务并且不批判。"本着良心（conscientiousness）"意味着尽忠职守，别无其他。

　　从苏格拉底的观点来看，这是——并且将永远是——一场拙劣的闹剧。在涉及**政治性**成员身份时，尤其是如此，因为由城邦——**任何**城邦——所犯下的不义都具有政策或者法律的效力，从而这些不义被赋予了虚假的合法性。当然，"苏格拉底式"公民的责任并非与政治联合体处于永久的交战状态，也不是要扮演复仇的道德狂热者的角色。毋宁说，"苏格拉底式"公民的责任在于对他的政治共同体和公民同胞们的行动、政策与信念的道德后果保持批判性关注。当它们偏离道德的要求或者程序公正性时，能思的公民会不顾对他自身的直接后果直接指出这一点。**所有的**政体都是"肥大的、懒惰的马"，需要一只牛虻。以高度的活力能量和共同目标为特征的政体（像民主的雅典）尤其会是如此。在活动是规范性要求的地方，对一个人的所作所为保持怀疑和思考明显只可能是例外情况。

但是，**我们**又怎样呢？在现代美国，保持怀疑的态度与从政治生活中适度疏离似乎并不是一个恰当的处方。确实，从左右两翼的许多批评者的立场来看，我们的问题是普遍的公民**不参与**（civic disengagement）。由于对先进工业化民主国家的最低投票参与率感到震惊，对志愿组织及其产生的"社会资本"的减少感到忧虑，以及对物质至上的利己主义感到道德厌恶，越来越多的批评者齐声竭力主张任何形式的共同体参与。某些人甚至提议强制执行国民兵役作为发动日益减少的公民能量的一种方式。托克维尔在《论美国的民主》中描绘的"参与者的国家"似乎已经变成了彼此疏离个体的国家，这些彼此疏离的个体不愿意遵守公民身份的义务或者自治的责任。

于是，在政治理论家和社会分析学者中就有了对现代的显著共识。有些人告诉我们，最主要的要求是**对其所在共同体和公众关心的事物有更多的参与**。如果作此普遍的形式表述，那么这种观点很难让人不同意。可有待解决的问题是：我们想要的是哪一种**类型**的参与？我们应当试着鼓励什么类型的公民身份？人们从这些批评的声音中获得的印象是：参与**本身**就是好的，无论其形式或者调性如何。我认为，这完全是不正确的，特别是当"参与"以志愿者协会（诸如保龄球社团、教堂唱诗班或者商业的和职业的协会）的形式出现时。这些协会确实可能会有助于重建重要的"社会资本"并增强重要的社会信任网络。它们甚至可能会为其成员们提供更丰富、更幸福、更紧密联系的生活。但是，它们对于鼓励道德上严肃的、沉思的公民身份基本上毫无帮助。

可以对激烈批评自由主义社会的民主派也提出类似的反驳意见。他们通常指出："参加"如果要产生一种**批判的**公民身份形式，那么所参加的事情就必须是政治斗争，而不是共同体协会或者慈善组织。虽然后者提供了有价值的服务，但是它们的严格的非政治定位并没有为参与的、批判的公民身份提供任何支持。当它采取了参与一场斗争（最好是一场为了社会正义的斗争）的形式时，这种"参加"就是政治相关的。因此，老的和新的左派政治激进主义者将参与到这种斗争当作批判的公民身份的必要条件。可是，虽然斗争是政治不可或缺的一部分，但是它绝不能为在道德上严肃的公民身份提供一个可靠的标准。实际上，参加斗争总是会使得斗争的"事业"免受任何批判，让斗士们对坚持这一立场的前后不一致之处与内含的不义视若无睹。

现代政治学的"后意识形态"习语可能会让人们对意识形态浓厚的时代产生怀旧之情,并且让人们怀念"运动"政治学特有的明确承诺。当然,问题是:每一种斗争的或者竞争的政治学都建基于韦伯在《科学作为一种志业》中精妙分析的那种信念的纵身一跃之上。人们**选择**自己的神(民族主义、资本主义、技术、环境、财产权、多元文化主义等等),然后为之**战斗**。正如韦伯所承认的那样,最困难的乃是人们做出了这纵身一跃之后能否保存哪怕只是表面上的"理智良心"。欧洲和美国的"老左派"的悲剧在于:相对于理智良心的要求,它给予团结(solidarity)的价值一种未经质疑的(并且不容置疑的)优先权。现在,这一悲剧在"身份政治(identity politics)"的无数小舞台上重演(通常作为闹剧)。

这并不是要否认如下事实:存在着政治的和道德的状况,在这些状况中人们实际上被迫去选择,并且在这些状况中如果不做选择可能会助长邪恶。但是,这些"悲剧性"冲突——与日常生活的和政治的更为常规的道德困境相对——是比许多道德多元主义的支持者习惯于假定的更为罕见的。无论如何,想要将这些选择变为"积极参与型"公民身份的标准,无疑是荒谬的。任何经历过真正悲剧性状况的人都决不会渴望将那种时刻转变成为一种生活方式。与《伊利亚特》一样,《安提戈涅》也并不能够提供给我们一个公民身份切实可行的典范。但《申辩》行吗?

表明《申辩》是能行的,就是本研究承诺的任务。苏格拉底的如下主张:唯一在道德上可以称赞的公民身份类型就是沉思的和本着良心的公民身份,这种公民身份与雅典人的假设——积极的公民身份就其本身来说是好的——相冲突。在今天,它与原托克维尔式的公民 - 参与者(citizen - joiner)这一观念相冲突,也与"竞争的"或者团结的公民这一激进民主派的公民观念相冲突。这两种公民身份理想都从根本上削弱了公民身份的哲学的和商议的维度,以便于更好地将公民征召进入民族、共同体或者一种特定的斗争"事业"中。为公民的"重新参与"所开出的现代处方恰恰是要重新恢复"劳动分工"——在思的主张和行动的主张之间的分工,在哲学与公民身份之间的分工——而这种区分是苏格拉底用尽毕生精力去与之进行战斗的东西,如上事实揭示了在整个现代政治和文化中很少有人看重理智良心的主张。我们听到过许多关于要培养公民德性和提高义务感的要求的谈论,但是几乎没有谁将怀疑态度、本着良心和理智诚实纳入那些想要重建公共生活的人提出的德性列表中。这就好像是说公民参与需要一种道德 - 理智的切除手术,以便于克服如下各种疑虑:对共同体的内在善的怀疑,对给定群体身份认同的道德价值的怀疑，或者对特定意识形态承诺的价值的怀疑。理智上本着良心的"我"必须保持沉默，以便于为自以为是的（或者在道德上自满的）"我们"服务。

在当今公民身份的讨论中"理智良心"的边缘化并不是过去所没有的。苏格拉底引入理智良心的主张的尝试，遇到了为其自身力量和生活方式感到骄傲的**民众**的强烈又持久的抵抗。这种抵抗又被政治家、神父和道德说教者所响应并放大了几千年，但是它也源自我们自己的政治思想和哲学思想传统。理智诚实已经几次三番地与道德德性相分离。精英主义者们（如柏拉图和施特劳斯）之所以要将两者分离，是为了使"真正的"德性——哲人的德性——与民众那"单纯道德的"德性区分开而得到保存；平等主义者（如卢梭和康德）之所以要将两者分离，是为了确保道德生活是每一个有情感或者理性的个体都能够达到的。两方面的失误之处都是在于：假设了沉思与理智诚实仅仅是专供"职业思想者"——而非普通人——所有的德性。苏格拉底认为这种看法是极其不正确的。沉思与理智正直不是任何群体的财产；它们是**所有**人都能够培养的品质，只要人们的道德感没有被其所在群体、宗教或者民族的"共同意识"所限制而永久的发育不良或者畸形异变。

不过，真正奇怪的事情并非是西方哲学传统中的这一广泛的共识，即理智正直和道德正直彼此几乎毫不相关（并且两者都不是公民德性的基本组成部分）；毋宁说，敏锐地注意到两者内在关系的思想者们的矛盾心态，才是最为令人吃惊的。正如我们已经看到的那样，甚至受到苏格拉底的理想深刻影响的思想家也有着这样一种倾向：将它们的重要性限定在**文化**领域，而在政治领域中促进更为传统的公民德性。比如，密尔在《论自由》中提出了诘问法的"社会化"形式，以推进对所有观点的片面性的认识——指出观点多元化的真正受益者是激烈的道德和政治辩论的旁观者而非参与者，然而在《代议制政府》中密尔又主张参与是公民身份的政治教育和道德内核的关键。与此类似，尼采和韦伯让理智正直成为他们思想的道德核心，但是却将其来源限定在这种或那种"精神贵族"身上。最后，阿伦特和施特劳斯认识到苏格拉底的消解式理性的绝对重要性，但是他们两人都对它的使用设置了严格的限制——阿伦特将之限定以保存政治共同体的"共同意识"，而施特劳斯将之限定以促进权威（以宗教、爱国主义和传统的形式）在普通公民生活中所发挥的作用。

为什么这些思想家限制了或者从根本上背叛了他们思想中的苏格拉底维

度呢？我认为，答案与"大众"观念在他们的思想中所起的作用紧密相关。可以肯定的是，19世纪和20世纪早期的政治叙事是"大众的崛起"。如这一事件所允诺的希望一样，这一事件所带来的创伤深深地铭刻在我思考的这些理论家的作品中。在尼采和施特劳斯这样的精英主义者那里，这是明显的事实；但对于密尔和阿伦特来说，这也同样是确定无疑的（尽管他们对于代议制民主和自治的"人民"有着各自的承诺）。大量贫穷的和未受教育的人进入到"公共领域的亮光中"，随着这一"进入"而来的似乎是发生灾难的巨大可能性，任何看到20世纪的政治历史的人都不能够对这种可能性置之不理。那些曾经对密尔和尼采来说主要还只是灾难预兆的东西，变成了对韦伯、阿伦特和施特劳斯来说的赤裸裸的现实。结果便是他们将现代政治过于僵化地认定为**大众**政治，以及相应地，无法将普通公民看成为（潜在的或者真正的）能思的个体。

当然，现代政治（在很大程度上）是大众政治。政治退化为广告——由极权主义所开创并由麦迪逊大道①所完善——让尼采关于政党政治要求"愚蠢的巨大壁画"的评论看起来都显得过于克制了。然而，如果（像尼采所做的那样）认为这些壁画是"暴民"开始理性思考的不可避免的结果，那这无疑是错误的；正如，如果（像施特劳斯所做的那样）认为只有哲人才能够质疑而不会产生灾难，那这无疑也是错误的。无论道德的和理智的不成熟从政治意识形态和社会生活的通常机构中获得了多少支持，它们都不是人类境况的一种不能根除的常态。只要我们懒惰地允许墙上的壁画来定义我们（作为政治的和道德的存在来说）是谁，那么我们就仍然是在洞穴中的囚徒——"民众"的一部分。一旦我们开始去思考、开始去质疑在社会上能够找到的信条和意识形态在道德不足之处时，我们就会逐渐松脱柏拉图设想的将人类的绝大多数长期囚禁起来的绳索。

并不存在彻底破除幻象的视角——正如施特劳斯可能会说的：并不存在对**意见**和意识形态的领域的"无限制的超越"。但是这一事实完全没有使得对破除幻象的理智性道德的需求不再紧迫，特别是在关涉到政治的时候。再说一次，人们必须回到《申辩》的苏格拉底那里，才能够充分领会这种教训。苏格拉底的公民身份并不是要求真理与单纯意见相对抗，或者让真正的道德知识与徒有其表的智慧相对抗。毋宁说，苏格拉底的"属人的智

---

① 这是纽约的美国广告业中心所在地。——译者注

慧"——即承认当关涉"最重要的事情"时，人类并不拥有任何技艺类知识——是在与"道德专家"的修辞性立场的对比中定义自身的。正是在反对这种"专家"的立场以及他们所表现出来的傲慢和自满的奇怪混合的背景下，苏格拉底引导我们走向了诘问法的使人谦卑的力量。政治家和公民宣称自己拥有道德专门知识的主张，都一再地被揭示为是虚构的幻象。

这是否让苏格拉底——或者苏格拉底式公民——**仅仅**成为了一个怀疑者？当然不是。苏格拉底的"属人的智慧"为本书第一章中勾勒出的一种否弃类型的非专家的道德知识——关于公认的不义诸形式的知识——留下了余地。除非我们认识到"对灵魂的关心"（首要地是）由避免行不义或者避免成为不义的同谋的欲望所激发的，否则我们就无法理解苏格拉底的"对灵魂的关心"。苏格拉底使用诘问法来攻击声称拥有道德专门知识的主张，正是因为他将这种主张视为一条必然通往不义的道路。

如果西方的历史曾让我们得到任何教训的话，那这教训就是：每当理性或者信仰宣称拥有这种专门知识，道德灾难就确实会发生。有些时候，灾难是惊人的和可怕的（16世纪到17世纪欧洲的宗教战争；苏联共产主义），并且灾难源自于一种声称的对于道德真理的垄断。另一些时候，灾难在本质上是更为"日常的"，并且源自于一种排他主义倾向：将**我们的**政策和行动看作是必然正义的，而将我们的敌人的政策和行动看作是必然邪恶的。在后一种情况中所牵涉的傲慢自大并不是理性或者信仰的傲慢自大，而是一种反射性的爱国主义，这种爱国主义相信自己的民族、共同体或者群体与德性或者真理建立了优先的联系。在这种类型的傲慢自大的影响下，人们忘记了：每一个民族——并且实际上每一个共同体和群体——（从道德上来说）都有着**许多**应当羞愧之处。

这就是为什么对于苏格拉底来说敦促他遇到的每一个人"关心他们的灵魂"是如此重要，也就是说，敦促他遇到的每一个人承担起他们每个人自己的道德自我塑造的方案和责任。他们必须"独立思考"——这个表述通常在使用时并未带有对如下能量的欣赏：即战胜某人自以为拥有道德专门知识的想法所必需的能量。首先，独立思考需要对如下这个方面的个人无知有所认识：人**并不能够**确定地把握"什么是德性"。只有通过对这种无知的认知，道德问题才确实变成为（正如尼采所说的）"启人深思（thought‑provoking）"的问题。其次，独立思考需要持续不断的努力；对话（无论是内部的还是外部的对话）必须在一种每日进行的基础上重新开始。由此，才有了苏格拉底对德性的意义和伦理知识的本质的持续不断的质疑和交叉询问。如果

"未经省察的生活是不值得过的",那么这对于未经省察的公民身份的生活来说是更是如此。实际上,正是未经检审的生活的**这种**模式让苏格拉底开始了他的"使命"生涯。

对于我们来说,公民身份的生活之所以是未经省察的并非因为我们在其中紧张地生活,而是因为几乎从未在其中生活过。许多人劝我们再一次成为公民(强烈的、规范性意义上的公民);但是,很少人(如果有的话)将对自我和他人的省察看作是这个角色的不可或缺的组成部分。在一个政治上漠然的社会中,道德关切往往倾向于与道德说教和争辩相混淆。**任何**能够引起人们反应的东西——从"让人洋洋自得陈词滥调"的老生常谈到"颠覆"现存等级秩序的自觉努力——都是值得称颂的,只要它能够创造出觉醒的**幻觉**。许多人对政治和政府政策毫不关注,或者只是给予昏昏欲睡的关注,这一事实让不少政治理论家去赞颂冲突和竞争本身——好像这些东西与思的关注是同样的事情。它们并非同样的事情,并且如果认为一种较为"竞争的"政治学必然能够将人们唤醒以达到这种思的关注,那无疑是自欺欺人。民主雅典的活力和冲突并不能阻止它成为(在道德上来说)一匹肥大的和懒惰的马(《申辩》,30e-31)。

客观地说,正如我在之前所描绘的那样,苏格拉底的公民身份与批判的、适度疏离的公民的理想几乎没有什么差别,从自由主义传统看,这很熟悉。确实,正如我在本书第二章中所展现的,它与密尔式自由主义的那种公民类型有着很深的亲缘关系。但是,如果说"苏格拉底的公民身份"所提供的东西我们都可以通过阅读贡斯当(Constant)、伯林或者罗尔斯得到,那无疑是错误的。这三位极具影响力的自由主义作家所错失的东西就是我们在苏格拉底的对话中(也可以在密尔和反自由主义者尼采那里)找到的对消解式理性的道德使用。

在贡斯当、伯林和罗尔斯那里,对公民身份的消除错误观点的(使人觉醒的)或者哲学的品性相对并不关注,这一点表明:我们不能够简单地假设在自由主义关于公民身份的思想中有着一种强烈的苏格拉底的维度的展现。确实,随着人们日益接受多元主义这一事实(伯林)和因而导致的对严格限定"政治论域"的需要(罗尔斯),一种奇怪的现象也随之而来,即如下这种想法:由宪政政府和权利学说所保护的信仰和实践不仅仅需要宽容,而且需要**肯定**。赋予个体和群体以活力的不同的传统、宗教信仰和全面性哲学学说越来越被看作为"神圣不可侵犯的",实际上意味着不可批判的。这种情况在今天可谓司空见惯:个体让他的身份、宗教信仰或者群体隶属关系成为政治活动的道德基础,但是当这些信念的道德实体或者它们作为自由民主社会的公共规范的适用性被质疑时,这人就会大喊"犯规"。

讽刺的是,道德多元主义,或者,更为确切地说,对道德多元主义内涵的大众误解,限定了而非扩展了苏格拉底的批判的空间。雅典人指控苏格拉底不虔敬和败坏青年。在今天,苏格拉底可能会因胆敢指出任何一个牢固坚持的信念是前后不一致的、在道德上狭隘的或者不稳固的而被指控无端冒犯之罪。我担心,当前统治的意识形态是:"社群性自我"有绝对权利去要求待在其社群体系中不被打扰。尊重和宽容——对任何自由主义社会来说必不可少的东西——已经被错误地等同于严格避免过于尖锐的或者让人不舒服的批评。

自由社会发现自己处身于这样一种奇怪的状况中。当然,罗尔斯的如下主张是正确的:在面对善好生活的各种有争议概念时,**公共权威**必须保持一种严格的中立性。但是,如下想法非常奇怪:一个看重言论自由的社会日益支持一种剥夺掉所有批判的-诘问的潜能的"对话"观念。在今天,多数人认为道德的-政治的讨论的空间已经被说教、意识形态争辩或者狂热传道企图所耗尽了。结果,在道德的与理智的正直之间存在完整联系的苏格拉底式主张,在我们的社会中与在公元前5世纪的雅典一样不受欢迎——可能更加不受欢迎。

我应该指出的是,对消解式理性的不友好并不是(或者并不仅仅是)大众反智主义作用的结果。在过去三十年中,我们也在知识分子中目睹了反哲学情绪的显著增长。横跨整个政治立场的光谱,我们发现了一个正在形成的共识:有价值的批判必须是关联式的或者"内在式的"。的确,在最低限度的意义上,这种类型的批判观可能是正确的,因为"毫无偏见之知识"的概念尽管作为一种理想来说值得称赞,但是常常会成为一种自我欺骗。必须承认的是:苏格拉底的诘问法的使用是通过指出,在对话者强烈坚持的信念与他所接受的其他的、普遍共享的道德命题之间,有一道鸿沟。但是,"关联性批判"——这种批判持守在先前存在的道德世界或者传统之内——太容易毫无正当理由地给出赞赏或者道德认同了。在此,我们必须认识到:诉诸由本地的、民族的或者宗教的传统所给定的"共享的意义"会赋予这些传统以根本的正确性。批判者从未从根本上质疑这些意见,更不用说以一种苏格拉底的方式消解或者摧毁之了。他仅仅以解释学的方式得出那些它们已经包涵的东西。

在此前,我已经指出了对这种方法的一些疑虑。政治和道德批判很可能不得不置身于语境中而成为在修辞上有效的,这无疑是事实。但是,这种有效性的代价是:对占统治地位的公认观念并没有造成任何真正的挑战,也没有产生真正的道德进步。"关联性批判"仅限于提醒其所在的共同体在自身传统或者文化中潜存的更高道德可能性。"关联性批判"的听众同时既被批评又自我感觉良好。我们可能无法实现最好的自我,但是,"我们"难道不是一个丰富的并且在道德上值得称赞的传统的后代子孙吗?"我们的"传统难道不是包含了道德进步和重生的所有必要材料吗?更高的道德可能性难道不是已经成为了"我们"的本性的一部分了吗?道德进步难道不仅仅只是梳理出包含在我们的遗产中的某些东西,而非努力去超越限制性的(并且在道德上盲目的)狭隘局部主义吗?

诚然,民族的和文化的传统包含着许多可能性,其中某些东西是好的而另一些东西是坏的。但是,如下这种想法可能会引发道德愚蠢、自满以及最终的不正义:人们仅仅需要将目光转向其自身传统、信条或者民族的被遗忘的智慧就可以了。我们可以承认这样一个事实:从社会学的角度来说,我们是"社群性的"自我——但是我们不用将它转变为一个值得颂扬的理由,更不用说将它转变为对道德的和政治的批判来说的有效视域了。

学界最近对于语境和"情境中的"自我的颂扬,已经削弱了我们在苏格拉底和密尔那里找到的非教条主义式的道德启示。对这一行为的补救并不是(跟随施特劳斯)回到"自然正义"这一标准。毋宁说,是要重新恢复无知之知、真理的片面性、以及视角主义的视域-拓展能力作为一种理智自律或者思的"方法"的道德-政治潜能。我认为,这一潜能隐含在苏格拉底的负面性的实践中。在密尔那里,它得到了充分明确的展现;而在尼采那里,它得到了最为精致的(尽管内在矛盾的)哲学阐释。苏格拉底的诘问法、密尔的"讨论"和尼采的视角主义都是这样一些能够让我们从语境主义者的基本方法——即,认为没有并且决不可能有对意见和习俗领域的无限超越——中吸取相当不同教训的观念。

这些思想家的想法提醒我们,对于人类的情境性和人类智慧的局限性有两种十分不同的回应。或者,人们可以接受甚至赞美文化或者社会的嵌入性(embeddedness),将传统或者习俗看作是为批评性道德家的丰富资料来源;或者,人们可以尝试一种部分的、从未充分实现的超越,不是沉迷于习惯和习俗中,而是努力反抗它。后一路向需要一种持续不断的批判性破除幻象活动,再加上对所有"本地"形式的内在道德不完善性的正确认识。它也勾勒出了一种公民身份的新观念,这种观念不需要 *sancrifizio dell' intelletto*(理智能力的牺牲），并且在这种观念中道德的和理智的正直最终获得了它们作为重要的**公民**德性的应有地位。通过改造道德主观性这个观念——通过创造出在理智上觉醒的、本着良心的"我"——苏格拉底也改变了公民身份的观念。两千四百年之后，我们尚有待把握蕴涵在这位伟大反讽者的思想与实践中的公民身份的革命。

译 名 表

A

Adam Smith　亚当·斯密
Adolf Eichmann　阿道夫·艾希曼
Adorno　阿多诺
agonistic pluralism　竞争式多元主义
agonistic politics　竞争政治学
Alan Ryan　艾伦·瑞安
Alasdair MacIntyr　阿拉斯代尔·麦金泰尔
Alcibiades　阿尔基比亚德
alethos politike techne　真正政治技艺
Alexander Herzen　亚历山大·赫尔岑
Alexander Nehamas　亚历山大·尼哈马斯
American Revolution　美国独立战争
Amphipolis　安菲玻里
Antigone　安提戈涅
Antiochis　安提俄克斯
Anytus　阿努图斯
Archimedean point　阿基米德支点
arete　德性
Arginusae Island　阿吉纽西群岛
aristocratic radicalism　贵族激进主义
artificial pit　人造洞穴

Arthur Danto　亚瑟·丹托
ascetic priest　禁欲主义僧侣
associational　联合化
associationist　联合主义者
Auguste Comte　奥古斯特·孔德
authoritarianism　权威主义
Averroës　阿维洛伊

B

bad conscience　良心不安
banausic　工匠的
base motives　不良动机
basilike techne　王者技艺
bavardage　闲聊
being-with-others　与他人共在
bioi　生命
bios politikos　政治生活
bios theoretikos　沉思生活
Bismarck　俾斯麦
Bonnie Honig　邦尼·霍尼格
Burckhardt　布克哈特

C

Callicles　卡利克勒
Carl Schmitt　卡尔·施米特

categorical imperative　绝对命令
Cesare Borgia　切萨雷·博尔贾
Chaerephon　凯瑞丰
Chantal Mouffe　尚塔尔·墨菲
charismatic　克理斯玛型
Charmides　卡尔米德
Churchill　丘吉尔
Cimon　客蒙
Circe　喀耳刻
citoyen　公民
civic disengagement　公民不参与
clarity　清明
Cleon　克里昂
connected critic　关联性批判者
Coleridge　柯勒律治
communicative　交往
conscientious　本着良心的
Constant　贡斯当
Creon　克瑞翁
cross-examination　交叉询问/诘问
Critias　克里底亚

D

daimonion　苏格拉底的守护神，"良心"
decisionist　决断主义
deliberative rationality　慎思-商谈的理性
Delium　第力安
demos　民众
dialegesthai　辩证法
disenchanted　祛魅
disinterestedness　利益中立
dissolvent rationality　消解式理性
distributive justice　分配正义
Diodotus　戴奥多都斯

dirty hand　脏手
Dleuze　德勒兹
doxa　意见

E

Edmund Burke　埃德蒙·伯克
Edward Said　爱德华·萨义德
elenchus　诘问法
en soi　自在
enchanted　幻魅
encumbered selves　社群性的自我
enlarged thought　扩展的心态
Entzauberung der Welt　世界的祛魅
epistates　执法官
episteme　知识
Eric Voegelin　埃里克·沃格林
Ernst Bloch　恩斯特·布洛赫
esoteric　隐微的/秘传的
ethic of ultimate ends　终极目的伦理
ethic of responsibility　责任伦理
Ethical Neutrality　道德中立

F

formal conscience　形式上的良心
Frankfurter Zeitung　法兰克福日报
free-floating intellectual　自由悬浮的知识分子
Freidenker　自由思想者
Freidrich Nietzsche　弗雷德里希·尼采
fundamental ontology　基础存在论
Funeral Oration　墓前演说

G

Ganzheit im Vielen　存在于多样性中的完整性

General Will　公意
gentleman　绅士
Georg Brandes　格奥尔格·布兰德斯
Georg Lukács　格奥尔格·卢卡奇
George Elliot　乔治·艾略特
George Grote　乔治·格罗特
George Kateb　乔治·凯特布
Gertrud Bäume　格特鲁德·鲍姆
Geschichtlichkeit　历史性
Gesinnungsethik　终极目的伦理
Gettysburg Address　葛底斯堡演说
Gladstone　格雷斯顿
Golden Rules of Jesus　耶稣的金科玉律
Goethe　歌德
good European　真正的欧洲人
good conscience　良心平安
Gregory Vlastos　格里高利·伏拉斯托斯

H

Haemon　海蒙
Hannah Ardent　汉娜·阿伦特
Harvey Goldman　哈维·戈德曼
Herbert Marcuse　赫伯特·马尔库塞
heterodox speculations　异端之思
homme　个人
hoi polloi　民众
Horkheimer　霍克海默
Hugh Tredennick　休·特里德尼克

I

ideal types　理想类型
identity politics　身份政治
immanent criticism　内在的批判
in toto　全部
individualizing　个体化

initiatory action　原创性行动
intoxications　亢奋陶醉
ironist　反讽主义者
Isaiah Berlin　以赛亚·伯林
Ismene　伊斯墨涅

J

Jacob Burckhardt　雅各布·布克哈特
Jacques Derrida　雅克·德里达
James Mill　詹姆斯·密尔
Jeremy Bentham　杰里米·边沁
Jefferson　杰斐逊
John knox　约翰·诺克斯
John Locke　约翰·洛克
John Rawls　约翰·罗尔斯
John Stuart Mill　约翰·斯图尔特·密尔
Judith Shklar　朱迪·史克拉
Jürgen Habermas　尤尔根·哈贝马斯

K

Karl Jaspers　卡尔·雅斯贝尔斯
Karl Popper　卡尔·波普尔
King Nomos　主宰性习俗

L

lastman　末人
leading politicians　领导的政治家
leading string　引导
Lenin　列宁
Leo Strauss　列奥·施特劳斯
Leon　赖翁
Lincoln　林肯
loophole　空子
Lycon　卢孔

M

Machtstaat 权力国家
Madison 麦迪逊
Martha Nussbaum 玛莎·纽斯鲍姆
Martin Heidegger 马丁·海德格尔
mass man 常人
mass opinion 大众意见
Max Weber 马克斯·韦伯
Megera 麦加拉
Meletus 梅勒图斯
Melian Dialogue 弥罗斯对话
mental energy 智性能量
Michael Ignatieff 迈克尔·伊格纳季耶夫
Michael Oakeshott 迈克尔·欧克肖特
Michael Sandel 麦克·桑德尔
Michael Walzer 麦克·沃尔泽
Miltiades 米尔提亚德
misodemos 人民的敌人
mobility 流动性
moderately alienated 适度疏离
Montesquieu 孟德斯鸠
multiple voting 复式投票
Mündigkeit 成熟性

N

Napoleon 拿破仑
narrow test 结果测验
natural age 自然时代
natural law 自然法
natural necessity 自然必要性
natural order 自然秩序
neo–Aristotelian 新亚里士多德主义
neo–republican 新共和主义

neoliberal 新自由主义
new social movement 新社会运动
niche marketing 定位营销
Nicias 尼西阿斯
Nicolas Smith 尼古拉斯·史密斯
Nomos 律法

O

Obrigkeitsstaat 威权国家
Oedipal relationship 弑父关系
oikos 栖息地、住所
organic 有组织的
Ortegay Gasset 奥特加·伊·加塞特

P

paideia 教育
papal infallibility 教皇永不犯错论
Pasquale Villari 帕斯夸莱·维拉里
patria 祖国
peithein 劝说性言辞
penance 补赎
Penelope 珀涅罗珀
perfectionism 至善论
Pericles 伯里克利
Peter Euben 皮特·尤本
philia 友爱
philosopher–citizen 哲人–公民
phronesis 实践智慧
physis 自然
plebiscitarian 平民大众民主
plural voting 复数投票
point d' appui 支点
political idealism 政治理想主义
Polus 波鲁斯
Polyneices 波吕尼刻斯

Potidaea 波提狄亚	sensus communis 共同意识
pour soi 自为	self-denial 克己忘我
praxis 实践	self-loss 自我迷失
proportional representation 比例代表制	self-righteousness 自以为是者
protoindividualism 原始个人主义	severe virtues 严肃的德性
prudence 明智	Sheldon Wolin 谢尔顿·沃林
public happiness 公共幸福	shell of bondage 庇护之囚
public opinion 公众意见	Shelley 雪莱
purposive rationality 目的理性	sick animal 生病的野兽
	sin of omission 疏忽之罪

Q

questioning 质疑

R

radical democratic 激进民主派	sin of commission 明知故犯之罪
ready-to-hand 上手之物	sinister interests 有害利益
reality in itself 自在实在	socratic questioning 苏格拉底的质疑
reflective following 反思的跟随	Sophocles 索福克勒斯
representative thinking 代表性的思	spiritual aristocracy 精神的贵族
responsible individual 有责感的个体	statesmanship 政治家的技艺
res publica 公共事务	Stephen Holmes 史蒂芬·霍尔姆斯
ressentiment 怨恨	Steven B. Smith 史蒂芬B·史密斯
revelatory speech 展示性言说	Stuart Hampshire 斯图尔特·罕布什尔
Richard Kraut 理查德·克劳特	sub specie aeternitatis 用永恒的眼睛
Richard Rorty 理查德·罗蒂	summum malum 至恶
right reason 正当理由	super science 超-科学
Roberto Michels 罗伯托·米歇尔斯	
Robespierre 罗伯斯庇尔	
Ronald Beiner 罗纳德·贝纳尔	
routinized 例行化	
royal art 王者技艺	

T

take-no-prisoners 赶尽杀绝的	
Terence Irwin 特伦斯·欧文	
telos 目的	
the Absolute 绝对者	
the gentry 贵族阶层	
the Good 善之理式	
the Ideal 理型	
The Reformation 宗教改革	
the Saint Simonian 圣西门	

S

Sade 萨德	the Third Reich 第三帝国
Salamis 撒拉密斯	the tyranny of logicality 逻辑的暴政

Thebes 忒拜
Themistocles 地米斯托克利
Theoria 静观沉思
Thessaly 帖撒利
Thirty Tyrants 三十僭主
Thomas Aquinas 托马斯·阿奎那
Thomas Brickhouse 托马斯·布里克豪斯
Thomas Carlyle 托马斯·卡莱尔
Thomas Kuhn 托马斯·库恩
Thomas Pangle 托马斯·潘戈
Thoreau 梭罗
thoughtlessness 无思
Thrasymachus 色拉叙马霍斯
Thucydide 修昔底德
Tocqueville 托克维尔
Tolstoy 托尔斯泰
Tracy Strong 特雷西·斯特朗
transition age 过渡时代

V

validity claims 有效性主张

Verantwortungsethik 责任伦理
Victor Ehrenberg 维克托·埃伦伯格
view from nowhere 毫无偏见之知识
vitalism 活力论
vita activa 行动的生活
vita contemplative 沉思的生活
von Humbolt 冯·洪堡

W

Walter Kaufman 瓦尔特·考夫曼
well-being 安乐
will of all 众意
will to power 权力意志
Wissenschaft 科学
Wolfgang Mommsen 沃尔夫冈·莫姆森
worldliness 世界性

Z

Zweckrationalität 工具理性

图书在版编目（CIP）数据

苏格拉底式公民身份/（美）维拉著；张鑫炎译. --北京：华夏出版社，2016.6
书名原文：Socratic Citizenship
ISBN 978-7-5080-8715-3

Ⅰ.①苏… Ⅱ.①维… ②张… Ⅲ.①苏格拉底（前469～前399）－政治哲学－哲学思想－研究 Ⅳ.①B502.231

中国版本图书馆 CIP 数据核字（2016）第 005515 号

Socratic citizenship/ by Dana Villa/ ISBN:0-691-08693-1-
Copyright© 2001 by Princeton University Press
All rights reserved. No part of this book may be reproduced or transmitted in any form or by any means, electronic or mechanical, including photocopying, recording or by any information storage and retrieval system, without permission in writing from Publishers.

版权所有 翻印必究
北京市版权局著作权合同登记号：图字 01-2012-8009 号

苏格拉底式公民身份

作　　者	[美] 丹纳·维拉
译　　者	张鑫炎
责任编辑	罗　庆
出版发行	华夏出版社
经　　销	新华书店
印　　刷	三河市少明印务有限公司
装　　订	三河市少明印务有限公司
版　　次	2016 年 6 月北京第 1 版 2016 年 6 月北京第 1 次印刷
开　　本	670×970　1/16 开
印　　张	22.75
字　　数	392 千字
定　　价	69.00 元

华夏出版社 地址：北京市东直门外香河园北里 4 号　邮编：100028
网址：www.hxph.com.cn　电话：(010) 64663331（转）
若发现本版图书有印装质量问题，请与我社营销中心联系调换。